학문 사상과 근현대 계몽운동의 지향점

이 연구는 한국학중앙연구원이 지원하는 2014년 한국학총서(한국 근현대 총서) 개발 사업 (AKS-2014-KSS-1230003)에 따라 이루어진 것입니다.

지은이

허재영: 단국대학교 교육대학원 교육학과 부교수. 일본연구소장. HK+ 사업 책임자.
『일제 강점기 교과서 정책과 조선어과 교과서』, 『우리말 연구와 문법교육의 역사』 외
다수의 논저가 있음.
고경민: 건국대학교 교양교육원 강사.
『새로운 국어사 연구 방법론』(공동) 외 다수의 논저가 있음.
김슬옹: 연세대학교 교육대학원 강사.
『한글의 탄생과 역사』, 『조선시대 훈민정음 발달사』 외 다수의 논저가 있음.
김경남: 단국대학교 일본연구소 HK연구교수.
『시대의 창: 근대 기행 담론과 기행문의 발전 과정 연구』, 『실용작문법』(엮음) 외 다수의
논저가 있음.

한국 근현대 학문 형성과 계몽운동의 가치 04

학문 사상과 근현대 계몽운동의 지향점

© 허재영·고경민·김슬옹·김경남, 2019

1판 1쇄 인쇄_2019년 2월 01일
1판 1쇄 발행_2019년 2월 10일

지은이__허재영·고경민·김슬옹·김경남
펴낸이__양정섭

펴낸곳__도서출판 경진
　　　　등록__제2010-000004호
　　　　이메일__mykyungjin@daum.net
　　　　블로그(홈페이지)__mykyungjin.tistory.com
　　　　사업장주소__서울특별시 금천구 시흥대로 57길(시흥동) 영광빌딩 203호
　　　　전화__070-7550-7776　팩스__02-806-7282

값 26,000원
ISBN 978-89-5996-599-1 93300

학문 사상과 근현대 계몽운동의 지향점

허재영·고경민·김슬옹·김경남 지음

학문은 어떤 현상에서 문제를 발견하고 그것을 해결하는 논리적인 사고 과정과 그로부터 이론이나 법칙을 산출하는 과정을 말한다. 학문의 목적이 진리를 탐구하는 데 있다는 말은 학문적 성실성을 의미할 뿐 아니라, 학문적 진리가 곧 지식 또는 이론이나 법칙을 탐구하는 데 있다는 말과 같다. 학문의 본질이 합리성과 실증성에 있다는 데카르트나 베이컨적 사고 역시 학자라면 누구나 공감하는 바이다.

학문의 발달, 곧 지식과 이론의 발달은 한 사회와 역사의 발달을 의미한다. 특히 전근대의 '수기치인(修己治人)'을 목표로 하는 학문과는 달리, 지식 산출을 목표로 하는 근대의 학문 발달은 한 사회의 발전뿐만 아니라 역사적 진보를 기약하는 전제가 된다. 이 점에서 최근 한국의 근대 학문 형성과 발전 과정에 대한 관심이 높아진 것도 자연스러운 현상일 것이다.

이 총서는 2014년 한국학중앙연구원이 지원하는 한국학 총서 개발 사업 '근현대 학문 형성과 계몽운동의 가치'의 결과물이다. 연구를 처음 시작할 때, 연구진은 근현대 학문사를 포괄할 수 있는 지식 기반 데이터 구축과 근현대 분과 학문의 발전 과정을 기술하고자 하는 거시적인 목표를 세우고 출발하였다. 그 과정에서 근현대 한국 학문사의 주요 정신적 기반이 '계몽'에 있었음을 주목하였다.

지난 3년간의 연구 과정에서 연구진은 수많은 자료와 씨름하였다. 출발 당시 1880년대의 자료를 기점으로 1945년까지 각종 신문과 잡지,

교과서류의 단행본 등을 수집하고, 이를 주제별로 분류하는 작업을 진행하였다. 그 가운데 근대 계몽기 잡지의 경우 '학문 분야별 자료'를 분류하여 9종의 자료집을 발간하기도 했다. 자료집은 학회보(잡지)에 수록된 논설·논문 등을 학문 분야별로 나누어 8종으로 출판하고, 권9는 분류 기준과 결과를 별도로 편집하였다. 연구 과정에서 시행착오를 줄이기 위해 지속적으로 월례발표회를 가졌으며, 연구진 각자 개별 논문을 쓰기도 하였다. 그러면서도 근현대 학문 형성과 발전, 계몽운동의 전개 과정 등과 관련된 자료가 수없이 많음을 확인하게 되었다.

총서는 제1권 '한국 근현대 지식 유통 과정과 학문 형성 발전', 제2권 '한국 근대 계몽운동의 사상적 기반', 제3권 '계몽의 주체로서 근대 지식인과 유학생', 제4권 '학문 사상과 근현대 계몽운동의 지향점', 제5권 '계몽의 이데올로기와 대상', 제6권 '일제 강점기 계몽운동의 실제', 제7권 '계몽의 수단: 민족어와 국어'로 구성되었으며, 집필 과정에서 통일성을 기하기 위해 집필 원고에 대하여 각 연구원의 동의를 얻어 연구 책임자가 일부 가감하기도 하였다.

다행히 3년의 연구 기간을 거쳐 제출한 결과물에 대해 익명의 심사자들께서 '수정 후 출판' 판정을 해 주셔서, 수정 의견을 반영하여 책을 출판할 수 있게 된 것을 기쁘게 생각한다. 여전히 아쉬움이 많지만, 이번에 다루지 못한 내용은 후속 연구를 기약하며 총서 집필을 마무리한다. 과제 심사를 맡아 주신 심사위원 여러분과 책의 출판을 맡아 주신 양정섭 경진출판 사장님께 거듭 감사의 말씀을 올린다.

2018년 12월 연구 책임자 씀

제1장 한국 근현대 계몽사상의 특징

허재영

1. 근현대 시대 상황과 계몽사상

개념상의 혼란과 해석상의 차이를 쉽게 극복할 수는 없지만 '근대(近代)'라는 용어 속에는 정치, 경제, 사회, 문화적인 면에서 전근대와 다른 면을 갖고 있다. 한국경제사학회(1970)의 『한국사시대구분론』(을유문화사)에 소재한 조기준(1970)에서는 카알 베커의 논의를 인용하며 '과학적 지식, 경제적 상호 의존, 인문주의, 민주주의, 민족주의, 세계주의' 등을 '근대'의 자질로 인식했고, 유원동(1970)에는 경제적인 측면에서 자본주의, 특히 도시상공업자의 형성에 주목했다. 역사 용어로서 '근대'의 특징에 대한 논의는 세부적인 면에서 종착점을 찾을 수는 없으나, 정치적인 면에서 볼 때에는 민주주의(입헌주의), 민족국가 성립 등을 특징으로 한다. 그런데 정치 현상이 오로지 정치 분야에만 머물 수 없듯이, 경제적인 차원으로 볼 때에는 자본주의, 상공업의 발달 등과 밀접한 관련을 맺게 된다. 이러한 변화를 이끌어 가는 주체는 이른바 시민 계급이며,

이들이 이루어낸 사회가 시민사회이다. 시민사회의 형성은 합리주의 또는 과학주의로 일컬어지는 사상적 기반 아래 이루어진 지식 발달과 밀접한 관련을 맺는다.

'근대'가 갖고 있는 이러한 성격은 일제 강점기 식민지적 근대화론을 제기한 일부 학자들의 논리에 대한 비판을 목적으로 한 신용하(2006)의 『일제 식민지 정책과 식민지 근대화론 비판』(문학과지성사)에서도 명료하게 제시된 바 있다. 이 책에서는 '근대화'의 관점에서 일제 식민지 정책이 갖는 특성을 규명하기 위해 '근대화의 세계 보편적인 사회과학적 기준'을 검토하고 있다. 이 기준을 요약하면 다음과 같다.

【 근대화의 세계 보편적인 사회과학적 기준[1] 】

ㄱ. 정치적으로 근대화란 독립한 국가 또는 정치체를 전제군주체제에서 입헌대의체제로 변혁시키는 것을 보편적으로 의미한다.

ㄴ. 사회적으로 '근대화'는 신분제 사회로부터 시민권을 가진 시민들이 구성하는 시민사회로 변동 이행하는 것을 보편적으로 가리킨다.

ㄷ. 문화적으로 '근대화'란 특권층 중심의 귀족문화에서 일반 시민·민중 중심의 민족문화로 변동 이행하는 것을 일반적으로 가리킨다.

ㄹ. 경제적으로 '근대화'는 일반적으로 중세적 봉건적 경제 조직과 생산 방식으로부터 산업자본주의 공업화의 달성을 가리킨다.

1960년대부터 본격적으로 논의되기 시작한 '한국사의 근대 기점' 논의는 학문 분야마다, 또는 학자에 따라 근대의 개념이나 기점에 대한 다양한 논의로 이어졌기 때문에 학계의 일반적이고 보편적인 결론에 도달할 수는 없지만, 적어도 사상적인 면에서 근대가 함의하는 바가 '합리주의', '과학주의'(좁은 의미로 볼 때는 경험주의), '자유주의', '민족

---

1) 신용하(2006), 『일제 식민지 정책과 식민지 근대화론 비판』, 문학과지성사, 17~21쪽.

주의'와 결부되어 있음을 부정하는 사람은 없다. 이 점은 철학, 종교, 도덕, 정치 등에 내재한 사회의식을 대상으로 사회 경제 사상사를 연구한 이해주·조준현(2000)에서도 논의된 바 있다. 이 책에서는 근대 사회 사상의 철학적 기초로 '근대 합리주의', '자연법사상'을 거론하고, 이로부터 '계몽주의 사상'이 이어지는 과정을 설명하였다. 1784년 칸트가 『계몽주의란 무엇인가』에서 "계몽은 인간이 스스로 자초하였던 미성숙으로부터의 해방이며, 모든 면에서 자신의 이성을 공개적으로 사용하게 되는 인간의 자유"로 규정한 것2)처럼, 계몽사상은 이성주의를 기반으로 하며, 억압과 속박으로부터의 자유와 해방을 추구한다.

이성적 판단에 따른 지식과 신앙의 모순, 기존에 신성시하던 각종 제도와 자연법 사상의 모순에 대한 자각에서 비롯된 서구 계몽사상은 영국의 경우 근대 경험 과학의 아버지로 불리는 베이컨(F. Bacon, 1561~1626), 뉴턴(I. Newton, 1642~1727)을 거쳐 홉스와 로크의 감각적·실증적 인식 체계로 이어졌으며, 프랑스의 경우 몽테스키외, 볼테르, 루소를 거쳐 '자유, 평등, 박애'를 이념으로 하는 프랑스 대혁명으로 이어졌다. 유럽 중심의 계몽사상 발전이 국가마다 다소의 차이는 있지만, 적어도 이성과 자유, 해방을 중심으로 하는 계몽사상은 여러 가지 정치적 사건과 사회제도를 산출하면서, '근대 국가'와 '민족'의 개념을 정립하는 데 기여했다.

이 점에서 '근대'의 특징을 규명하기 위해서는 우선적으로 '국가'와 '민족'의 개념을 고찰할 필요가 있다. 한국서양사학회(1999)의 『서양에서의 민족과 민족주의』3)와 같은 연구 성과물이 등장한 까닭도 역사 발전 과정에서 '국가'와 '민족'의 역할이 중요했기 때문으로 볼 수 있다.

---

2) 이해주·조준현(2000), 『근대 사회 경제 사상사의 이해』, 신지서원, 71쪽.
3) 한국서양사학회(1999), 『서양에서의 민족과 민족주의』, 까치. 이 책에는 이상신의 「민족주의의 역사적 발전 국면과 그 기능」, 이광주의 「민족과 민족문화의 새로운 인식」 등 12편의 논문이 수록되어 있으며, 1999년까지 연구된 「서양에서의 민족과 민족주의에 관한 우리말 문헌 목록」이 실려 있다.

이 책에서 이상신(1999)은 "민족주의는 일반적인 의미에서는 한 민족이 다른 민족과 대립 및 투쟁관계에서 자기 보호를 위하여, 또는 압박과 예속관계를 극복하기 위하여 국민 구성원들을 여러 가지 공통성과 동질성을 근거로 통합시키는 원리"라고 규정하고, 이 이데올로기가 "앙시앵 레짐 속에 성장하고 있던 부르주아지의 이데올로기로 등장하여 인권과 자유와 민주적 정치 질서 실현에 기여했던가 하면, 그 전개 과정에서 국내적으로 지배집단의 권력 유지에 활용되기도 했었고, 대외적으로 배타적·공격적 가치로 활용되어 분쟁과 전쟁의 동기로 작용되기도 했었다."라고 설명하였다. 이 진술은 서구에서 발달한 민족주의의 특징을 탁월하게 요약한 문장으로 보인다. 이 진술처럼 서구에서의 민족주의는 계몽사상의 연장선에서 18세기 후반 산업·정치 변혁 과정에서 등장한 이데올로기로, 19세기 이후 유럽에서 20세기 이후 전세계로 확산되었다.

한국에서도 '민족주의'는 역사학계나 사회과학계의 주요 연구 대상 가운데 하나였다. 논자마다 다소의 차이는 있지만 '근대', '계몽'의 담론을 논의하는 사람들은 민족주의가 근대의 산물이며, 국민 전체를 '민족' 속에 통합시키는 이데올로기였음을 부정하는 사람은 없다. 특히 한국의 근대를 논의하는 입장에서 민족주의의 형성과 발전은 개항 이후 국권 침탈기 애국계몽운동에 주목하지 않을 수 없었다. 이에 대해 김홍일(1987)[4]에서는 한국사의 특수한 역사적 조건을 전제하면서, "한국 민족주의의 전반적인 전개 과정을 볼 때, 개항기를 포함해서 구한말까지는 근대 민족주의의 맹아기로 평가된다. 이 시기는 아직도 국민주권의식이 철저하지 않았고, 개화자강주의와 충군애국주의 중심으로 민족주의적 움직임이 전개되었지만, 한편으로 국민주권의식이 서서히 싹터가고 있었다."라고 서술한 바 있다.

---

4) 김홍일(1987), 『한국근대민족주의운동연구』, 금문당.

이처럼 사상사의 차원에서 근현대 한국의 계몽주의를 연구하는 일은 전통적인 '국(國)'과 '가(家)'의 개념에서 근대적 국가 개념으로 진화하는 과정, 그리고 그 과정에서 형성된 '민족' 개념을 규명하는 일과 무관하지 않다. 그러나 한국 근대사의 내적 발전 과정에서 외세의 간섭, 국권 침탈, 국권 상실로 이어지는 다양한 사건들이 존재하기 때문에, 근대적 지식의 장이 형성되고 사상이 정립되어 가는 과정에서 혼란스러운 면이 적지 않다. 이는 '근대'에 대한 논란이 본격적으로 제기되었던 1960년대 이후 끊임없이 지적되어 온 문제이다. 하나의 예로 천관우(1990)[5]에서도 "한국의 근대 사상사라고 하면, 1876년 개항(開港)을 전후한 위정척사(衛正斥邪) 사상과 개국(開國)-개화사상의 출현에서부터 붓을 일으켜, 그것이 동학(東學)이나 기독교와 함께 각각 어떻게 전개되어 왔는가 하는 순서로 서술하는 것이 보통이다. 이것은 1919년 3.1운동을 지나 우리 사상계가 크게 다양화하기 시작하기까지, 약 반세기 동안의 사상사의 줄거리가 되고 있다."라고 진술하였다. 그러나 이 과정은 단순하게 도식화할 수 없다. 이를 고려하여 천관우(1990)에서는 '전통사상의 자체 전개로서의 근대화의 방향(이 경우 서양사상은 전통사상을 기축으로 하여 포용 또는 거부되는 과정)'과 '서양사상의 수용과 그 토착화의 방향(이 경우 전통사상은 서양사상을 기축으로 포용 또는 거부되는 과정)'의 두 가지 방향에서 발전 과정을 기술할 수 있다고 요약하였다.

어떠한 방향이든 한국의 근대사상은 개항 이후부터 제기되어 온 '민족' 담론과 밀접한 관련을 맺는다. 특히 근대 국가의 개념이 뚜렷하지 않은 상황에서 서세동점 시대를 거치며 형성된 민족사상은 성리학적 전통의 교화주의(敎化主義)와 맞물려 한국 근대의 계몽운동을 이끌어가는 동력이 되었음에 틀림없다. 이러한 차원에서 한국 근대 계몽사상은 그것이 전통적인 국가를 전제로 한 것이든, 아니면 근대 국가로의 발전

---

5) 천관우(1990), 「한국의 근대사상에 대하여」, 『한국의 근대사상』, 삼성출판사.

을 전제로 한 것이든 진화론적 차원에서 문명진보의 필요성을 부르짖는 데서 출발하고 있음을 확인할 수 있다. 이 진보론은 근대 국가 개념의 형성과 민족에 대한 자각을 거쳐 애국계몽운동으로 이어지고 있으며, 이를 위한 지식 발달과 보급 운동, 의식 개혁 운동 등으로 이어져 왔다.

2. 한국 근대의 계몽 담론

2.1. 문명진보와 진화론

문명·진보론은 문명이 진화 발전한다는 차원에서 바라보는 역사관을 의미한다. 김정의(1999, 2000)에 따르면 서양에서 문명 진보론이 출현한 것은 16세기 프랑스의 장 보댕(Jean Bodin, 1530~1596) 이후이다. 역사의 흥망성쇠를 인정하고 쇠퇴한 문명에서 새로운 문명이 탄생한다는 역사관은 순환적인 역사관과는 다소 차이가 있다. 진보로서의 역사관은 헤겔(G. W. F. Hegel, 1770~1831)의 『역사철학강의』를 거쳐, 실증사학자인 랑케(Leopold von Ranke, 1795~1886)의 진보사관으로 이어진다.[6] 이러한 문명·진보론의 발전 과정에서 '과학적 사고'는 매우 중요한 의미를 갖는다.

진보에 대한 신념은 진화론적 사고와 밀접한 관련을 맺는다. 개항 이후 한국사회에 다윈의 진화론이 처음 등장한 것은 『한성순보』 1884년 3월 8일자 '태서문학원류고'였다. 달이온(達爾溫)이라는 이름으로 소개된 『물류추원(物類推原)』과 '순화설(醇化說)'은 『종의 기원』과 '진화론'

---

6) 서양 역사학에서 문명·진보사관의 전개에 대해서는 김정의(1999)의 『한국문명사』(혜안)와 김정의(2000)의 「문명·진보론의 생성과 전개」(『문명인지』 1~2, 한국문명학회)를 참고하였다.

을 의미한다. 이러한 진화설은 본질적으로 '적자생존(適者生存)', '경쟁(競爭)'과 밀접한 관련을 맺고 있으며, 이는 1880년대 이후 한국 근대 계몽사상의 핵심을 이룬다.

이광린(1986)에서는 구한말 진화론이 본격적으로 수용된 시기를 1900년대로 잡고 있다. 이는 '우승열패', '적자생존', '문명 경쟁' 등의 용어가 누구에게나 자연스럽게 받아들여진 시대가 1900년대 이후라는 의미이며, 실제로 진화론적 사고가 유입되기 시작한 것은 1880년대부터이다. 이 점은 이광린(1986)에서도 비교적 자세히 논의된 바 있다. 특히 유길준이 일본 유학에서 귀국한 직후에 쓴 것으로 알려진 '경쟁론(競爭論)'이 그 근거 중의 하나이다.[7]

【 競爭論 】

大凡 人生의 萬事가 競爭을 依持ᄒ지 아니ᄒᆫ 者가 업스니 大ᄒᆫ 則 天下 國家의 事로붓터 小ᄒᆫ 則 一身一家의 事에 이르히 悉皆 競爭을 因ᄒ야 始能 進步ᄒᄂᆫ 者이라. 萬一 人生이 競爭ᄒᄂᆫ 바가 업스면 何物노써 其智德과 幸福을 崇進ᄒᆷ을 得ᄒ며 國家가 競爭ᄒᄂᆫ 바가 업스면 何物노써 其光威와 富强을 增進ᄒᆷ을 得ᄒ리요. 大概 競爭이라 ᄒᄂᆫ 者ᄂᆫ 므릇 硏智修德ᄒᄂᆫ 事로붓터 文學 技藝와 農商工 百般 事業에 이르히 人人이 其高卑優劣을 互相 比較ᄒ야 他人보단 楚越ᄒ기을 欲ᄒᄂᆫ 者니 今 夫天下 各人 中에 有智者가 이스며 不智者가 이스며 有德者가 이스며 不德者가 이스며 多能者가 이스며 不能者도 잇고, 貧者도 이스며 富者도 有ᄒ야 其相 懸隔ᄒᆷ이 霄壤과 天淵에 比ᄒᆯ 싸람이 아니라. (…中略…) 謹按 我朝鮮國이 久來 鎖國ᄒ야 外國의 交通을 謝絶ᄒ고 其所競爭이 僅僅 一國內 同胞 兄弟에 止ᄒ얏더니 現今 時勢의 變遷을 際ᄒ야 外國과 交際ᄒᄂᆫ 道를 漸開ᄒᆫ 則 今後로 我國 兄弟

---

7) 『유길준전서』 Ⅳ(정치·경제편). 허경진(2004), 「유길준과 서유견문」, 『어문연구』 32(1), 한국어문연구회, 427~453쪽. 이 논문에서는 유길준이 1883년 일본에서 귀국하여 '저사집역', '세계대세론' 등의 글을 썼다고 하였다.

는 日日 外國의 新事物을 接ᄒ야 其間에 風俗異同에 怪異ᄒ며 事物奇巧에
敬歎ᄒᆯ 者가 必多ᄒ나 그러ᄒ나 此는 我兄弟의 競爭 區域을 擴張ᄒ고 文明
富强ᄒᆯ 編緖을 開ᄒ는 者니 其氣力을 旺盛히 ᄒ야 競爭 眼目을 遠大히 ᄒ고
上下 同心ᄒ야 競爭 精神을 活潑ᄒ게 ᄒ고 其 異혼 者을 異라 ᄒ는데 止ᄒ
지 말고 進ᄒ야 其得得失을 察ᄒ며 其奇혼 者을 奇라 ᄒ는 데 止ᄒ지 말고
進ᄒ야 其 便否을 審ᄒ고 쏘 自國 事物을 執取ᄒ야 彼國事物에 比較ᄒ되
彼의 事物이 果然 我의 事物보단 優혼 者 잇거든 取ᄒ야 我短을 補ᄒ고
我의 事物이 果然 彼의 事物보단 長ᄒ거든 永久 保存ᄒ며 其長을 益長ᄒ게
ᄒ야 써 一國의 文明을 進ᄒ며 一國의 富强을 成ᄒ야 國威로 ᄒ야곰 萬邦
에 震轟ᄒ며 國光으로 ᄒ야곰 四海에 照耀함을 余等이 希願ᄒ노라. —芋社
輯譯 所收

번역 무릇 인생의 만사가 경쟁을 의지하지 않는 것이 없으니, 크게는
천하 국가의 일로부터 적게는 일신일가의 일에 이르기까지 모두
경쟁으로 인해 능히 진보하는 것이다. 만일 인생이 경쟁하는 바가 없으면
어떤 것으로 그 지덕과 행복을 숭상 진보할 수 있으며, 국가가 경쟁하는
바가 없으면 무엇으로써 그 광위와 부강의 증진을 얻겠는가. 대개 경쟁이
라는 것은 무릇 지식을 연마하고 덕을 닦는 일로부터 학문과 기예, 농공
상 모든 사업에 이르기까지 사람마다 그 높고낮음 우열을 서로 비교하여
다른 사람보다 우월하기를 원하는 것이니, 지금 천하 각 사람 가운데는
지식이 있는 사람도 있고 지식이 없는 사람도 있으며, 덕을 갖춘 자도
있고 부덕한 사람도 있으며, 능력이 있는 사람도 있고 능력이 없는 사람
도 있으며, 가난한 사람도 있고 부자도 있어 서로 현격함이 하늘과 땅,
천연에 비할 따름이 아니다. (…중략…) 살피건대 우리 조선국이 오래 전
부터 쇄국하여 외국과의 교류를 거절하고 그 경쟁이 겨우 국내에 동포
형제에 그쳤더니, 지금 시세가 변천하는 때에 외국과 교제하는 방도가
점차 열리니 금후 우리나라 형제는 날로 외국의 신사물을 접하여 그간
풍속이 다른 것을 괴이하게 생각하며 사물의 기교에 경탄할 자가 많으나

이는 우리 형제의 경쟁 구역을 확장하고 문명 부강할 방편을 여는 것이니, 그 힘을 왕성하게 하여 경쟁하는 안목을 원대히 하고, 상하 협력하여 경쟁 정신을 활발하게 하고, 그 다른 것을 다르다고 하는 데 그치지 말고, 나아가 득실을 관찰하며, 그 기이한 것을 기이하다고 하는 데 그치지 말고, 나아가 그 편부를 살피며, 또 자국 사물을 취하여 다른 나라 사물과 비교하되 저들의 사물이 과연 우리보다 나은 것이 있으면 취하여 그 단점을 보충하고 우리 사물이 과연 저들보다 좋거든 영구히 보존하며 그 장점을 더욱 좋게 하여 일국의 문명을 진보하게 하며, 일국의 부강을 이루어 국위가 만방에 떨치고 국광이 사해에 비취기를 우리는 간절히 바란다.

—저사집역 소재, 『유길준전서』 권4

사실 '경쟁론'이 언제 쓰인 것인지는 확실하지 않다. 유길준의 글 가운데 『서유견문』이 현토체에 가까운 국한문이며, 『조선문전』이 일반적인 국한문임을 고려할 때, '경쟁론'도 『조선문전』이 쓰인 시대에 기록되었을 가능성이 높다. 그럼에도 유길준의 문명·진보론은 1880년대 개항 이후의 시대 현실을 반영한 논설로 평가할 수 있다. 이 논설에서는 '경쟁의 의미', '외국과의 교통(交通)이 필요한 이유', '경쟁을 통한 문명 부강의 필요성' 등을 역설하였는데, 이러한 경쟁사상이 적자생존 차원에서 위기의식으로 나타나는 것은 갑오개혁 이후의 일로 보인다. 특히 재일유학생들을 중심으로 한 『친목회회보』는 사회진화론적 차원에서 적자생존론을 피력한 경우가 많았는데, 다음과 같은 경우도 이에 해당한다.

【 社會競爭的 】

近世 開化라 云홈은 物質上 豊乏에 關ᄒ야 其不足ᄒ 者를 求ᄒ며 其 缺乏ᄒ 者를 充ᄒᄂ도ᄃ. 人類의 居住地ᄂ 彌彌 狹隘ᄒ되 日日히 繁殖ᄒᄂ 生靈은 衣ᄒ며 食ᄒᄂ 故로 生活의 競爭은 月과 日을 隨ᄒ야 劇甚ᄒ리로ᄃ.

此時에 至ᄒᆞ야 生民의 爭心을 制抑홈은 何를 以ᄒᆞ야 防禦ᄒᆞ고. 嗚呼 各國이 戰具를 備홈은 優勝劣敗의 勢를 由ᄒᆞ야 人力으로 天則을 制홈이로ᄃᆞ. 優勝의 勝敗ᄂᆞᆫ 스ᄉᆞ로 招ᄒᆞᄂᆞᆫ 바이니 人力으로 天則을 制치 못ᄒᆞ고 읏지 口로 此를 罵(매)ᄒᆞ며 읏지 心으로 此를 惡ᄒᆞ리오. 故로 歐洲 諸國은 競爭의 勢에 先覺ᄒᆞ야 社會에 老ᄒᆞᆫ 人類가 多ᄒᆞ며 邦境을 限ᄒᆞ야 民族이 集ᄒᆞ며 巧智進ᄒᆞ야 武力이 長ᄒᆞᆯ지라. 如此ᄒᆞ고 隆暑冽寒ᄒᆞᆫ(융서열한)의 地와 汗下剪劣의 位를 離ᄒᆞ야 優高安榮의 地에 入홈은 民族의 固有ᄒᆞᆫ 本心이오, 自然의 趨勢(추세)라. 읏지 軍旗를 擁護ᄒᆞ야 仇敵을 拂攘(불양)치 아니리오. 嗚呼라. 內에 鬩(격)ᄒᆞᄂᆞᆫ 外侮를 恐홀지어다. 弱國이 强國의 餌되야 優勝劣敗의 禍가 一朝의 火炎ᄀᆞ치 急홀 時에 眼下에 敵國이 無ᄒᆞ다 ᄒᆞᄂᆞᆫ 强暴ᄒᆞᆫ 者 我同胞 生靈에게 읏지ᄒᆞ리오. 暴戾 侵略ᄒᆞᆫ 軍을 以ᄒᆞ야 仁義 任俠ᄒᆞᆫ 師를 稱ᄒᆞ며 天下의 是非를 不顧ᄒᆞ야 耽耽ᄒᆞᆫ 强暴를 逐ᄒᆞ며 兵器의 銳利를 賴야 名義의 如何를 不問ᄒᆞ고 日에 寸을 進ᄒᆞ며 月에 尺을 得ᄒᆞ야 策은 반ᄃᆞ시 占領에 有ᄒᆞ고 政은 반ᄃᆞ시 强硬에 有ᄒᆞ야 陰險 譎詐(휼사)ᄒᆞᆫ 術을 施ᄒᆞ리로ᄃᆞ. <u>前後에 狼虎가 耽視ᄒᆞ야 左右로 衝突ᄒᆞᄂᆞᆫ 其中에 兀然 獨立ᄒᆞ고 從容 悠悠ᄒᆞ야 進取의 策을 能定ᄒᆞᄂᆞᆫ 者ᄂᆞᆫ 오직 勇壯義烈의 民이 後循에 有ᄒᆞ고 修交 通商과 外交 政略을 期ᄒᆞᄂᆞᆫ 者 中央에 有홈이로ᄃᆞ. 嗚呼라. 唯 我 同胞의 代表된 者여. 制度 法律은 暗黑時代에 滿目腐朽(만목부후)ᄒᆞᆫ 舊制를 慕ᄒᆞ며 政權은 朋黨 排擠ᄒᆞᄂᆞᄃᆡ 從事ᄒᆞ야 朝夕變改ᄒᆞ며 當局 執事者ᄂᆞᆫ 强國을 賴ᄒᆞ야 權勢를 依ᄒᆞ고 獨立 自主的에 經綸이 無ᄒᆞ야 權利가 何物인지 自由가 何物인지 不分ᄒᆞ며 民族은 貪官汚吏의 膏澤을 浚(준)ᄒᆞᄂᆞᄃᆡ 無氣無力ᄒᆞ야 愛國精神이 乏絶ᄒᆞ며 兵力은 邦內 一部의 凶徒를 鎭定홀 威力이 無</u>ᄒᆞ며 敵國을 接ᄒᆞᆫ 境界와 海岸에 一個 軍卒과 一隻 艦舶의 豫備가 無ᄒᆞ며 財政은 國庫에 豫備金이 盡乏ᄒᆞ고 歲入歲出의 定額이 無ᄒᆞ야 朝夕으로 窘蹙(군축)ᄒᆞ며 道路ᄂᆞᆫ 鐵道 航海의 交通機關이 專無ᄒᆞ야 工商 貿易 等이 未達홀 ᄲᅮᆫ 아니라 全國을 回示ᄒᆞ야도 萬無一見이라. 此誠 危急ᄒᆞᆫ 秋이로ᄃᆞ. 嗚呼痛哉라. 臣民된 者 읏지 奮發치 아니리오. 唯我 同胞의 奮發心을 萬分之

一이라도 興起흠을 希望ᄒ야 左에 <u>歐洲 諸國의 競爭勝利的과 文明實效的을</u>
<u>略擧</u>ᄒ노라.

번역 근세 개화라고 일컫는 것이 물질상 풍부와 결핍에 관해 부족한
것을 구하고 결핍한 것을 충족하고 있다. 인류의 주거지는 협애한
데 날로 번식하는 사람들이 입고 먹는 까닭에 생활의 경쟁은 날로 극심해
진다. 이에 생민의 경쟁심을 무엇으로 억제하겠는가. 아, 각국이 전쟁 도
구를 준비하는 것은 우승열패의 세력으로 말미암아 인력으로 하늘의 법
칙을 제어하는 것을 비웃으며 어찌 마음으로 이를 싫어하겠는가. 그러므
로 구주 제국은 경쟁의 힘을 미리 깨달아 사회에 노쇠한 인류가 많으며,
나라의 경계를 한정하여 민족이 집합하며, 교묘한 지혜를 발전시켜 무력
을 길렀다. 이와 같이 하고 덥고 추운 땅과 살기 땀흘려 열등한 위치를
떠나 높고 평안한 곳에 들어감은 민족 고유의 본심이요, 자연스러운 추세
이다. 어찌 군기(軍旗)를 옹호하여 원수를 떨쳐 물리치지 않겠는가. 아,
안으로 고요히 외적의 수모를 두려워할지어다. 약국이 강국의 먹이가 되
어 <u>우승열패(優勝劣敗)의 화가</u> 하루아침의 재앙과 같이 위급한 때에 눈앞
의 적국이 없다고 하는 강포한 자가 우리 동포의 생령에게 어찌하겠는가.
사납게 침략한 군대로 인의롭고 호협한 군대라고 칭하며 천하의 시비를
돌아보지 않고 탐탐히 강포를 따라 병기의 예리함을 의지하여 명분의 여
하를 불문하고 날로 조금씩 나아가며 달로 야금야금 얻고자 하는 계책은
반드시 점령을 목표하고, 정치는 반드시 강경하여 음험하고 속이는 술책
을 쓸 것이다. 전후 호랑이가 탐탐히 보고 좌우로 충돌하나 그 가운데
올연 독립하고 종용 유유하여 진취의 책을 능히 정하는 자는 오직 <u>용장의</u>
<u>열(勇壯義烈)</u>한 백성이 따른 뒤에 가능하고 수교 통상과 외교 정략을 기약
<u>하는 자가</u> 정부에 있어야 한다. 아아, 우리 동포의 대표된 자여. 제도 법률
은 암흑시대에 썩은 눈만 가득한 구제도를 사모하며 정권은 붕당을 따라
조석변개하며 당국의 일을 맡은 자는 강국을 의뢰하여 권세를 빌리고 독
립 자주적 경륜이 없어 권리가 무엇인지 자유가 무엇인지 분간하지 못하

고, 민족은 탐관오리의 고택을 빼앗고 무기력하여 애국정신이 핍절하며 병력은 나라 안 일부 흉도를 진압할 힘도 없으며 적국을 살필 경계와 해안에 일개 군졸과 한 척 함선의 준비가 없으며 재정은 국고에 예비금이 바닥나고 세입세출의 정액이 없어 조석으로 군졸하며, 도로는 철도 항해의 교통기관이 전무하여 공상 무역 등이 발달하지 못했을 뿐 아니라, 전국을 돌아보아도 하나도 볼 것이 없다. 이는 진실로 위급한 때이다. 오호 통재라. 신민된 자 어찌 분발하지 않겠는가. 오직 우리 동포의 분발심을 만분의 일이라도 흥기함을 희망하여 <u>구주 제국의 경쟁 승리와 문명 실효의 것</u>들을 대략 열거하고자 한다.

—장호익(張浩瀷), '사회경쟁적(社會競爭的)', 『친목회회보』 제6호

이 논설은 갑오개혁기 재일유학생의 눈으로 본 당시 우리나라의 실태와 '적자생존', '우승열패'를 핵심어로 하는 사회진화론적 차원의 경쟁론에 해당한다. 『친목회회보』에는 제1호부터 제6호까지 '경쟁'을 키워드로 하는 다수의 논설이 실려 있다. 이들 논설은 대부분 장호익의 주장처럼 현재 조선의 상태를 '암흑시대', '구제도의 부패가 만연한 사회'로 인식하고, 개명진보를 위한 '신민의 분발심(奮發心)'을 촉구하거나 '수교 통상', '외교 전략'이 필요함을 주장하는 내용이 다수를 이룬다.

이와 같은 진화론적 사고방식의 문명·진보론이 본격적으로 유입되는 경로의 하나는 량치차오(梁啓超)를 중심으로 한 중국 지식인들이 있다. 량치차오는 캉유웨이(康有爲)의 제자로, 무술변법 실패 이후 일본에 망명한 지식인이다. 이 시기 량치차오의 일본에서의 활동은 국내에도 빈번히 소개된 바 있는데, 다음은 그가 일본에 망명하는 과정과 재일 중국인 유학생 신문인 『청의보(淸議報)』에 대한 기사이다.

【 양계초의 망명과 일본에서의 활동 기사 】

ㄱ. (北京政變續聞) 守舊派는 秘密會議를 開ᄒ야 改革派의 屬ᄒ 者는 悉捕ᄒ

자고 決議ᄒ얏ᄂᆞᄃᆡ 傍觀ᄒᄂᆞᆫ 各國公使들은 漸漸運動을 開ᄒᄂᆞᆫ 貌樣일너라. 改革派志士의 捕縛은 一時稍稍鎭靜ᄒ더니 二十五六日頃에다시 捕縛을 始ᄒ야 上海와 天津에 同時로 捕縛ᄒᄂᆞᆫ 中 改革派 領袖 中 張蔭桓 氏ᄂᆞᆫ 去月 二十四日 伊藤侯 按待ᄒᄂᆞᆫ 宴席에 列ᄒ야 安穩ᄒᆫ 貌樣일너니 是日夜에 革職ᄒ고 翌朝에 刑部에 交付되고 改革派 名士에 康有爲、梁啓超、康汪年 等이 北京에서 逮捕되고 其餘ᄂᆞᆫ 難을 避ᄒ얏더라. 李鴻章의 慶親王廢立ᄒ자ᄂᆞᆫ 議ᄂᆞᆫ 得지 못ᄒ고 西太后가 攝政大禮를 受ᄒᆫ 後 兵隊로 宮中을 秘密히 戒嚴ᄒ다ᄒ고 名國公使의 貌樣은 셔로 睥睨ᄒ고 셔로 注目ᄒ더라.

번역 북경 정변 속문: 수구파는 비밀회의를 열어 개혁파에 속한 자는 모두 체포하자고 의결하였는데, 방관하는 각국 공사들은 점점 운동을 열 모양이다. 개혁파 지사의 체포 구금은 일시 조금 진정하더니 25·6일경에 다시 체포를 시작하여 상해와 천진에서 동시에 체포 구금되는 중 개혁파 영수 중 장인후안(張蔭桓)은 지난 달 24일 이토 후작이 초대한 연회에서 안온한 모양이더니, 이날 밤 직을 파하고 다음날 아침 형부에 잡혀갔고, 개혁파 명사에 캉유웨이, 량치차오, 캉왕니엔(康旺年) 등이 북경에서 체포되고, 나머지는 난을 피하였다고 한다. 리훙장의 경친왕을 폐립하자는 의논은 성공하지 못하고, 서태후가 섭정 대례를 받은 뒤 군대로 궁중을 비밀히 계엄한다고 하고, 각국 공사의 모양은 서로 눈치를 보고 주목하고 있다.

—『황성신문』, 1898.10.6

ㄴ. (淸客投書) 去月二十七日에 日本時事新報社에 投書一封이 來ᄒ엿ᄂᆞᄃᆡ 此投書ᄂᆞᆫ 思量컨ᄃᆡ 日本에 在留ᄒᆫ 淸國開化黨에 書인 듯ᄒ다더라. 其書를 左開ᄒ노라.

近日支那變政、勇往改革幣政、支那全國豪傑忠義之士、莫不稱快、以爲轉弱爲强之大機關、但支那今日朝野人、分兩黨、一爲改進開新黨、人多仁勇智義之輩、其學問識見議論最高明、能興起國勢、此黨人多曉交際格致之學、立

心以救民强國爲務、多家在楊子江東南上下各省地方、(…中略…) 以此故、民間推重新黨人、即如大官張之洞、陳寶箴、鄧華熙、邠壽豊, 胡聘之、京官王文韶、張蔭桓、李端棻、孫家鼐、各大臣、北洋榮祿諸人、皆依新黨、以取聲譽、支那皇帝、聖明天縱、勇果有爲、近日改革之事、無有不善、深洽民心、其最得力者、因有某氏大臣、進呈舊時已死一大有名人、馮桂芬氏所著書、校邠廬抗議、預言改革政事、皇帝見之倣行、即近所行者、多在把議書中. 廣東康有爲、平素喜爲大言、見識亦明、任事亦勇、開新黨人愛之 命康有爲同弟子、梁啓超爲先鋒開路、諸豪傑繼之於後惟朝政前在舊黨人握中、必除去舊黨乃可施行舊黨一人最爲貪汚昏暗、絶無愛國保民之心、使支那國家、屢受羞辱之事 此黨舊人、只知賄賂、不識忠義、近見支那皇帝、爲開新黨主、新黨勢力日大、則舊黨人必退位、因此日夜謀爲判逆、必先執縛綑制皇帝、乃可漸殺新黨人、乃假借皇太后之命、權理國政、實則行同叛逆、囚限皇帝權力、使不得展爲、所以不敢即殺皇帝者、恐怕各各地方新黨義士、起兵打攻京城、殺國賊、報君仇、今日之拿捉中、以康有爲新黨一魁傑梁啓超亦同、舊黨必先殺新黨人解散新黨勢力、然後敢行、弑逆、或度皇帝、別立新帝之年幼者、以便舊黨人握權位. 新黨人喜結交日本、英吉利、米利堅、各國、舊黨人喜陰結俄羅斯、與法蘭西國、幷聞私通俄羅斯、賣國與之、此爲中日一大關係、伊藤侯爵、今在支那北京、宜力救出梁啓超、扶助新黨人、此有益日本之一大助幷宜宣言、保助支那皇帝復權、則後日支那日本邦交史加厚矣 不得已人記 此有益日本之一大助幷宜宣言、保助支那皇帝復權、則後日支那日本邦交史加厚矣 不得已人記.

번역 청객 투서: 지난 27일에 일본 시사신보사에 투서 한 장이 도착했는데, 이 투서는 생각건대 일본에 거류하는 청국 개화당의 글인 듯하다고 한다. 그 글을 소개한다.

근일 중국 정변은 용맹왕진하여 폐정을 개혁하니 중국 전국 호걸과 충의지사가 장쾌하다고 칭하지 않는 자가 없다. 이로써 나약함을 강함으로 바꾸는 기관이니, 다만 지나의 금일 조야인이 두 당으로 나뉘어, 하나는 개진 개신당(開進開新黨)이 되니 인의 용기와 지혜로운 사람들이 많고, 그 학문과 식견의 의론이 가장 고명하여 능히 국가의 세력을 흥기할 만하다. 이 당에는 교제와 격치학에 밝은 사람이 많고, 뜻을 세워 백성을 구제하고 부강을 힘쓰니, 양자강 동남 상하 각성 지방의 사람이 많으니 (…중략…) 이런 까닭에 민간이 신당 사람을 중히 여기는데 대관 <u>장지동(張之洞)·진보잠(陳寶箴)·등화희(鄧華熙)·빈수풍(邠壽豊)·호빙지(胡聘之)</u>, 경관(京官) <u>왕문소(王文韶)·장음환(張蔭桓)·이서분(李端棻)·손가정(孫家鼐)</u> 등 각 대신과 북양 영록의 제인이 모두 신당을 의뢰하며 이로 명예를 얻고 지나 황제가 영명하여 하늘의 뜻을 따라 과감한 결과 근일 개혁의 일이 좋지 않은 바가 없어 민심에 흡족하다. 그 가장 힘을 얻은 자는 이로 인해 모 대신이 옛날 이미 죽은 한 유명한 사람인 <u>풍계분(횡꾸이원, 1890~1874)이 지은 『교빈로항의(校邠蘆抗議)』(아편전쟁 직후 풍계분이 쓴 양무운동 관련 서적)의</u> 개혁 정사를 예언한 것을 받들어 황제가 이를 모방하도록 하였으니, 즉 지금 행하는 것은 이 책에서 논의한 것이 많다. 광동 캉유웨이는 평소 좋은 말하기를 즐겼으며 견식이 고명하고 용기 있는 일을 맡아 개신당 사람의 사랑을 받았다. <u>캉유웨이가 명하여 제자 량치차오가 문을 여는 선봉이 되니</u> 모든 호걸이 이를 계승하고 후에 조정의 이전 구당파 사람들을 파악하여 반드시 구당파를 제거하고자 하니, 이에 구당파 한 사람이 탐관오리가 되고 혼암하며 애국심과 백성을 보호하는 마음이 전혀 없고 지나 국가로 하여금 누차 치욕을 당하니 이 수구당 사람들은 다만 뇌물만 알고 충의를 알지 못한다. 지금 중국 황제를 보니 개신당을 주로 하고 신당 세력이 날로 증대하니 곧 수구당 사람들이 퇴위시키려고 하여 이로 인해 이날 반역을 모의하고 황제를 먼저 구금하니 이에 점차 신당 사람들을 살해하게 되었다. 이에 황태후의 명을 빌려 국정의 전권을 잡고 반역을 꾀하여 황제의 권력을 제한하고 대전에 들지 못하게 하니 감히 황제를 살해하지는 못한 것이, 각 지방 신당의 의사가 기병하여 수도를 공격하고 국적을 죽여 인군의 원수를 갚을까 두려워함이다. 금일 체포된 사람 중 <u>캉유웨이가 신당의 우두머리가 되고</u>

호걸 량치차오 또한 마찬가지니, 수구당은 먼저 신당 사람을 살해하고 신당의 세력을 해산한 뒤, 역모를 꾀하여 혹은 황제를 폐하고 어린 새 황제를 세워 이포 수구당이 권력을 장악하는 데 편리하게 하고자 하였다. 신당 사람들이 일본, 영국, 미국 등 각국과 교류하기를 좋아하고 수구당 사람들은 러시아와 프랑스와 결탁하기를 좋아하여 러시아와 사사롭게 통하며 매국한다는 말이 들리니, 영국은 중국과 일본에 중대한 관계를 맺는다. 이토 후작이 지금 중국 북경에서 량치차오를 구출하는 데 힘을 쏟고, 신당 사람들을 도우니, 이는 일본에 큰 도움이 되며, 아울러 중국 황제 복권을 선언하니 훗날 중국 일본국 외교사가 두터워질 것이다. 부득이 기록한다.

―『황성신문』, 1898.10.11

ㄷ. (淸議報) (요고하만)에 在留ᄒᄂ 淸國人이 發行ᄒᄂ 淸議報를 客年臘月 二十三日에 初號를 發刊ᄒ얏ᄂ딩 記者ᄂ 梁啓超氏라. 上海事務報에 執筆ᄒ 든 스람들인딩 初號로붓터 支那哲學新論과 淸國政變始末이란 問題의 두 論文을 發表ᄒ깃다 ᄒ고 本領은 宇內治亂의 大機가 一을 由ᄒ야 西東의 時 局이 잇스니 淸議報ᄂ 此時局을 痛論ᄒ야 內으로 大淸四百兆民人의 惰眠을 警戒ᄒ고 外은로 東邦諸識者의 敎導함을 瞻仰ᄒᄂ다 ᄒ얏더라.

번역 청의보: 요코하마에 거주하는 청국 사람들이 발행하는 『청의보』가 작년 12월 23일 제1호를 발간했는데, 기자는 량치차오이다. 상해 사무보에 집필하든 사람들인데 초호(初號)부터 중국 철학신론과 청국정변시말이라는 문제의 두 논문을 발표하겠다고 하고, 본령은 나라안의 치란과 대기가 하나를 말미암아 동서의 시국이 있으니, 청의보는 이 시국을 통론하여 안으로 대청 사백조 인민의 나태한 눈을 경계하고 밖으로 동방 여러 식자를 교도하는 것을 우러러 바란다고 하였다.

―『황성신문』, 1899.1.13

세 편의 기사는 량치차오가 일본에 가게 된 배경과 일본에서 『청의
보』기자로 활동하는 상황을 잘 보여준다. 이 신문은 발행 초부터 서울
과 인천을 통해 국내로 들어왔으며, 일부 기사는 『황성신문』에 소개되
기도 하였다.8) 량치차오의 문집인 『음빙실문집(飮氷室文集)』9)은 1903년
상해 광지서국(廣智書局)에서 초판 발행된 계몽서로 당시 서양과의 통
교(通交)를 강조했던 중국 개화파 지식인들의 '문명·진보론'의 실체를
잘 보여준다.10) 그의 정치 관련 논설인 '중국 전제정치 진화사론(中國專
制政治進化史論)'이나 시국(時局) 논설인 '논민족경쟁지대세(論民族競爭之
大勢, 민족 경쟁의 대세를 논함)'는 대표적인 사회진화론적 논문이며, 그
가 소개한 학설(學說) '천연학초조 달이문지학설 급기 약전(天演學初祖
達爾文之學說及其畧傳, 진화론의 시조 다윈의 학설과 그 약전)'은 진화론의
개략을 소개한 논문이다.

재일 유학생과 중국 개화 지식인들과의 지식 교류는 1900년대 문명·
진보론의 성격에도 큰 변화를 가져온다. 특히 국가 개념의 확립과 국권
침탈기 '민족'에 대한 자각은 이른바 '민족경쟁(民族競爭)'이라는 거대
담론을 산출해 낸다. 1902년 11월 14일~17일 사이에 연대된 『제국신문』

---

8) 『황성신문』 1899년 3월 1일, 3월 17일~18일의 '논설'이나 4월 29일의 '별보' 등이 대표적
   이다. 특히 3월 17일~18일자 논설의 애국성에 대한 청국 '애시객(哀時客)'의 4월 29일의
   '청국 지사가 일본문을 선학(先學)하자는 논설'은 유사한 내용이 『음빙실문집』에 실려
   있는 것으로 보아, 량치차오가 쓴 논설이었을 것으로 추정된다.

9) 『음빙실문집』은 1903년(임인년) 량치차오(梁啓超)의 글을 엮어 상해 광지서국(廣智書局)
   에서 펴낸 책이다. 석인본(石印本)으로 선장 불분(線裝不分)의 5권 5책(5卷5冊), 사주단변
   (四周單邊) 반곽(半郭) 16.8×11.5cm, 유계(有界), 17행 35자(17行35字), 20.0×13.3cm의 판
   형이며, 표제명은 『임인 음빙실문집·계묘 음빙실 문집』으로 1902년 서문이 쓰였으며,
   계묘년에 발행되었음을 알 수 있다. 1908년 판은 연활자본으로 한양대, 단국대, 국립중앙
   도서관 등에 산재되어 있으며 상하 2책으로 발행되었다. 상권은 '통론(通論)', '정치(政
   治)', '시국(時局)', '종교(宗敎)', '교육(敎育)', '생계(生計)', '학술(學術)'의 7부로 구성되었
   으며, 하권은 '학설(學說)', '역사(歷史)', '전기(傳記)', '지리(地理)', '유기(遊記)', '담총(談
   叢)', '운문(韻文)', '소설(小說)'의 8부로 구성되어 있다.

10) 『음빙실문집』은 초판 발행 이후 국내에 광범위하게 유통되었던 것으로 보이는데, 1910년
    일제 강점 직후 내부대신 판매 금지 도서로 규정되었다.

의 논설 '서양에서 동으로 벗는 형세'를 비롯한 '제국주의론', '식민주의'에 대한 관심이 고조되는 것이나, 1905년 이후 유호식(劉鎬植, 1905)이 역술한 『민족경쟁론(民族競爭論)』과 『국민자유진보론(國民自由進步論)』[11]이 널리 유통되었던 사실 등은 1900년대에 이르러 '문명·진보론'이 국권 침탈의 위기 의식 속에서 '민족경쟁론'으로 변화해 가는 모습을 잘 보여준다. 이밖에도 이채우(1908) 역술의 『19세기 구주 문명진화론』, 이상룡(李相龍)의 「진화집설(進化輯說)」(『석주유고(石州遺稿)』, 고려대학교 출판부), 『인군진화론(人群進化論)』, 『세계진화사(世界進化史)』, 『족제진화론(族制進化論)』, 『문명진화론(文明進化論)』 등의 저역 자료가 등장했는데, 이는 1900년대 국권 침탈 상황에서 국가 차원의 생존경쟁설이 중요한 영향을 미쳤기 때문에 나타난 현상이다.

2.2. 국가 개념의 변화와 충군애국론

문명·진보론이나 민족경쟁론은 국가 개념의 확립과 밀접한 관련을 맺는다. 특히 국권 침탈기 애국계몽사상은 전통적인 '충군(忠君)' 의식보다 주권(主權) 개념에 기반한 국가사상을 토대로 한다. 국가에 대한 근대적 의식이 싹튼 시기는 1880년대부터로 보인다.

---

11) 이 두 책은 1905년 5월 전후 종로 고금서해관(古今書海館)에서 발행한 것으로, 1910년 내부대신 판매 금지도서로 규정되었다. 『황성신문』 1905년 5월 18일자부터 1909년 2월 2일까지 이 책에 대한 광고가 120여 회나 게재된 바 있는데, 현재는 이 책의 소장처를 확인할 수 없다. 『민족경쟁론』에 대해서는 "차편(此篇)은 민족(民族)의 시대 변천(時代變遷)함과 종류(種類)의 성쇠 관계(盛衰關係)를 비진(備陳)함."이라고 하였고, 『국민자유진보론(國民自由進步論)』에 대해서는 "국민(國民)의 당행의무(當行義務)와 지식개발(智識開發)함을 상술(詳述)함."이라고 광고하였다.

【 銷兵議 】

國未强人未智 而遽欲撒兵息戰固不可 顧因戰殺以保之於永世 自古未之有也. 撒各國私備之兵定天下公共之軍 自一國而言之如不足 自天下而言之則有餘 且兵散天下所爭在兵 兵收天下所爭在道 所爭在兵則人人精神 莫不趨于殺人奪地之事. 所爭在道則人人精神 莫不趨于濟世 開物之業 矧興大義定大法 嚴條約正規律 有衆共獎之 有衆共匡之 有衆共征討之 則國與天下共强. 强莫大焉凡物之興 必有機事之盛 必有漸. 昔者邦國相接 惟兵力是悖術詐是競. 自和蘭人虎哥始 唱公法 講述之者踵出于世 至于今則宇內萬國 奉以爲著龜 雖弱小之國 不爲强國所併者 實賴其賜. 然所謂公法者 就交際交戰據可守之義法 及慣行之條例耳. 未及言交戰之所以乖天理 且如局外中立我親呢之國交凶器 互殺赤子而恝然補手秦越肥瘠 是猶兄弟鬪墻已 在傍而不救之而可乎. 自今以後 人智蒸蒸日躋 益擴公共之理則銷除殺氣之說 漸興勢使然也. 故萬國相接之形 旣一變而公法明于世 必一變而殺氣銷于宇內 然則宇內萬國之治體亦將歸于一乎曰不然. 土俗人情各異 其宜欲强同之不可得矣. 邦國之肇建也 有全部之民自一族而成者 有諸侯相聚定盟約而相治者 有力之人服從諸部自爲之主者 其體各異土俗人情亦隨而別 故立君國之不可以爲共和治之 不可以爲立君國 家業不同同總于國 國體不同同總于天下 (…中略…) 華人王韜揚之循環日報云 此日本史官木下眞弘所議. 其所見固臻絶頂立議 亦復不凡五洲 大小諸國能誠一以公法相維繫 而不至於爭城爭地俾兵氣銷焉 日月之光則生民之艱庶幾息歟.

번역 나라가 강하지 못하고 국민이 지혜가 없는데 갑자기 군사를 철수하고 전쟁을 쉬는 것은 불가하나 전쟁으로 영원히 나라를 보존한 자는 자고이래로 없었다. 각국의 사병(私兵)을 철수하고 세계의 공군(公軍)을 정한다면, 한 나라로 보면 부족한 듯하지만 세계로 보면 넉넉하다. 또 천하에 군사가 흩어져 있으면 오직 다투는 것이 군사력이나, 천하에서 군사를 철수하면 오직 도(道)만을 다투게 된다. 군사력을 다투면 사람의 정신이 모두 살인과 땅을 빼앗는 데로 쏠리고, 도를 다투면 사람의 정신이 모두 세상을 구제하고 개화시키는 데로 쏠리게 되는 것인데, 하물며

대의(大義)를 일으키고 조약(條約)을 엄히 하며, 규율을 바로잡아서 대중들과 함께 장려하고, 대중과 함께 바르게 구제하고, 대중과 함께 정토(征討)한다면 나라는 세계와 함께 강해져서 막대한 강국이 될 것이다. 모든 문물이 홍성해지는 데는 반드시 동기가 있고 일이 융성하게 되는 데는 조짐이 있는 것이다. 옛날에는 나라가 서로 상대하는 데 오직 병력만을 믿고 작술(作術)을 다투었는데, 네덜란드 사람(荷蘭人) 호가(虎哥, Grotius, 그로티우스)가 처음으로 공법(公法)을 주창(主唱)하자 그걸 강술하는 자가 다투어 일어나 지금에는 세계 각국이 그걸 신봉하니, 약소국가가 강국에게 병탄(倂呑)되지 않음은 모두 그의 덕택이라 하겠다. 그러나 그 공법(公法)이란 내용이 국제간의 교제(交際)·교전(交戰) 등 지켜야 할 의법(義法)과 관행(慣行)하는 조례(條例)일 뿐 교전(交戰)이 천리(天理)에 어긋난다는 사실은 언급하지 않았고, 또 중립(中立)을 지켜 자기 나라와 친근한 나라에 전쟁이 나서 백성들이 죽는데도 자기와 상관이 없다고 방관(傍觀)해야 한다고 하였으니, 이는 형제사이에 싸움이 나도 옆에서 구하지 않는 격이니 어찌 옳은 일이라 할 수 있는가. 이후로는 사람의 지혜가 점차 발달하여 공공(共公)의 이치(理致)는 더욱 확대될 것이니, 전쟁을 없애야 된다는 설이 점점 일어날 것은 자연의 추세이다. 그러므로 만국이 서로 상대하는 모양이 일변하여야 공법(公法)이 세계에 밝아지고, 또 다시 일변하여야 반드시 세계의 전쟁이 사라질 것이다. 그렇게 되면 만국의 정치체제 역시 장차 귀일(歸一)될 것인가. 그렇지 않다. 토속(土俗)과 인정(人情)이 각기 다르니 억지로 같게 하려 해도 같게 되지 않을 것이다. 또 나라를 처음 세울 때 전국의 백성이 한 민족으로 된 나라도 있고, 제후(諸侯)들이 서로 모여 약정(約定)하여 함께 다스리는 나라도 있으며, 유력(有力)한 사람이 여러 부족(部族)을 복종시켜 스스로 군주(君主)가 된 자도 있다. 이렇듯 그 체제가 각각 다르고, 토속과 인정 역시 거기에 따라 다르기 때문에 군주국(君主國)은 공화정치(共和政治)를 할 수 없고, 공화정치는 군주국 정치를 할 수가 없으나, 가업(家業)이 달라도 모두 국가에 예속되고, 국체(國體)가 달라도 모두 세계 속에 소속되는 것과 같다. (…중략…)
중국사람 왕도(王韜)가 『순환일보(循環日報)』에 말하기를 "이상은 일본
역사가(歷史家) 기노시타 마사히로(木下眞弘)의 의론(議論)인데, 그 견해
가 참으로 절정(絶頂)에 이르렀고 입의(立議)한 것 역시 비범(非凡)하다.
그의 말대로 오대주의 크고 작은 나라들이 참으로 하나가 되어 공법(公
法)을 유지하여 영토를 다투지 않아 전쟁이 그친다면 인류의 고생은 거의
사라질 것이다."라고 하였다.

—'소병설(銷兵說)', 『한성순보』, 1883.12.20

이 논설은 중국인 왕도(王韜)[12]가 『순환일보』에 실은 논설을 토대로,
만국공법의 전쟁 억제 기능을 소개한 논설이다. 이 논설에 등장하듯이
만국공법 사상은 그로티우스가 제창한 것으로, 국가간의 교제·교전 등
과 관련된 공리(公理)이다. 이 논설에서는 일본 역사가 기노시타 마사히
로(木下眞弘)[13]의 논리를 빌어 공법이 필요함을 강조하였다. 여기서 주
목할 것은 "有衆共獎之 有衆共匡之 有衆共征討之 則國與天下共强"에 들
어 있는 '중(衆)'에 대한 인식이다. 여기서 '중(衆)'은 단순한 '무리'의 의
미라기보다 국가를 구성하는 '국민'을 자각한 표현으로 해석할 수 있는
데, 이 논설에서 주권 소재 형태와 관련된 '군주국(君主國)', '공화정치(共
和政治)' 등의 개념어가 등장한다. 이 기사 이외에도 『한성순보』에는 '공
화'라는 용어가 15회나 더 등장하는데, 이는 정치 체제로서 주권재민(主
權在民)을 의미하는 '공화정치'라는 개념이 이 시기부터 도입되고 있음
을 확인할 수 있는 증거이다.

---

12) 왕도(王韜): 1828~1897. 청말 개혁 정치가로 1886년 존 프라이어가 상해에 격치서원을
설립할 당시 상해에 체류하며 다수의 변법론을 발표하였다. 『보법전기』, 『법란서지』 등
을 편저했다.
13) 기노시타 마사히로(木下眞弘): 1824~1897, 일본의 역사가. 『일본구막비교론(日本舊幕比
較論)』, 『풍태합정외신사(豊泰閤征外新史)』 등의 저술이 있으며, 일본의 국수주의 역사학
자이다.

그럼에도 이 시대의 국가 개념은 전통적인 '신(身)'의 집합으로서 '가(家)', '가'의 집합으로 형성된 '국(國)', '국'의 주인으로서 '군주(君主)'를 설정하는 전통적인 국가 개념이 일반적이었다. 김효전(2000)에서 밝힌 바와 같이, 서구에서 국가학이 발전하는 과정에서 강조되었던 '국민', '영토', '주권'과 같은 국가 요소설이나 '국가유기체설' 등과 같은 국가 사상이 확립되기까지는 시간이 좀 더 필요했다.[14]

국가 개념 확립 과정에서 유길준의 『서유견문』과 『정치학』은 중요한 의미를 갖는다. 『서유견문』에서는 입헌(立憲)을 기준으로 한 '정치·법령'의 대내 주권과 '독립·평등·교섭'을 특징으로 하는 대외 주권이 국가 성립의 기본 요소임을 제시하였다.

【 邦國의 權利 】

夫 邦國은 一族의 人民이 一方의 山川을 割據ᄒ야 政府를 建設ᄒ고 他邦의 管轄을 不受ᄒᄂ 者니, 然ᄒ 故로 其國의 最上位를 占ᄒ 者ᄂ 其君主며 最大權을 執ᄒ 者도 其君主라. 其人民은 其君主를 服事ᄒ며 其政府를 承順ᄒ야 一國의 體貌를 保守ᄒ고 萬姓의 安寧을 維持ᄒᄂ니 一國을 比ᄒ건ᄃᆡ 一家와 同ᄒ야 其家의 事務ᄂ 其家가 自主ᄒ야 他家의 干涉홈을 不許ᄒ고 又 一人과 同ᄒ야 其人의 行止ᄂ 其人이 自由ᄒ야 他人의 指揮를 不受홈과 一樣이니, 邦國의 權利도 亦然ᄒ지라. 此 權利ᄂ 二種에 分ᄒ야 一日 內用ᄒᄂ 主權이니 國中의 一切 政治 及 法令이 其 政府의 立憲을 自尊홈이오, 二日 外行ᄒᄂ 主權이니 獨立과 平等의 原理로 外國의 交涉을 保守홈이라. 是를 由ᄒ야 一國의 主權은 形勢의 强弱과 起源의 善否며 土地의 大小와

---

14) 김효전(2000), 『근대 한국의 국가가상』, 철학과현실사. 이 책에서는 '국가학'의 기초를 이루는 '헌법'과 관련된 지식을 정리하고, 국가사상 발전의 근거로 마틴의 한역 국제법, 나진·김상연의 『국가학』, 안국선 편술의 『정치원론』, 조성구의 『헌법』, 루소의 『민약론』 등을 집중적으로 검토하였다. 또한 이 책 제6장에서는 근대 계몽기 국가가상 관련 문헌을 '국가학 관련', '정치학 관련', '국제법 문헌', '헌법학', '행정법 기타', '형법학', '사법학과 기타 법률 문헌'으로 나누어 정리하였다.

人民의 多寡를 不論ㅎ고 但 其 內外 關係의 眞目的흔 形像을 依據ㅎ야 斷定
ㅎᄂ니 天下의 何邦이든지 他邦의 同有흔 權利를 不犯ㅎᄂ는 時ᄂᆫ 其 獨立
自守ㅎᄂ는 基礎로 其 主權의 權利를 自行흔 則 各邦의 權利ᄂᆫ 互係흔 職分의
同一흔 景像을 由ㅎ야 其 德行 及 慣習의 制限를 立홈이라.

번역 대저 나라와 국가는 한 종족의 인민이 한 지방의 산천을 할거하여
정부를 건설하고, 다른 나라의 관할을 받지 않는 자이니, 그러므
로 그 국가의 최상위를 점한 자는 군주이며, 가장 큰 권리를 갖는 자도
군주이다. 그 인민은 그 군주에게 복종하며 그 정부의 명령에 순종하여
일국의 체모를 보호 유지하고 만백성의 안녕을 유지하니, 일국을 비유하
면 한 집안과 동일하여 그 집안의 사무는 그 집안이 스스로 주인이 되어
다른 집안의 간섭을 받지 않고 또 한 사람과도 같아서 그 사람의 행위는
그 사람이 스스로 말미암아 행하여 타인의 지휘를 받지 않는 것과 같으니,
방국(邦國)의 권리도 또한 같다. 이 권리는 두 종으로 나누어 첫째는 내부
에 필요한 주권이니 나라 안의 모든 정치 및 법령이 그 정부의 입헌을
스스로 지키는 것이요, 둘째는 외부에 행하는 주권이니 독립과 평등의
원리로 외국의 교섭을 보호함이다. 이로 말미암아 일국의 주권은 형세의
강약과 기원의 선부와 토지의 대소와 인민의 다과를 논하지 않고, 단지
그 내외 관계의 진목적에 따라 정해지니 천하의 어떤 나라든지 다른 나라
와 동등한 권리를 침범하지 않을 때는 그 독립과 자기 스스로 지키는 기
초로 그 주권의 권리를 스스로 행하니 각 나라의 권리는 상호 관계하는
직분이 동일한 모습에 따라 그 덕행과 습관의 제한을 확립한다.

—유길준, '방국의 권리', 『서유견문』 제3편

이 논설은 '정부'와 '주권'이 국가의 기본 요소이며, 국가의 권리는
대내적으로 '정치·법령'에 대한 '입헌'과 대외적으로 외국과의 교섭에
필요한 독립권이 존재함을 역설하였다.[15] 비록 전통적인 '일신', '일
가'에서 '일국'이 성립한다는 전제 아래 '군주주권'을 옹호하는 차원에

서 국가의 성립 조건을 제시하였으나, '주권' 개념과 '입헌주의'를 기본으로 한 국가 개념을 제시한 점은 국가에 대한 근대적 의식이 작용하고 있음을 의미한다. 유길준의 국가관을 좀 더 뚜렷이 확인할 수 있는 저서는 그가 필기한 『정치학』이다. 이 필기본이 쓰인 시점에 대해서는 여러 가지 논란이 있을 수 있으나,16) 근대의 국가학에 대한 체계적인 논의가 이루어졌다.17) 이 가운데 '국가의 사회적 요소' 일부를 살펴보자.

【 緖論 】

抑人類로뼈 社會 中에 存在ᄒᄂᆫ 社會的 動物이라 ᄒᄆᆡ 其要因에 三種이 有ᄒ니 第一 自然의 感情, 第二 外界의 必要, 第三 歷史의 影況이 是라. 盖 血統上 存在ᄒᆫ 自然의 感情은 人生의 互相 關係 中 最永久ᄒ며 最稠密ᄒ야 社會의 初級되난 家族을 成ᄒ고 向進ᄒ야 種族을 成ᄒᄂᆫ 者며, 又 人事界 와 天然界를 不問ᄒ고 凡外界로서 到來ᄒᄂᆫ 災害ᄂᆫ 一地方에 住居ᄒᄂᆫ 人

---

15) '방국의 권리'에서는 대내 주권과 대외 주권을 설명한 뒤, '국(國)의 국(國)되는 권리'를 '입본(立本)한 권리'라고 규정하고, 이를 두 가지로 나누어 제시하였는데, 첫째는 '현존과 자보(自保)하는 권리'로 '신왕(伸枉)하는 권리: 조정(調停), 권화(勸和), 면의(面議), 국회(國會) 등', '보응(報應)하는 권리', '답창(答搶)하는 권리', '상쟁(相爭)하는 물(物)을 금착(擒捉)하는 권리', '삽종(揷種)하는 권리', '선전·결화(宣戰決和)하는 권리'가 있으며, 둘째는 '독립하는 권리'로 '산업(토지)의 권리', '입법하는 권리', '교섭과 파사(派使)·통상의 권리', '강화와 결약(決約)의 권리', '중립하는 권리'가 있다.

16) 김효전(2000)에서는 유길준의 『정치학』이 1886년부터 1905년 사이에 필기된 것으로 기술하였다. 이홍구(1986)의 「근대 한국 정치학 백년: 그 한계성의 극복을 위한 자성」(『한국정치학회보』 20(2), 한국정치학회)에 따르면 이광린 교수는 필기 시점을 1905년경으로 추정한 바 있고, 유영익 교수는 1886년부터 1889년 사이로 추정한 바 있다. 『유길준전서』 권4에 수록된 '정치학'에는 '국가학'이라는 용어가 빈번히 등장하고, '인민의 분류'나 '국권의 범위' 등이 체계적인 점을 고려할 때, 다수의 역술 서적이 본격적으로 등장하는 1900년대 중반 이후에 쓰인 것으로 보는 것이 타당할 듯하다. 1998년 한석태 교수가 이 책을 역주하여 경남대학교 출판부에서 출판하였다.

17) 이 책은 제1편 '국가의 요소', 제2편 '국가의 생리'로 구성되었다. '국가의 요소'에서는 '자연적 요소'로서 '기후', '지리', '지질', '인민' 등이 제시되었고, '사회적 요소'로 '가족', '지방단체', '사회'와의 차이점이 제시되었다. '국가의 생리'는 '국체 급 정체(國體及政體)', '국권의 범위'로 구성되었다.

民의 心力 協同ᄒᆞᄂᆞᆫ 必要를 生ᄒᆞ야 地方團体를 形成ᄒᆞ기에 至ᄒᆞᄂᆞᆫ 者이며 且 自然的 生活과 法律 制度 言語 種族 道德 技術 等 一切 歷史 影況은 亦 族民의 複雜ᄒᆞᆫ 社會的 階級을 揚成ᄒᆞᄂᆞᆫ 者라. 國家ᄂᆞᆫ 社會의 生長ᄒᆞᆫ 無形 ᄒᆞᆫ 合体로 社會上에 立ᄒᆞ야 獨立의 生活을 有ᄒᆞᆫ 者라. 家族, 地方團体 及 族民의 社會組織과 最親密ᄒᆞᆫ 關係를 有ᄒᆞ야 或은 自己의 目的을 爲ᄒᆞ야 是 等의 組織을 使用ᄒᆞ기도 ᄒᆞ며 或은 是等의 組織을 爲ᄒᆞ야 自己가 其使用 되기도 ᄒᆞ니

번역 인류는 사회 속에 존재하는 사회적 동물이라고 하니 그 요인에 세 종류가 있다. 제1은 자연의 감정, 제2는 외계의 필요, 제3은 역사의 영향과 상황이 그것이다. 대개 혈통상 존재한 자연의 감정은 인생의 상호 관계 가운데 가장 오래된 것이며 밀접하여 사회가 형성되는 초급의 가족을 이루고, 나아가 종족을 형성하는 것이며, 또 인사계와 천연계를 불문하고 외계로부터 오는 재해는 한 지방에 거주하는 인민이 마음으로 협동할 필요를 만들어 지방단체를 형성하도록 하는 자이며, 또 자연적 생활과 법률, 제도, 언어, 종족, 도덕, 기예 등 일체 역사적 영향과 경황은 또한 족민(族民)의 복잡한 사회적 계급을 만드는 자이다. 국가는 사회가 생장한 무형의 집합체로 사회상에 존립하여 독립의 생활을 하는 자이다. 가족, 지방단체, 족민의 사회조직과 가장 밀접한 관계가 있어 혹은 자기 목적을 위해 이런 조직을 사용하기도 하고, 혹은 이들 조직을 위해 자기 가 사용되기도 한다.

—'정치학', 『유길준전서』 권4

'국가의 사회적 요소'를 설명한 이 글에서는 국가를 '사회가 생장한 무형의 합체'로 규정하고, 가족, 지방단체, 족민과의 관계를 설명하였 다. 서론(緖論)에서 제시한 '가족', '지방단체', '족민'은 유길준이 인식한 사회조직의 단위로 국가의 하위 단위들이다. 가족은 '인구 번식의 기능 을 갖는 조직'으로 '혼인'에 의해 형성되며, 지방단체는 인간이 만든 조

직의 제2 단계로 '촌락'이나 '사회'와 같은 의미를 지니는 단위이다. 이 용어는 자연발생적인 '부족'이나 인위적인 '사회'와 같은 의미를 지니는 용어로 해석할 수 있는데, 유길준의 '정치학'에서는 '지방단체'가 '군사적, 정치적, 종교적, 경제적 요인'에 따라 발생한다고 하였다.18) 이 점에서 유길준은 지방단체가 유기체적인 속성을 갖고 있으며, 그 성격상 국가와 지방단체의 경계를 정하는 것은 쉽지 않다고 하면서, "다만 근세의 국가는 행정 통일을 위하며 신민(臣民) 보호를 위하여 지방단체의 위에 행동하는 권리를 가진다."고 하였다.

이처럼 유길준의 『정치학』은 '국가'라는 개념어가 확립되는 과정을 잘 보여준다. 주권과 독립을 전제로 한 국가 개념은 러일전쟁 직후 국권 침탈이 본격화되는 시점에서 '충군애국사상'과 함께 애국계몽운동을 이끈 사상적 배경이 되었다. 이 시기 신문이나 학회보에는 수많은 국가사상 관련 논설이 게재되었는데, 예를 들어 『만세보』에는 1906년 9월 18일부터 11월 22일까지 한역본(漢譯本) '국가학'이 연재되었으며, 각종 학회보에도 '국가' 관련 논문이 게재되었다. 다음과 같은 논문이 대표적이다.

---

18) 이 시기 국가 이전의 조직으로 '지방(地方)'을 설정한 교과서로는 1907년 광학서포에서 발행한 안종화(安鍾和)의 『초등윤리학교과서』가 있다. 이 교과서는 전통 윤리를 바탕으로 '가족, 사제, 친구, 타인, 사회, 국가'와 관련된 윤리를 제시하였는데, '사회'라는 용어 대신 '지방'이라는 용어를 사용하였다. 안종화(1907: 38~39)에 따르면 "地方은 一定ᄒ 地域과 居民이 有ᄒ야 必當ᄒ 法律를 構結ᄒ야 自治團體를 成ᄒ이 一道와 一府와 一郡과 一廳과 一面과 一洞이 皆是라. 人이 一團體에 旣居ᄒ진딕 自治 公職을 卽當執行ᄒ야 强立ᄒ 基礎를 營ᄒ며 政事의 機關을 行ᄒ야셔 國家 全體의 一部가 될지니"라고 설명하였다. 흥미로운 것은 이 책의 개정판인 『초등수신교과서』(1909, 광학서포)에서는 '지방'이라는 용어 대신 '사회(社會)'라는 용어를 사용했다는 점이다. 이는 '사회'라는 개념어가 보편화되기 이전 '지방' 또는 '지방단체', '자치단체'라는 용어가 사회의 대용어로 쓰였음을 의미한다.

【 근대 계몽기 학회보 소재 '국가' 관련 논문 】

연도	학회보	필자	제목	호수
1896	친목회회보	김기장	정치본원	제4호
1896	대조선독립협회회보	미상	독립론	제13호
1896	대조선독립협회회보	편집국	국시유지론	제16호
1896	친목회회보	정인소	국가의 관념	제4호
1896	대조선독립협회회보	편집국	국가와 국민의 흥망	제11호
1896	친목회회보	유창	국민의 의무	제3호
1906	대한자강회월보	김성희	정부의 직분	제11호
1906	대한자강회월보	김성희	국가 의의	제11호, 제13호 (2회)
1906	대한자강회월보	심의성	정치학의 국가주의	제12,13호(2회)
1906	대한자강회월보	해외유객	국가의 본의	제3호
1906	서우	채수현	국법상 국무대신의 지위	제9호
1906	서우	편집부	국가의 개념	제16호, 제17호
1906	서우	한광호	통치의 목적물	제5호
1906	태극학보	최석하	국가론	제1호
1906	소년한반도	이각종	國家學	2~6호
1906	서우	차종호	법률상 자치의 개념	제9호
1907	야뢰	김성희	민족국가설	제2호
1907	낙동친목회학보	애우생	국가설	제3호
1907	낙동친목회학보	최린	국민의 품격	제4호
1907	대한구락	남정훈	공법상 국가와 국제공법상 국가의 차이	제2호
1907	낙동친목회학보	문내욱	국민의 자격	제2호
1907	법정학계	윤익선	통치권의 성질 급 범위	제6호
1907	법정학계	변만영	국가와 인간의 구별 급 관계	제14호
1907	법정학계	박두화	국가 성립의 무형 요소	제15호
1907	법정학계	정창구	국가원론	제18,19,20호(3회)
1907	공수학보	윤거현	국가의 본질과 형체	제2호
1907	공수학보	김지간	국가사상을 논함이라	제1호
1907	공수학보	한용	국제지효력	제1호
1908	대한협회회보	대한자	토지와 국민의 관계	제6호
1908	대동학회월보	김대희	국력	제3호
1908	대동학회월보	편집부	국가 형벌권의 근거	제2호
1908	대동학회월보	편집부	국가의 성질	제2호

연도	학회보	필자	제목	호수
1908	호남학보	이기/현채	국가학설	제1,2,3,4호(이기), 5,6,7,8,9호 (현채의 동국사략)
1908	대동학회월보	김문연	종교와 한문	제19호
1908	대한협회회보	김광제	국가지보	제4호
1908	소년	편집실	국가의 경쟁력	제2권 제10호
1908	대한학회월보	이한경	단합은 국의 요소	제1호
1908	대한학회월보	홍성연	국가 정도는 필자 개인지자조 품행	제3호
1908	대한학회월보	김갑순	대성질호 아국민적 정신	제3호
1908	대한학회월보	이한경	국가와 종교	제3호
1909	대한흥학보	박해원	국가 종류의 대략	제3호

국권 침탈기 국가사상에 대한 관심은 국가학 관련 저술에도 직접적인 영향을 미친다. 그 결과 나진·김상연 역술(1906)의 『국가학』(출판지 미상), 인종화 역(1907)의 『국가사상학』(광학서포, 伯倫知理, 요한 캐스퍼 블룬칠리 저), 정인호 역(1908)의 『국가사상학』(정인호가, 伯倫知理 著, 梁啓超 譯, 정인호 중역) 등의 교과서가 저술되었고, 정치학이나 법률학 교과서에서도 국가학이 전제가 되고 있다. 그럼에도 전통적인 '국(國)'과 '가(家)'의 개념이 근대적 국가 개념으로 전환되기까지는 상당한 진통이 뒤따랐던 것으로 보인다. 이 점은 『대한매일신보』 1907년 7월 15일~17일까지 연재된 논설 '신가국(身家國) 관념의 변천(變遷)'을 통해서도 짐작할 수 있다.

【 身家國 觀念의 變遷 】

　數百年 以來로 大勢所趨에 眞正흔 國家의 主義가 駸駸히 發達ᄒ야 或學士의 筆에 現ᄒ며 或武士의 劒에 現ᄒ며 或婦士의 舌에 現ᄒ며 或烈士의 血에 現ᄒ야 壹大新潮가 歐洲中心에셔 激起ᄒ야 西으로 太西洋을 渡ᄒ야 美洲를 拍하며 東으로 太平洋을 渡ᄒ야 亞洲를 開ᄒ고 其狂濤亂潮가 東馳

西突ᄒ야 四宇에 遍ᄒ야 卽今二十世紀新天地를 造成ᄒᄆᆡ 於是乎國家ᄂᆞᆫ 斯民의 國이라 ᄒ야 其存其亡에 惟民이 是圖라 ᄒ며 國民은 斯國의 民이라 ᄒ야 其安其危를 惟國이 是顧라 ᄒ야 國家ᄂᆞᆫ 國民의 公産을 作ᄒ며 國民은 國家의 公權을 有ᄒᆷ에 至ᄒᆫ지라. 비록 亘古絶今의 梟雄悍夫가 出ᄒᆯ지라도 此産을 獨專ᄒ며 此權을 獨把ᄒᆷ을 不得ᄒ고 비록 呑山吸海의 頑魔巨敵이 來ᄒᆯ지라도 此産을 不敢侵ᄒ며 此權을 不敢害하나니 盖如此라야 今日에 云ᄒᄂᆞᆫ 國家라. 此義를 知ᄒᄂᆞᆫ 者ᄂᆞᆫ 興ᄒ며 此義를 不知ᄒᄂᆞᆫ 者ᄂᆞᆫ 敗ᄒ며 此義를 踐ᄒᄂᆞᆫ 者ᄂᆞᆫ 存ᄒ며 此義를 不踐ᄒᄂᆞᆫ 者ᄂᆞᆫ 滅ᄒ니 盖國家名稱의 出生은 古代에 在하나 古代의 國家ᄂᆞᆫ 壹家族의 有ᄒᆫ 비며 今代의 國家ᄂᆞᆫ 壹民族의 有ᄒᆫ 비라. 其相異ᄒᆷ이 如此ᄒ니 此가 第四期라. 此第四期間의 年代의 久遠이 五六千年에 過ᄒ나 人界進化의 狀態ᄂᆞᆫ 大畧此身家國에 不出ᄒ야 第壹期에ᄂᆞᆫ 身의 觀念뿐이며 第二期에ᄂᆞᆫ 家의 觀念뿐이며 第三期에ᄂᆞᆫ 家國兩觀念의 交遞線이오 第四期에 至하야ᄂᆞᆫ 國家觀念이 大熾ᄒ얏도다.

번역 수백 년 이래 대세가 변화하여 진정한 국가주의가 급속히 발달하여 혹 학사의 붓에 나타나며, 혹 무사의 검에도 나타나며 혹은 변사의 연설에도 나타나고 혹 열사의 피에도 나타나 일대 새로운 조류가 구주 중심에서 격렬히 일어나 서로 대서양을 건너 미주에 도달하며, 동으로 태평양을 건너 아시아를 열고, 그 미친 듯한 파도와 조류가 동서로 충돌하여 사해에 두루 퍼져 지금 20세기 신천지를 조성하며 이에 국가는 민(民)의 국가라 하여, 그 존망에 오직 민이 도모한다 하며, 국민은 그 국의 민(民)이라 하여, 그 안위를 오직 국이 돌아본다 하여, 국가는 국민이 공공으로 만들며 국민이 국가의 공권(公權)을 갖기에 이르렀다. 비록 고금 절대의 영웅호걸이 출현한다 할지라도 이 산물을 전유하며 이 권리를 독차지하지 못하고 비록 산을 삼키고 바닷물을 빨아들이는 완악하고 거대한 적이 내습할지라도 이 산물을 감히 침탈하지 못하며 이 권리를 침해하지 못하니, 대개 이와 같이 해야 금일에 일컫는 국가가 된다. 이 의미를 아는 자는 흥하며 이 의미를 알지 못하는 자는 패하며, 이 의미를 실천하는 자는 존립하며 이 의미를 실천하지 못하는 자는 멸망할 것이니, 대개 국가 명칭의 출생은 고대부터 있었으나 고대의 국가는 일가족에 존재하는 바이며, 지금의 국가는 하나의 민족에 존재하는 바이다. 그 상이함이 이와 같으니, 이것이 제4기이다. 이 제4기의 연대가 영원히 5~6천년을 경과하나 인류계의 진화 상태는 대략 이 신 가 국에서 벗어나지 않기 때문에 제1기에는 자신과 관련된 관념뿐이며, 제2기에는 가족의 관념뿐이며, 제3기에는 가족과 국가 두 관념이 교차하며, 제4기에 이르러서는 국가 관념이 크게 일어났다.

—'신가국 삼관념의 변천', 『대한매일신보』, 1909.7.17

이 논설은 역사적으로 국가 관념이 '자신', '가족', '가국(家國)'에서 제4기 '국가 관념'으로 변천한 것은 국가의 주인이 국민이며, 국민을 이루는 기초 단위가 민족이 되어야 함을 역설한 논설이다. 국권 상실 직전의 애국계몽 담론의 하나로 발표된 이 논설에서 확인할 수 있는 것은 '국가', '국민'의 개념뿐만 아니라 '민족' 개념이 강조되고 있다는 사실이다. 이 점은 애국계몽기의 계몽 담론이 '충군'과 '애국'을 동질화하던 사조에서 '민족'과 '국민'이 재개념화되고 있음을 의미한다.

2.3. 민족 인식과 국민의 역할

근대 계몽기 국가 개념의 확립과 '애국사상'은 근본적으로 전통적인 '충군사상(忠君思想)'을 토대로 한다. 엄밀히 말하면 '충군(忠君)'이 '애국(愛國)'을 의미하는 것은 아니다. 이 점에서 한국의 근대사상에 내재되어 있는 '민(民)'의 개념과 '국민', '민족' 개념이 형성되는 과정을 살피는 것은 의미 있는 일이 된다.

사전적인 의미에서 '민족'이란 '일정한 지역에서 오랜 세월 동안 공동생활을 하면서 언어와 문화상의 공통성에 기초하여 역사적으로 형성된 사회 집단'을 의미한다. 근대 민족주의는 계몽사상과 밀접한 관련을 맺고 있다. 이상신(1999)에 따르면 서양의 근대 민족주의는 자연권과 합리주의, 형제애를 기본 구조로 하고 있었는데, 이를 뒷받침하는 주요 사상이 프랑스 대혁명을 이끌었던 자연권 사상, 루소의 정치사상 등이었다. 특히 민족주의 이념의 선구자로 불리는 헤르더는 「인물 역사의 철학을 위한 이념」(1791)에서 역사적 공동체로서 '민족(Volk)'이라는 개념을 처음 제시했는데, '혈통, 언어, 민족정신, 역사적 전통' 등의 비정치적인 문화 요소를 민족성의 근거로 파악하는 기준을 제시하였다고 하였다.[19] 헤르더의 민족 개념이나 같은 시대 칸트의 근대 민족주의 이데올로기가 자유주의, 합리주의, 세계시민주의의 성격을 띠고 있었던 데 반해, 민족주의는 그 자체로서 정치적인 의미를 지닌다는 것이 일반적인 견해이다. 한스 콘(Hans Kohn, 1962)의 『민족주의시대』[20]에서 밝힌 것처럼, 서양의 민족주의는 1879년 프랑스 대혁명과 나폴레옹 전쟁을 거치면서 유럽 전역으로 확산되었다. 특히 1848년 프랑스 제2공화국 건설과 나폴레옹 3세의 등장에 따른 군국주의화는 자유주의와 국제 평화에 대한 희망을 좌절시키며, 독일과 이탈리아 등지의 민족 감정을 격화시킨 것으로 알려져 있다. 한스 콘이 인용했듯이, 나폴레옹에게 대항하여 해방 전쟁을 주장하였던 독일의 정치 평론가 요셉 괴테는 "모든 민족적 인종은 별도의 독립된 일체성을 가지고 있다", "피로 엉켜진 공통된 유대 의식은 모든 구성원을 결속하게 하는 힘이 될 수 있다. … 모든 구성원들은 한 마음으로 뭉쳐야 하고, 한 사람처럼 행동해야 한다. 모든 구성원들은 하나의 전체로 결속시키는 본능적인 욕구야 말로 모든 형태의 인위적인 계약에 우선하는 자연의 법칙이다. 우리들

---

19) 이상신(1999), 「민족주의의 역사적 발전 국면과 그 기능」, 『서양에서의 민족과 민족주의』, 까치.

20) Hans Kohn(1962), *The Age of Nationalism: The First Era of Global History*, Harper & Brothers, New York; 한스 콘 저, 진덕규 역(1974), 『민족주의시대』, 박영사.

마음속에 자리 잡고 있는 이러한 본능의 소리는 결국 우리들에게 이방인과 우리와의 범할 수 없는 간격을 지적하고 경고해 준다"라고 외쳤다.[21] 서양사학자들이 주장하는 바와 같이, 1860년대 이후 서구의 민족주의는 자연권과 이성을 바탕으로 한 합리적·세계시민적 민족주의에서 보수적이고 현실적인 민족주의로 전환되어 갔다. 1861년 이탈리아의 통일, 1871년 독일의 통일이 이루어지고, 경제적으로 대공황이 뒤따르면서 이를 극복하기 위한 민족주의 이데올로기도 인종주의, 반사회주의, 우파적인 보수주의로 변화해 갔음은 널리 알려진 사실이다.

한국의 근대 계몽기에 '민족'이라는 용어가 사회적으로 널리 사용된 시기는 1900년대 전후의 일이다. 문헌상으로 볼 때 이 용어가 쓰인 예는 앞서 살펴본 바와 같이, 재일유학생 친목회의 『친목회회보』 제6호(1898)에 실린 장호익의 '사회경쟁적'이라는 논설을 찾을 수 있다. 이 논설은 사회진화론의 차원에서 우승열패의 시대에 적자생존을 위한 방책으로 국가 관념의 대의를 인식해야 함을 강조한 논설이다. 그렇기 때문에 문명진보와 경쟁적 사회진화의 차원에서 구미 각국의 국가주의의 성격을 요약하고 있으나 '민족'에 대한 확고한 의식을 갖고 있었던 것은 아니다. 그럼에도 1900년대 전후에는 '민족'이라는 용어가 일반 사회에도 널리 쓰이기 시작했음을 쉽게 확인할 수 있다. 다음을 살펴보자.

【 (寄書) 漆憂生, 西勢東漸의 起咽 】

亞細亞之東에 三國이 有ᄒ니 韓國 日本 支那가 維是라. 往惜 元太祖 時에 東方 民族이 沙漠을 橫ᄒ며 山河를 涉ᄒ야 萬里의 虫沙를 跨ᄒ야 歐洲를 蹂躪ᄒ얏더니 其遠征의 雄圖가 如今에 數不荒墳과 一片敗垣만 惟存ᄒ쑨이라. 往日所謂征服하던 白人 民族의 權力을 翻看컨딕 數十年間에 長江大河와 恰如하야 東方에 袞袞流入하니 時局 大勢의 所趣ᄂ 不可測이로다. 淸國

---

21) 한스 콘 저, 진덕규 역(1974: 26)에서 재인용.

康熙帝 子孫이 祖先 墳墓를 敵國의 鐵車에 通貫케 홈을 誰知하얏스리오. 盖
彼 白人 民族이 離合이 不常하야 互相血戰하야 雌雄을 惡爭ᄒ되 我東亞 民
族을 對ᄒ야ᄂ 一致相應ᄒ야 攫人利益ᄒ고 吞人國家ᄒ기로써 廟算을 作ᄒ
며 天職으로 認ᄒ야 傍若無人ᄒ니 慨嘆을 曷勝가 西曆千八百四十年來로 東
方民族이 白人民族에게 所被ᄒ 損害를 左에 槩擧ᄒ건딕,

> **번역** 아세아 동쪽에 삼국이 있으니 한국, 일본, 중국이 그것이다. 옛날
> 원태조 때에 동방 민족이 사막을 가로지르고 산하를 건너 만 리의
> 거친 사막을 밟아 구주를 유린하였는데, 그 원정의 웅대한 의도가 지금은
> 몇 개 거친 무덤과 한 조각 무너진 담장에만 존재할 뿐이다. 지난날 소위
> 정복하던 백인 민족의 권력을 뒤집어 보건대, 수십 년간 장강대하와 흡사
> 하여 동방에 유유히 흘러들더니 시국 대세의 변화는 예측하기 어렵구나.
> 청국 강희제의 자손이 조상의 분묘를 적국 철로가 관통하도록 할 줄을
> 누가 알았겠는가. 대개 저 백인 민족의 이합이 일정하지 않아 서로 혈전
> 하여 자웅을 다투되 우리 동아 민족을 대해서는 일치상응하여 사람을 사
> 로잡고 이익을 도모하며 사람과 국가를 삼키는 것을 묘산(廟算)하고 천직
> 으로 인식하여 방약무인하니 개탄을 이기지 못하니, 서력 1840년 이래로
> 동방 민족이 백인 민족에게 받은 피해를 좌에 개략적으로 열거하건대
>
> —'기서', 『황성신문』, 1900.1.12

이 기서에는 여섯 번의 '민족(民族)'이라는 용어가 등장한다. 이 글은
서세동점기 '동방 민족'과 '백인 민족'을 대립시켜, 백인 민족의 동양
민족 침탈 사례를 요약한 논설로, '동양 삼국'이라는 용어와 '동방 민
족', '백인 민족' 등의 용어가 개념적으로 모호하게 사용되었음을 알 수
있다. 그럼에도 서세동점에서 백인 민족이 이합(離合)하는 현상을 주목
한 점은 근대적 민족 개념이 작용하고 있는 것으로 해석되는데, 이는
이 시기 '국가', '인민', '민족' 등의 개념이 명료하지 않음을 보여주는
사례이다.22)

혈연 공동체, 문화 공동체, 정치적 공동체로서의 근대적 민족 개념이 확립된 시점은 국권 침탈기의 애국계몽운동에 이르러서이다. 특히 근대의 만국사, 세계사적 지식이 보급되면서 '제국주의'의 본질을 인식하게 되고, 이로부터 '민족주의'와 관련된 의식이 뚜렷이 정립되어 갔음을 확인할 수 있는데, 이에 영향을 미친 것은 1905년 전후의 '식민주의' 관련 담론이다. 축자적 의미로 볼 때 '식민(殖民)'은 '자국민을 타국에 옮겨 살게 하는 것'을 의미한다. 이 점에서 '식민'은 '이민(移民)'과 동의 관계를 이룬다. '이민' 또는 '이주민'의 뜻을 갖고 있는 '식민'이라는 표현은 1900년대 초까지 저항없이 자연스럽게 쓰였다. 다음을 살펴보자.

【 植民計劃 】

去十一日朝鮮日日新聞의 對韓移民經營을 論혼 槪意가 如左호니 政府計畵은 盛히 韓國에 農民을 移殖홀 方針이니 韓國은 商業國이 아니오 農業國에 適當홈을 知홈이라. 商業移民은 無望혼 故로 我國은 農業移民으로 以호야 方針을 솜으니, 全韓面積八萬二千方里인딕 一方里에 平均人口二百人假量을 我國每方里三百十七人에 甚히 僅少호니 移民을 入홀 地積이 莫大혼지라. 然이나 韓民은 天涯孤島에 能히 散布호야 一處에 集호지 아니홈으로써 耕作홀 만혼 荒蕪地가 全國到處에 夥多호니, 且河水의 汎濫을 恐호야 耕地를 抛棄호고 又天然的灌漑의 利홈도 抛棄호얏스니 目今韓國에 耕地가 少僅홈은 不得已혼 事實이라. 然則我邦民은 隄防을 築호고 溝渠를 穿호야 現今

---

22) 근대 계몽기 민족 개념의 확립 과정에서 처음에는 '국가', '인민', '종족', '국민' 등의 개념이 뚜렷이 구분되지 않았음은 헐버트의 『사민필지』(1886~1892년 사이 추정), 학부 편찬 (1895)의 『만국약사』 등을 통해서도 확인할 수 있다. 『사민필지』의 '합중국', '오스트레일리아' 등에 대한 설명에서는 '사람의 수효(인구 총수)'와 '시족(始族)'이라는 용어를 사용하여, 각 국가 또는 지방의 조상이 누구였는지를 밝혀 원주민과 식민 이주민들이 존재함을 설명하였고, 『만국약사』에서도 고대 국가의 조상이 누구였는지를 설명한 곳이 많다. 예를 들어 『만국약사』 권1 제3장 '희니시아'에 서술된 "古代 時에서 航海通商의 業을 擴張호든 初에 人民은 實노 희니시아人이라 稱호니라(고대에 항해 통상업을 확장하던 초기의 인민은 실로 페니키아인들이었다고 칭한다)"에 등장하는 '페니키아인'은 '인민' 개념과 '종족' 또는 '민족' 개념이 혼용된 사례로 볼 수 있을 것이다.

所謂荒蕪地를 耕作홀진딕 全羅黃海平安各道에 最肥沃흔 廣漠경地를 現出
흐기 容易홀 뿐 아니라. 韓人이 경作흐야 天然沃土를 민든 所有地도 其價格
이 低廉흔 거슨 我邦人이 夢想에도 不及흐얏든 事實이라. 故로 韓에 對흐야
農民移住를 장勵홈은 實로 我方針에 得要홈으로 知홀 것이로다. 韓國政府
는 外人의게 土地所有權을 不許흐니 此點은 一時我移民의 非不是多少躊躇
이나 實則毫無差悶이로다.

번역 　지난 11일 『조선일일신문』의 대한 이민 경영을 논한 대략적인 의
미가 다음과 같으니, 정부의 계획은 활발히 한국에 농민을 이식
(移植)할 방침이니, 한국은 상업국이 아니요, 농업국에 적당함을 알기 때
문이다. 상업 이민은 희망이 없는 까닭에 아국은 농업 이민으로 방침을
삼으니, 전체 한국 면적이 8만 2천 방리인데, 일 방리에 평균 인구 2백인
가량이니 아국(일본)의 방리 당 3백 명에 비해 심히 적으니 이민을 갈
지방 면적이 막대하다. 그러나 한국 민은 천애 고도에 분산되어 한 곳에
모여 살지 않으니 경작할 황무지가 전국 도처에 많고 또한 하수 범람을
두려워하여 경작지를 포기하고 천연적 관개의 이익도 포기하였으니, 지
금 한국에 경작지가 적음은 어쩔 수 없는 사실이다. 그러므로 우리나라
인민은 방제를 쌓고 도랑을 뚫어 지금 이른바 황무지를 경작하고자 하면,
전라 황해 평안 각도가 가장 비옥한 넓은 경지를 만들기 쉬울 뿐 아니라,
한국인이 경작하여 천연 옥토를 만든 소유지도 그 가격이 저렴한 것이
우리나라 사람이 꿈에도 생각지 못했던 사실이다. 그러므로 한국에 대해
농민 이주를 장려하는 것은 실로 우리 방침에 주요한 것으로 알 일이다.
한국 정부는 외국인에게 토지 소유권을 허락하지 않으니 이 점은 일시
우리 이민이 다소 주저할 바 아니나 실로 큰 걱정거리가 아니다.

—『대한매일신보』, 1906.1.18

'식민계획'이라는 제목의 이 기사는 교묘한 이민 논리를 펼치고 있다.
이 글에서 '이민'은 일본인이 조선에 이주하는 것을 의미하며, 조선에

이주하여 황무지를 개간하고, 기존 농토를 저가에 매입하여 경영하는 방침을 소개하고 있다. 이처럼 '침탈'을 은폐한 일본인들의 이주 정책에 대한 연구는 1905년을 전후로 매우 활발히 전개되었는데, 경제학자들을 중심으로 식민 이주가 역사상의 순리라는 이데올로기를 산출하기도 하였다. 그러나 식민주의는 문명·진보론의 연장선에서 국가와 인민의 발전을 논하고자 하는 논리가 강했기 때문에 그 자체로서 '민족'의 개념을 중시하지는 않았다. 이러한 경향은 일본인 야마우치(山內正瞭)의 '식민론'을 역술한 이채우(李採雨, 1908)의 『세계식민사(世界殖民史)』에도 나타난다.

【 殖民釋義 】

昔日에는 殖民을 拉丁語에 曶羅라 ᄒ니 此意는 土地 田畝 居所의 總名이라. 經時久遠ᄒ야 厥意가 變耎ᄒ야 迺 植民地 居民을 稱耎ᄒ고 又 希臘語의 앗쏘어는 居所를 暌離ᄒ고 本國을 違去ᄒ는 諸意를 兼혼 語라. 斯等 言語의 變遷 轉嬗홈을 細驗컨ᄃᆡ 殖民者는 原히 本國을 違離ᄒᄂᆞᆫ 農民이 土地, 田畝, 居所를 他邦에 占有ᄒ야 墾闢耕穫에 從事ᄒᄂᆞᆫ 意義라. 鳥浦司他(人名)의 辭典에 曰 殖民者는 母國을 離別ᄒ고 遠域에 奠居ᄒ야써 墾闢耕穫에 從事ᄒ며 斯地에 永居ᄒ되 오히려 母國 人民의 一部가 되야 其法律을 遵循이라 ᄒ니, 蓋 殖民 意義가 最明瞭혼 者라. 前述혼 言語 變遷홈을 綜考컨ᄃᆡ 其適當혼 釋義가 殆無可疑라. 然ᄒ나 今世 殖民은 한갓 簑笠襪襪(사립석발)노 朝鋤夕耘(조서석운)홈만 아니라 商權을 營畫ᄒ고 工業을 建樹홈도 亦爲殖民이오, 居留所도 亦殖民地라. 然則 鳥氏의 言이 語學에는 固爲適當ᄒ나 實際에는 稍過偏狹의 嫌이 不無ᄒ도다. 幾勇佐는 曰 殖民者는 母國을 別ᄒ고 遠域에 徙居ᄒᄂᆞᆫ 人民이 國家의 一體를 移置홈이라 ᄒ고, 法國 學士會院의 所纂 字典에는 曰 殖民者는 本國을 暌ᄒ야 他邦에 永居ᄒ되 本國 人民의 一體가 되야 漸次로 他邦 土着居民을 終成ᄒ야 有力혼 一羣을 建設이라 ᄒ고, 浦羅期斯는 曰 殖民者는 外國 土地에나 或 外國民 居間에 居處ᄒ야도

永與祖國으로 其國性을 同一히 ᄒᆞ야 祖國의 言語, 習俗을 遵守ᄒᆞ야 外國人民中에 判然히 獨立ᄒᆞ여야 逎其名義에 的當ᄒᆞᆯ지라. 其 祖國과 政治 相關을 久히 承續 與否ᄂᆞᆫ 偏隘 意義로 言ᄒᆞ면 必需ᄒᆞᆯ 바어니와 寬濶 意義로 言ᄒᆞ면 必需ᄒᆞᆯ 빈 아니라 ᄒᆞ니, 凡此 諸說이 小小 違異ᄒᆞ나 翕然 大同ᄒᆞ도다.

번역 옛날 '식민(殖民)'은 라틴어 가라(曶羅, 콜로니 colony)라고 하니 이 말의 뜻은 토지, 전무(田畝), 거주지의 총칭이다. 시간이 흘러 그 뜻이 변화하여 식민지 거주민을 뜻하고, 또 희랍어 '아쪼어'(미상)는 거소(居所)를 이별하고 본국을 떠나는 뜻을 겸한 말이다. 이러한 말의 변천 과정을 세밀하게 고찰하면 식민이라는 것은 본래 본국을 떠난 농민이 토지, 전무, 거소를 이별하고 먼 지역에 옮겨 살며 개간 경작하는 것을 의미한다. 조포사타(鳥逋司他, 미상)의 사전에 이르기를, 식민이라는 것은 모국을 이별하고, 먼 지역에 옮겨 살며 개간 경작하는 일에 종사하며 그 지역에 영구히 살되 오히려 모국 인민의 일부가 되어, 그 법률을 준수하는 것이라고 하니, 대개 식민의 뜻을 가장 명료하게 한 것이다. 전술한 말의 변천을 종합적으로 살피면 그 적당한 뜻이 전혀 의심할 바 없다. 그러나 지금 식민은 한갓 삿갓 쓰고 도롱이 입고 아침저녁으로 김을 매는 일만 아니라 상권을 경영하고 공업을 수립하는 것도 또한 식민이요, 거류소도 또한 식민지이다. 그러므로 조포사타의 말이 어학적으로는 맞는 것이지만 실제로는 다소 편협한 느낌이 없지 않다. 기용좌(幾勇佐, 미상)는 말하기를 식민이라는 것은 모국을 이별하고 먼 지역에 옮겨 사는 인민이, 국가의 일체를 옮겨 두는 것과 같다고 하고, 법국 학사회원에서 편찬한 사전에는 식민은 본국을 떠나 다른 나라에 영구히 거주하되 본국 인민의 일체가 되어 점차 다른 나라에서 토착한 주민을 이루는 일군을 건설하는 것이라 하였고, 포라기사(逋羅期斯, 미상)는 식민은 외국 토지 또는 외국민이 거주하는 곳에 거처해도 영구히 조국과 더불어 그 국성을 동일히 하여 조국의 언어, 습속을 준수하여 외국 인민 가운데 판연히 독립해야 그 말 뜻에 적당하니, 그 조국과 정치가 영속해야 하는 여부는 좁은 의미로 말하면 필수 조건이나 넓은 의미로 말하면 필수 조건은 아니라고 하니, 이러한 여러 학설이 다소 차이가 있으나 대체로 비슷하다.

—이채우 역술·원영의 교열(1908), 『세계식민사』(출판지 미상)

식민주의 관련 역술서인 이 책을 참고하면, 식민주의는 국가주의와 밀접한 관련을 맺는 용어로 쓰인다. 달리 말해 모국을 떠나 외국에 거주하는 사람들이 모국 정신을 갖고 있을 때, 식민이라는 용어를 사용한다는 의미이다. 엄밀히 말하면 이는 축자적 의미의 일부일 뿐이다. 왜냐하면 제국주의의 식민정책은 정치적, 경제적인 침탈 목적과 밀접한 관련을 맺고 있기 때문이다. 이에 비해 이민정책의 하나로 논의된 식민주의는 자국의 '국가' 이익이나 '인민'의 생활을 주요 주제로 삼는다.23) 이 점에서 식민 담론이 그 자체로서 '민족 담론'과 이어지는 것은 아니다.

그럼에도 식민지 피지배 민족의 차원에서는 식민주의가 민족 개념을 확립하고, 민족정신을 환기하는 데 중요한 역할을 담당한다. 다음 논설은 이를 보여준다.

【 對日俄媾和條約 第二條 警告 當局諸公 】

吾輩의 日常注目ᄒ던 者 日俄媾和之條約이 近始發布ᄒ야 飛傳於各國新報之紙하니 此ᄂᆞᆫ 卽其眞的明確之正文이오 非若前日之但以電音郵信으로 互相抄傳之語也라. 就其中第二條約之文이 最有重大關係於我韓 故로 日昨 本紙에 譯載其第二條約之原文하야 以貢諸君子之閱覽이어니와 對此日俄媾和之條約ᄒ야 我韓國民이 急欲聞知者ᄂᆞᆫ 爲其有關係於我韓故也니 近來 訛傳之風說이 或言 我韓이 爲某國之保証獨立이라 하며 或言 我韓이 爲某國之袒護

---

23) 식민주의가 정치적·경제적 침탈보다 '이민주의(移民主義)'의 연장선에 있다는 논리는 일제 강점기 경제학자들을 중심으로 한 식민 논리에서도 빈번히 등장한다. 예를 들어 카다 데츠지(加田哲二, 1940), 『식민정책(植民政策)』(다이아몬드사, 일본, 오사카)의 참고문헌을 살펴보면 1920년대 중반부터 '식민정책'과 관련된 다수의 논저가 등장하는데, 책명을 고려한다면 대부분 '식민경제'와 관련된 것들이다.

하야 得免被保護之名이라 하며 或言 我韓이 雖爲被保護國이라도 其獨立二字는 猶得保存이라 하야 訛言이 紛紜에 猜推ㅣ 萬端하니 此는 靡他라. 皆其學識이 蒙陋하야 不知國體之何爲獨立이며 何爲保護하고 但 以從前依賴之痼性으로 希望於他人之扶持我袒護我하니 治此民族競爭之世하야 有何宋襄之仁이 捨自己之利益關係하고 爲他人而謀其成立者哉. 設或有之라도 其人이 必先自謀於自立之地位하야 <u>自修自力</u>하며 自强自治 然後에 人亦有扶持之想이어니와 若其人者ㅣ 毫無自立之念하야 自壞自倒하며 自棄自暴하고 但 欲依賴他人하야 望其扶持者를 何人이 扶持之歟아. 此는 求諸事情에 決無是理오. 且以獨立言之라도 大抵 獨立云者는 非浮文虛名也오, 非空殼朽物也라. 必有獨立實力 然後에 能有獨立之實權하고 能有獨立之實權 然後에 方可稱獨立之國이어늘 今也에 無其實力하며 無其實權하고 但 以虛名之獨立으로 自稱曰 我ㅣ 獨立이라 하면 豈足爲獨立哉아. 今觀日俄條約之文컨딘 或 必要홈을 認하면 韓國에셔 指導保護及監理의 措處를 取홈을 俄國이 妨害 或 干涉치 아니혼다 하얏스니 其精神이 在或之一字라. <u>若我政府ㅣ 治此時機에 上下團體로 奮發振勵하야 自修自强之策</u>이면 日本이 必無指導保護之必要하리니 卽保存獨立이 是在我之自擔也라.

번역 우리들이 항상 주목하던 것으로 일러 강화조약이 최근 발포되어 각국 신문지에 전파되니 이는 곧 참으로 명확한 문장이요, 전일 단지 전신 우편만으로 전달되던 것이 아니니 서로 간추려 전한 말들이다. 그 가운데 제2조약문이 우리 한국과 가장 긴밀한 관련이 있기 때문에 작일 본 신문에 제2조 조약의 원문을 번역 등재하여 여러 군자들이 볼 수 있도록 하였는데, 이 일러 강화조약에 대해 아한 국민이 급히 들어 알고자 하는 것은 그 조약이 우리와 어떤 관계에 있는지이니 근래 와전된 풍설이 혹 아한이 모국이 독립을 보증한다 하며 혹은 아한이 모국의 보호를 받아 보호국명을 벗지 못한다 하며, 혹 아한이 보호국이 되어도 독립 두 글자는 오직 보존할 것이라고 하며, 혹 보호국이 되어도 단지 종전 의뢰의 고질적 습성으로 타인이 우리의 보호를 돕기만을 희망할 것이라고 하니, 이에 <u>민족경쟁의 시대에</u> 어찌 송양공의 인이 있으며, 자기의 이익 관계를 버리고 타인이 그것을 이루어주기를 바라는가. 설혹 독립을 유지하더라도 그 사람이 반드시 먼저 자립하는 지위를 도모하여 자수(自修), 자력(自力), 자강(自强), 자치(自治)를 한 연후에 타인이 또한 그것을 도울 것이니 만약 타인이 조금도 자립하는 마음이 없어 스스로 무너뜨리고 뒤집어지며 자포자기하고 단지 타인만 의뢰하여 도움을 바라는 것을 어떤 사람이 돕고자 하겠는가. 이는 여러 사정을 구하더라도 결단코 바른 이치가 아니요, 또한 독립이라는 말을 쓴다 할지라도 독립이라는 것이 허문 허명이며 빈 껍질 썩은 물건이 되지 않겠는가. 반드시 독립의 실제적인 힘이 있은 연후에 능히 독립의 실제 권리를 가질 수 있고, 독립의 실권을 가진 연후에 가히 독립국이라고 칭할 것이지만, 지금 실력이 없고 실권이 없으며 단지 허명의 독립만으로 자칭 우리의 독립이라고 하면 어찌 독립을 할 수 있겠는가. 지금 일러 조약문을 보면 혹 필요함을 인식하면 한국에서 지도 보호 및 감리의 조처를 취하는 일을 러시아가 방해하거나 간섭하지 않는다고 하였으니, 그 취지가 혹 한 글자에 있다. 만약 <u>우리 정부에서 이 기회에 상하 단체로 분발 진력하여 자수 자강할 방책을 취하면 일본이 지도 보호할 필요</u>가 없을 것이니, 곧 독립 보존을 우리 스스로 담당할 것이다.

—『대한매일신보』, 1905.10.21

이 논설은 러일전쟁 직후 양국 조약문 제2조의 의미를 번역 소개한 뒤, '보호국설'과 관련하여 자수자력 자강자치(自修自力自强自治)를 통한 독립심이 필요함을 계몽한 논설이다. 이 논설에 등장하는 '민족경쟁(民族競爭)의 세(世)'라는 표현은 이 시기 '민족' 담론이 국가 독립과 보전에 민족이라는 단위가 중요한 역할을 함을 자각한 표현이라고 볼 수 있다. 비록 학리적 차원에서 '민족'의 개념이나 구성 요소 등에 대한 논의가 등장하지는 않았지만, 국권 침탈이 가속화되는 1908년 이후에는 '민족

경쟁시대', 개인주의와 대립하는 '민족주의' 등의 개념이 뚜렷해졌다.

【 個人主義로 生을 求치 말지어다 】

國事가 日非ᄒᆞᆯᄉᆞ록 世道가 日汚ᄒᆞ야 於是乎 政治界 教育界 實業界間에 往往個人主義를 唱ᄒᆞᄂᆞᆫ 者가 出ᄒᆞ니, 其說에 曰山已窮水已盡이라. <u>民族 保全의 道ᄂᆞᆫ 嗚乎晚矣니 個人主義나 將ᄒᆞ야 余의 一身一家나 保全ᄒᆞᆷ이 斯可</u>라 ᄒᆞ더라. 嗚乎慘哉라. 此主義여. 此主義가 人을 殺ᄒᆞᄂᆞᆫ도다. 大抵只今은 <u>民族競爭의 時代</u>라. 甲族乙族과 大族小族이 모다 鼓角을 齊鳴ᄒᆞ야 進ᄒᆞ며 刀劍을 共翻ᄒᆞ야 戰ᄒᆞᆯᄉᆡ 其競爭場中에서 幸히 勝利를 得ᄒᆞ야 凱歌를 唱ᄒᆞᄂᆞᆫ 者ᄂᆞᆫ <u>其民族이 繁榮을 共作</u>ᄒᆞ고 不幸히 劣敗를 遭ᄒᆞ야 降旗를 樹ᄒᆞᄂᆞᆫ 者ᄂᆞᆫ 其民族이 溝壑에 同歸ᄒᆞᄂᆞ니 此時代ᄂᆞᆫ 到底히 個人主義로 生活을 不得ᄒᆞᆯ 時代인져. 而況今日韓國은 風雨가 晦冥ᄒᆞ고 魔鬼가 亂跳ᄒᆞ야 <u>民族의 存亡盛衰가 一발에 係ᄒᆞ엿나니</u> 此日이 果然如何히 岌業ᄒᆞᆫ 日이뇨. 乃者今日에 坐ᄒᆞ야 個人主義를 唱ᄒᆞᄂᆞᆫ 者야. 엇지 可悶 可痛 可憐치 아니ᄒᆞᆫ가. 彼輩가 <u>民族과 個人의 關係를 不知ᄒᆞᄂᆞᆫ지라</u>. 故로 <u>民族의 興亡盛衰가 個人에게 無關ᄒᆞᆫ 줄로 思惟ᄒᆞ나니</u> 此가 實로 可悶ᄒᆞᆫ 바며

번역 국사가 날로 나쁠수록 세상의 도리가 날로 더러워져 정치계, 교육계, 실업계 사이에 왕왕 개인주의를 주장하는 자가 나타나니, 그 설에 말하기를 산은 이미 오래되고 물은 이미 다했으니, 민족 보전의 도는 아아 늦었으니, 장차 개인주의로 나의 일신 인가나 보전하는 것이 가하다 한다. 아아 안타깝구나. 이 주의여. 이 주의가 사람을 죽이는구나. 대저 지금은 민족경쟁의 시대이다. 갑족 을족과 대족 소족이 모두 고각을 불며 나아가고 칼을 뒤집어 싸울 때 그 경쟁의 마당에서 다행히 승리를 거두어 개가를 부르는 자는 그 민족의 번영을 함께 도모하고, 불행히 열패를 만나 항기(降旗)를 세운 자는 그 민족이 구렁텅이에 떨어지니 이 시대는 도저히 개인주의로 생활을 얻지 못할 시대이다. 하물며 금일 한국은 풍우가 어둠을 뒤덮고 마귀가 어지럽게 뛰어다녀 민족의 존망 성쇠가 한

발에 관계하였으니, 이 날이 과연 어떠한 급업의 날인가. 이에 금일 개인
주의를 주장하는 자야. 어찌 가련하고 가통하고 가엾지 않겠는가. 저들이
민족과 개인의 관계를 알지 못하기 때문에 민족의 흥망성쇠가 개인과 무
관한 줄로 생각하니 이것이 실로 가련한 것이며

—『대한매일신보』, 1909.11.21

이 논설의 민족주의는 개인주의와 대립되는 개념으로 쓰였다. 흥미
로운 것은 기존의 경쟁론에서 경쟁 단위로 '국가'와 '국민'을 빈번히 거
론한 데 비해, 이 논설에서는 '개인'과 대립되는 집단의 개념으로 '민족'
을 상정하고 있는 셈이다. 이처럼 애국계몽기의 민족 담론이 이민족과
대립되는 자민족, 어떤 의미에서는 타민족과 다른 배타적 성격의 민족
개념이 확립된 것은 1860년대 이탈리아나 독일의 민족주의와 마찬가
지로, 국가 위기 상황에서 자연스럽게 배태된 민족 개념의 영향으로
볼 수 있다. 이와 흐름에서 애국계몽기의 민족 개념은 정치학이나 국가
학 차원의 학리가 작용된 것으로 해석할 수 있다. 그 예의 하나가 유호
식이 역술한 것으로 알려져 있는 『민족경쟁론』이다. 이 역술서는 1908
년 5월 전후에 역술된 것으로 보이는데, 현재까지 소장처가 확인되지
는 않았지만, 『황성신문』 1908년 5월 22일자 이후의 광고문에 "민족(民
族)의 시대 변천(時代變遷)함과 종류(種類)의 성쇠 관계(盛衰關係)를 비진
(備陳)함"이라는 광고 문구를 통해, 이 책이 민족주의를 내용으로 하는
책임을 추론할 수 있다.

이러한 민족 개념의 생성 과정에서 또 하나 주목할 만한 것은 이 시
기 량치차오(梁啓超)의 학설이 미친 영향이다. 량치차오의 『음빙실문집
(飮氷室文集)』은 1903년 상해 광지서국에서 초판 발행되었는데, 국내에
지속적인 영향을 미친 개혁서이다. 이 책이 국내에 유통된 사례를 신
문, 학회보에 빈번히 등장하는데, 1907년 이후 애국계몽운동가들의 필
독서가 되었다. 『황성신문』 1907년 9월 16일 '기서'를 참고해 보자.

【 蜜啞子經歷 】

蜜아子答曰 現今世界萬國에 所謂有志人士가 各自以自國保存之思想으로 改良其政治 法律 文학 工藝ᄒ며 改良其風俗 産業 農商衣食 等諸般事ᄒ야 欲圖富强之術者ㅣ 莫非革舊刱新ᄒ야 以進文明之域者也라. 故로 今日我國之 上下人士之각般社會가 亦以舊式改良으로 勞心焦思ᄒᄂ디 大監은 我國上等 社會에 風敎主權者로 子孫敎育方法을 何若是頑惡之甚耶오 非但大監門內子 孫之前途不幸이라 全國人種의 自滅之張本이오니 豈不痛惜哉아. 一言而蔽之 ᄒ고 近日新聞紙와 月報雜誌等屬을 閱覽치 아니시닛싯. 主人曰所謂新聞紙와 月報라 ᄒᄂ 거시 原來諺文眞書를 雜用ᄒ얏ᄉ則 文法과 文格이 賤陋ᄒ여 졈자ᄂ ᄉ름이 볼 것시 아니기로 初不相關하엿노라. 蜜啞子長歎曰不在多 話ᄒᆞᆸ고 今日我國之百度改良之中에 最急先務로 改良ᄒᆯ 거시 上等人類의 心情을 改良ᄒᆯ 거시외다. 主人이 默思半향타가 卒然問曰然則彼靑年輩를 可 敎何樣書冊乎아. 蜜啞子ㅣ 答曰目今京鄕各處에 小學中學大学校가 無處不有 ᄒ고 ᄀ樣敎科書와 ᄀ樣實地試驗科가 無物不備ᄒ니 靑年輩ᄂ 派送각處ᄒ 야 隨科就學케 하려니와 大監과 相同ᄒ신 宿德重望의 碩甫네도 心性改良ᄒ 올 敎科書가 有ᄒ오니 여러분이 結社聚會ᄒ여 速成科로 彼淸國哲學博士梁 啓超의 著述ᄒ 飮氷室文集十八冊을 實心熟覽ᄒ야 洞悉其義則天下形勢와 國 治方向과 人道就緖의 大方針이 自然出生ᄒ여 若此히 危弱垂亡之國勢라도 自是挽回之非難也리니 然則國家之興亡과 民族之存滅이 專在於大監네 心性 之改良與不改良而已否乎아. 若能改良其頑固心性則文學이 亦從此而自臻改 良之域也요, 각其浮虛문학이 自臻改良則國內百弊가 各自革舊創新而莫不隨 分隨改ᄒ야 國勢가 自振ᄒ고 民力이 自强者ᄂ 不待智者而知也오, 且以心性 改良之非難으로 言之라도 不過國內宿德章甫네가 ᄀ其自心을 自改自良ᄒ야 自主自專者也오, 乃非他人之指導干涉이며 且非借得於別人之能力權利者也 니 有何爲難이며 有何拘碍이완대 若是一直頑忍而誓不改良ᄒ야 坐觀自國之 自亡無餘者ㅣ 亦抑何心性乎잇가. 此可謂不爲也언졍 非不能也니 若此非難之 事를 何故不爲而國畢亡民畢滅則大監네 自心에도 必不無遺憾이오며 天下後

世之公筆公論에도 我國章甫碩儒를 將謂何等人種之稱號哉잇가. 人之轉筋藿
亂에는 木이 回生散이 第一靈藥이오 國之萎靡滅亡에는 飮氷室文集이 第一
靈藥이오니 苦口之藥과 逆耳之言이 利於病利於行者는 大監도 應有洞悉矣
시리니 부대 此冊을 買覽하옵쇼셔 ᄒ고 作別歸來云이러라.

번역 밀아자(유원표의 필명) 답해 말하기를 "현금 세계만방에 소위 유
지인사가 각자 자국 보존사상으로 그 정치 법률 문학 공예를 개량
하며 그 풍속 산업 농상 의식 제반 사항을 개량하여 부강의 기술을 도모
하고자 하는 것이 혁구창신(革舊刱新)하지 않는 바가 없어 문명 진보의
지역에 나아가고 있습니다. 그러므로 금일 아국의 상하 인사 각반 사회가
구식 개량으로 노심초사하는데 대감은 아국 상등사회에 풍교를 주도하는
사람으로 자손 교육 방법이 어찌 이와 같이 완고합니까. 비단 대감의 문
하 자손의 앞날의 불행일 뿐 아니라 전국 인민의 자멸할 장본이 되니 어
찌 통탄하지 않겠습니까. 한마디로 근일 신문지와 월보 잡지 등을 열람하
지 않습니까."하였다. 주인이 말하기를 소위 신문지와 월보라는 것이 원
래 언문 진서를 잡용하였으니 문법과 문격이 천루하여 점잖은 사람이 볼
것이 아니기에 처음부터 상관하지 않았다 하니, 밀아자가 장탄하여 말하
기를 "많은 말 하지 마시고 금일 아국이 백번 개량하는 중에 가장 먼저
개량해야 할 것이 상등 계급의 마음을 개량해야 할 것입니다."라고 하였
다. 주인이 침묵하며 생각하다가 갑자기 말하기를 "그러면 저 청년들을
어떤 책으로 가르칠 것인가?" 하였다. 밀아자가 답하기를 "지금 경향 각
처에 소학 중학 대학교가 없는 곳이 없고, 각양 교과서와 각양 실지 시험
과가 갖추어지지 않은 것이 없으니, 청년들을 각처에 파송하여 과목에
따라 배우게 하려니와 대감과 같은 덕망 있는 분들도 심성을 개량할 교과
서가 있으니, 여러분이 사회를 결성하여 속성과로 저 청국 철학박사 량치
차오(梁啓超)가 저술한 『음빙실문집(飮氷室文集)』18책을 열심 열람하여
그 의미가 천하 형세와 치국 방향과 인도 취서의 대방침을 다하고 있음을
살피면, 자연히 위급하고 나약한 국가의 형세라도 스스로 만회하기가 어

렵지 않을 것이니 그러면 국가의 흥망과 민족의 존립 멸망이 오직 대감네 심성 개량과 개량하지 않음에 달려 있지 않겠습니까. 만약 완고한 심성을 개량할 수 있으면 능히 학문이 이를 따라 스스로 개량하는 지경에 도달할 것이요, 각기 부허(浮虛)한 학문이 스스로 개량되면 곧 나라안 모든 폐단이 각자 혁구창신하여 분수에 맞아 개량되지 않는 것이 없으니 국가 형세가 스스로 떨쳐 일어나고 민중의 힘이 스스로 강해지는 것은 지혜로운 자를 기다리지 않아도 알 것이요, 또 심성 개량이 어렵다고 말할지라도 국내 덕망 있는 분들이 각기 자기 마음을 자기 스스로 개량하여 자주 자존하는 것이며, 이에 다른 사람의 지도 간섭을 받지 않고, 또 특별히 다른 사람의 능력과 권리를 빌리지 않아도 되니 어찌 가히 어려우며 어찌 구애될 것입니까. 만약 이와 같이 완고하여 개량하지 않으면 앉아서 자국이 스스로 망한 뒤에 어떤 심성을 물리칠 것입니까. 이는 이른바 하지 않는 것일망정 하지 못하는 것은 아니니, 만약 이 어렵지 않은 일을 어찌 하지 않고 나라가 망하고 백성이 멸망한 뒤에 대감네의 마음에 유감이 없을 것이며, 천하 후세의 공필 공론에 아국 문장가 석학을 장차 어떤 인종의 명칭으로 불릴 것입니까. 사람이 근력을 회복하여 곽란을 이기고자 할 때에는 나무에 회생산이 제일 영약이며, 국가가 위미 멸망할 때에는 『음빙실문집』이 가장 영약이니 입에 쓴 약과 귀에 거슬리는 말이 병에 이롭고 행동에 이롭다는 것은 대감도 통찰하실 것이니 부디 이 책을 사서 보십시오." 하고 작별하여 돌아갔다고 한다.

—밀아자 경력, '기서', 『황성신문』, 1907.9.6

이 기서는 밀아자 유원표가 어떤 대감의 집을 방문하여 그 자제들이 사서삼경, 당시품휘 등의 구학(舊學) 서적만을 읽는 것을 보고, 『음빙실문집』과 같은 책으로 '혁구창신(革舊刱新)'할 것을 권한 이력을 기록한 글이다. 유원표의 말과 같이 이 책은 '천하 형세, 치국 방향, 인도 취서(人道就緒)'의 방략을 담은 책으로, 당시 지식인들이 애독했던 책 가운데 하나였다. 그렇기 때문에 량치차오의 변법론과 관련된 다수의 논문이 역술되거나 그 논지가 신문에 소개되기도 하였는데, 『대한협회회보』 제2호(1908.5)부터 12호까지 연재된 홍필주(洪弼周) 역술의 「빙집절략(氷集節略)」, 『호남학보』 제1호(1908.6)부터 8호에 연재된 이기(李沂)의 「양 씨학설(梁氏學說)」, 제6호(1908.11)에 실린 이기(李沂)의 '대학신민설(大學新民說)' 등이 대표적이다. 이 가운데 홍필주의 역술은 『음빙실문집』의 '변법통의, 학교총론, 논학회, 논사범, 논유학, 국민 10대 원기'를 대상으로 한 것이며, 이기의 역술은 '정치학'을 중심으로 한 것이다. 이 점에서 『음빙실문집』의 민족 담론인 '논민족경쟁지대세(論民族競爭之大勢)'나 '논근세국민경쟁지대세급중국지전도(論近世國民競爭之大勢及中國之前途)' 등과 같은 글도 직접 또는 간접으로 이 시기 '민족 담론'을 형성하는 데 영향을 주었음을 추론할 수 있다.

【 論民族競爭之大勢-壬寅 】

天下勢力之最宏大最雄厚最極烈者 必其出於事理之不得不然者也. 自中古以前[羅馬解紐以前] 歐洲之政治家 常視其國爲天下. 所謂世界的國家 World state是也. 以誤用此理想故. 故愛國心不盛. 而眞正强固之國家不能立焉.[按吾中國人愛國心之弱 其病源太半坐是而歐人前此所不能免也.] 近四百年來民族主義. 日漸發生 日漸發達. 逐至磅礴鬱積. 爲近世史之中心點. 順玆者興 逆玆者亡. (…中略…) 夫此民族主義 所以有大力者何也. 在昔封建之世[羅馬 以前歐洲之封建時代] 分土分民. 或同民而異邦. 或同邦而異民族. 胡漢吳越雜處無猜及封建之弊. 極於墮地. 民求自立而先團於是種族之界 始生同族則相吸集 異族則相反撥. 苟爲他族所箝制壓抑者 雖粉身碎骨 以圖恢復 亦所不辭. 若德意志 若意大利 皆以同民族相吸 而建新邦. 若匈牙利 以異民族而分離於奧大利. 皆其最著者也. 民族主義者 實製造近世國家之原動力也.

> **번역** 천하의 세력이 가장 굉대하고 가장 굉후하고 극렬한 것은 반드시 사리가 부득이한 연후에서 나온다. 중고 이전(로마의 해체 이전)

구주 정치가는 항상 그 나라가 천하라고 여겼는데 소위 세계국가가 그것이다. 이것은 그 이상을 잘못 본 것이다. 그러므로 애국심이 융성하지 않았고 진정 강고한 국가가 성립되지 않았다.(살펴건대 중국인의 애국심이 약한 것도 그 병의 근원은 대부분 구주인이 이전 애국심을 확립하지 못한 것과 다르지 않다.) 근래 사백년 이래 민족주의가 점차 발생하여 날로 발달하고 드디어 사방에 널리 퍼져 근세 역사의 중심점이 되었다. 이를 따르는 자는 흥하고, 이를 거스르는 자는 망한다. (…중략…) 대저 이 민족주의가 큰 힘을 갖는 것은 무슨 까닭일까. 옛날 봉건시대(로마 이전 구주의 봉건시대)는 분토 분민하여 같은 민족이 다른 나라가 되고 같은 나라가 다른 민족으로 이루어지기도 하니, 오랑캐와 중국, 오나라와 월나라가 잡거하여 시기가 없고, 봉건의 폐단이 미쳐 타락한 지경에 떨어진다. 백성이 스스로를 구하기 위해 먼저 종족 경계에서 단체를 만들어 동족이 발생하면 곧 서로 흡인하여 모이고 이족은 곧 서로 반발하니, 진실로 다른 민족이 겸제 억압하는 것은 분골쇄신으로 이를 다시 회복하고자 하기를 사양하지 않는다. 독일과 같이, 이탈리아와 같이 대개 동민족을 서로 흡인하여 새로운 나라를 만들었고, 헝가리와 같은 경우는 이민족이 오스트리아에 나뉘어 있었으니 그것이 가장 뚜렷한 것이다. 민족주의는 실로 근세 국가의 원동력을 창조해 내었다.

— '시국편', '논민족경쟁지대세', 『음빙실문집』 상권

량치차오의 민족은 '애국심의 근원지'이자 '국가의 원동력'으로 인식된다. 이는 기존의 국가 구성원으로서 국민이 '충군애국(忠君愛國)'해야 한다는 논리와도 구별되는데, 민족은 자기 스스로를 구하며, 동족 관념을 바탕으로 애국하는 마음을 갖게 된다. 이러한 논리는 『음빙실문집』이 국내에 널리 보급되면서, 한국 민족주의의 새로운 면으로 발달한다. 예를 들어 『대한매일신보』 1908년 7월 30일자 논설의 '민족과 국민의 구별'을 살펴보자.

【 民族과 國民의 區別 】

國民이라 云ᄒᆞᄂᆞᆫ 名詞ᄂᆞᆫ 民族二字와 區別이 大有ᄒᆞ거늘 不知者가 往往此를 混稱ᄒᆞ니 此ᄂᆞᆫ 不可의 甚ᄒᆞᆫ 者라. 今에 此를 畧辨하노라. 民族이란 者ᄂᆞᆫ 只是同壹ᄒᆞᆫ 血統에 系ᄒᆞ며 同壹ᄒᆞᆫ 土地에 居ᄒᆞ며 同壹ᄒᆞᆫ 歷史를 擁ᄒᆞ며 同壹ᄒᆞᆫ 宗敎를 奉ᄒᆞ며 同壹ᄒᆞᆫ 言語를 用ᄒᆞ면 便是同壹ᄒᆞᆫ 民族이라 稱ᄒᆞᄂᆞᆫ바어니와 國民二字ᄂᆞᆫ 如此히 解釋ᄒᆞ면 不可ᄒᆞᆯ지라. 大抵 血統 歷史 居住 宗敎 言語의 同壹흠이 國民되ᄂᆞᆫ 要素가 아님은 아니나, 但只此가 同壹흠으로 便是 國民이라 云흠을 不得하나니, 譬컨ᄃᆡ 彼骨筋脉絡이 固是 動物되ᄂᆞᆫ 要素나 許多 解散된 骨筋脉絡을 壹處에 聚集ᄒᆞ야 此를 有生機의 動物로 强認치 못흠과 ᄀᆞᆺ치 彼壹盤 亂沙의으로 聚居ᄒᆞᆫ 民族을 指ᄒᆞ야 國民이라 稱흠이 爰可ᄒᆞ리오. 國民이란 者ᄂᆞᆫ 其血統 歷史 居住 宗敎 言語의 同壹ᄒᆞᆫ 外에 又必 同壹ᄒᆞᆫ 精神을 有ᄒᆞ며 同壹ᄒᆞᆫ 利害를 感ᄒᆞ며 同壹ᄒᆞᆫ 行動을 作ᄒᆞ야 其內部의 組織이 壹身의 骨絡과 相同ᄒᆞ며 其對外의 精神이 壹營의 軍隊와 相同ᄒᆞ여야 是를 國民이라 云하나니, 嗚乎라 古代에ᄂᆞᆫ 國民資格에 無ᄒᆞᆫ 民族이라도 可히 壹隅를 據ᄒᆞ야 土地를 闢ᄒᆞ야 子孫을 長ᄒᆞ며 水草를 逐ᄒᆞ야 生活을 作ᄒᆞ얏거니와 今日에 到ᄒᆞ야ᄂᆞᆫ 萬壹國民資格이 無ᄒᆞᆫ 民族이면 大地上에 側足ᄒᆞᆯ 隙地가 無ᄒᆞᆯ지라. 是以로 美洲의 紅種이 其初에ᄂᆞᆫ 固是繁多ᄒᆞᆫ 民族이며 澳洲의 黑人이 其初에ᄂᆞᆫ 亦是衆盛ᄒᆞᆫ 民族이며 其他 東西 兩球上 塵塵國土에 奄奄漸盡ᄒᆞᄂᆞᆫ 人種들도 其始에ᄂᆞᆫ 莫非橘中世界에셔 白家의 本支百世를 唱ᄒᆞ던 民族이언마ᄂᆞᆫ 但只 國民 資格이 未具ᄒᆞᆫ 故로 此優二拾世紀 優勝劣敗의 時代를 遭ᄒᆞ민 自然情意勢紐ᄒᆞ야 天演의 公例를 莫逃하ᄂᆞᆫ 所以가 아닌가. 嗚乎라 此時代를 遭ᄒᆞᆫ 者여. 耳가 有ᄒᆞ거던 其聰을 鍊ᄒᆞ며 目이 有ᄒᆞ거던 其明을 務ᄒᆞ며 靈性이 有ᄒᆞ거던 其才智를 修ᄒᆞ며 肢體가 有ᄒᆞ거던 其强勇을 務ᄒᆞ고, 同壹ᄒᆞᆫ 心腦와 同壹ᄒᆞᆫ 思想으로 同壹의 進步를 作ᄒᆞ야 國民資格을 養成ᄒᆞᆯ지어다.

번역 국민이라고 일컫는 명사는 민족 두 글자와 차이가 큰데, 알지 못하는 사람이 왕왕 이를 혼동하여 일컬으니, 이는 잘못이 심한 것이다. 지금 이를 간략히 설명하고자 한다. 민족이란 다만 동일한 혈통이 이어지며 동일한 토지에 거주하며 동일한 역사를 지키며 동일한 종교를 믿고 동일한 언어를 사용하면 이를 동일한 민족이라고 일컫지만, 국민 두 글자는 여러한 해석이 불가하다. 대저 혈통, 역사, 주거, 종교, 언어가 동일한 것이 국민이 되는 요소가 아닌 것은 아니나, 단지 이것이 동일한 것으로 이를 국민이라고 일컫지는 않으니, 비유하건대 골근맥락이 모두 동물이 되는 요소이나 허다하게 흩어진 골근맥락을 한 곳에 모아 이를 유기체의 동물로 인식하지 못하는 것과 같이, 저 일반 모래알 같이 모여 사는 민족을 가리켜 국민이라 일컫는 것이 어찌 가능하겠는가. 국민은 혈통, 역사, 주거, 종교, 언어가 동일한 이외에 반드시 동일한 정신을 가져야 하며, 동일한 이해(利害)를 느끼고 동일한 행동을 이루어 그 내부 조직이 일신의 골격과 같이 대외 정신이 한 영내의 군대와 같아야 이를 국민이라고 일컫는다. 오호라. 고대에는 국민 자격이 없는 민족이라도 가히 한 지방에 거주하여 토지를 개간하고 자손을 기르며 수초를 따라 생활을 이루었거니와 지금에 이르러 만일 국민 자격이 없는 민족이라면 대지상 곁에 거처할 땅이 없을 것이다. 그러므로 미주의 홍인종이 처음에 번성한 민족이었고 오스트레일리아의 흑인이 처음에 번성한 무리를 이루었던 민족이며 기타 동서 양지방 여러 국토에 살던 인종들도 처음에는 귤껍질 속의 세계가 아닌 곳에서 자기 스스로 백세를 부르짖던 민족이었지만, 단지 국민 자격을 갖추지 못한 까닭에 이 20세기 우승열패의 시대를 만나 자연 정의 세력이 다하여 천연의 공례를 피하지 못하는 까닭이 아니겠는가. 오호라. 이 시대를 당한 자여. 귀가 있으면 그 총명을 연마하며 눈이 있으면 그 밝음을 힘쓰며 영령한 성질이 있으면 그 재지를 닦으며, 몸체가 있으면 그 강한 용기를 힘쓰고 동일한 심뇌와 동일한 사상으로 동일한 진보를 이루어 국민 자격을 양성하기 바란다.

—(논설) 『대한매일신보』, 1908.7.30

이 논설에서는 '민족'의 개념을 혈연, 역사, 주거, 종교, 언어 공동체로 규정하고, 민족을 중심으로 한 '국가'를 형성해야 우승열패의 시대에 진보를 이룰 수 있다는 신념을 피력하고 있다. 여기서 국민의 조건으로 '동일한 정신', 곧 '심뇌(心惱)', '사상(思想)', '진보(進步)'를 논하고 있지만, 그것은 민족과의 차이를 논하고자 하는 목적이 아니라 '민족'을 주체로 한 국민 자격을 논의하고자 하는 데 목적이 있음을 확인할 수 있는데, 그 이유는 '국민 자격'을 논하기 전에 민족 구성의 요건을 객관적으로 설명하고자 했기 때문이다. 달리 말해 민족 개념을 인식하는 것은 그 민족을 주체로 한 국가 건설, 또는 그 민족 구성원들이 스스로 국민 의식을 가져야 함을 강조하기 위한 것이다. 이는 엄밀히 말하면 오늘날 민족 개념과 국가, 또는 국민의 개념과는 다소 차이가 있을 수 있다. 그러나 애국계몽기의 민족 담론은 자주 독립국가의 국민이 되어야 함을 역설하는 과정에서 민족 자질에 '국민정신 자질'이 부여된 국민 개념을 산출한 셈이다.

2.4. 지식 보급과 학술상의 진보 문제

근대의 계몽사상이 과학의 발달, 또는 학문상의 진보를 기반으로 하고 있음은 널리 알려진 사실이다. 계몽사상의 전개 과정에서 정치사상과 과학주의가 별개로 발전할 이유는 없으나, 서양의 근대가 물리학, 천문학, 수학, 역학 등의 다양한 학문 발달 과정과 밀접한 관련을 맺고 있다. 이 점은 프랭크 매뉴얼(1951)의 제2장 '과학과 기술'에서 비교적 자세히 논의된 바 있다. 그의 논의는 아이작 뉴턴(1642~1727)의 『자연철학의 수학적 원리』로부터 출발한다. 달리 말해 서양 사상사에서 뉴턴의 저서는 자연적인 우주를 설명하는 요약된 법칙이었다. 천체(天體)와 지상의 모든 물체에 대한 신학적 설명을 탈피하여 수학 공식의 운동법칙을 부여한 뉴턴식 사고는 기존의 기독교적 사고에 대해 끊임없이 회의

하고, 합리성을 기반으로 한 실증 경험을 중시하는 학문의 진보를 추구하였다.[24)

사상사적 차원에서 자연과학의 발달은 물질계를 바라보는 새로운 관점으로 이어졌다. 이 경향은 이을호(1998)에서 논의된 것처럼 18세기 프랑스의 유물론과 밀접한 관련을 맺는다. 이에 따르면 18세기 프랑스 유물론은 기계론적·형이상학적 성격을 띠고 있었는데, 이러한 성격 자체가 자연과학의 성격에서 비롯된 것이라는 의미이다. 뉴턴과 라이프니츠의 미적분학, 야콥 베르누이의 『추측술』(1713), 라플라스의 『천체역개론』(1798) 등 수학과 물리학의 진보가 이루어졌으며, 칼 린네의 『식물의 종』(1753년 경)에서 제기된 식물의 분류, 박물학자인 조르주 루이 르클레르 뷔퐁의 『박물지』(1749)에서 서술된 '원숭이와 인간의 기원에 관한 공통성' 논의 등은 기존의 사유체계를 뒤집는 획기적인 사건들로 평가된다.[25)

한국 근현대 학문사에서 서양의 유물론(唯物論)에 관한 소개가 이루어진 것은 1920년대 이후의 일로 보인다. 그 중 하나가 『동아일보』 1922년 3월 8일부터 6월 22일까지 연재된 '구주사상(歐洲思想)의 유래(由來)'이다. 그 가운데 유물론 관련 부분을 옮겨보면 다음과 같다.

---

24) 과학의 발달과 과학주의가 갖는 의미에 대해서는 김용준(1975)의 「과학의 시대성」(『한국사상총서』 4, 한국사상사학회, 태광문화사)에서도 비슷한 논의가 이루어진 바 있다. 이 글에서도 뉴턴의 모델이 서구 과학과 근대사상에 중요한 영향을 끼쳤음을 강조하고 있다.
25) 이에 대해서는 이을호(1999), 『계몽주의 시대의 서양철학』(중원문화) 제1장 제3절 '18세기 프랑스의 유물론자'를 참고하였음.

【 第四章 唯理思想 四. 佛國 自由思想의 發達 】

唯理主義의 極端인 理論化(乃至 空想化)는 單히 感覺主義의 立脚地로만 될 쭌 안이오, 更히 數步를 進하야 마참내 唯物論이라는 가장 極端인 形式을 取하기에 至하얏스니 吾人은 玆에 唯物論의 學說을 敍述할 必要가 無하고 單히 라메트리(1709~1751), 올바크(1723~1789) 等의 姓名을 擧함으로써 足하다 하노라. 人生을 經驗的으로, 主智的으로, 機械的으로 解釋코저 할진대, 그 極端은 마참내 感覺主義 乃至 唯物主義에 達하지 안이하면 已하지 안이하리니, 唯物主義는 人生을 가장 經驗的으로, 가장 機械的으로, 가장 自然科學的으로 解釋한 것에 不外한지라. 吾人은 佛蘭西의 此 唯物主義의 裏面에는 單히 學說로서의 唯物論쭌 안이오, 在來의 頑冥한 理想的(乃至 空想的) 宗敎와 밋 道德에 對한 反抗이 包含되얏슴을 十分 明瞭히 認하지 안이하면 안이될지니 靈魂을 語하고 來世를 語하야 그 獨斷說을 疑하는 者를 極度로 追究하고 壓迫하든 傳來 宗敎는 自由인 新思想을 有한 者로 하야금 넘어 愚昧하고 또 넘어 憎惡하는 것이 더욱 그것이 官僚政治와 結托하야 極度로 民心의 自由를 束縛함에 至하야는, 到底히 容恕하지 못할 迷信 迷盲으로 外에 싱각하지 안이한지라. 靈魂의 否認, 唯物主義의 主張 等이 學說로서 價値를 有하얏다함보담도 도리여 頑冥한 時勢에 對한 反抗으로서 特殊한 歷史的 價値를 備하얏다 할지니라.

唯物論은 傳來 宗敎에 對한 最高 反抗이나 此 事實과 關聯하야 吾人은 最前에 記述할 重要한 一事를 便宜上 玆에 附記코저 하노니 그것은 一般 知識의 發達과 共히 傳來 宗敎에 對한 懷疑가 佛國에 在하야는 特히 曾前으로부터 發生하얏다 하는 一事이라. 英吉利에 在하야도 이즘이나 自然宗敎의 發達이 無論 一般 啓蒙思潮에 胚胎함은 前段에 이미 槪說한 바이로되 佛蘭西에 在하야는 此에 先하야 曾前으로부터 傳來 宗敎에 對한 懷疑가 甚하야, 宗敎的 懷疑이라 하면 바로 佛蘭西를 想像하게 되니, 就中 비엘베르(1647~1704) 此種 宗敎的 懷疑의 代表者임은 歐羅巴에 在하야 著名한 事實이라. 佛蘭西流의 銳利한 觀察眼으로써 觀하면 宗敎的 信仰(特히 超自然

的 奇蹟)은 如何히 하야도 科學的 理智와의 衝突을 避하지 못하얏스니 信仰은 畢竟 知識으로부터 獨立한 것이라, 知識은 信仰으로 하야는 자못 無用하다 함이 베르의 主張이오, 쏘 有名한 科學的 天才 쌔스칼(1626~1662)도 大略 베르와 同一한 立脚地에 在하얏다 謂하니라.

번역 유리주의(이성주의, 계몽철학)의 극단인 이론화(내지 공상화)는 감각주의의 기반이 될 뿐 아니라, 다시 몇 보를 나아가 마침내 유물론이라는 가장 극단적 형식을 취하기에 이르렀으니, 우리가 이에 유물론 학술을 서술할 필요는 없지만, 다만 라메트리, 올바크 등의 이름만 들어도 충분할 것이다. 인생을 경험적, 주지적, 기계적으로 해석하고자 한다면 그 극단은 마침내 감각주의 내지 유물주의에 이르지 않으면 끝나지 않을 것이니, 유물주의는 인생을 가장 경험적으로, 기계적으로, 자연과학적으로 해석한 것에 지나지 않는다. 우리는 프랑스의 이 유물주의의 표면에 단지 학설로서의 유물론뿐만 아니라 재래 완명한 이상적(내지 공상적) 종교와 도덕에 대한 반항이 포함되었음을 충분히 명료하게 인식하지 않으면 안 될 것이다. 영혼을 말하고 내세를 말하여 독단설을 의심하는 것을 극도로 따르고 압박하던 전래 종교는 자유로운 신사상을 갖고 있는 자들로 하여금, 그것을 매우 우매한 것으로 여기고 증오하도록 했다. 더욱 그것이 관료정치와 결탁하여 극도로 민심의 자유를 속박한 데 이르면 도저히 용서하지 못할 미신이나 미맹으로밖에 생각하지 않았기 때문에 영혼의 부인, 유물주의의 주장 등이 학설 자체로 가치가 있었다기보다 완명한 시세에 반항한 특수한 역사적 가치를 갖춘 것이라고 할 수 있다. 유물론은 원리 종교에 대한 최고의 반항이었으나 이 사실과 관련하여 우리는 앞에 기술한 중요한 한 사건을 편의상 부가하고자 한다. 그것은 지식 발달과 함께 전래 종교에 대한 회의가 프랑스에서 특히 이전부터 발생하였다는 사실이다. 영국에서도 자연 종교의 발달이 물론 일반 계몽사상에서 배태된 것은 앞에서 이미 개략적으로 설명한 바 있지만, 프랑스에서는 이에 앞서 종전에 전래된 종교에 대한 회의가 심해서 종교적 회의라고 하면 바로 프랑스를 상상하게 된다. 그 가운데 피에르 베일은 이런 유형의 종교적 회의의 대표자임은 구라파에서 유명한 사실이다. 프랑스류의 에리한 관찰안으로 보면 종교적 신앙(특히 자연적 기적)은 어떻게 해도 과학적 이지와 충돌을 피하지 못했으니, 신앙은 필경 지식으로부터 독립한 것이다. 지식은 신앙으로 볼 때에는 무용하다는 것이 피에르의 주장이요, 또 유명한 과학적 천재 파스칼도 대략 피에르와 동일한 관점에 서 있다고 할 수 있다.

—'구주사상의 유래', 『동아일보』, 1922.4.21

이 인용문과 같이, 서양 계몽철학에서 자연과학의 역할은 종교와의 갈등, 회의론, 유물사상 등과 이어져 있다. 한국 사상의 보편성 차원에서 과학성이 종교성과 대립되는 개념이라는 점은 홍이섭(1973)에서도 논의된 바 있다. 이 논문에서는 "과학적이라는 것은 인식적인 것인데, 종교적이라는 것은 신앙적"이라고 규정하고, "과학은 체계적인 지식이기를 그 자체가 요구하고 있다"라고 진술한다. 여기서 주목할 것은 '지식(知識)'이라는 개념이다. 홍이섭(1973)에서는 "지식이란 단순히 사변적인 것이 아니고, 무엇인가 대상의 지식이며, 따라서 객관적 지식이다. 즉 하나의 인식이다. 지식은 또한 체계성을 가진 것이 아니면 안 된다"라고 진술하였다. 이를 고려할 때 한국의 근대 계몽사상의 특징을 규명하고자 할 경우, 지식의 발달과 체계화 과정에 대한 논의가 필수적이다.

지식의 성격에 관한 논의는 학문의 목적과 밀접한 관련을 맺는다. 이러한 차원에서 재일유학생 친목회의 『친목회회보』 제4호(1896.12)에 소재한 이면우(李冕宇)의 논설은 한국 근대 계몽기 지식 담론의 일면을 보여준다.

【 學問의 實行과 虛飾의 理解 】
嗟홉다. 人은 天地의 間에 最靈흔 物이라 ᄒ니 人의 最靈흠은 何를 謂흠이뇨. 曰 智識이 他物에 比ᄒ야 特絶홈이 有홈을 謂홈이라. 智識의 發達ᄒᄂ 道ᄂ 學問을 勉勵홈에 在ᄒᄂ니 是ᄂ 三尺의 童이라도 此를 知치 못ᄒᄂ 者ㅣ 無ᄒᄂ 然이나 學問 勉勵의 法이 有二ᄒ니 一曰 實行 應用이오 一曰 虛飾 無的이라. 實行者ᄂ 何 學問을 勿論ᄒ고 學ᄒ면 卽 用ᄒ며 聞ᄒ면 卽 行ᄒ되 硏究홈을 隨ᄒ야 漸次 進步ᄒ야 無極홈에 達ᄒᄂ니 此를 因ᄒ야 一例를 擧ᄒ노라. 物理 化學의 硏究홈을 從ᄒ야 滊船(헐선, 汽船의 오식, 통용자), 滊車(汽車) 及 電線과 其他 諸器械를 發明ᄒ야 萬古에 無二ᄒ 便利 를 用ᄒᄂ게라. 歷史 地理와 其他 諸學問을 講究ᄒ야 政治 法律 及 軍務와 其他 農商을 精密이 修行ᄒ야 世界의 第一 富强을 互相 競爭홈은 泰西 諸國 의 現行ᄒᄂ 바ㅣ니 此ᄂ 吾儕의 所其知어니와 虛飾에 在ᄒ야ᄂ 雖曰 學問 勉勵라 ᄒᄂ 오직 學홈만 知ᄒ고 應用의 實踐홈을 知치 못ᄒ야 學ᄒ 바ᄂ 例外로 置ᄒ고 私心을 發ᄒ야 筆下에ᄂ 비록 萬端의 奇說이 有ᄒᄂ 胸中에 ᄂ 一個 護身의 策이 無ᄒ니 此ᄂ 學ᄒ 바와 行ᄒᄂ 바ㅣ 不同홈이라. 此를 以ᄒ야 漸漸 人民의 弊端이 生ᄒ고 敎育이 發達치 못ᄒ야 國民의 元氣 衰弱 홈을 成케 홈이니 엇지 此 二者의 大旨를 愼重치 아니ᄒ리오. 噫라. 我邦 人民은 다만 孔孟의 舊規만 勉修ᄒ며 卑屈의 預知을 守行코ᄌ ᄒ야 或 虛飾 을 設ᄒ고 實行을 務치 아니홈에 時務의 方策과 時勢의 變遷홈을 知치 못ᄒ 야 進步的의 企望이 絶無ᄒ야 人文의 開發홈이 他國의 後됨을 免치 못ᄒ니 豈不歎惜哉아.

번역　아, 사람은 천지간 가장 신령한 동물이라고 하니, 사람이 가장 신령하다고 하는 것은 무엇을 일컫는 것인가. 지식(智識)이 다른 동물에 비해 특히 절대적인 면을 갖고 있음을 이름이다. 지식이 발달하는 방법은 학문을 면려하는 데 있으니, 이는 삼척동자도 알지 못하는 자가 없다. 그러나 학문 면려의 방법이 두 가지가 있으니, 하나는 실행 응용(實行應用)이요, 다른 하나는 허식 무용한 것(虛飾無的)이다. 실행이라는 것은 어떤 학문을 물론하고 배우면 곧 응용하며 들으면 곧 행하되, 연구함을 따라 점차 진보하여 끝이 없는 데 도달하니, 이로 말미암아 한 예를 들고자 한다. 물리 화학의 연구를 따라 기선, 기차 및 전선과 기타 제반 기계를 발명하여 만고에 둘도 없는 편리함을 이용하는 것이다. 역사 지리와 기타 제반 학문을 강구하여 정치, 법률 및 군무와 기타 농상을 정밀히 수행하여 세계의 제일 부강을 서로 경쟁하는 것은 태서 모든 나라가 행하는 바니, 이는 우리들이 알고 있는 바이다. 허식에 대해서는 비록 학문 면려라고는 하지만, 오직 배우기만 하고 응용하여 실천하는 것을 알지 못하여 배운 바는 예외도 두고 사심을 발하여 붓끝에는 비록 만단의 기묘한 학설이 있으나 흉중에는 일개 호신의 책이 없으니, 이는 배운 바와 행하는 바가 같지 않음이다. 이로써 점점 인민의 폐단이 생겨나고 교육이 발달하지 못해 국민 원기가 쇠약하게 되니 어찌 이 두 가지 큰 취지를 신중히 하지 않겠는가. 아, 우리나라 인민은 다만 공맹의 옛날 규칙만 힘써 공부하고 비굴(卑屈)의 예지를 수행코자 하여 혹 허식을 따르고 실행에 힘스지 않으므로 시무의 방책과 시세가 변천함을 알지 못해 진보의 기대와 희망이 절무하여 인문의 개발이 다른 나라에 뒤처지는 것을 면하지 못하니 어찌 탄식하지 않겠는가.

—이면우, '학문의 실행과 허식의 이해', 『친목회회보』 제4호

이 논설의 지식 담론은 학문하는 목적이 '실행 응용'에 있어야 함을 주장하는 데 있다. 여기서 필자는 지식의 성격을 '신행 웅8할 수 있는 것'과 '허식 무용적인 것' 두 가지로 나누고, 전통적인 공맹의 학문(곧 구학문)을 허식 추구하는 학문으로 규정하였다. 이 점은 서구의 과학사 상이 종교적인 억압으로부터 인간을 해방하는 데 기여한 것과 마찬가지로, 한국의 근대 학문 사상(일종의 과학사상)도 구학(舊學)의 억압을 벗어나 실용적인 지식 체계를 갖추어야 한다는 취지를 갖고 있었음을 의미한다. 이 점은 근대 계몽기 신구학의 대립을 역설한 다수의 논설에서 쉽게 확인할 수 있다. 흥미로운 것은 근대 계몽기 신구학 대립설이 활발해진 시점이다. 근대 계몽기 학문 형성 과정을 규명하기 위한 학회보

전수 조사 결과26)에 따르면 1896년부터 1910년까지의 학회보(잡지) 학술론 논문 40편 가운데, 21편은 신구학의 대립을 주제로 삼고 있음을 확인할 수 있다. 이들 논문은 크게 '신학문 권장', '신구학 조화', '구학문 존중'의 세 갈래로 유형화할 수 있는데, 각 논문의 소재(所在)에 따라 큰 편차를 보인다. 예를 들어 『친목회회보』, 『태극학보』 등과 같이 유학생 관련 학회보의 논문은 '신학문의 중요성'을 강조하는 데 비해, 『대동학회월보』와 같이 유림들이 다수 참여한 학회보는 '신학과 구학의 본질이 같다.'는 주장을 펼치거나 '구학을 존중하여 신학을 해야 한다.'는 주장이 많다. 또한 국내에서 발행된 『서우』, 『기호흥학회월보』 등과 같은 학회보는 조화설을 피력한다. 이러한 견해 차이는 결성된 단체의 성격과 참여자, 근대 학문을 바라보는 관점의 차이 등이 반영된 것으로 해석할 수 있는데, 그 경향은 근대 계몽기 이후 일제 강점기까지 지속적으로 이어진다.

그런데 주목할 점은 신구학 대립설이 격화된 시점이 1905년 국권 침탈기라는 사실이다. 이 점은 『황성신문』이나 『대한매일신보』의 학술 담론을 분석할 때 좀 더 명료해진다. 『황성신문』의 논설 가운데 '신구학' 대립과 관련된 주요 논설로는 다음과 같은 것들이 있다.

【 황성신문의 신구학 대립 관련 논설 】

일자	제목 및 저자	분야	주제(내용)
1901.12.19	신구학문총귀조유(新舊學問總歸烏有)	학문	신구론
1901.04.22	불능사구 불능종신(不能捨舊 不能從新)	학문	신구론
1902.06.05	독한맹시문유감(讀韓孟詩文有感)	학문	신구론
1908.06.20	구뇌(舊腦)와 신뇌(新腦)의 성질	학문	신구론
1908.08.30	권독 논어설(勸讀論語說)	학문	신구학
1908.08.22	권고 대동학회(勸告大同學會)	학문	신구 대립
1909.10.06	독 성호 태설 유감(讀星湖兒說遺憾)	학문	신구학

---

26) 이에 대해서는 권1의 부록을 참고할 수 있다.

일자	제목 및 저자	분야	주제(내용)
1909.10.12	권고 유림 사회(勸告儒林社會)	학문	신구학
1909.10.09	학문부진(學問不進)이 도시니구(都是泥舊)의 폐해(弊害)	학문	신구학
1909.10.10	성균관(成均館) 역사의 감념	학문	신구학
1909.11.07	독지나보 탄부유심사여출일철(讀支那報 嘆腐儒心事 如出一轍)	학문	신구학
1909.11.09	본조유림(本朝儒林)의 공과(功過)	학문	신구학
1909.11.17	보수주의(保守主義)로 진보(進步)함이 가량(佳良)한 방침(方針)	학문	신구학
1909.02.12	성균관 학생(成均館學生)	학문	신구 대립
1909.02.13	구학 개량(舊學改良)이 시제일착수처(是 第一着手處)	학문	신구학
1909.04.11	선철기념(先哲紀念)	학문	신구학
1909.04.04	수구(守舊)와 구신자(求新者)의 오해	학문	신구 대립
1909.04.25	학론(學論)의 변천(變遷)	학문	신구학
1909.04.23	윤강회	학문	신구 학문
1909.04.16	대동학설의 문답	학문	신구학
1909.09.08	동서문화교환시기(東西文化交換時期)	학문	동서양 학문 교류
1910.02.06	신구 교환 시대가 최유가관	학문	신구학
1910.03.22	심의라 완고 누유의 폐해	학문	신구학
1910.03.04	구학문가(舊學問家)의 진성열력(眞誠熱力)	학문	신구학

이 표에 나타나듯이 1900년대 초의 경우 신구학 대립과 관련된 논설이 비교적 많지 않다. 이는 학회보의 경우도 마찬가지인데, 21편 가운데 『친목회회보』에 소재한 한두 편의 글을 제외하면 1900년대 전반기까지의 신구 학설을 논의한 논문이 발견되지 않는다. 그런데 1905년 이후부터는 신구학 대립과 관련된 논의가 본격적으로 제기되고 있음을 확인할 수 있다. 이러한 신구 대립설이 격화된 요인에는 국권 침탈의 위기가 이른바 '구학 추종자(舊學追從者)'들에게 있다는 비난 때문이었던 것으로 보인다. 이른바 완고배(頑固輩)로 대표되는 유림의 일부 학자들이 국가 발전에 필요한 학문과 지식 발전을 가로막았다는 논리이다. 이러한 경향은 『대한매일신보』도 비슷한데, 조사한 논설 17편은 모두

1906년 이후에 쓰였다. 논점의 격렬함에는 다소의 차이가 있지만, 두 신문이 논박하고자 하는 대상은 모두 '완고 유림'들이다. 이들 완고한 유림들에게는 전통적인 유학이 마치 종교처럼 인식되고 있는 셈인데, 이는 서양의 과학사상이 종교성과 대립되듯이 한국의 근대 계몽사상도 종교적인 유학과 길항하며 성장해 왔음을 보여준다.[27]

이러한 신구 학설의 대립은 일제 강점기 지식인들의 사유방식에도 적지 않은 영향을 끼친 것으로 보인다. 특히 『매일신보』의 전통 학문 부활 담론은 근대 계몽기 완고 유림들의 논리가 이어진 경우가 많은데, 이러한 흐름은 과학사상이 발달하고 학문 연구 방법론이 진화되는 과정에서 국권 침탈과 상실의 역사가 초래한 과학주의의 한계를 보여주는 것으로 볼 수 있다.

2.5. 근대 계몽기 학술 계몽 담론의 본질

한국 근현대 학문 사상은 축자적 의미에서 계몽성을 띠고 있다. 특히 '민족주의', '국가주의', '국민사상'을 바탕으로 한 학문 연구의 필요성이 강조되었는데, 일신의 출세를 위한 학문이 아니라 국가를 위한 학문, 관료가 되기 위한 학문이 아니라 일국 발전을 위한 지식 체계의 확립 등이 강조되기 시작했다.

【 科學 應用의 目的地 】
彼科學이란 者ᄂᆞᆫ 世界人類의 心腦를 開鑿하며 宇宙萬物의 理奧를 發現ᄒᆞ야 壹切 有無界暗黑의 方面을 打破ᄒᆞ고 光明ᄒᆞᆫ 新天地를 造成ᄒᆞᄂᆞᆫ 者니 偉

---

27) 이 점에서 한국 근대의 종교 관련 담론에서 유교를 종교의 하나로 간주한 사례가 많음을 고려할 필요가 있다. 유교가 종교인가 아닌가의 논란은 별도로 치더라도, 과학성과 종교성의 대립적인 관점을 고려한다면, 한국 근대 학문 형성 과정에서 전통 유학의 영향 문제는 별도의 논의가 필요할 것이다.

哉라. 科학이여. 科學이 不興ᄒ면 其國이 必滅하며 科學이 不盛ᄒ면 其民이 必絶ᄒ리니 科學乎 科學乎여 不可思議의 大勢力으로 人道를 支配ᄒᄂ 者ㅣ 此物이 아닌가. 故로 余가 靑年諸君을 爲하야 科학의 勃興을 祝ᄒ고 又祝ᄒ ᄂ 바어니와 雖然이나 余가 又聞컨듸 同壹ᄒ 不龜手의 藥「손 터지지 안는 약」으로 宋人은 병벽광『샐뇌질』에 用ᄒ야 數人의 資生을 作ᄒ고 吳人은 戰術에 用ᄒ야 壹國의 覇業을 圖ᄒ얏다 ᄒ니 嗚乎라 奚獨不龜手약만 爲然 ᄒ리오. 卽科學도 亦然ᄒ니라. (…中略…) 此盖 天才厚薄의 不同과 機會 善 惡의 不同과 其外 各種 境遇의 不同을 由ᄒ야 其成就의 不同을 或致ᄒ나 然이나 其大原因을 究ᄒ즉 但只학者 發軔의 初에 其目的地를 如何히 定흠 에 在ᄒ다 흘지로다. 今에 政治를 학ᄒᄂ 者ㅣ 其目的을 定ᄒ야 曰 吾가 此로써 參書局長 壹窠ᄂ 得參흘外 하야 晝思夜夢이 오즉 此에 在ᄒ며, 法律 을 학ᄒᄂ 者ㅣ 其目的을 定ᄒ야 曰 吾가 此로써 檢事判事 壹位나 得陞흘久 하야 歲講月鍊이 오즉 此에 在하야, 其발願이 區區數十圜 月銀에 不過ᄒ며 其希望이 壹貳品官階에 不過ᄒ면 斯人也ㅣ 비록 千萬番狂跳亂躍ᄒᆫ들 엇지 英雄의 脚板을 夢見ᄒ리오. 故로 학問에 有志ᄒ 者ㅣ 其학問보다 尤急硏究 흘 一問題가 有ᄒ니 此問題ᄂ 云何오 曰 我의 今此爲학이 壹身을 爲ᄒ야 학흠인가, 一國을 爲ᄒ야 학흠인가 흠이 是니라.

번역 과학은 세계 인류의 심뇌를 개발 착정하며 우주 만물의 이치를 발견하여 모든 유무계의 암흑을 타파하고 광명한 신천지를 조성 하는 것이니, 위대하도다. 과학이여. 과학이 흥하지 못하면 그 나라가 반 드시 멸망하며, 과학이 흥하지 못하면 그 민족이 반드시 절멸하리니 과학 이여! 과학이여. 불가사의의 큰 세력으로 인도를 지배하는 자, 이것이 아 닌가. 그러므로 내가 청년 제군을 위해 과학의 발흥을 축하하고, 또 축하 하는 바이지만, 비록 내가 또 듣건대 동일한 불귀수(不龜手)의 약(손 트지 않는 약)으로 송나라 사람은 병벽광(빨래질)에 쓰서 몇 사람이 살아가는 데 썼고, 오나라 사람은 전술에 써서 한 나라의 패업을 도모했다고 하니, 아아, 어찌 불귀수의 약만 그러겠는가. 곧 과학도 그러하다. (…중략…)

대개 천재 후박이 같지 않고 기회가 좋고 나쁨이 같지 않고 그 밖의 각종 경우가 같지 않아서 성취도 같지 않을지나 그 큰 원인을 탐구하면 단지 학자가 공부를 시작할 때 그 목적지를 어떻게 정하는가에 달려 있다. 지금 정치를 공부하는 자가 그 목적을 정해 내가 이로써 참서국장 한 자리나 얻을까 하여 주야 몽상이 오직 이에 있으며, 법률을 공부하는 자가 그 목적을 정하여 말하기를 내가 이로써 검사 판사 한 자리나 얻어 승차할까 하여 세월을 강구하고 오직 이에 있을 뿐이니 구구하게 몇 십원 월급에 불과하며, 그 희망이 일이품 관직에 불과하면 이 사람이 비록 천만 번 힘써 도약하고자 한들 어찌 영웅의 발자취를 꿈엔들 보겠는가. 그러므로 학문에 뜻이 있는 자는 그 학문보다 먼저 연구할 한 문제가 존재하니 이 문제는 무엇인가. "내가 지금 학문하는 것이 나의 일신을 위한 것인가, 한 나라를 위해 배우는 것인가." 하는 것이 그것이다.

—'과학 응용의 목적지', 『대한매일신보』, 1908.8.20

이 논설에 등장하는 '과학'은 지식 체계를 뜻하는 '학문'과 동의어이며, '공부하는 일'과도 같은 뜻을 지닌다. 1908년 전후 이러한 내용의 논설이 빈번히 출현하는데, 이는 국권 침탈의 위기의식을 반영한 것이며, 국가 위미(萎靡)의 요인이 학문의 미발달과 밀접한 관련이 있다고 믿었기 때문이다. 특히 학문 만능주의, 과학 만능주의의 사고가 일반화되고 있음을 보여주는데, 신구학의 대립에서 빈번히 나타나듯이 구학자(舊學者)들이 관직만을 목표로 함으로써 국가 위미의 사태가 벌어졌다는 인식을 전제로 한 것이다. 이와 같은 논리에서 점차 지식 체계로서의 학문에 대한 인식의 전환이 이루어지기 시작한 것으로 보이는데, 다음 논설을 살펴보자.

【 我國 將來에 必有大學問家出 】

夫 學術者는 天地를 開闢하고 世界를 左右하는 能力이 有한 者라. 近世

西洋 歷史로 觀ᄒ면 白尼의 天文學과 倍根、笛卡兒의 哲理學과 孟德斯鳩의 萬法精理와 盧梭의 天賦人權論과 富蘭克令의 電學과 亞丹斯密의 理財學과 伯倫知理의 國家學과 達爾文의 進化論과 奈端의 重學과 連挪士의 植物學과 康德의 純全哲學과 皮里士利의 化學과 黑拔의 敎育學과 約翰彌勒의 論理學 政治學과 斯賓塞의 羣學 等이 皆博深精明ᄒ 博得의 學識으로 燦爛輝赫ᄒ 大光線을 放出ᄒ야 新文化를 發展ᄒ고 新世界를 造成ᄒ 能力을 發表ᄒ 者오. 其他 文學家ᄂ 法國의 福祿特爾와 日本의 福澤諭吉과 俄國의 托爾斯泰 諸賢이 皆 高尙ᄒ 思想과 美妙ᄒ 文章으로 民志를 鼓發ᄒ고 國運을 再造ᄒ 能力이 有ᄒ 者니 其精神의 發越과 福利의 長久로 言ᄒ면 成吉思汗의 武强 과 梅特湟의 權術과 拿破侖의 霸業으로 比擬치 못ᄒ 者로다.

我韓은 東洋半島에 處ᄒ야 山川이 秀麗ᄒ고 風氣가 溫和ᄒ야 民族의 智 慧와 人才의 産出이 他邦에 不讓ᄒ지며, 況又檀箕 以來로 倫敎가 夙闡ᄒ고 文學을 素尙ᄒ 國이라. 學理의 發明이 彼西洋 希臘 等國에 不下ᄒ지어늘, 何故 今日에 大學問家가 寥寥無聞ᄒ가.

三百年前 學問家의 歷史로 言ᄒ면 退栗諸賢의 性理學과 花潭의 物理學과 柳磻溪의 政治學과 金錫文 氏의 地球發明과, 涵虛堂의 佛徑演釋과 許浚 氏 의 醫鑑 著述과 其他 文學家가 固磊落相望ᄒ고 彬蔚可觀矣라. 乃自數百年 來로 諸種 學問이 日益退縮ᄒ고 日益固陋ᄒ야 國光을 闡揚ᄒ고 民福을 增 進ᄒᄂ 絲毫力이 未有ᄒ고, 世界 各邦을 對ᄒ야 學問家의 事業이 有ᄒ 것을 藉口ᄒ 바 絕無ᄒ니, 玆曷故焉고. 盖由來學問家의 三泒가 有ᄒ니 曰性理學 과 曰詞章學과 曰科擧學이라. 所謂 性理學泒ᄂ 宋儒의 窠臼를 篤守ᄒ고 塗 轍을 是循ᄒ야 言 字라도 或 其新意를 求ᄒᄂ 者가 有ᄒ면 譁然一辭로 異端 邪說이라, 斯門亂賊이라 指斥ᄒ야 武斷를 加ᄒ고, 來縛을 行ᄒ니 비록 才俊 의 士가 有ᄒ지라도 思想 自由와 新理 發明을 不敢ᄒ니, 此ᄂ 學問을 衰滅 케 ᄒ 最毒 手段이오, 所謂 詞章學泒ᄂ 制誥文이나 上樑文이나 圈套를 蹈襲 ᄒ야 構成을 粗能ᄒ면 奎章閣 弘文館의 學士 等 銜을 得ᄒ야 最高等의 資格 이 되고, 平生의 能事가 畢ᄒ얏스니, 此ᄂ 空華無實ᄒ 陋劣的 學問이오, 所

謂 科擧學은 詩曰 賦曰의 全沒義味ᄒ고 全無事實ᄒ 工夫로 精力을 耗費ᄒ
고 歲月을 虛送ᄒ야 紅白牌 一張을 拾得홈으로 無上ᄒ 功名을 삼앗스니,
此ᄂ 敗壞人才ᄒ고 鋼塞人智ᄒᄂ 最甚的 害毒이라. 全國 人才가 此三者에
不出ᄒ야 生長於是ᄒ며 老死於是ᄒ얏스니 엇지 <u>國光을 闡揚ᄒ고 民福을
增進ᄒᄂ 學問家</u>가 有ᄒ리오.

今日에 至ᄒ야ᄂ 科擧도 廢止되고 詞章도 無用되고 儒學泒의 武斷之習
도 斷絶되얏스니, 一般 靑年界의 想想 自由와 新理 發明홀 時代도 되고, 況
且 東西洋 諸學家의 學理가 互相 交媾ᄒ고 互相 綜合ᄒᄂ 時代니, 故로 曰我
國 將來에 必有 大學問家ㅣ 出이라 ᄒ노니, 惟我 一般 靑年은 幸其勿安於小
成ᄒ며 勿局於一偏ᄒ야 大發明 大成就의 目的을 得達홀지어다.

번역 대저 학술이라는 것은 천지를 열고 세계를 좌우하는 능력을 갖춘
것이다. 근세 서양 역사를 살펴보면 백니(白尼, 코페르니쿠스)의
천문학, 배근(倍根, 베이컨) 적변아(笛卡兒, 데카르트)의 철리학(哲理學),
맹덕사구(孟德斯鳩, 몽테스키외)의 만법 정리와 노사(盧梭, 루소)의 천부
인권론, 부란극령(富蘭克令, 프랭클린)의 전기학과 아단사밀(亞丹斯密, 아
담 스미스)의 이재학(경제학)과 백륜지리(伯倫知理, 블룬칠리)의 국가학
과 달이문(達爾文, 다윈)의 진화론과 내단(奈端, 뉴턴)의 중학(重學, 물리
학)과 연나사(連挪士, 린네)의 식물학과 강덕(康德, 칸트)의 순전철학(純全
哲學, 순수이성철학)과 피리사리(皮里士利, 프레스틀리)의 화학과 흑발(黑
拔, 헤르바르트)의 교육학과 약한미륵(約翰彌勤, 존 스튜어트 밀)의 논리
학, 정치학과 사빈색(斯賓塞, 스펜서)의 군학(羣學, 사회학) 등이 모두 널
리 탐구하고 정통한 학식으로 찬란히 빛나는 큰 빛을 발하여 신문화를
발전시키고 신세계를 조성한 능력을 드러낸 것들이며, 그 밖의 학자로
프랑스의 복록특이(福祿特爾, 볼테르)와 일본의 후쿠자와유키지(福澤諭
吉)와 러시아의 탁이사태(托爾斯泰, 톨스토이) 등의 제현이 모두 고상한
사상과 미묘한 문장으로 민지를 고취시키고 국운을 건설한 능력을 보인
사람들이니, 그 정신의 발달과 복리가 장구함을 말하면 성길리한(成吉思

汗, 징기스칸)의 무력과 매특황(梅特湟, 메테르니히, 오스트리아 철혈재상)의 권모술수와 나파륜(拿破崙, 나폴레옹)의 패업으로 비교하지 못할 것이다.

우리 한국은 동양 반도에 처하여 산천이 수려하고 풍기가 온화하여 민족의 지혜와 재지의 산출이 다른 나라에 뒤지지 않고, 하물며 단군 기자 이래 윤리 교화가 성숙하고 학문을 숭상한 나라여서 학리 발달이 저 서양 희랍 여러 나라에 뒤떨어지지 않거늘, 무슨 까닭에 금일 대학문가가 드물어 들리는 바가 없는가.

삼백 년 이래 학문한 사람의 역사를 말하면 퇴계 율곡과 같은 성현의 성리학과 화담의 물리학, 유반계(형원)의 정치학과 김석문의 지구 발명과 함허당(기화(己和), 조선 초기의 고승)의 불경 해석과 허준의 의감(동의보감) 저술과 기타 학문가가 진실로 우레와 같이 이어지고 울창하여 가히 볼 만했다. 이에 수백 년 이래 각종 학문이 날로 퇴보 위축되고 고루하여 국광을 드러내고 민복을 증진하는 일이 조금도 없고, 세계 각 나라의 학문하는 사람들의 사업에 올릴 만한 것이 없으니, 이 어찌된 연고인가. 대개 (우리나라의) 학문하는 사람이 세 종류가 있었으니, 성리학, 사장학, 과거학이다. 소위 성리학파는 송유(주자)의 말만 고집하고 그 길만 밟아 말 한마디라도 새로운 뜻을 구하는 자가 있으면 한마디로 꾸짖어 이단사설(異端邪說)이라 하고, 사문난적(斯門亂賊)으로 몰아 배척하여 무력으로 단죄하고 속박하니 비록 재주 있는 선비가 있을지라도 자유롭게 생각하고 감히 새로운 이치를 발명하지 못하니 이는 학문을 쇠멸하게 하는 가장 악독한 방법이요, 소위 사장학파는 제고문(制誥文)이나 상량문(上樑文)의 투를 답습하여 다소 성공하여 조금 능하면 규장각, 홍문관의 학사 명함을 얻는 가장 높은 자격을 얻고 평생 해야 할 일을 다한 것으로 생각하니, 이는 공화무실(空華無實)한 저열한 학문이요, 소위 과거학은 시왈 부왈하는 전혀 의미 없고 실사구시가 없는 공부로 정력을 소비하고 세월을 허송하여 홍백패 한 장을 얻는 것으로 최고의 공명을 삼았으니, 이는 인재를 파괴하고 사람의 재주를 막는 가장 심한 해로운 독이다. 전국 인재가 이 세 가지를 벗어나지 못해 태어나서 이것을 하며 늙어서도 이에 종사했으니 어찌 국광을 드날리고 민복을 증진하는 학문하는 사람이 있겠는가.

금일에 이르러는 과거도 폐지되고 사장도 무용이 되고, 유학파의 무단 풍습도 단절되었으니 일반 청년계의 생각하는 자유와 새로운 이치를 발명하는 시대가 되었고, 또 동서양 여러 학자의 학리가 서로 교류하고 서로 종합하는 시대이니, 그러므로 아국 장래에 필요한 큰 학자가 나올 것이라고 하니, 일반 청년은 다행히 작은 성취에 안주하지 말고, 편협한 곳에 머물지 말며 대발명 대성취의 목적을 이루기 바란다.

—'아국 장래에 필유대학문가출', 『황성신문』, 1909.2.26

이 논설에 등장하는 학술 담론은 전통적인 성리학, 사장학, 과거학의 폐단을 극복하고 자유롭게 생각하며, 새로운 학리를 발명하여 국광(國光)을 드날리고, 민복(民福)을 증진(增進)해야 한다는 논리이다. 흥미로운 것은 논설 앞부분에 제시된 다수의 서양 학자들을 열거한 점인데, '백니(白尼, 코페르니쿠스), 배근(倍根, 베이컨), 적변아(笛卞兒, 데카르트), 맹덕사구(孟德斯鳩, 몽테스키외), 노사(盧梭, 루소), 부란극령(富蘭克令, 프랭클린), 아단사밀(亞丹斯密, 아담 스미스), 백륜지리(伯倫知理, 블룬칠리), 달이문(達爾文, 다윈), 내단(奈端, 뉴턴), 연나사(連挪土, 린네), 강덕(康德, 칸트), 피리사리(皮里土利, 프레스틀리), 흑발(黑拔, 헤르바르트), 약한미륵(約翰彌勤, 존 스튜어트 밀), 사빈색(斯賓塞, 스펜서), 복록특이(福祿特爾, 볼테르), 후쿠자와유키지(福澤諭吉), 탁이사태(托爾斯泰, 톨스토이)' 등이 그들이다.[28] '성리학, 사장학, 과거학'으로 대표되는 구학문의 폐단을 극복

---

28) 이들은 대부분 근대 계몽기 역술 자료에 등장하는 인물들로, 『음빙실문집』 하권의 '논학술지세력좌우세계(論學術之勢力左右世界)'에서도 거론되었다. 또한 이 논설에 등장하는 '철리학(哲理學, 철학과 이학), 만법정리(萬法, 만국공법), 전학(電學), 이재학(理財學, 경제학), 중학(重學, 물리학), 순전철학(純全哲學, 순수이성), 군학(羣學, 사회학)' 등의 학술어도 『음빙실문집』에서 사용하는 용어들임을 고려할 때, 이 시기 량치차오의 영향을 받

하고 자유롭게 생각하고 새로운 이치를 탐구하여 민복 증진을 꾀할 수 있어야 참된 학문의 기능을 수행하는 것이라는 취지의 이 논설은 근대 계몽기 학술사상이 계몽 담론의 기반 위에 확립되었음을 보여주며, 지식의 체계화와 이치 탐구를 목표로 해야 한다는 점을 분명히 제시해 주었다.

3. 학술 계몽 담론의 변화

근대 계몽기 학술 담론은 1880년대 이후 1910년 애국계몽시대에 이르기까지 급격한 변화를 보여 왔다. 개항 직후 출현한 문명·진보론은 애국계몽시대 충군애국론으로 변화해 갔으며, '국민', '민족', '국가' 개념이 확립되면서 충군의 개념보다 '애국(愛國)'이 강조되는 방향을 전개되었다. 그 과정에서 국리민복(國利民福)의 학술사상이 형성되었고, 지식 체계로서 학문사상, 곧 과학주의가 등장하기 시작했다. 이러한 흐름에서 '문명·진보론', '사회구조론과 생존경쟁론', '충군애국론', '국가주의', '민족주의' 등의 근대사상이 형성되었으며, 시대 환경에 따라 이러한 이데올로기에도 큰 변화가 일어났다. 특히 일제 강점기의 국권 상실은 '문명과 진화', '국가 개념', '민족의 의미' 등에도 적지 않은 변화를 유발하는 요인이 되었는데, 제국주의의 침탈 속에 학술사상의 위축, 계몽의 주체와 운동 방식에 큰 변화가 일어났음을 확인할 수 있다.

이러한 학술 계몽 담론의 변화를 고려하여 이 책의 제2장에서는 문명·진보론과 진화론의 수용 과정을 좀 더 면밀히 고찰한다. 문명·진보 사상은 개화사상의 핵심을 이룬다. 이 사상은 점차 사회진화론과 접맥하며, '적자생존', '우승열패'의 논리 아래 국가의 위기에 대응하는 이데

은 논설로 볼 수 있다.

올로기의 하나가 되었지만, 일제 강점기에 이르러서는 제국주의의 침탈을 긍정하는 이데올로기로 변화되기도 하였다.

제3장에서는 근대 계몽기의 애국계몽 담론을 분석하는 데 중점을 둔다. 엄밀히 말하면 '애국사상'은 근대 계몽기 이전부터 존재한 것으로 볼 수 있다. 그러나 근대 이전의 애국사상은 '국가=군주'의 등식 아래 '충군(忠君)'의 개념이 지배적이었다. 이 경향은 갑오개혁 이전까지도 유효한 사유체계로 작용되었는데, 민권의식이 성장하면서 '애국'의 개념 속에 '입헌'이나 '국민'이 포함되기 시작했다. 이 점에서 근대 계몽기의 애국사상은 '국가, 국민, 민족' 담론과 밀접한 관련을 맺게 되며, 일제 강점기에는 이러한 개념어들이 달리 해석되는 경향도 나타난다.

제4장에서는 식민 시대의 민족 담론의 실체를 살피는 데 주력할 것이다. 일제 강점기의 민족 담론이 활성화된 시점은 1920년대 이른바 '문화정치기'로 볼 수 있다. 이 시기 민족 담론은 국권 상실 직후의 '동양주의', '동아주의' 등과 같은 일제화의 이데올로기 속에서 제한적으로 전통과 역사, 국어를 보존하려는 운동이 전개되었다. 이 점에서 일제 강점기의 '민족', '문화' 개념이 어떻게 변용되었는지를 규명하는 데 중점을 둔다.

제5장에서는 식민 시대 민족 담론을 통해 전통과 민족 문화에 대한 재해석, 국토 의식에 대한 논의를 통하여 '민족의 의미'를 재정립해 가는 과정을 살피고자 한다. 이 장에서는 전통에 대한 인식과 국학 연구, 고전 재해석, 국토사상 등이 갖는 의미를 규명하는 데 중점을 둔다.

제2장 문명 진보론의 탄생과 진화론

허재영

1. 문명 진보론의 탄생

1.1. 문명과 개화의 의미

현대의 학술어로 '문명(文明)'이란 말은 '인류가 이룩한 물질적, 기술적, 사회 구조적인 발전 상태'를 뜻한다. 그러나 다른 개념어들과 마찬가지로 '문명'이라는 용어도 다의적인 의미를 갖는다. '문명·진보'라는 표현은 근대 계몽기 문헌에서 빈번히 등장하는 말이다. 그러나 이 용어가 이 시기에 처음 쓰인 것은 아니다. 『논어집주』나 『맹자집주』에도 '문명'이라는 표현이 나타나는데, 다음과 같은 경우가 있다.

【 文明의 의미 】

ㄱ. 子曰鳳鳥不至河不出圖吾已矣夫: 鳳靈鳥舜時來儀 文王時鳴於岐山 河圖河中龍馬負圖伏羲時出皆聖王之瑞也. 已止也. 張子曰鳳至圖出文明之祥伏羲舜

文之瑞不至則夫子之文章知其已矣.

번역 공자께서 말씀하시기를, "봉새도 나타나지 아니하고, 하도도 나오지 아니하니, 내 모든 일은 진정 그친 것인가." 하셨다. (집주) 봉은 영묘한 새이니 순임금 시절 날아오고, 문왕 시절 기산에서 울었으며, 하도(河圖)는 하중 용마의 그림으로 복희 때 나왔으니 모두 성왕의 상서로움을 말한다. '이(已)'는 '지(止)'이다. 자장이 말하기를 봉황새가 나오고 하도가 나옴은 <u>문명의 상서</u>인데, 복희 순임금 문왕의 상서로움이 나타나지 않음은 곧 공자의 도리가 행해지지 않음을 안 것이라고 하였다.

—『논어』 제9 「자한」편

ㄴ. 有大人者 正己而物正者也.: 大人 德盛而上下化之 所謂見龍在田 天下文明者. 此章言人品不同 略有四等. 容悅佞臣 不足言 安社稷 則忠矣. 然猶一國之士也. 天民則非一國之士矣. 然猶有意也. 無意無必 唯其所在 而物無不化. 惟聖者能之.

번역 대인인 자 있으니, 자기를 바르게 하는 것이 다른 물(物)을 바르게 하는 것이니라. (집주) 대인은 덕이 있는 자로 상하가 화합하여 소위 견룡재전(見龍在田, 용이 지상에 나타나는 것)은 천하의 <u>문명</u>이다. 이 장은 인품이 같지 않음이 대략 네 등급이 있으니 용열하고 아첨하는 신하는 족히 말할 것이 못되고, 사직을 편안히 한다면 충성스러우나 그러나 오히려 한 나라의 선비요, 천민이라면 일국의 선비가 아니나 그러나 오히려 뜻이 있으니, 뜻이 없고 반드시 함도 없어야 오직 그 있는 바에 물건이 교화되지 아니함이 없는 것은 오직 성인만이 능하다고 하는 것이다.

—『맹자』 「진심장상」

이 두 가지 용례의 '문명'은 '물질'이나 '기술적 발전 상태'와는 거리가 멀다. 주자(朱子)가 사용한 '문명'이란 용어는 공자(孔子)의 '봉조부지하불출도(鳳鳥不至河不出圖)'를 해석할 때, 공자의 도(道)가 실현되지 않음을 전제로 사용한 용어이므로, 이때의 '문명'은 '도리가 밝은 상태'를 의미한다. 이는 『맹자집주』도 마찬가지이다. "임금만을 섬기는 자는 임금이 용열하게만 하는 자(아첨하는 자)이고, 사직을 보호하는 신하는 사직의 용열만을 위하며, 천민(天民, 하늘과 백성이 같음)인 자는 천하 이후에 행하는 자"[1]라는 논설 뒤에, '대인(大人)'의 면모를 설명한 '진심장(盡心章)'의 집주(集註)인 만큼, '견룡재전(見龍在田)'[2]이 '천하 문명'이라고 한 풀이는 백성을 하늘로 아는 '성인(聖人)'을 의미하는 표현이다. 이 점은 주자(朱子)가 인품(人品)을 '용열하게 하는(아첨하는) 신하', '사직을 편안히 하는 신하', '천민(天民)인 사람', '대인'의 네 등급으로 나누고, '덕성(德盛)', '상하화(上下化)'의 자질을 갖춘 자가 천하의 문명을 여는 자라는 것이다. 여기서 '상하화'의 '화(化)'는 교화를 의미하는 말이므로, '천하 문명'의 '문명'은 '교화(敎化)', 곧 '덕(德)'과 '도리'를 아는 상태가 된 것을 일컫는다.

'문명(文明)'의 개념이 '교화'를 전제로 한 것임은 근대 계몽기에도 나타난다. 그러한 예의 하나가 박영효(1886)의 '건백서'[3]에 쓰인 '문명'이다.

【 건백서(建白書)의 '문명' 】

ㄱ. 命伏罪, 然其由實因於忠君愛國之心, 而不因於簒逆亂國之意矣, 近世文明之國, 裁刑辨罪, 務覈其情原, 而不以糢糊, 則臣不當以逆名處罪, 上以累聖世之德, 下以汚臣之死, 故臣敢違.

> **번역** 엎드려 죄를 빕니다. 그 연유는 실로 충군애국의 마음에서 비롯된 것이며, 참람히 역적 난국의 뜻에서 비롯된 것은 아닙니다. 근세

---

1) "孟子 l 日有事君人者하니 事是君則爲容悅者也 l 니라. 有安社稷臣者하니 以安社稷爲悅者也 l 니라. 有天民者하니 達可行於天下而後에 行之者也 l 니라. 有大人者하니 正己而物正者也 l 니라."(『맹자』 19 진심상(盡心上))

2) '견룡재전 천하문명'은 『주역』 건괘 구이효(九二爻)에 등장하는 말로, '비룡재천(飛龍在天)'이 임금을 의미하는 데 비해, '신하의 위치'를 의미하는 말로 풀이한다.

3) 국사편찬위원회(2011), 『한국 근대사 기초 자료집 2: 개화기의 교육』, 탐구당.

문명국은 형벌을 내리고 죄를 주는 것이 그 원정의 근원을 없애는 데 힘
써 모호하지 않으니, 곧 신에게 역명을 씌워 죄를 내리심은 부당하며 위
로써 성세의 덕을 쌓고 아래로 욕된 신하의 죽음으로써 신이 감히 위반한
것입니다.

ㄴ. 以歐洲文明强大之國 亦見敗亡. 況亞洲未開弱小之邦乎. 大凡歐人 口稱法
義, 心懷虎狼. 故自三四百年之前, 以至于今, 其所倂呑者, 南北亞米利加洲也,
亞非利加洲也, 南洋群島也, 澳斯太利亞洲也, 漸及我亞洲之地. 斯非利亞也, 土
斯坦也, 印度也, 緬甸也, 淸之黑龍江省也, 香港也, 日本之樺太島也, 已過亞洲
之半.

번역 구주 문명 강대국 역시 패망하는데, 하물며 아시아 미개 약소국이
겠습니까. 무릇 구라파 사람들은 입으로는 법과 의를 부르짖으나
속으로는 호랑(虎狼)이와 같습니다. 그러므로 삼사백 년 전으로부터 지금
까지 병탄한 바가, 남북 아메리카 대륙(南北亞米利加洲), 아프리카 대륙
(亞非利加洲), 남양군도(南洋群島), 오스트레일리아 주(澳斯太利亞洲)로부
터 점차 우리 아시아 대륙(亞洲)의 땅에 미쳐, 시베리아(斯非利亞), 투르크
멘(土斯坦), 인도(印度), 미얀마(緬甸), 청나라 흑룡강성(淸之黑龍江省), 홍
콩(香港), 일본의 사할린(日本之樺太島)에 이르기까지 이미 아시아 대륙의
반에 이릅니다.

ㄷ. 印度雖亞洲中盛大之邦, 亦因其內亂無備爲英所領, 其人民樂乖英政府之
命. 不欲自立政府者 無他 英之法律寬, 而政治正, 人人各安其生. 故恐離英政,
而再陷苛政也. 臣按亞洲, 天下靈氣所聚之處也, 故儒・佛・耶蘇 及 回回敎之祖,
皆出於此土, 古昔盛時, 非不文明, 然至于近代, 却讓歐洲者何也,

번역 인도는 비록 아세아 중 성대한 나라이나 역시 그 내란과 준비 없
음으로 영국령이 되었으며, 그 인민의 즐거움은 영국 정부의 명령
에 달렸습니다. 정부를 자립하고자 하지 않고 달리 영국의 법률이 관대하

고 정치가 바르고 사람마다 각각 그 삶의 안정만을 추구하므로, 영국 정부가 떠날까 염려하니 다시 가정(苛政)에 빠지게 됩니다. 신이 아세아를 살피건대 천하의 영기가 모여드는 곳입니다. 그러므로 유·불·야소 및 회회교의 시조가 모두 이 땅에서 나왔습니다. 예전의 성시에 문명이 아닌 것이 없으나 근대에 이르러 구주(歐洲)에 뒤쳐지고 양도하는 것은 무슨 까닭입니까.

ㄹ. 行刑以仁 行罰以義 行法以信 乃致人民之心 豪而健, 和而平, 信而安穩, 文明開化之政也, 故撫人以仁, 治人仁義, 安人以信, 明此三道而無失, 則恩威竝行, 而法不弛, 治隆於上, 而俗美於下矣.

번역 인으로 형을 행하고 의로 벌을 행하며 신으로 법을 행하면, 그것이 인민의 마음이 호건(豪健)하고, 화평(和平)하며, 믿음과 안온에 이르니 문명개화의 정치입니다. 그러므로 인민을 어루만질 때 인으로써 하고, 백성을 다스릴 때 의로 하며, 백성은 평안하게 할 때 신으로 하여 이 세 가지 도를 밝히면 잃는 것이 없으니 곧 은위(恩威)를 병행하는 것이며 법이 이완되지 않아 상(上)으로 융성하고 하(下)로 풍속이 아름다워집니다.

ㅁ. 夫賣買之道, 不啻分布物品於海內, 給世間之缺乏, 均其有餘不足, 而以達人之便利, 且藉其物品, 而助世之文明開化, 博人之知識見聞, 親人類之交際, 而能保太平無事, 且人者不能獨處, 必賴他而逐生者也.

번역 대저 매매의 도는 물품을 해내에 분포하는 것일 뿐이므로, 세간의 부족한 곳에 보급하고, 부족한 곳에 균등하게 하며, 사람에게 도달하도록 하는 데 편리하게 하는 것입니다. 또한 그 물품으로 문명개화의 세계를 도와 사람의 지식과 견문을 넓히고 인류의 교제에 가까이하면 능히 태평무사를 보호할 수 있습니다. 또한 사람이라는 것은 홀로 살아갈 수 없으니, 반드시 다른 사람을 따라 살아가는 것입니다.

ㅂ. 一曰'損害他人, 而以潤自己'是以文明之人, 各知是非, 而無害人利己之事. 故皆得以算明私有之財貨, 而誇示之, 便於營業, 愚昧之人, 不知禮義廉恥, 而縱天然之慾, 行暴於他, 而利己之事, 故民不得以算明其私有之財貨, 而陰惹之, 難於營業. 孔子曰'邦有道 貧且賤焉恥也, 邦無道, 富且貴焉恥也'即此之謂也.

번역 하나는 '스스로 심력을 다해 노력하여 다른 사람에게 이롭게 하는 것'이고, 또 하나는 '타인에게 손해를 끼쳐 스스로 윤택하게 하는 것'입니다. 이로써 <u>문명인은 각각 옳고 그름을 알아 다른 사람에게 해롭지 않고 스스로 이롭게 합니다.</u> 그러므로 사유 재산을 밝게 헤아리며 이를 드러내어 업을 운영함에 편하게 합니다. <u>우매인은 예의 염치를 알지 못하여</u> 본성의 욕심을 따라 다른 사람에게 포악함을 드러내어 자기에게 이롭게 합니다. 그러므로 백성이 사유 재산을 밝게 헤아릴 수 없으니 어두운 면을 야기하는 것입니다. 공자가 말씀하시기를 "나라에 도가 있는데 가난하고 천하면 부끄러운 일이며, 나라에 도가 없는데 부하고 귀하면 또한 부끄러운 일이다."라고 하였으니 이를 일컫는 것입니다.

이 건백서에는 20여 회에 걸쳐 '문명'이라는 단어가 사용되었다. 그런데 대부분의 용례에서 '문명국', '문명인'이라는 말은 '미개인', '야만'과 대립되는 개념으로 사용될 뿐 아니라, '형벌, 법률, 교제, 예의' 등과 같이 '교화적' 의미 자질을 포함하고 있다.

이처럼 전통적인 교화 개념의 '문명'은 1880년대 이후 우리나라에서 비교적 빈번히 쓰인 용어가 되었다. 이에 비해 같은 시기 중국에서는 '문명'이라는 용어보다 '자강'이나 '변법'[4]이라는 용어가 빈번히 쓰였

---

4) '변법(變法)'이라는 용어도 『상군서(商君書)』 '경법(更法)'에 등장하는 용어이다. 축자적인 의미로 보면 '변법'은 '법을 바꾸는 일'을 의미하며, 근대 계몽기 중국에서는 '문명', '개화'라는 용어보다 '변법'이라는 용어를 빈번히 사용했음을 확인할 수 있다. 『이언』의 '논공법'에서도 시세의 변화에 따라 공법이 필요함을 역설한 바 있고, 1898년 캉유웨이는 '변법자강책'을 쓰기도 하였다. 또한 량치차오의 『음빙실문집』 '통론'에서도 '변법통의 (變法通議)'를 항목별로 자세히 논했다.

음을 확인할 수 있는데, 이에 대해서는 이광린(1979)에서도 논의된 바 있다. 이에 따르면 이 시기 일본에서는 '개화'라는 용어를 주로 사용했고, 중국에서는 '자강'이라는 용어가 '개화'와 같은 의미를 지니고 있었다고 한다. 한 예로 정관응(鄭觀應)의 『이언(易言)』에도 '개화'라는 표현은 나타나지 않지만, '자강(自強)'이라는 표현은 빈번히 나타남을 확인할 수 있다.

【 自序 】

往余於同治庚午辛未間 端居多暇涉獵簡編偶有所見隨筆箚記 內之積感於寸心外之睽懷大局目擊時艱無可下手 而一言以蔽之曰莫如<u>自強</u>爲先自强之道不外乎. 此數大端而已. 因是宏網鉅目次第敷陳自知 但擧其略語焉不詳積 若干篇存之篋衍自考 鏡未嘗以論譔自居 而朋友見輒持去雜付報館又闖入近人所刻聞見錄中醜不自匿嘗用聾然.

(언해) 져즘씌 늬 동치 경오 신미년 간에 한가히 거ㅎ야 겨를이 만키로 셔칙을 섭렵ㅎ다가 우연이 본 빅 이시면 부슬 쩨혀 긔록ㅎ니 안호로 심즁에 감동ㅎ고 밧그로 큰 판국을 료량ㅎ야 시무에 어려온 일을 목도ㅎ되 하슈홀 곳이 업스니 일언이폐지ㅎ고 뎨일은 <u>스스로 강ㅎ게 ㅎ는 것만</u> <u>굿지 못ㅎ니 스스로 강ㄱ게 ㅎ는 도ㄴ</u> 이 두어 가지에 버셔나지 아니홀 ㅼ름이라. 이러므로 여러 가지 됴목을 ᄎ례로 베픈 빅니 다만 그 대강을 드러 말슴이 쇼샹치 못ㅎ믈 스스로 알되 약간 편ᄎ하야 상ㅈ에 두고 스스로 상고홀 ᄯᆡᆫ이오, 감히 시무를 의론ㅎ므로 ᄌ쳐ㅎ지 못ㅎ더니 친흔 벗이 보면 믄득 가져다가 신문관에 보닉고 ᄯᅩ 근릭 사름의 판긱흔 바 문견록 가온딕 너흐니 비루흔 소견을 스스로 숨기지 못ㅎ야 홍샹 란연ㅎ여 ㅎ노라.

—정관응, '자서', 『이언』

개념상의 '자강'이 '개화'와 동의어로 쓰인 것은 아니나, 중국 문헌에서는 '스스로 강하게 하는 것'과 '문명국이 되는 것'을 같은 개념으로 사용했음은 『이언』에 빈번히 등장한다.5) 『이언언해』에서는 '자강'을 한 단어로 번역하지 않고, '스스로 강하게 하는 것'이라고 풀어 옮겼는데, 이는 중국에서 '자강'이 한 단어처럼 쓰인 데 비해, 우리나라에서는 '자강'을 한 단어로 인식하지 않았음을 의미한다.6) 반면 '문명'이라는 용어는 중국보다 우리나라에서 더 빈번히 사용된 것으로 보이는데, 『이언언해』에서는 『이언』 원문의 '문(文)'을 '문명'으로 번역한 사례가 많다. 다음을 살펴보자.

【 『이언언해』의 '문명' 】

ㄱ. 積羣聖人之經營締造 而文明以啓 (언해) 여러 셩인이 경영ᄒ시고 일을 지으샤 문명지치를 여르시고.

—논공법

ㄴ. 凡有血氣者 莫不尊親 文敎之敷於是乎遠矣 (언해) 혈긔 잇ᄂ 재 놉히고 친치 아니리 업슬 거시니 문명흔 교화의 퍼지미 이에 먼니 가리라.

—논공법

ㄷ. 欲善柔 格被旣窮於文敎 (언해) 원근을 안무ᄒ기를 잘ᄒ고저 흘진디 문명흔 교홰 널니 닙펏고

—논화기

ㄹ. 今夫定天下以武功 而治天下以文德 (언해) 이졔 텬하 뎡ᄒ기를 군공으

---

5) 『이언』에는 모두 10회의 '자강(自强)'이란 표현이 등장한다. 이 표현은 『이언언해』에서 모두 '스스로 강하게 하는 것'으로 번역되었다.

6) 이광린(1979)에서는 황준헌의 『사의조선책략(私擬朝鮮策略)』을 통해 '자강'이라는 용어가 들어오는 과정을 설명한 바 있다. 그러나 이 용어가 단어처럼 쓰이기 시작한 것은 1900년대 이후로 추정된다. '대한자강회'와 같은 단체가 만들어진 것도 후대의 일이다.

로 ᄒᆞ고, 텬하 다ᄉᆞ리기를 문명과 덕교로 ᄒᆞ니

—논련병

'논공법'의 '문명이계'를 제외하면 『이언언해』의 '문명'은 모두 '문(文)'을 번역한 용어이다. 이는 1880년대 우리나라에서 '문명'이라는 용어가 빈번히 쓰였음을 의미한다. 흥미로운 점은 근대 계몽기에 이르러 교화적 자질의 '문명' 개념은 '개화(開化)'라는 말과 합쳐져 합성어처럼 쓰일 경우가 많다는 것이다. 이러한 경향은 길진숙(2004)에서도 논의된 바 있는데, 이에 따르면 1890년대 이후 '문명, 개화, 개명, 진보' 등의 용어가 거의 일상적 담론으로 변화하면서[7] '문명'과 '개화'가 동의어처럼 사용될 경우가 많아졌다. 다음을 살펴보자.

【 開化의 三原則 】

開化라 홈을 此世上에 誰가 不知ᄒᆞ오릿가마ᄂᆞ 太牛 禿髮洋服으로 佛帽나 戴ᄒᆞ고 米靴나 納ᄒᆞ고 時計 尺杖은 隨手不釋ᄒᆞ야 自以謂 歐米 開化風에 一層 高尚ᄒᆞᆫ 듯 階級업시 自由나 說 ᄒᆞ고 團合업시 獨立을 唱ᄒᆞ야 外觀皮想의 如此ᄒᆞᆫ 開化者ᄂᆞ 도리혀 開化의 進路를 防遮ᄒᆞᄂᆞᆫ 듯 ᄒᆞ오. 大抵 開化라 홈은 羲經에 開物成務化成天下 八字를 引用略刪ᄒᆞ야 ᄃᆞ만 開化라 名稱홈이니 此ᄂᆞ 英語에 시예리쓰슌(CIVILIZATION)의 意義를 探究ᄒᆞ야 支那人이 意譯ᄒᆞᆫ 바ㅣ요, 開化 二字의 意義를 存心致意ᄒᆞ야 古今 天下 萬般 狀態를 回轉思量ᄒᆞ니 何代에 自然, 社會, 一個人 等 三勢力으로 人心力을 刺擊ᄒᆞ야 狀態

---

7) 길진숙(2004), 「독립신문·매일신문에 수용된 문명·야만 담론의 의미 층위」, 『근대 계몽기 지식 개념의 수용과 그 변용』, 소명출판. 이 논문에서는 "1894년 이전에 이미 유길준과 박용효 등이 문명이란 개념을 쓰기 시작했지만, 문명이란 조어가 폭발적으로 사용되고 대중적으로 유포된 것은 1896년 4월 7일부터 1899년 12월 4일까지 발간된 『독립신문』과 1898년 4월 9일부터 1899년 4월 4일까지 발간된 『매일신문』에서이다."라고 하면서, "자주독립, 문명부강, 문명개화, 문명·야만, 문명진보·개명, 개화라는 유의미항들이 거의 매번 신문지면을 도배하면서 문명 담론은 일상적 용법으로 자리잡게 된다."라고 하였다.

롤 左右치 아니혼 찌 업두 ᄒ오. (…中略…) 故로 三 勢力의 張弛開闔과 潛運默移에 注目揣摩(주목췌마)ᄒ야 利케 ᄒ는 時는 <u>人類 發達</u>ᄒ며 <u>社會 進步</u>ᄒ야 一國이 無限 隆盛에 趨(추)ᄒ고, 惡케 ᄒ야 不利혼 時는 <u>人類 窮困</u> ᄒ며 <u>社會 退步</u>ᄒ야 一國이 無限 衰退에 傾ᄒᄂ니 於此에 <u>野蠻族과 開化國 의 區別</u>이 自判ᄒ오. 是以로 開化에 對ᄒ야 三勢力이 人類에 密着 關係된 바롤 逐條演陳ᄒ오리드.

번역 개화라고 하는 것을 이 세상에 누가 모르겠습니까만 대부분 머리 깎고 양복을 입고 프랑스 모자를 쓰고 미국식 구도를 신고 시계 와 지팡이를 손에서 놓지 않고 스스로 구미 개화풍에 일층 고상한 듯 계 급 없이 자유나 설파하고 단합 없이 독립을 부르짖으니, 겉으로 보기에 이러한 개화는 도리어 개화의 진로를 가로막는다고 하오. 대저 개화라고 하는 것은 희경(義經, 주역)의 '개물성무화성천하' 여덟 자를 줄여 다만 '개화'라고 이름 붙인 것이니, 이는 영어에 시빌라이제이션의 뜻을 탐구 하여 중국인이 의역한 것이요, 개화 두 글자의 뜻을 마음 깊이 새겨 고금 천하 만반 상태를 돌이켜 생각하니, 어느 시대인들 자연, 사회, 일 개인 등 세 가지 힘으로 사람의 마음을 자극하여 상태를 좌우하지 않은 때가 없다고 합니다. (…중략…) 그러므로 이 세 세력의 긴장 이완과 개벽, 가 라앉음과 활동 여하에 주목하여 이롭게 하는 때는 인류가 발달하며, 사 회가 진보하여 일국이 무한히 융성하고, 이를 싫어하여 이롭지 않게 할 때에는 인류가 곤궁하며 사회가 퇴보하여 일국이 무한히 쇠퇴하는 지경 에 이르니 이에 야만족과 개화국의 구별이 스스로 분별됩니다. 이로써 개화에 대해 세 가지 세력이 인류에 밀접한 관계를 조목에 따라 진술하 고자 합니다.

—원응상(1898), '개화의 삼원칙', 『친목회회보』 제6호

이 논설에서 필자는 중국인들이 영어의 '문명'에 해당하는 단어를 『 주역』에 있는 '개화'라는 말로 번역하여 쓴 용어라고 규정하고, 개화와

문명을 같은 개념으로 설명하였다. 실제로 중국인들이 '시빌라이제이션'에 해당하는 용어로 '개화'라는 용어를 사용했는지는 명확하지 않다. 그러나 이 시기 일본에서 '개화'라는 용어가 빈번히 사용되었음은 여러 가지 문헌이 증명한다. 예를 들어 1881년 조사시찰단의 일원으로 일본에 파견되었던 조준영의 『문부성소할목록』에는 '개화'라는 표현이 빈번히 등장한다. 로본(路本)의 저술 『개화기원론(開化起原論)』, 저자 미상의 『개화개략(埃及開化史略)』이라는 교과서가 있었던 것으로 기록되었으며, 철학 교과목에서 '개화사'가 교육 내용에 포함되어 있었다고 기술하였다.

1880년대 우리나라에서 '개화'라는 용어가 널리 쓰였음은 이광린 (1979)에서도 비교적 자세히 논의된 바 있다. 『승정원일기』 1881년 7월 9일자 곽기락(郭基洛)의 상소문이나 12월 26일자 송상순(宋祥淳)의 상소문에도 '개화'라는 표현이 등장하며,[8] 『한성순보』에서도 이 용어는 일상어처럼 쓰였다.

【 『한성순보』의 '개화' 】

ㄱ. 此國初係英國管轄 至西歷一千七百七十五年 有華盛頓者 崛起糾衆叛英獨立 自是以後日就富强月進開化.

번역 이 나라는 처음에 영국의 관할을 받았으나 서력 1775년 화성돈(워싱턴)이라는 자가 무리를 모아 봉기하여 영국에 반항하고 독립하였으니, 이후로 날로 부강하고 달로 진보 개화하였다.

—'아미리가주', 『한성순보』, 1883.11.20

ㄴ. 各國政府及會社 而設者日有起色 且萬國富强之基 兆庶開化之源 多係於此.

---

8) 이광린(1979: 35)를 참고함.

> **번역** 각국 정부와 회사가 설립한 것이 날로 일어나니 또한 만국 부강의
> 기초이며, 개화의 근원이 이와 관계된 것이 많다.

―'전보설', 『한성순보』, 1884.1.18

ㄷ. 二十三日 李伯相復接到電音 大員因兵敗退保興化 法人圍之用<u>開化砲</u> <u>轟擊</u>
大員勢危迫 遂縱火自焚以身殉國

> **번역** 23일에 이부상(李傅相)이 재차 접수한 전보에, 어떤 대원이 패전
> 을 당하고 물러나 흥화성(興化城)을 지키자, 프랑스 군사가 이를
> 포위하고 개화포(開花砲)로써 포격하므로 어떤 대원이 사세(事勢)의 위급
> 함을 보고 불을 놓아 스스로 분사하여 나라에 순국하였고

―'석진근보(析津近報)', 『한성순보』, 1884.5.5

ㄹ. 物極必返通屏守舊 而<u>進開化</u>風氣爲之轉移

> **번역** 물(物)이 극(極)에 도달하면 반드시 되돌아오고 변(變)이 극(極)에
> 이르면 비로소 통하는 것이니 수구(守舊)를 물리치고 개화(開化)
> 를 받아들인다면 기풍(風氣)도 변화(變化)될 것이다.

―『한성순보』, 1884.6.14

『한성순보』에는 '개화'라는 표현이 40회 이상 등장한다. 이 신문의 '개화'는 '진개화(進開化)'와 같이, '열리어 진보함'을 뜻하는 말로 쓰이거나, 심지어 '개화포(開化砲)'와 같이 서양인의 무기를 지칭하는 명사까지 생겨났다. '개화'는 '개진(開進)'과도 같은 의미를 지니며, '문명'이 덕치(德治)와 교화(教化)를 전제한 용어라면, '개화'는 좀 더 물질적 차원의 진보를 뜻하던 개념에 가까웠던 것으로 보인다.

이와 같이 1880년대 이후 '문명', '개화'라는 용어가 일상어로 확산되면서, 1900년대 이후에는 중국 문헌을 통해 들어온 '자강', '변법', '변통(變通)'이라는 용어가 널리 쓰이기 시작했다. '자강'은 1906년 '대한자강

회'가 설립될 정도로 그 의미가 중시되었으며, 길진숙(2006)에서 밝힌 바와 같이 '변법통의(變法通議)'를 줄인 '변통(變通)'이라는 표현은 『황성신문』의 중심 담론을 이룬다.

'자강'이라는 단어가 1900년대 전후 일상어로 굳어졌음은 『황성신문』을 통해 확인할 수 있다. 『황성신문』에는 1898년부터 1910년까지 '자강'이라는 표현이 486회나 등장한다.[9] 그 가운데 일부를 살펴보자.

【 『황성신문』에 등장하는 '자강(自强)'의 용례 】

ㄱ. 今日政府大臣이 國籌를 默運ㅎ야 天下를 泰山之安에 措ㅎ면 自然 全國 人民이 確信無疑ㅎ거시어늘 奈何로 此를 不爲ㅎ고 旅進旅退ㅎ야 政府를 一行店을 作ㅎ는고. 方今에 時局이 艱難ㅎ이 其自强之策을 欲求홀진디 不得不棄舊從新홀지니 其應辦ㅎ는 一切要務는 枚擧키 難ㅎ나 大抵其壅蔽를 力除ㅎ고 咨訪을 博通ㅎ야 凡係廷務를 實事求是ㅎ면 何患乎政令之不敷며 何患乎人民之不從이리오.

> **번역** 금일 정부대신이 국가 앞날을 묵묵히 운행하여 천하를 태산과 같은 안정된 상태에 두고자 한다면 자연히 전국 인민이 확신하여 의심하지 않을 것인데, 어찌 이를 행하지 않고 나아갔다가 물러났다가 하며 정부를 하나의 여관처럼 만드는가. 지금 시국이 어려우니 자강지책(自强之策)을 구하고자 한다면, 부득불 과거를 버리고 새로움을 따를 것이니, 그 응변하는 모든 요무를 일일이 들기는 어려우나 대저 그 폐단을 힘써 제거하고 이를 두루 변통하여(博通) 정무(廷務)와 관련된 일을 실사구시(實事求是)하면 어찌 정령이 펼쳐지지 않음을 근심하며 어찌 인민이 따르지 않음을 걱정하겠는가.

—『황성신문』, 1898.10.21

---

9) '자강'이라는 단어는 『대한매일신보』에도 357회나 등장한다.

ㄴ. 然則 偸安苟惰而任用非人ㅎ야 使民生으로 日蹙ㅎ고 使國勢로 日弱이 此
乃速危之道也니 可不惕然警省ㅎ며 奮發自强ㅎ야 使斯民으로 無愁苦歎息之
聲而有樂業安堵之慶哉아 又況內政自固ㅎ면 雖有外患이라도 亦不至邦家搖
撼이오 尤當念民生有道ㅎ야 不第欲其多且壯이 斯爲富强之基也라.

번역 그러므로 구차히 편안함과 나태함을 구하고 적절한 사람이 아닌
데 임용하여 민생이 날로 오그라들고 국세가 날로 나약해 진 것이
이처럼 빨리 위급해 진 길이니, 슬퍼하지 않고 놀라 깨치지 않을 수 없으
며, 분발 자강(奮發自强)하여 인민으로 하여금 수고롭고 탄식하는 소리가
없게 하고 즐거운 생업과 안도함이 있게 하는 것이 경사스러운 일이 아니
겠는가. 또한 내정이 스스로 견고하면 비록 외환이 있을지라도 또한 나라
가 흔들리지 않을 것이요, 더욱 지금 민생의 도에 유념하여 그 많고 장대
한 일을 하고자 하면 그것이 부강의 기틀이 될 것이다.

—『황성신문』, 1899.1.20

두 편의 논설에 나타난 '자강'은 정무(廷務)의 변통을 위한 실사구시
(實事求是)의 방책이나 '민생 낙업안도'와 '국세 부강'을 위한 분발심을
의미한다. 이광린(1979)에서 밝힌 바와 같이 '실사구시'는 실학시대의
전통을 이어 지속적으로 사용된 '문명' 또는 '개화'의 대용어 가운데 하
나이다. '자강'이라는 단어와 '실사구시'가 같은 맥락에서 사용된 점을
고려할 때, 이 시기 '자강'의 본질은 '실사구시'에 있었으며, 그것은 '정
무', '국세(國勢)', '민생'과 밀접한 관련을 맺는 용어였음을 확인할 수
있다. 이러한 차원에서 '박통(博通, 널리 변통함)'에 포함된 '변통' 또한
이 시기 '문명', '개화'의 대용어 가운데 하나였음을 확인할 수 있다.
앞에 서술한 바와 같이, '변통'은 '변법'에서 비롯된 말이며, '변통'은
'변법통의'의 준말이다. 이 말은 1900년대 전후 중국과 한국에서 널리
쓰인 용어인데, 량치차오(梁啓超)의 '변법통의'의 일부를 살펴보자.

【 變法通議 自序10) 】

法何以必變. 凡在天地之間者 莫不變 晝夜變而成日 寒暑變而成歲 大地肇

起 流質炎炎 熱鎔水遷 累變而成地球 海草螺蛤 大木大鳥 飛魚飛鼉 袞獸竇獸

彼生此滅而成世界 紫血紅血 流注體內 呼炭吸養 刻刻相續 一日千變而成生人

藉曰不變 則天地人類 幷時而息矣. 故夫變者 古今之公理也. 貢助之法 變爲租

庸調. 租庸調變爲兩稅. 兩稅變爲一條. 鞭井乘之法 變爲府兵. 府兵變爲彍騎.

彍騎變爲禁軍. 學校升造之法變爲薦辟. 薦辟變爲九品中正. 九品變爲科目. 上

下千歲 無時不變 無事不變 公理有自然. 非夫人之爲也. (…中略…) 語曰 學者

上達 不學下達 惟治亦然 委心任運 聽其流變 則日趨於敝 振刷整頓 斟酌通變

則日趨於善.

> **번역** 법은 왜 반드시 변해야 하는가? 무릇 천지간에 변하지 않는 것은
> 없다. 낮과 밤이 바뀌어 날을 이루고, 추위와 더위가 바뀌어 해를
> 이룬다. 대지의 시초에 액체가 들끓어 얼음을 녹여 없애며 누차 변화하여
> 지구를 이루었다. 해초와 조개, 큰 나무와 큰 새, 나는 물고기와 악어가
> 짐승을 덮치고 짓밟아 저것이 살고 이것이 죽음으로써 교체되고 바뀌어
> 세계를 이루었다. 자주 피 붉은 피가 몸속에 흘러 들어가고, 이산화탄소를
> 뱉고 산소를 마시며, 시시각각 서로 잇고, 하루가 천 번을 바뀌어 사람이
> 된다. 설령 바뀌지 않는다 하더라도 세상 인류는 시간과 더불어 살아간다.
> 그러므로 변한다는 것은 고금의 공리(公理)이다. 공조(貢助, 하은 시대 조

---

10) 량치차오(梁啓超, 1902), 「변법통의자서(變法通議自序)」, 『음빙실문집(飮冰室文集)』 상, 광
지서국(廣智書局). 이 글은 1908년 『대한협회회보』 제2호에 홍필주(洪弼周)가 '빙집절략
(氷集節略)'이란 이름으로 역술하였는데, 이 역술본에는 "貢助之法 變爲租庸調. 租庸調變
爲兩稅. 兩稅變爲一條. 鞭井乘之法 變爲府兵. 府兵變爲彍騎. 彍騎變爲禁軍. 學校升造之法變
爲薦辟. 薦辟變爲九品中正. 九品變爲科目. 上下千歲 無時不變 無事不變 公理有自然. 非夫人
之爲也."라고 한 부분이 빠져 있다. 이 역술 자료는 제12호까지 연재되었으며, 『음빙실문
집』 가운데 변법통의, 학교총론, 논학회, 논사범, 논유학, 국민 10대 원기 등 6편의 글이
번역되었다. 또한 최형욱(2015)의 『음빙실문집』(지식을만드는사람들)에서 번역한 부분
은 "공리가 본래 그러한 것이지 사람이 그러는 것은 아니다."라는 문상까시이나. 이 끌에
서는 『음빙실문집』 원문을 옮기고, 홍필주 역과 최형욱(2015) 번역을 토대로 누락된 부
분을 번역하였다.

세법)의 법이 변해 조용조(租庸調, 당나라 초기 조세법)가 되고, 조용조가 변해 양세(兩稅, 명나라 때의 조세법)가 되고, 양세가 되어 일조편(一條鞭)이 되었다. 정승(井乘, 병제의 하나)의 법이 변해 부병(府兵)이 되고, 부병이 변해 확기(彍騎, 병제의 하나)가 되고, 확기가 변해 금군(禁軍)이 되었다. 학교승조(學校升造)의 법이 변해 천벽(薦辟, 인재 양성 방법의 하나)이 되고, 천벽이 변해 구품중정(九品中正)이 되고, 구품이 변해 과목(科目)이 되었다. 상하 천년 변하지 않는 때가 없었고, 변하지 않는 일이 없었으니, 공리가 본래 그러한 것이지 사람이 그러는 것은 아니다. (…중략…) 논어에 말하기를 배운다는 것은 상달(上達)이며 배우지 않는 것은 하달(下達)이라 하니 오직 정치도 이와 같아서 마음대로 변화의 흐름을 따르면 날로 폐단에 흐르고, 정돈하고 쇄신하여 변통(變通)을 짐작하면 날로 좋은 데 다다를 것이다.

—량치차오(梁啓超, 1902), '변법통의자서(變法通議自序)',
『음빙실문집(飮氷室文集)』 상

량치차오의 '변법'은 '천하만물의 공리'일 뿐 아니라, 동서고금의 법칙이다. 이혜경(2002)에서 논의한 것처럼, '변법'의 '법'은 '인의예지'로 대변되는 조화로운 인성과 대립하는 정치적 개념이다. 그렇기 때문에 제도적 차원에서 인재를 양성하는 문제, 지식 발전 등을 꾀하는 문제가 변법통의의 핵심 문제가 될 수 있으며, '자강'의 방책으로 '변법'을 수행해야 한다는 논리가 성립된다. 이러한 논리는 우리나라에도 자연스럽게 수용되었는데, 1900년대 전후에 이르러서는 '변법' 또는 '변통'이라는 표현이 일상어의 하나로 굳어지게 되었다. 다음을 살펴보자.

【 『황성신문』의 '변법' 용례 】
ㄱ. 夫 法也者는 可히 變更치 안일 것은 아니로딕 만일 其本을 正ㅎ고 其源을 淸치 아니ㅎ면 비록 變ㅎ나 無益ㅎᄂ니 余ㅣ 普考ㅎ건딕 歐美諸國의

富强홈은 公과 다못 實에 基호고 我國의 貧弱홈은 私와 다못 虛의 基홈인
즉 諸國의 政은 비록 隨時改變호나 士民이 安之若素홈은 其本이 已正호고
其源이 已淸홈이오. 我國은 自甲午 以後로 變法호기를 思호 지 久호되 至今
신지 能히 變치 못홈은 其本이 正치 못호고 其源이 淸치 못호 故ㅣ라.
我國의 設官함이 不多함은 아니로되 民이 治치 못함은 其病이 官이 民으로
더부러 離함에 在호즉 殃民의 官을 엇지 足히 論할 비리오.

번역 대저 법이라는 것은 가히 변경하지 못할 것은 아니나, 만일 그 근
본을 바르게 하고 그 근원을 깨끗하게 하지 않으면 비록 변하나
이익됨이 없다. 내가 상고하건대 구미 제국의 부강함은 공(公)과 실(實)에
기초하고 우리나라의 빈약함은 사(私)와 허(虛)에 기초하기 때문인데, 모
든 나라의 정치가 비록 때에 따라 변화하나 사민(士民)이 그것을 편안하
게 생각하고 깨끗하게 여기는 것은 그 근본이 바르고 근원이 깨끗하기
때문이다. 우리나라는 갑오 이후로 변법(變法)하기를 생각한 지 오래되었
으나 지금까지 능히 변화하지 못함은 근본이 정(正)치 못하고 근원이 청
(淸)치 못한 까닭이다. 우리나라에서 관청을 설립한 것이 적지 않으나 백
성을 다스리지 못하는 이유는 관(官)이 인민과 동떨어진 데 있으니, 백성
들에게 재앙과 같은 관리를 어찌 족히 논할 바겠는가.

—『황성신문』, 1899.1.9

ㄴ. 今日 大韓之勢에 處하야 積獎의 誤홈은 人皆可知니 積獎의써 誤흔 바는
반다시 成法을 執하야 化치 못호데 由홈인즉 變法하기를 진실로 緩緩치
못할지라. 然하나 變法하기를 엇지 易言하리오. 人이 恒言을 有호되 河의
奔홈을 遏코져 하는 者는 반다시 其奔을 恣하고 人의 怒를 息코져 하는
者는 반다시 其怒를 飽흔다 하니 天下의 獎도 쏘흔 若是하야 반다시 潛移
默化흔즉 悠然히 日로 平安에 趍홈을 自知치 못호련니와 若奮然擊去호야
써 吾意의 稱快홈을 求호면 其害가 愈大호야 橫流潰決호야 可히 收拾치 못
홀 勢가 有호느니 此는 特히 一時의 獎어니와 積獎所在에 至호야는 其來也

ㅣ非一日이오, 其成也ㅣ非一世라. (…中略…) 今에 法을 變함은 곳 弊를 因함인즉 積弊를 可히 去치 아니치 못홀진딘 是法도 坯흔 可히 變치 아니치 못홀 것이어늘 或曰 子貢이 欲去告朔之犧羊이어늘 孔子ㅣ 以爲不可라 하시고 齊宣王이 欲毁明堂이어늘 孟子ㅣ 以爲不可라 하시니 夫犧羊을 具하고도 禮를 不存흔즉 犧羊이 無흠만 不如하고 明堂이 有하고도 政을 不爲흔즉 明堂이 無흠만 不如하딘 古聖이 此에 拳拳하샤 其不可흠을 力言하시니 엇지 古制를 忍廢치 못하심이 아니며, 今日 大韓도 坯흔 成法이 自有하니 엇지 變흠을 用하리오 하니 此는 진실노 迂濶흔 談이로다. 大抵 法久則弊生하고 不變則弊積하는니 今 大韓이 內有敝 外有侮하야 因陋就簡에 日趨闇弱하니 진실노 變法이 아니면써 功될 빅 無하니 變哉變哉여, 엇지 하야 變코져 하다가 坯 變치 안는고. 此變法은 맛당이 去弊하는딘 在하니 그 害의 由興흔 바를 探하고 그 病의 由起흔 바를 究하야 一害를 革하면 百害가 隨除하고ㅣ 病을 治하면 百病이 隨愈하야 庶幾平日의 所積흔 者ㅣ 廓然一淸하려니와 만일 其源을 沿하며 其根을 尋치 안코 此를 旣去하고 彼를 坯 去코져 하며 一을 甫治하고 其二를 又治코져 하면 用力은 愈勞하고 所積은 맛춤닌 可히 得去치 못하리니 此는 法의써 果變치 못함이라. 然則 맛당히 因時制宜하야 法의 可히 急變홀 者는 經變之하고 可히 急變치 못홀 者는 稍緩之하야 如是흔 後에야 可히 萬全에 出홀지라. 不然이면 意外의 虞를 召하고 事後의 悔를 貽치 안일 者ㅣ 幾希하지라. 且古에 變法의 善흔 者ㅣ 有하니 曰 商鞅이라. 秦에 入하야 法을 盡變함이 秦暴가 起에 鞅이 誅死하엿슨즉 鞅於秦에 大有造함은 固有하나 이에 自免치 못하엿스니 吁라 坯흔 酷하도다. 向에 緩急으로 하야곰 相宜케 하얏스면 엇지 此에 至하얏스리오. 語에 云 前車覆함이 後車가 監하고 前事를 不忘함이 後事의 師라 하니 世의 變法을 言하는 者는 其念之哉어다.

금일 대한의 형세에서 적폐(積弊)의 그릇됨은 사람이 모두 알고 있으나, 적폐의 잘못은 법을 이루어 변화하지 못한 데서 말미암은 것이니, 변법(變法)하기를 늦추지 못할 일이다. 그러나 변법하기를 어찌 쉽게 말하겠는가. 사람이 항상 말하되, 물의 흐름을 막고자 하는 자는 반드시 그 흐름을 노하게 할 수 있고, 사람의 노여움을 풀고자 하는 자는 반드시 그 노여움을 더한다고 하니, 천하의 폐단도 또한 이와 같아서 은연히 변화하고자 하면 날로 평안한 데 이름을 스스로 알지 못하지만 만약 분연히 배격 제거하여 우리의 뜻이 장쾌함을 추구하면 그 해로움이 심해져 물이 흘러넘쳐 가히 수습하지 못할 것이니, 이는 특히 일시의 폐단이지만 폐단이 쌓여 있는 곳에서는 그 유래가 하루아침에 비롯된 것이 아니며 그 법을 이룬 것이 한 세대에 이루어진 것이 아니다. (…중략…) 지금 법을 바꾸는 것은 곧 폐단 때문인데, 적폐를 가히 제거하지 않을 수 없다면 이 법도 또한 가히 바꾸지 않을 수 없으니, 혹은 자공이 희생양을 바꿀 것을 아뢰자 공자가 불가하다 하시고, 제선왕이 명당(좋은 궁전)을 훼손하고자 하니 맹자가 불가하다 하시니, 대저 희생양을 갖추고도 예를 갖추지 못하면 희생양이 없음만 못하고 좋은 당이 있으나 정치를 행하지 못하면 명당이 없는 것만 못하다 하니, 옛날 성인이 이에 정성스럽게 불가함을 힘서 말씀하시니 어찌 옛날 제도를 차마 폐지하지 못하신 것이 아니다. 금일 대한도 또한 성법이 스스로 있어 왔으니 어찌 바꾸는 것을 용납하겠는가 하니, 이는 진실로 우활한 이야기이다. 대저 법이 오래면 폐단이 발생하고, 불변하면 적폐가 되니 지금 대한이 안으로 폐가 존재하고 밖으로 모멸을 당해 이로 인해 누습이 쌓이고 날로 암약해지니 진실로 변법(變法)이 아니면 성공을 거두기 어려우니, 변화여 변화여. 어찌하여 바꾸고자 하다가 또 바꾸지 않는가. 이 변법(變法)은 마땅히 폐를 제거하는 데 있으니, 그 해가 심해진 이유를 탐색하고 그 병이 생겨난 이유를 고찰하여 하나의 해를 혁파하면 백가지 폐단이 따라서 제거되고, 병을 다스리면 백가지 병이 치유되어 얼마 후 적폐한 것이 확연히 깨끗해지려니와 만일 그 근원을 살피고 뿌리를 찾지 않고 이를 제거하고 저것을 또 제거하고자 하며 하나를 아무렇게나 치료하고 두 번째를 다시 치료하고자 하면 힘은 쓰나 피로만 더하고 적폐는 마침내 제거할 수 없을 것이니, 이는 법을 과감하게 변경하지 못하는 이유이다. 그러므로 마땅히 시의에 맞게 급히 변경할 것은 급히 하고, 급변하지 못할 것은 조금 늦추어 이처럼 한 뒤에 가히 만전이 될 것이다. 그렇지 않으면 뜻하지 않은 근심을 불러오고 사후 후회를 하지 않을 것이 드물다. 또한 옛날 변법을 잘하는 자가 있으니 상앙이 그다. 진나라에 들어가 법을 다 변화하니 진나라의 폭정이 일어나 상앙이 드디어 주살되었으니, 상앙이 진나라를 크게 변화한 점은 진실하나 스스로 죽음을 면치 못했으니, 아, 참혹하다. 앞으로 완급이 서로 적절하게 하면 어찌 이에 이르겠는가. 논어에 말하기를 앞의 수레가 뒤집어지면 뒤의 수레에서 살피고 앞의 일을 잊지 못하는 것은 후사의 스승이 되는 것이라고 하니, 세상의 변법(變法)을 말하는 자는 그것을 생각해야 할 것이다.

—『황성신문』, 1899.1.17

이 두 편의 논설은 갑오개혁 이후 각종 법제 개혁 또는 사회 변화 상황에서 쓰인 논설이다. 흥미로운 것은 1월 9일자 논설과 1월 17일자 논설의 주제가 마치 『음빙실문집(飮氷室文集)』 '통론(通論)' 부분의 '변법통의(變法通議)'를 연상하게 한다는 점이다. '변법통의'는 '자서(自序)', '논불변법지해(論不變法之害)', '논변법부지본원지해(論變法不知本原之害)', '학교총론(學校總論)', '논과학(論科學)', '논학회(論學會)', '논사범(論師範)', '논여학(論女學)', '논역서(論譯書)', '학교여론(學校餘論)', '논금은창락(論金銀漲落)', '논변법필자평만한지계시(論變法必自平滿漢之界)', '논변법후안치수구대신지법(論變法後安置守舊大臣之法)' 등 13편의 논설로 구성되었다. 이 가운데 '자서'는 변법의 필연성과 의미를 논한 논설이며, '논불변번지해'는 '변법하지 않는 해'를 논한 글이다. 또한 '논변법부지본원지해'는 변법의 근원을 모르는 해악을 논의한 논설로, 당시 세상에서 변법을 논하는 자가 갖고 있는 폐단을 논박한 글이다. 1월 9일자의 논설이 '자서'의 주제와 일치한다면, 1월 17일자의 논설은 '변법의 본원을 알지 못하는 폐단'과 밀접한 관련을 맺는다. 량치차오는 당시 변법론의 폐단을 다음과 같이 주장하였다.

【 論變法不知本原之害 】

難者 <u>中國之法. 非不變也.</u> 中興以後 講求洋務 三十餘年. 創行新政. 不一而足. 然屢見敗衄. 莫克振救. 若是乎新法之果無益於人國也. 釋之曰 前此之言變者 <u>非眞能變也.</u> 卽吾向者 所謂補苴罅漏. 彌縫蟻穴 漂搖一至 同歸死亡. 而於去陳用新 改絃更張之道 未始有合也. 昔同治初年 德相 畢士麻克語人曰 三十年後 日本其興. 中國其弱乎. 日人之游歐洲者 討論學業講求官制 歸而行之. 中人之游歐洲者 詢某廠船礮之利 某廠價値之廉 購而用之. 强弱之原 其在此乎. 嗚呼 今雖不幸而言中矣. 懲前毖後 亡羊補牢 有天下之責者 尙可以知所從也.

번역

어렵다. 중국의 법이여. 변화하지 않은 것이 아니다. 중흥 이후 양무를 강구한 지 30여 년에 하나같이 풍족하지 않으니 이로 늘 어려움만 보게 되며 진휼하여 구제할 방책이 없다. 만약 이처럼 신법이 과연 사람과 국가에 무익한 것인가. 풀어 말하면 이전에 변(變)이라고 하는 것은 진실로 능변(能變)이 아니다. 곧 우리가 가고자 하는 것이 소위 물새는 데 바닥을 막아 개미굴을 미봉하여 한 곳에 표류하게 하니 모두 죽는 데 이르게 된다. 이에 진부함을 버리고 신법을 사용하여 줄을 바꾸고 경장하는 도가 적합한 것이 없었다. 옛날 동치 초년에 독일 재상 비스마르크(畢士麻克)이 사람들에게 말하기를, 30년 후에 일본이 흥하고 중국은 약할 것이라고 하였다. 일본인이 구주에 유학하는 자는 학업을 토론하고 관제를 강구하면 돌아가 그것을 행했다. 중국인 구주 유학자는 어떤 공장 선박 대포가 이로운지, 어떤 창(廠)의 가격이 저렴한지 자문하고 구매하여 그것을 썼으니, 강약의 근원이 이에 있지 않겠는가. 오호라. 지금 비록 불행이 중국을 말한 것이다. 소 잃고 외양간 고치기니 전날 잘못을 바로 잡고 후일을 삼가니 천하의 책임을 맡은 자는 이를 알고 따라야 한다.

— 변법통의, '논변법부지본원지해', 『음빙실문집』 상 통론

이 논설은 신법이 미봉의혈(彌縫蟻穴)에 그친다면 능변(能變)이 될 수 없음을 주장하고, 변법의 구체적인 방법이 '교육'과 '지식'에 있음을 강조한 논설인데, 그 논조는 『황성신문』 1899년 1월 17일자 논설의 '만전지책'이 없는 '변법'의 한계를 비판한 것과 유사하다. 특히 구주 일본 유학자(游學者)와 중국 유학자들의 차이점을 언급한 비스마르크의 인용문은 변법의 본질과 실행 의지가 근대 계몽기 중국의 자강 운동에 필수적인 요소로 자각되었음을 알 수 있게 하며, 이러한 요소들은 중국과 비슷한 처지에 있었던 한국 근대 계몽기의 지식인들에게도 공감되었던 것으로 파악된다.

이처럼 '문명', '자강', '개화', '변법', '변통' 등과 같은 용어는 근대 이전에도 존재했던 용어들이지만, 근대화 과정에서 '도덕적', '실용적' 차원의 발전 상태를 의미하는 용어로 재개념화되었고, 1880년대 이후부터 급격히 일상어의 하나로 번져갔음을 확인할 수 있다.

1.2. 문명의 진보(進步)

근대 계몽기 '문명론'은 '진보'라는 용어와 결합하여 한국 사회가 나아가야 할 방향을 뜻하는 말로 쓰이기 시작했다. 이 시기 '문명'이나 '개화'라는 용어는 본질적으로 '야만', '미개'와 대립적인 의미를 내포한다. 그렇기 때문에 '문명진보(文明進步)', '진개화(進開化)' 등과 같이 '진보', '진화'라는 용어와 결합된 표현이 많다. 여기서 주목할 것은 무엇이 '진보'의 개념이다. '진보'는 문명의 정도나 수준이 나아짐을 의미하는 일상어이다.

진보사상은 자연법 사상과 함께 17~18세기 서구 계몽주의의 핵심 사상 가운데 하나였다. 서양의 역사학 발전 과정을 서술한 이상신(1984)에서는 계몽철학의 합리주의적 사고로부터 진보사상이 형성되었음을 논하고 있는데, 이에 따르면 합리주의자들은 역사에 대한 신학적 파악이나 순환론, 정체론(停滯論)을 거부하고, 세계는 그 자체의 법칙에 따라 전개되며 각 시대는 기존의 지식에 새로운 지식을 첨가하여 성숙·발전해 간다고 믿었다.[11] 특히 볼테르와 같이 '문명(civilization)'의 기원과 발전을 논한 저술에서는 '시민계급'의 관점에서 물질적 번영을 중시하는 태도가 나타나며, '문명'이라는 용어 속에 '법률, 과학과 기술, 상업' 등의 진보에 대한 신념이 등장한다.

이러한 흐름 속에 서세동점기의 아시아 여러 국가에서도 역사와 사회의 '진보'에 대한 새로운 관점이 생성되기 시작하며, 근대 계몽기 한국사회에서도 '문명진보', '개진론(開進論)' 등이 나타나기 시작한다. 다음을 살펴보자.

【 진보(進步)의 용례 】

ㄱ. 靑旗兵隨中國州縣 而募集編成一十八軍團 此等軍兵 雖非勁旅 現今廷聘德人訓練得宜. 故其武裝步伐亦得進步.

> **번역** 청기병(靑旗兵)은 중국 주현(州縣)에 따라 모집하여 18 군단(軍團)으로 편성한 것인데, 이들 군대는 비록 경려(勁旅)는 아니지만 현재 조정에서 독일인을 초빙하여 적절하게 훈련을 시키고 있기 때문에 그 무장(武裝)과 보벌(步伐)이 또한 진보(進步)되고 있다.

—'중국병세(中國兵勢)', 『한성순보』, 1884.1.18

ㄴ. 如鐵器及綿布製造 則時有大進 (…中略…) 惟船舶之進步 稍遲今査內外商

---

11) 이상신(1984), 『서양사학사』, 청사, 제6장 계몽사상과 역사서술. 이 책에서는 17~18세기 서양 역사학에 등장하는 진보사상의 영향을 자세히 논술하였다. 이에 따르면 진보사상은 기독교적 사고와 대립되는 이성주의, 합리주의의 영향 아래 인류의 역사가 지식과 경험을 축적해 가면서 지식과 경험이 좀 더 나은 방향, 합리적이고 이성적인 방향으로 진보한다는 사상을 일컫는다. 몽테스키외가 저술한 『로마의 위대함과 그 몰락에 관한 고찰』(1734), 볼테르의 『루이 14세 시대』(1752), 루소의 『학문예술론』(1750), 『인간 불평등 기원론』(1753), 『사회계약론』(1762) 등은 이러한 사상의 기저 아래 저술된 책으로 분석되었으며, 영국의 흄, 로크, 버클리 등도 진보사상의 신념가로 분석되었다.

船 (…中略…) 然至於貿易 則亦年日起色.

> **번역** 철기와 면포 제조는 곧 때에 따라 크게 진보했으며 (…중략…) 오직 선박의 진보는 다소 지체되어 지금 내외 상선을 조사하면 (…중략…) 그러므로 지금 무역이 또한 날로 흥기한 기색(진보)이 있어

—'미국일성(美國日盛)', 『한성순보』, 1884.3.27

ㄷ. 惟近年志士輩出賢豪並興贊襄國. 是共成不拔之基. 人文日開 世運漸進. 此正所謂大丈夫有爲之時延及全洲 則亞細亞之振興可期.

> **번역** 근년에 지사들이 많이 나오고 어질고 호걸스러운 자들이 아울러 일어나서 국시(國是)를 찬양(贊襄)하여 뽑지 못할 기반을 이룩하여 인문(人文)이 날마다 개명(開明)하고 세운(世運)이 점차로 진보하니, 이는 바로 대장부가 할 만한 시기로서 전 지구에 뻗치면 아시아의 진흥을 즉시 기약할 수 있다.

—'아세아주 총론', 『한성순보』, 1884.3.8

1880년대 '진보(進步)'라는 용어는 주로 '무장보벌(武裝步伐)', '철기·면포 제조'와 같이 제도나 기술적인 면의 발전을 뜻하는 말이었다. 그러나 '인문일개(人文日開)'나 '세운점진(世運漸進)'과 같이 '개진(開進)'이라는 표현이 인간의 지식(인문)과 세상의 변화를 뜻하는 데도 적용되었다. 이처럼 '진보'의 의미 범주가 넓었음은 이 용어가 아직까지 학술적인 전문 용어나 일상화된 어휘로 굳어진 것은 아니라는 뜻이다.

진보에 대한 신념이 굳어진 것은 1900년대 전후의 일이다. 특히 『황성신문』 1899년 8월 15일의 '진보론'이나 『제국신문』 1899년 4월 10일~11일의 '나아가는 론'은 '진보론'의 핵심이 무엇인지를 잘 보여준다.

【 진보론 】

ㄱ. 진보론: 영국 대학교 교수 기덕씨가 국가의 진보 흥기를 의론흔 말이

ᄀ쟝 고명 ᄒᆞ듯 ᄒᆞ기로 그 대강을 좌에 번역 ᄒᆞ노라. 사름이 금슈 보다 특별히 다른것은 릉히 압흐로 나아가는 학문이 잇슴이라. 태쵸시에 하ᄂᆞ님 끠셔 만물을 창죠 ᄒᆞ심이 사름이나 금슈가 다 ᄀᆞᆺᄒᆞᆫ 동물이로ᄃᆡ 사름은 령민ᄒᆞᆫ 지식이 날노 진보 ᄒᆞ기를 한뎡이 업는 고로 릉히 토디를 기척ᄒᆞ며 스스로 나라를 일우고 님군을 밧드러 교화로 빅셩을 굴앗치게 ᄒᆞ엿스니 빅셩이 님군을 셤기는것이 군스가 쟝슈를 복종 ᄒᆞᄂᆞᆫ것 ᄀᆞᆺᄒᆞᆫ지라. 사름은 졈졈 나아 감으로 지혜가 붉가지고 나라도 졈졈 나아 감으로 정치가 울흥 ᄒᆞᄂᆞ니 비유컨ᄃᆡ 사름이 음식을 합당 ᄒᆞ게 먹으면 신톄가 강건 ᄒᆞ고 만일 히롭게 ᄒᆞ면 병들어 쇠 ᄒᆞᄂᆞ니 나라 일도 졈졈 유익ᄒᆞᆫ 일을 힝홈으로 흥왕 ᄒᆞ고 붉으며 손히 되는 일을 힝 홈으로 픠망 ᄒᆞ고 혼란 ᄒᆞᄂᆞᆫ 법이라 므릇 나아가기를 구 ᄒᆞᄂᆞᆫ 쟈는 남보다 낫기를 듯ᄒᆞᄂᆞ니 듯ᄒᆞᄂᆞᆫ것은 동류를 익이 ᄂᆞᆫ 근본이라 나는 ᄉᆡ도 깃을 윤튁케 ᄒᆞᄂᆞᆫ것은 그 빗을 듯홈이요, 깁흔 슈풀에 百번이나 우는것은 그 소ᄅᆡ를 듯홈이니 사름이 되여 엇지 ᄉᆡᆷ문 못 ᄒᆞ리요 (…즁략…) 우리가 기덕씨의 토론 ᄒᆞᆫ 말을 인증 ᄒᆞᄂᆞᆫ것이 아니라 동양 글에도 말 ᄒᆞ기를 다른 사름이 ᄒᆞᆫ가지를 릉히 ᄒᆞ거던 즈긔난 빅가지를 릉통케 ᄒᆞ라 ᄒᆞ엿다니 이졔 대한 학도들노 말 홀진ᄃᆡ 만국 력스와 디지와 산학과 작문은 션비들의 셧셧ᄒᆞᆫ 례스 학문이라. 남 보다 특별히 나흘것이 업슨즉 뎨일 나아 가기를 열심 ᄒᆞᄂᆞᆫ쟈는 불가불 리학 화학 격치등 학문을 또 습샹 ᄒᆞ야 녯 사름의 아지 못 ᄒᆞ던 일을 새로 발명케 ᄒᆞ며 다른 션비의 힝치 못 ᄒᆞ던 스업을 일우는것이 참 압흐로 나아 가기를 듯ᄒᆞᄂᆞᆫ것이요, 또 대한 정부 관인들노 말 홀지라도 다만 법률과 쟝뎡만 즈죠 곳쳐셔 반포 만 ᄒᆞ고 실시는 아니 ᄒᆞ량이면 별노 신긔타 홀것이 업슬지니 아모죠록 젼국 신민이 정부에셔 아모 ᄶᆡ나 ᄒᆞᆫ번 반포 ᄒᆞᄂᆞᆫ 조혼법률 쟝뎡을 일쥰 시힝케 ᄒᆞ고 외국 사름들 ᄉᆡᆨ지라도 그 반포 ᄒᆞᄂᆞᆫ 죠혼 법률과 쟝뎡을 십분 흠모 ᄒᆞ야 금셕ᄀᆞᆺ치 영구히 밋고 본 밧고져 ᄒᆞ게 되면 이 관인들은 참으로 나라 일을 위 ᄒᆞ야 나아 가기를 죠하 ᄒᆞᄂᆞᆫ 현신 량좌로 알겟쇼.

—(논셜) 『독립신문』, 1899.8.15

ㄴ. 나아가는 론: 사름이 금슈보다 다른 쟈는 다름 아니라 능히 날마다 나아가기를 힘쓰미이니 대뎌 하늘이 만물을 내실 처음에 금슈와 사름이 다 움즉이는 물건의 동류로대 오즉 사름이 실샹 만물에 읏듬이 되야 날마다 나아감이 (…중략…) 오즉 나라도 또흔 그러ᄒ니 크게 유익홀 일을 힝ᄒ면 흥ᄒ고 만일 붉지 몯ᄒ야 크게 해로올 일을 힝ᄒ면 망ᄒ느니, 녯젹에 글을 잘ᄒ는 쟈들이 능히 만물의 나고 쟈라고 변화ᄒ는 리치를 잘 삷혀 안다는 일홈이 쟈쟈ᄒ나 그 실샹은 각국의 흥망셩쇠ᄒ는 일을 인ᄒ야 밀우워 만물의 리치를 안 거시니 만일 만물의 나고 자라고 변화ᄒ는 리치를 인ᄒ야 나라 다ᄉ리는 일을 삷혀셔 각국 력ᄃ의 날마다 나아가는 ᄌ최를 보면 엇지 졀묘흔 일이 아니리오 마는 이 리치에 붉은 쟈ㅣ 젹은지라. (…중략…) 현금 오대부 쥬 력ᄃ ᄉ긔를 샹고ᄒ매 녯젹에 날마다 셔로 싸호다가 흔 사름이 몬져 쟝졍규칙을 창셜ᄒ야 법률을 삼엇스나 그 법이 간략ᄒ고 졍밀치 못ᄒ더니 지혜 잇는 쟈들이 그 ᄌ최를 니여 졈졈 묘밀ᄒ게 뎡ᄒ기로 나라이 흥왕ᄒ여지고 쟝졍이 더 졍밀홀소록 뎡긔가 더 편리ᄒ야 새나라이 니러나면 녯나리이 폐ᄒ니 그 패흠은 엇지흠이뇨, 법이 새롭지 못흠이라. 나라이 날마다 한량업시 나아가랴면 셔로 다토와 이긜 마음이 잇는 고로 파ᄉ(波斯)국 고렬(古烈, 키루스 2세)과 희랍(希臘)국 익렬산덕(愛烈珊德, 알렉산더)과 라마(羅馬)국 희살(該撒,시저)이 다 세계를 통합홀 뜻이 잇스나 그 각국의 흥왕ᄒ는 긔틀이 곳 셔로 다토와 이긔랴는 ᄃ 잇는 줄은 아지 못흔 고로, 라마국이 고릐갓치 삼키고 누웨갓치 먹어셔국 싸홀 거의 통일홀 디경에 그 ᄆ음이 교만ᄒ야 남과 다토올이 업다 ᄒ고, 곳 다토올 마음이 업기로 쇠ᄒ고 구라파 각국이 삼빅여년 이릐로 셔로 다토와 나아갈 뜻이 잇스나 그 즁에 영국이 다토올 마음이 늠보다 더흔 고로 오대부에 새로 긔쳑흔 짜히 태반이나 영국의 관활이 되야 영국 사름들이 니르는 곳마다 그 토인의 우쥰무식흠을 보고, 곳 됴흔 법을 셰워 교육ᄒ니, 그 교육을 밧는 사름들은 다토올 ᄆ음이 업기로 늠의게 졀져를 밧음이오, (…중략…) 녯젹에는 셔로 다토옴이 흔 짜와 흔 나라에

잇서서 갓혼 시골에 갓혼 싱이ㅎ는 사름들이 다 시긔ㅎ는 마암을 품어셔
늠의 나아감을 뎌희ㅎ더니 지금은 <u>텬하만국이 서로 다토오매 각각 나아</u>
<u>갈 쯧슬 가지고</u> 아비가 ᄌ식의게 억지로 못ㅎ고 쥬인이 손의게 억지로
못ㅎ고 관원이 빅셩의게 억지로 못ㅎ야사름이 다 서로 다토와 나아가는
길이 더 널너지더라.

　　　　　　　　　　—(논설) '나아가는 논', 『제국신문』, 1899.4.10~11

　두 편의 논설에 등장하는 '진보'의 개념은 자연의 이치일 뿐 아니라
'지식(학문)'과 '정치', '법률(장정)' 등이 발전하는 상태를 뜻한다. 또한
진보는 '다투어 이기려는 마음', 곧 '경쟁론(競爭論)'과 밀접한 관련을 맺
고 있다. 이 점은 근대 계몽기 문명 담론의 변화 과정에서 주목할 사실
인데, 전통적 덕화(德化) 개념에서 출발한 '문명론'은 '문명·진보론'의
변화해 가면서 '우승열패', '적자생존' 논리와 함께 근대 계몽기를 이끌
어 온 주된 사상의 하나가 되었다.

2. 문명과 개화를 바라보는 관점

2.1. 문명과 근대적 사유

　근대 계몽기 문명 담론의 주요 매체 가운데 하나로 대조선재일유학
생친목회의 『친목회회보』를 들 수 있다. 이 회보에는 '사물변천', '문명
진보'와 관련된 다수의 논설과 학문 진보를 위한 연구 방법론 등이 소
개되었는데, 그 중 하나로 제3호(1896.10.23) '진보적 퇴보적'을 들 수
있다.

【 進步的 退步的 】

開闢ᄒ지 數萬年 以來로 今日에 至ᄒ야 物華 變革홈을 統計ᄒ니 上古에 比ᄒ면 進이 過大ᄒ며 其中 近世代에 當ᄒ야ᄂ 器械 發明과 物理 說明의 學問이 流行ᄒ야 海에ᄂ 輪船이 有ᄒ고 大陸에ᄂ 輪車가 有ᄒ야 數萬里 長程을 頃刻間에 馳走ᄒ며 器械의 利用을 發明ᄒ야 什物(집물) 製造홈이 幾萬倍가 되니 엇지 進步ᄒ 結果 아니리오 마ᄂ 萬物은 進步도 ᄒ고 退步도 ᄒᄂ 거시라. 昔華 今華ᄂ 自然之理라. 爾來 我國이 進步홈은 必然코 上古의 開明ᄒ 原因으로 至今 推察ᄒ노라. 然ᄒ나 現今 世界ᄂ 進步主義를 實用ᄒᄂ 國을 文明國이라 謂ᄒ며 退步主義를 執行ᄒᄂ 國은 野蠻國이라 指ᄒᄂ니 此 野蠻之綽號(야만지작호)를 自聽ᄒᄂ 野蠻國이 果多乎아. 或曰 野蠻國이 變進ᄒ야 文化國도 되고 開明國이 變相ᄒ야 野蠻國된다 ᄒ며 空想으로 自任ᄒ니 此言이 通理ᄒ가 未知로다. 未開化國은 開化ᄒ 國의 干涉에 隷ᄒ야 畢竟 分裂ᄒ거나 滅亡ᄒ야 終末에는 國家가 無ᄒ리니 進步主義를 實行ᄒ야 國富 民强ᄒ게 홈이 可乎아, 退步主義를 使用ᄒ야 人才를 漸縮ᄒ며 社會를 貧弱ᄒ게 홈이 可乎아. 世人이 此理를 不知ᄒ거던 問於識者ᄒ야 協議相補홈이 可矣로다. 俗士ᄂ 此를 忌ᄒ야 自己를 尊大自滿홈에 自任 自放ᄒᄂ니 惜乎라. 俗士여. 退步홈에 奈何오.

번역 개벽한 지 수만 년 이래 금일에 이르러 물화 변혁(物華變革)한 것을 통괄하여 살펴보니 상고에 비하면 나아간이 매우 크며 그 가운데 근세에는 기계 발명과 사물 이치를 설명하는 학문이 유행하여 바다에는 윤선이 있고 대륙에는 윤거가 있어 수만리 거리를 짧은 시간에 달리며, 기계의 이용을 발명하여 각종 물건을 제조하는 것이 몇 만 배가 되니 어찌 진보한 결과가 아니겠는가마는 만물은 진보도 하고 퇴보도 하는 것이다. 옛날 화려한 것과 지금 화려한 것은 자연의 이치이다. 이래 우리나라가 진보함은 필연적으로 상고의 개명(開明)한 요인에 따른 것이므로 지금 추찰한다. 그러나 지금 세계는 진보주의를 실용하는 나라를 문명국(文明國)이라고 일컬으며, 퇴보주의를 고집하는 나라를 야만국(野蠻國)이라고 지칭하니, 이는 야만의 작호(綽號, 별명)를 스스로 듣는 야만국이 과연 많은 것인가. 혹은 야만국이 변화 진보하여 문화국도 되고 개명국이 변화하여 야만국이 된다고도 하며, 공상으로 자임하니 이 말이 통상의 이치인지는 모르겠다. 미개화국은 개화한 국가의 간섭을 받아 필경 분열하거나 멸망하여 종말에는 국가가 없어질 것이니, 진보주의를 실행하여 국부민강(國富民強)하게 하는 것이 가하지 않겠는가. 퇴보주의를 써서 인재를 점차 위축시키며 사회를 빈약하게 하는 것이 가하겠는가. 세상 사람이 이 이치를 알지 못하면 유식자에게 물어 협의하고 서로 보조해야 할 것이다. 속세의 선비는 이를 꺼려 자리를 존대하고 자만하는 일이 스스로 방자하니 안타까운 일이다. 속세 선비여. 퇴보하니 어쩌란 말인가.

　　　　　　　　　　　　　　―'진보적 퇴보적', 『친목회회보』 제3호

이 논설에서는 '진보 : 퇴보', '문명국 : 야만국'의 대립항이 나타난다. 문명국은 기계 발명과 사물의 이치 설명 등 학문이 진보한 국가이며, 이를 실용하는 나라이다. 이에 비해 야만국은 퇴보를 고집하는 나라로 문명국의 지배를 받아 분열 멸망하게 될 것이라고 주장한다. 이뿐만 아니라 『친목회회보』 제5호(1897.9)에 소재한 정재순(鄭在淳)의 「법률개요」,12) 제6호(1898.4) 유치학(兪致學)의 「민법의 개론」13) 등과 같이 법률

---

12) 정재순(1897), 「법률개요」, 『친목회회보』 제5호. 1897.5. "法律은 文化의 反照라 云ㅎ나 各各 邦國의 人情 風俗 地勢 等의 差異홈을 從ㅎ야 法律도 쏘 各各 相異홀 뿐 아니라 一國의 法律도 時勢의 變遷과 文化의 進行홈을 因ㅎ야 漸次 變移홈은 其 性質上의 自然흔 바어니와 事實上을 觀홀지라도 野蠻國에는 野蠻의 法律이 有ㅎ고, 文明國에는 文明흔 法律이 有ㅎ느니(법률은 문화의 반조(反照)라고 일컬으나, 각각 나라마다 인정·풍속·지세(地勢) 등의 차이에 따라 법률도 각각 상이할 뿐 아니라 한 국가의 법률도 시세 변천과 문화가 진행함에 따라 점차 변이하는 것은 그 성질상 자연스러운 것이나 사실을 관찰하더라도 야만국에는 야만의 법률이 있고, 문명국에는 문명한 법률이 있으니)".

13) 유치학(1898), 「민법의 개론」, 『친목회회보』 제6호, 1898.4. "凡洋의 東西를 勿論ㅎ고 近世 諸文明國에셔는 各其 國內에 一定 固有흔 法典이 有ㅎ느니 其 法典 中에 一部分되는 民法이라 ㅎ는 法律을 如何흔 性質을 有흔 法律이며 其 法典은 如何흔 理由에 因ㅎ야 編纂흔 者이며(무릇 양의 동서를 물론하고 근세 여러 문명국에서는 각기 국내에 일정한 고유의 법전이 있으니, 그 법전 중에 한 부분이 되는 민법이라고 하는 법률이 어떤 성질을 갖는

을 설명한 글에서 '문명국' 담론을 빈번히 제기하고 있음을 확인할 수 있다. 이를 고려할 때 '문명 담론'은 기계나 물질적인 차원보다 '정치', '법률', '도덕'과 연계하여 발전된 상태를 의미 자질로 한 용어임을 알 수 있다. 흥미로운 것은 길진숙(2004, 2006)에서 분석된 '문명 담론'인데, 이 시기 문명 담론은 단순히 '문명 : 야만'의 대립으로 끝난 것이 아니라, 진보 상태를 고려하여 '문명〉개화〉반개화〉야만'의 4등급을 제시하고 있다는 점이다. 다음을 살펴보자.

【 『독립신문』, 『매일신문』의 문명국 담론 】

ㄱ. 현금 동 셔양 각국이 다 등슈가 잇스니 뎨 一등은 문명국이요 그 다음에는 기화국이요 그 다음에는 반 기화국이요 그 다음에는 기화 못훈 야만국이라 대개 셰계에서 말 ㅎ기를 영길리와 미리견과 불란셔와 덕국과 오디리등 나라는 뎨一등 문명국라 ㅎ며 일본과 이틱리와 아라샤와 뎡말과 하란등 나라는 기화국이라 ㅎ며 대한과 청국과 셤라와 파사와 면젼과 토이긔와 이급등 나라는 반 기화국이라 ㅎ며 그 외에도 여러 나라이 잇고 야만국들은 긔록 홀것 업거니와 문명국이라 말 흠은 그 나라의 법률 쟝졍과 모든 다스리는 일들이 붉고 공평 ㅎ야 무식호 빅셩이 업고 사름마다 ㅈ유권이 잇스며 나라이 지화 셰계가 되야 요슌 째와 다름이 업는것을 이름이요 기화국이라 말 흠은 그 나라 졍치가 문명국과 갓호나 암헤 죠곰 남은 길이 잇서 쥬ᄆ가편으로 좃ᄎ 가기를 미우 셜니 흠을 이름이요 반 기화국이라 말 흠은 그 나라 졍치와 풍속들이 혹 아름다온 일이 잇스나 대개 十분에 五六분은 미 기화훈 일이 만 흠을 이름이요 야만국이라 말 흠은 도모지 례의 렴치를 몰으고 짐싱과 다름이 업스며 다ᄆ 흉포훈 일ᄆ 힝 ㅎᄂ 나라를 이름이라.

—『독립신문』, 1899.2.23

법률이며 그 법전은 어떤 이유로 편찬한 것이며)."

ㄴ. 세계에 새로 발명흔 학문으로 말흘지라도 나라히 기명흐다 칭흐는 것슨 다만 글인근 사름 몃 천명 몃만명으로만 인연흐야 흐는 말이 아니라 전국에 남녀 로소와 상하 귀쳔을 통계흐야 비교흔 연후에 혹 문명국이라 반기화국이라 야만국이라 칭흐는 법이기로 덕국 굿흔 나라에는 남녀간 옥류셰된 아희가 학교에 다니지 아니흐면 순검이 잡아다가 억지로 학교에 넛코 그 부모를 벌 씨우는 법이 잇스니 이런 법이 다 그나라를 문명케 흐려 홈이라.

—『매일신문』, 1898.6.17

이 두 편의 논설에 등장하는 '문명, 개화, 반개화, 야만'의 등급은 유길준(1895)의 '개화, 반개화, 미개'의 세 등급14)에 비해 한 등급이 더 설정된 논리이다. 두 편의 논설에서 '문명국'과 '개화국'을 나눈 배경은 대략적으로 중국의 양무운동(洋務運動)이나 일본의 구화주의(歐化主義)와 마찬가지로, 서양의 지식과 제도를 가장 이상적인 것으로 규정한 데서 비롯된다. 그렇기 때문에 영국과 미국, 프랑스와 독일, 오스트리아 등의 국가를 문명국, 일본이나 러시아 덴마크, 네덜란드 등을 개화국으로 규정한 셈이다.

이와 같은 등급화된 문명 인식은 1880년대 문명론에 등장하는 '아국 전통의 문명'을 계승하는 일보다 근대 지식을 수용하고, 전근대적 사유방식을 계몽(啓蒙)하는 형태로 나타난다. 이러한 움직임은 1880년대부터 존재했는데,15) 재일 유학생이 파견된 이후 그 의식이 더 확고해진

---

14) 유길준(1895), 『서유견문』(동경: 교순사), 제14편 '개화의 등급'.

15) 예를 들어 『한성주보』 1886년 10월 4일자 '논외교택기임(論外交擇其任)'에 들어 있는 "今之縱談開化者 徒把其名 而實則蔑 如調識時勢事然憑昧則勤飢償誤 是豈但試才之不明. 宣由乎學才之初 不專門耳. 春秋之法 內修而外攘 性理之學 直內方外 未有內不足而外有餘者. 今欲擇任而善外交 必須得人而先內治(지금 개화를 함부로 지껄이는 사람들은 헛되이 그 이름만 가졌을 뿐 실(實)에 대해서는 어두우며, 시세(時勢)를 안다고 하나 갑자기 일이 닥치면 캄캄하여 일을 그르치고 마니 이것이 어찌 재능의 시험을 분명히 못한 데서 연유하는 것뿐이겠는가. 재능(才能)을 배울 때 전문으로 하지 않는 데서 비롯된 것이다. 춘추(春秋)

것으로 보인다. 다음을 살펴보자.

【 喚惺翁의 談(變化氣質의 四大重要) 】

嗟홉도. 朝鮮人의 性質은 四大 病根이 腦裏에 深據ᄒ얏스니 第一은 依賴心이오 第二는 輕蔑心이오 第三은 疑慮心이오, 第四는 無信用이로도. 第一에 據ᄒ야 言홀진딘 朝鮮國은 大陸이 他에 連ᄒ야 終始 關係를 不免ᄒᄂ 故로 小가 大에 呑倂키 易혼 中에 國朝 以來로 支那에 附庸되야 人種子가 生홈애 所謂 中國에 依賴心을 兼有生出ᄒ니 身体 言語ᄂ 朝鮮人이ᄂ 外萬事ᄂ 都是 支那라. 朝鮮 法律이 無ᄒ고 謂之大明律이라 ᄒ며 朝鮮 國文을 不用ᄒ고 謂之漢文이라 ᄒ며 朝鮮 史籍을 不務ᄒ고 漢唐餘論을 稱ᄒ며, 朝鮮 禮典이 無ᄒ고 謂之三代禮라 ᄒ야 謂之小中華라 홈이 足혼 듯.

번역 안타깝다. 조선인의 성질은 4대 병근이 뇌 속에 깊이 사로잡혀 있으니 제일은 의뢰심이요, 제이는 경멸심이요, 제삼은 의려심이요, 제사는 신용이 없음이다. 제일에 근거하여 말하면 조선국은 대륙이 다른 곳에 연접하여 시종 관계를 벗어나지 못하는 까닭에 작은 것이 큰 것에 병탄되기 쉬운 중에 국조 이래로 중국에 부속되어 인종이 태어남에 이른 바 중국에 의뢰심을 아울러 갖고 태어나니, 신체, 언어는 조선인이지만 겉의 모든 일은 도무지 중국일 뿐이다. 조선 법률이 없고 대명률이라고 하며, 조선 구문을 사용하지 않고, 한문이라고 하며, 조선 역사 서적을 힘쓰지 않고 한나라 당나라 등의 논리를 칭하며, 조선 예전이 없고 삼대의 예라 일컬어 소중화라고 말하는 것이면 충분한 듯.

—신해영(1897), '환성옹의 담', 『친목회회보』 제5호

의 법(法)은 내수외양(內修外攘)이며, 성리학(性理學)에도 직내외방(直內方外)이라 하였으니, 내(內)가 부족(不足)하고서 외(外)가 충분한 자는 없다. 지금 적임자를 선택하여 외교를 잘 하려면 반드시 마땅한 사람을 얻어서 내치(內治)를 먼저 해야 할 것이다)."라는 주장은 이 시기에도 개화를 주장하는 사람들 가운데 개화의 본의를 알지 못하고 '도파기명(徒把其名, 헛되이 이름만 가짐)'하는 사람들과 '실즉멸(實則蔑, 실질적인 것을 업신여김)'한 사람들이 있음을 비판하였다.

이 논설은 '조선인'의 차원에서 주체성 문제를 비판한 계몽 담론의 하나이다. 주체성은 자유와 해방을 키워드로 한 근대적 사유 방식의 주된 특징 가운데 하나이다. 주체는 근본적으로 타자와 대립된 자아(自我), 타 집단과 차별화된 '우리'를 인식함으로써 확립된다. 갑오개혁 이후 각종 매체에서 조선의 독립을 강조한 것은, 이 시기 정치적 또는 국제관계의 역학 속에서 어쩔 수 없이 이루어진 면이 있다고 보는 관점도 있을 수 있으나, 근본적으로 '자주', '독립'의 필연성을 자각하고 실천해야 한다는 차원에서 근대적 사유 방식이 발달한 것으로 해석할 수 있으며, 그 또한 역사적 필연성을 갖고 있는 것이라고 풀이할 수 있다. 심리학적 차원에서 자아를 객관화하고 비판할 수 있는 능력을 갖추는 일은 성숙을 위한 기본적인 의식 변화에 해당한다. 근대 계몽기 '조선인론'은 집단 속에서 개인과 자아를 인식한 일로 해석하는 데는 다소 무리가 있지만, 타 집단과의 관계, 타 민족이나 국가와의 관계 속에서 '조선인' 또는 '조선'을 주체적으로 인식하고자 했다는 면에서 근대 의식의 성장 과정의 하나로 볼 수 있다.

2.2. 주체와 자아 인식 및 한계

근대적 사유 방식의 특징 가운데 하나는 주체로서의 '자아'를 인식하는 일이다. '자유'와 '해방'이 서구 계몽사상의 핵심을 이루고 있듯이, '자유', '자조', '자아', '자기' 등과 같이 '스스로' 또는 '개인적으로'라는 자질을 내포하는 '자아 인식', '자기 인식'의 문제는 근대인이 갖고 있는 주된 특질의 하나이다.

앞서 살펴보았듯이, 1880년대 이후의 개인은, '일신〉일가〉일국'의 틀을 기본으로 삼고 있으며, 갑오개혁 이후 '독립사상'이 강조되면서, '조선인'이라는 사유 방식이 보편화되고 있었다. 그러나 이 시기의 조선인론은 시대와 사회의 발전을 주체적으로 이끌어야 할 조선인 양성을 강조하고자 하는 좋은 의도에도 불구하고, '조선인' 또는 '아민족(我民族)', '아국가(我國家)'를 지나치게 비관적·부정적으로 인식한 면이 있다. 『친목회회보』뿐만 아니라 이 시기 각종 매체에 등장하는 '아국(我國)', '아민(我民)'은 신해영의 논설처럼 '의뢰, 경멸, 의려, 무신용'한 존재로 서술될 경우가 많다. 예를 들어 1922년 '민족개조론'으로 논란에 휩싸였던 이광수의 경우도 그의 유학 경험이 조선인을 부정적으로 인식하고 일본을 동경하게 된 배경으로 작용했었음은 의심의 여지가 없다. 이보경(李寶鏡)이라는 필명의 '일본에 재(在)한 아한(我韓) 유학생을 논(論)함'에서 '전 유학생계에 공통된 사조'로 '협견(狹見)'이 존재함을 비판했던 그의 논설16)은 국가·사회에 종속된 개인에서 주체적 개인의 위상을 찾은 공로는 인정되지만, 당시 조선인 유학생들에 대한 매도에 가까운 혹평을 던진 것으로도 해석할 수 있다. 그러나 조선인 유학생에 대한 비관적 태도는 비단 이광수만의 관점은 아니었다. 유학생이었던 강전(姜荃)의 논설 '급진적 사회 개량책을 내국 지사(志士) 제공(諸公)에게 망(望)함'17)에서는 이 시기 '도덕, 종교, 실업' 등의 한국 사회 전반에 대한 부정적 인식이 망라된다.

【 急進的 社會 改良策을 內國 志士 諸公에게 望홈 】

嗚呼라 我韓의 社會는 果然 如何흔 榜樣을 作호엿는지 余는 許多의 星霜을 天涯殊域에 虛送호지 已久호야 故國事情은 자못 先天甲子에 屬홈과 如호도다. 然호는 顧호건딩 韓國은 我의 父母의 邦이 아닌가. 엇지 暫時도 中心에 忘却호리요. 是로 以호야 淸朝旅窓에 新聞一葉은 千萬의 奔泊이 叢集호여도 披閱호기를 廢치 못호나니 此는 卽 我韓社會 改良이 如何흔 程度에 至호엿는지 延頸跂足호야 戀聖호는 바 日新又日新호야 古時代의 腐敗

---

16) 이보경(1910), 「日本에 在흔 我韓 留學生을 論홈」, 『대한흥학보』 제13호, 1910.4.

17) 강전(1910), 「急進的 社會改良策을 內國 志士 諸公에게 望홈」, 『대한흥학보』 제13호, 1910.5.

흔 習慣을 痛革ᄒᆞ고 今世界의 新鮮ᄒᆞᆫ 改良을 模倣홈이라. 大抵 新聞上에 揭載ᄂᆞᆫ 盡信키 實難ᄒᆞᄂᆞ 往往히 新聞上에 露出ᄒᆞᄂᆞᆫ 事項을 依據ᄒᆞ야 我韓 新舊社會의 範圍의 擴張如何를 比較的으로 測量컨ᄃᆡ 오히려 今의 時代가 如何흔 時代를 當ᄒᆞ엿스며 我의 地位가 如何흔 地位에 在ᄒᆞ엿ᄂᆞᆫ지 運沌不 辨ᄒᆞᄂᆞ 狀態를 呈ᄒᆞ미 尙多ᄒᆞ니 此에 對ᄒᆞ야 實노 愛惜慨歎홈을 禁치 못ᄒᆞ 깃 도다. 今에 我韓社會에 關흔 事件을 槪括的으로 觀察홀진ᄃᆡ,

一. 道德은 卽 理性을 闡明ᄒᆞ고 品格을 高尙케 ᄒᆞ야 忠孝의 善行과 廉義 의 貞操도 다 此에서 生ᄒᆞ거늘 捨己從人의 弊와 循私害公의 事를 敢히 決行 ᄒᆞ야 顧忌ᄒᆞ미 無흔 者 滔滔 皆是로되 各自抛棄ᄒᆞ야 箴規救護의 任을 負흔 者ᄂᆞᆫ 得聞치 못ᄒᆞ엿고,

二. 宗敎ᄂᆞᆫ 卽 國勢民性의 原動力이 되ᄂᆞᆫ 者이여늘 挽近以來로 便是人人 마다 道를 說ᄒᆞ며 家家마다 敎를 談ᄒᆞ야 徒衆을 聚集ᄒᆞ니 聽聞이 多岐에 方向이 無定ᄒᆞ엿고,

三. 實業은 卽 民生이 産을 制ᄒᆞᄂᆞᄃᆡ 先務홀 者이여날 農者의 山林田野 ᄂᆞᆫ 荒蕪童濯의 憂를 罹ᄒᆞ엿고 商者의 技術은 有無交通에 拙ᄒᆞ야 假家小賣 에 過치 못ᄒᆞ고 工者의 製造ᄂᆞᆫ 古規를 仍襲ᄒᆞ야 醜態劣狀을 顯ᄒᆞ고 漁者 의 網罟은 古法을 相傳ᄒᆞ야 使用이 不便홈으로 捕撈의 利를 遺漏홈이 尙 多ᄒᆞ엿고,

四. 敎育은 卽 國家의 精神을 鼓吹ᄒᆞ고 人民의 生活을 援助ᄒᆞᄂᆞ 故로 全 般 國民의 現世普通의 常識이 最切急이여날 失學壯年의 知識을 普及홀 策 이 杳然ᄒᆞ엿고,

五. 女子의 學識은 卽 賢母良妻를 養成ᄒᆞ기에 必要ᄒᆞ거늘 飮食衣服의 專 任을 責홀 ᄲᅮᆫ이니 天賦의 才智가 埋沒ᄒᆞ엿고,

六. 婚姻은 卽 人生의 大事이니 반다시 審愼選擇홀 거시오 生理的 發育을 待ᄒᆞ야 早婚을 嚴禁할 거시여늘 習俗이 相仍ᄒᆞ야 釐整이 無期ᄒᆞᆻ고,

七. 奴婢ᄂᆞᆫ 卽 他人의 人權을 侵損홈으로 文明各國의 痛禁ᄒᆞᄂᆞ 바이여늘 轉相賣買의 惡習이 傳來ᄒᆞ야 慈惠放釋의 美擧를 履行치 못ᄒᆞ엿고,

八. 服色과 首飾은 卽 國家의 大政에 關혼 바이여날 黑白의 衣裳이 相混
ᄒ고 剃者 髻者의 首飾이 相雜ᄒ야 一定혼 規例가 無ᄒ엿도다.

번역 오호라. 아한의 사회는 과연 어떤 모양을 이루었는지 나는 허다한
세월을 천애 특별한 지역(유학)에서 보낸 지 오래되어, 고국 사정
은 자못 태어날 때에 속했던 것과 같다. 그러나 돌아보면 한국은 나의
부모의 나라가 아닌가. 어찌 잠시도 마음속에서 잊겠는가. 이로 맑은 아침
나그네의 창문에 신문 한 장은 천만의 분주히 도달한 소식을 모두 모아놓
아도 열람하지 않을 수 없으니, 이는 곧 아한 사회 개량이 어느 정도에
이르렀는지, 목 빠지게 기다렸더니, 성학에 힘쓴 바 일신우일신하여 옛날
시대의 부패한 습관을 통렬히 혁파하고 지금 세계의 신선한 개량을 모방
하고 있다. 대저 신문에 게재한 것은 모두 믿기 어려우나 왕왕 신문에
드러난 사항을 의거하여 아한 신구 사회의 범위 확장 여하를 비교하여
생각하면 오히려 지금 시대가 어떤 시대이며 우리의 지위가 어떤 지위에
있는지 혼돈불변(混沌不辨)의 상태(狀態)를 경험하는 것이 많으니 이에 대
해 실로 애석하고 개탄함을 금할 수 없다. 지금 우리 사회에 관한 사건을
개괄적으로 관찰하면,

1) 도덕은 곧 이성을 천명하고 품격을 고상하게 하여 충효의 선행과
염치 예의의 정조도 모두 이에서 생겨나거늘 자기를 버리고 타인을 따르
는 폐단과 사(私)를 추구하여 공(公)을 해치는 일을 감히 겸행하여 거리낌
이 없는 일이 넘쳐나되 자신을 버려 규율을 지키고 구호하는 책임을 진
자는 들어보지 못했고,

2) 종교는 곧 국세민성(國勢民性)의 원동력이 되는 것이지만 만근 이래
사람마다 도(道)를 말하고 집집마다 교(敎)를 이야기하여 무리를 모으니
듣는 바 여러 갈래여서 방향을 정하지 못했고,

3) 실업은 곧 민생(民生)의 생산을 통제하는 데 먼저 힘써야 할 것이지
만, 농부의 산림 전야는 황무지로 버려두는 염려가 생겨나고 상인의 기술
은 교통하지 않아 치졸하여 가사 소매를 지나지 못하고, 공업 제조는 옛

날 규칙만을 답습하여 열악한 상태를 나타내고, 어부의 그물은 옛법을 이어받아 사용이 불편하여 고기 잡는 이익을 계속 잃어버리는 일이 많고,

　4) 교육은 곧 국가의 정신을 고취하고, 인민의 생활을 원조하는 까닭에 모든 국민의 현세 보통 상식이 가장 필요한데,'장년이 지식을 보급할 방책이 묘연하고,

　5) 여자의 학식은 곧 현모양처(賢母良妻)를 양성하는 데 필요하지만, 음식 의복을 전담할 책임만 전담하니 천부의 재지가 매몰되고,

　6) 혼인은 곧 인생의 대사이니 반드시 신중히 선택할 것이요, 생리적 발육을 기다려 조혼을 엄금해야 하는데, 습속이 서로 이어 올바른 정리를 기약하기 어렵고,

　7) 노비는 곧 타인의 인권을 침해 손실하는 것으로 문명 각국이 통렬히 금지하는 바인데, 서로 매매하는 악습이 전래되어 자혜로 석방하는 미거를 이행하지 못하고,

　8) 복색과 머리 장식은 곧 국가의 정치에 관계된 것인데, 흑백 의상이 서로 섞이고 머리를 깎은 자와 수염을 두리운 자의 장식이 뒤섞여 일정한 규칙이 없다.

　　　　—강전(1910), '급진적 사회개량책을 내국 지사 제공에게 망홈',

　　　　　　　　　　　　　　『대한흥학보』 제13호, 1910.5

　유학생의 눈으로 바라본 강전(姜筌)의 논설은 이 시기 한국사회 전반의 문제점을 치유하기 위한 빠른 방책을 모색할 필요성을 강조하는 내용으로, 사회 전반에 퍼져 있는 문제점은 문명 담론에서 비롯된 각종 폐단을 집약하여 표현한 것이다. 달리 말해 근대 계몽기의 '구습 타파론', '습성 개량론', '사상 미개론(未開論)', '국민정신 부족론', '단합심 부족론' 등과 같은 각종 조선인의 습성론은 전근대의 사유 방식에 비해, '조선'이라는 국가와 '조선인'이라는 국민을 주체적으로 인식하는 과정에서 나타난 부정적 담론에 해당하며, 이처럼 비관적·부정적 인식이

만연된 현상은 이 시기 주체 인식이 갖고 있는 시대적 한계로 볼 수 있다.

이러한 한계에도 불구하고 1900년대 이후에는 각종 형태의 '자가', '자아' 담론이 출현한다. '자아'란 본질적으로 '자아 정체성'을 의미하는 개념이다. 이는 곧 '자아 인식'이 '집단과의 관계'뿐만 아니라 '타자와의 관계' 속에서 이루어져야 함을 의미한다. 이 점에서 1900년대 이후는 '국가·사회: 자아', '자아: 타자'의 관계 설정이 자연스럽게 이루어졌던 것으로 보인다.

먼저 국가·사회 등의 집단과 대립적인 의미로 사용되는 '개인', '자기', '자아'는 근대 계몽기 문명 개념어와 혼용되었던 '자강(自强) 담론'에 빈번히 등장한다.

【 論自字 】

天이 付之ㅎ고 我ㅣ 受之ㅎ야 得之有生之初而固有者ㅣ 自我之權能也니라. 人能於自字上求觀이면 則有無數 學問이 在於自ㅎ고 有無數 禍福存亡之機ㅣ 出於自ㅎᄂ니 自與不自之間에 而萬事ㅣ 定矣로다. 雖然이ᄂ 其機也ㅣ 高不在於空虛ㅎ고 遠不在冥漠이오 只在六尺之自身已耳며 方寸之自心已耳라. 能參爲三才ㅎ고 包羅萬類어늘 奈之何各具此自有之至妙호디 而不能充其自有之權能也哉아. 凡屬於我者를 人皆知自有焉ㅎ야 曰自心 曰自身 曰自家 曰自國이라 호디 獨不能自由之乎아. 夫 心不自正則心必死ㅎ고 身不自修則身必喪ㅎ고 家不自齊則家必敗ㅎ고 國不自治則國必亡ㅎᄂ니 其致一也라. 夫旣曰自我之物인된 但當自爲之而已오 旣知自我之事ㄴ된 亦復何待於外哉리오. 行有不得이어든 自求而已矣며 自反而已矣니 彼怨天而尤人者ᄂ 不知自由之義也已니라. 凡有待也者ᄂ 皆無足恃者也니 彼其所待者ㅣ 特未定也ㄹ식라. 優伶이 爲參軍ㅎ다가 戲罷則已矣오. 罔兩이 倚影子ㅎ다가 影盡則已矣라. 或倚冰山ㅎ다가 冰消則當奈何며 或信夢鹿ㅎ다가 夢罷則常奈何오. 故曰 趙孟之貴之를 趙孟이 能賤之라ㅎ니 夫孰如天爵之自有者乎아. 唯自由則

不然ㅎ니라. <u>自由는 由於自强ㅎ고 自强은 由於自信ㅎ고 自信은 由於自修ㅎ</u>
<u>느니 自修之實이 自由之基也니라.</u> 自修則生自信力ㅎ고 自信則生自强力ㅎ
고 自强則得自由之權能이라. 中立而不倚ㅎ며 百折而不撓ㅎ야 良平이 無所
用其智ㅎ고 儀秦이 無所用其辯ㅎ고 賁育이 無所用其勇矣리니 天下에 其誰
敢儗倫也리오.

번역 하늘이 부여하고 내가 받아 태어날 때부터 얻은 고유한 것이 '자
아 권능(自我權能)'이다. 사람은 능히 '자(自)'라는 문자로 구해 본
다면 곧 무수한 학문이 자기로부터 존재하고 무수한 화복 존망의 기회가
자기로부터 나오니, 자기와 자기가 아닌 것 사이에 만사가 정해지는 것이
다. 그러나 이 기회가 높고 공허한 데 있지 아니하고 멀지만 막연한 데
있지 아니하니, 단지 육척의 자기 몸에 존재할 따름이며 작지만 자기 마
음에 존재할 따름이다. 능히 삼재를 참고하고 만상이 나열되어 있지만
각자 이 자기의 미묘함을 갖추어야 하나 자기 권능을 채우지 못하는 것인
가. 무릇 나에게 속한 것을 다른 사람이 '자기 스스로 갖고 있음'을 알게
하여, 말하기를 자심(自心), 자신(自身), 자가(自家), 자국(自國)이라고 하
되, 홀로 그것이 스스로 말미암지 못하는가. 대저 <u>마음을 스스로 바르게</u>
<u>하지 못하면 반드시 죽게 되고, 스스로 수양하지 않으면 반드시 몸을 망</u>
<u>치고, 가정을 스스로 다스리지 못하면 반드시 패가하고, 나라를 스스로</u>
<u>다스리지 못하면 나라가 패망하니,</u> 그것은 한가지이다. 대저 이미 자아의
물건이라고 말하면 다만 마땅히 자기가 행할 따름이요, 자아(自我)의 사
실임을 알고 있는데 어찌 또한 외부를 기다리겠는가. 행하여 얻지 못하면
스스로 구할 따름이며, 스스로 반성할 따름이니, 저 하늘을 원망하고 더욱
사람 사람은 자유(自由)의 의미를 알지 못하는 것이다. 무릇 기다리는 것
은 모두 믿음이 없기 때문이니 저 기다리는 자가 특히 정해지지 않았기
때문이다. 우령(배우)이 참군이 되어 놀이가 끝나면 그만일 뿐이요, 망량
(罔兩, 도깨비)이 그림자에 의지하다가 그림자가 사라지면 그만일 뿐이다.
혹 빙산(氷山)을 의미하다가 얼음이 녹으면 어찌하며 혹 몽록(夢鹿)을 믿

다가 꿈을 깨면 어찌하는가. 그러므로 조맹(趙盟)이 귀하게 만들어 준 것은 조맹이 능히 그것을 천하게 만들 수 있다 하니(『맹자』 고자편의 구절), 대저 누가 하늘의 작록이 스스로 말미암은 것임을 알겠는가. 오직 스스로 말미암은 것은 그렇지 않다. <u>스스로 말미암음은 자강(自强)에서 비롯되고, 자강은 자신(自信)에서 비롯되고, 자신은 자수(自修)에서 비롯되니, 자수(自修)의 실효가 자유의 기틀이 된다.</u> 자수는 곧 자신력을 만들고 자신은 곧 자강력을 만들고 자강은 곧 자유 권능을 만든다. 중심이 확립되면 의지하지 않으며 백절불요하여 장량과 진평이 그 지혜를 쓰지 않음이 없고, 장의와 소진이 그 변설을 쓰지 않은 바 없으며, 맹분과 하육이 그 용기를 쓰지 않음이 없으니, 천하에 누가 감히 이치를 참람히 하겠는가.

—이종준(1907), '논자자', 『대한자강회월보』 제13호, 1907.7

이 논설은 대한자강회가 조직된 이후 가장 빈번히 등장한 '자강 담론'의 하나이다. 이 논설에 나타난 '자유(自由)'라는 용어는 '스스로 말미암음'이라는 축자적 의미로 쓰인다. 여기서 주목할 점이 '스스로'에 해당하는 '자(自)'인데, '자심(自心)〉자신(自身)〉자가(自家)〉자국(自國)'으로 이어지는 논리는 전통적인 자기 인식의 논리와 크게 다르지 않다. 그럼에도 '자수(自修)'를 통한 '자아권능(自我權能)'을 강조한 점은, 이전의 주체 인식 방법과는 달라진 면모를 보인다. 왜냐하면 이 논설에 등장하는 '자수(自修)', '자아(自我)'는 본질적으로 '자기', 곧 '개인으로서의 자기'를 뚜렷이 나타내기 때문이다. 이와 같은 자기 인식은 주체적 존재로서 타자와 대립하는 '자기' 인식을 의미하는 방향으로 발전된다. 다음 두 편의 논설을 살펴보자.

【 타자와 대립하는 자기 】
ㄱ. 目的論: 目은 注目의 目이요 的은 射的의 的이니 事物의 標點을 謂홈이라. 人世間千行萬爲에 目的이 無흔 事ㅣ 豈有ㅎ리요. (…中略…) 然則 目的

을 立ᄒᄂ 日은 卽 他日社會에 雄飛活躍홀 基礎며 根據라. 此를 審愼히 아니ᄒ고 可ᄒ리오. 凡學生의 目的을 定홈에 左陳ᄒᄂ 三個方面으로 觀察ᄒ야 決定홀디라. 一은 自己의 能力 卽 才質을 考察홀디니 頭腦完乎아, 身軀健乎아, 平日所嗜가 何며, 所感이 何오. 凡緻密ᄒᆫ 思索이 아니곤 數理에 困難ᄒ고, 健全ᄒᆫ 骨骼이 아니곤 軍術에 適當티 아니ᄒ며, 嗜好에 投ᄒ면 興趣를 助ᄒ고, 感動이 有ᄒ면 惰念를 過ᄒᄂ니 此에 留神홀 者이요. 一은 自己의 處地 卽 周圍을 顧察홀디라. 家財가 贍乎아, 窘乎아, 同氣가 多乎아 寡乎아, 衣食住 問題의 解決되지 못ᄒᆫ 人은 長遠ᄒᆫ 事業을 期ᄒ기 難ᄒ고, 養老의 責을 負ᄒᆫ 人은 回顧의 慮가 多ᄒᄂ니 此를 酌量홀 바이요. 一은 社會의 需要 卽 缺乏을 觀察홀디라. 大凡社會에 必須ᄒᆫ 物은 其 缺乏을 隨ᄒ야 價値가 倍ᄒᄂ니 人材도 亦然홀디라. 今日에 學홈은 將來에 行코쟈 홈이니 萬一 社會에 擯斥을 受ᄒ면 何者를 得行ᄒ리요.

번역 목(目)은 주목의 목이요, 적(的)은 사적(射的)의 적(的)이니, 사물의 표준점을 일컫는 말이다. 이 세상의 모든 행위에 목적이 없는 일이 어찌 있겠는가. (…중략…) 그러므로 목적을 확립하는 일은 곧 다른 날 사회에 웅비 활약할 기초이며, 근거이다. 이를 신중히 하지 않으면 어찌하겠는가. 무릇 학생이 목적을 정할 때는 다음 진술할 세 가지 방면으로 관찰하여 정해야 한다. 하나는 자기의 능력 즉 재질을 고찰할 것이니, 두뇌가 완전한가, 신체가 건강한가, 평소 좋아하는 것은 무엇이며 느끼는 것은 무엇인가. 치밀한 사색을 하지 않으면 수리에 곤란을 느끼고, 건전한 체격이 아니면 군무 기술에 적당하지 않으며, 좋아하는 바를 따르면 흥취를 돕고, 감동이 있으면 게으름을 막으니 이에 정신을 유의해야 할 것이다. 하나는 자기의 처지 즉 주위를 고찰해야 한다. 가정의 재화가 넉넉한지 아니면 군졸한지, 동기가 많은지 적은지. 의식주 문제를 해결하지 못한 사람은 원대한 사업을 기약하기 어렵고, 양로의 책임을 진 사람은 후회할 염려가 많으니 이를 짐작하여 생각할 것이다. 하나는 사회의 수요 즉 부족한 바를 고찰해야 한다. 대범 사회에 꼭 필요한 물건은 그 결핍을 따라 가치가 증가하니 인재도 또한 그렇다. 금일 배운 것은 장래 행하고자 하는 것이니, 만일 사회에서 배척되면 무엇을 얻어 행하겠는가.

—강한조, '목적론', 『대한유학생회학보』 제3호

ㄴ. 人生斯世ᄒ야 不能孤立獨存於無人之地而內爲家族之一人ᄒ고 外爲社會之分子ᄒ야 幼而受父母之養育ᄒ고 長而因社會之協同ᄒ야 自他의 互相團結로 由ᄒ야 生活을 計ᄒᄂ 故로 其關係를 隨ᄒ야 可行홀 責任이 亦多ᄒ지라. 其責任을 行코쟈 ᄒ면 自己 身上에 對ᄒ 責務를 不可不 先修ᄒ 然後에 及於其他ᄒ야 身을 宇宙間에 容ᄒᄂ 循序를 踐홈이 可ᄒ지라. 是以로 <u>自己에 對ᄒ 責務를 論ᄒ면 第一 身体을 保全ᄒ고 精神을 養成ᄒ야 自立ᄒᄂ 道를 成ᄒᄂ 것이 根本이라.</u> 故로 此等의 大要을 左에 略論ᄒ노라.

번역 사람이 이 세상에 태어나사 사람이 없는 땅에 고립 독존하기 불가능하며 이에 안으로 <u>가족의 한 사람이 되고</u>, 밖으로 사회의 한 분자가 되어 어렸을 때에 부모의 양육을 받고 성장하여 사회의 협동으로 인하여 자타가 서로 단결하여 이로 말미암아 생활을 꾀하는 까닭에 그 관계에 따라 가히 행해야 할 책임이 역시 많다. 그 책임을 행하고자 하면 자기 신상에 대한 책무를 불가불 먼저 닦은 연후에 기타에 이르러 몸을 우주 간에 허용하는 순서를 실천하는 것이 옳다. 그렇기 때문에 자기에 대한 책무를 논하면 가장 먼저 신체를 보전하고, 정신을 양성하여 <u>자립하는 도를 이루는 것</u>이 근본이다. 그러므로 이들의 대요를 간략히 논하고자 한다.

—민정기, '자기에 대한 책무', 『공수학보』 제1호

'목적론'에서 말하고자 하는 바는 유학생이 자기의 학문 분야 선택에서 유의할 점이다. 이 논설에서는 학과 선택 시 고려할 사항으로 '자기의 능력', '주위 환경', '사회의 요구' 세 가지를 제시하였다. 이러한 기준은 시대와 사회를 초월하여 적용될 수 있다. 그런데 여기서 주목할 점은 '자기(自己)'를 강조하고 있다는 점이다. 앞의 '논자자(論自字)'에서 '국가'나 '사회' 구성원으로서의 '자신(自身)'과는 달리 '자기'의 입장에서 타자와 사회의 관계를 논하고 있는 셈이다. 이는 민정기의 논설도 마찬가지이다. 가족이나 사회의 분자로서 자기를 인식하는 것은 다른 논설과 다르지 않으나 '신체 건강', '정신 함양'이라는 '자립'의 논리가 집단적인 특성보다 우선적으로 강조되고 있는 셈이다. 이러한 경향에서 1900년대의 각종 직업 담론은 근대적 사유 방식의 하나인 '개인주의', '자아주의'를 기반으로 하고 있음을 확인할 수 있다.18)

이러한 흐름은 근대적 자아 발견의 차원에서 분명 진전된 모습임에 틀림없다. 다만 국권 침탈기의 개인주의가 차츰 이기주의로 변질되는 경향이 있고, 이에 대한 반작용으로 '대아주의(大我主義)'가 등장하는 점은 이 시대 사유 방식이 보이는 한계로 인식된다. 이러한 상황은 다음과 같은 논설을 통해서도 짐작할 수 있다.

【 個人主義로 生을 求치 말지어다. 】

國事가 日非ᄒᆞᆯᄉᆞ록 世道가 日汚ᄒᆞ야 於是乎 <u>政治界 敎育界 實業界間에</u> <u>往往個人主義를 唱ᄒᆞᄂᆞᆫ 者가 出</u>ᄒᆞ니 其說에 日 山已窮水已盡이라. 民族保全의 道ᄂᆞᆫ 嗚乎晩矣니 個人主義나 將ᄒᆞ야 余의 一身一家나 保全홈이 斯可라ᄒᆞ더라. 嗚乎慘哉라. 此主義여. 此主義가 人을 殺ᄒᆞᄂᆞᆫ도다. <u>大抵 只今은 民</u> <u>族競爭의 時代라.</u> 甲族乙族과 大族小族이 모다 鼓角을 齊鳴ᄒᆞ야 進ᄒᆞ며 刀劍을 共翻ᄒᆞ야 戰홀ᄉᆡ 其競爭場中에서 幸히 勝利를 得ᄒᆞ야 凱歌를 唱ᄒᆞᄂᆞᆫ 者ᄂᆞᆫ 其民族이 繁榮을 共作ᄒᆞ고 不幸히 劣敗를 遭ᄒᆞ야 降旗를 樹ᄒᆞᄂᆞᆫ 者ᄂᆞᆫ 其民族이 溝壑에 同歸ᄒᆞ나니 <u>此時代ᄂᆞᆫ 到底히 個人主義로 生活을 不得홀</u>

---

18) 근대 계몽기 '개인'의 의미에 대해서는 박주원(2007)의 「대한매일신보에 나타난 개인 개념의 특성과 의미」(『근대계몽기 지식의 굴절과 현실적 심화』, 소명출판)에서도 논의된 바 있다. 흥미로운 것은 이 논문에서 분석한 것처럼 『대한매일신보』의 '개인'이라는 용어 사용이 『독립신문』에 비해 현격하게 줄어든다는 점이다. 이는 개인주의가 광범위하게 유포되면서 '국민'을 강조한 역설적인 결과로 해석된다.

時代인져. 而況 今日 韓國은 風雨가 晦冥ᄒ고 魔鬼가 亂跳ᄒ야 民族의 存亡盛衰가 一髮에 係ᄒ엿나니 此日이 果然如何히 岌業ᄒ 日이뇨 乃者今日에 坐ᄒ야 個人主義를 唱ᄒᄂ 者야 엇지 可悶 可痛 可憐치 아니ᄒᆫ가. 彼輩가 民族과 個人의 關係를 不知ᄒᄂ지라. 故로 民族의 興亡盛衰가 個人에게 無關ᄒᆫ 줄로 思惟ᄒ나니 此가 實로 可悶ᄒᆫ 바며, 彼輩가 旣히 個人主義를 唱ᄒᄂ지라. 故로 一洞에ᄂ 害ᄒ야도 個人에만 利ᄒ면 樂ᄒ며 一郡에ᄂ 害ᄒ야도 個人에만 利ᄒ면 歌ᄒ며 一國에ᄂ 害ᄒ야도 個人에만 利ᄒ면 舞ᄒ나니 此가 實로 可痛ᄒᆫ 바며, 彼輩가 如斯히 個人主義만 膨脹ᄒ야 於是乎 公을 剝ᄒ야 私를 肥ᄒ며 衆을 害ᄒ야 身만 利케 ᄒ다가 畢竟 其民族이 淪喪ᄒᄂ 日에ᄂ 其一身도 壑舟에 投ᄒ고 其一家도 烈火에 葬ᄒᆯ지라 此가 實로 可怜ᄒᆫ 바로다. 嗚乎同胞여. 同胞의 國家가 腐敗에 漸至ᄒᆷ은 何故오. 其端이 亦多ᄒ나 個人主義가 其大端이니 故로 韓國過去의 汚事를 作ᄒᆫ 者ᄂ 曰個人主義가 是며, 同胞의 境遇가 慘담에 迫在ᄒᆷ은 何故오. 其端이 亦多ᄒ나 個人主義가 其大端이니 故로 韓國現在의 慘狀을 作ᄒᆫ 者ᄂ 曰個人主義가 是며, 同胞前途의 마가 何오. 其端이 亦多ᄒ나 個人主義가 其大端이니 故로 韓國將來의 大憂가 亦曰個人主義가 是라. 惟望ᄒ노니 同胞ᄂ 過去와 現在를 睹ᄒ고 將來를 戒懼ᄒ야 旣覆의 轍을 再蹈치 말지어다. 同胞同胞여 同胞 中에 或此個人主義를 抱ᄒᆫ 者ᄂ 此劣根性을 大刀濶斧로 汲汲斷去ᄒ고 民族의 主義를 大奮發ᄒ리. 民族의 墮落이 卽個人의 墮落이며 民族의 振興이 卽個人의 振興이니 個人을 保全코져 ᄒ면 먼져 民族을 保全ᄒᆷ이 可ᄒᆯ지라. 嗚呼라 個人主義로 生을 求치 말지어다 個人主義가 人을 殺ᄒ나니라.

—(논설) '개인주의로 생을 구치 말지어다', 대한매일신보』, 1909.11.21

국문판 나라의 일이 날마다 글녀갈ᄉ록 셰샹일이 날마다 타락ᄒ여셔 어시호 정치계에나 교육계에나 실업계 즁에 흔히 ᄌᆨ긔일신만 싱각ᄒᄂ 쥬의를 잡ᄂ 쟈ㅣ 만ᄒ니, 그러케 쥬쟝을 잡ᄂ 사름의 말에 글ᄋ디 산도 궁ᄒ고 물도 다ᄒ엿스니 민족을 보젼ᄒ 도ᄂ 다 느졋ᄂ지라. 이

120

제는 홀 수 업시 즈긔일신이나 즈긔집안이나 건져가는 거시 가ᄒ다 ᄒᆞ는 도다. 오호ㅣ라 참혹ᄒ다. 이 쥬의여. 이 쥬의는 사람을 죽이는 쥬의로다. 대뎌 지금은 민죡의 경징ᄒᆞ는 시딕라. 갑죡과 을죡이며 대죡과 쇼죡이 모다 긔를 들며 북을 울니고 나아가며 창을 두루며 칼을 번득이고 싸화셔 그 경징ᄒᆞ는 마당에 다힝히 니긔면 개가를 부르고 승젼고를 울니며 그 민죡이 번셩ᄒᆞ고 영화롭게 되며 불힝히 패ᄒᆞ면 한긔를 세우고 긔운이 죽 어셔 그 민죡이 구학으로 모다 드러가ᄂᆞ니 <u>이 시딕는 일개인의 쥬의로 살기를 구ᄒᆞ는 거슨</u> 도뎌히 되지 못홀시딕가 아닌가. ᄒᆞ믈며 오늘날 한국 은 풍우가 회명ᄒᆞ고 마귀가 횡힝ᄒᆞ여 민죡의 쇠망홈이 눈 ᄒᆞᆫ번 깜작일 동안에 잇ᄂᆞ니 이날이 과연 엇더케 급급ᄒᆞᆫ 날인가. 이제 이날을 당ᄒᆞ여 즈긔일신만 위ᄒᆞ는 쥬의를 잡는 쟈가 엇지 가히 민망ᄒᆞ고 통셕ᄒᆞ며 가련 치 아니ᄒᆞ리오. 뎌희무리는 <u>민죡과 개인간에 관계가 엇더ᄒᆞ 거슬 알지 못ᄒᆞ는지라.</u> 그런고로 민죡의 흥망셩쇠가 개인에게 관계가 업ᄂᆞᆫ 줄노 싱 각ᄒᆞ니 이거시 실노 민망ᄒᆞᆫ 일이오. 뎌희 무리는 이믜 개인쥬의를 잡는지 라. 그런고로 온 동리에 해로워도 즈긔일신에만 리ᄒᆞ면 즐겨ᄒᆞ며 젼군에 해로워도 즈긔일신에만 리ᄒᆞ면 노래를 부르고 젼국에 해로워도 즈긔 일 신에만 리ᄒᆞ면 춤을 츄ᄂᆞ니 이거시 실노 통셕ᄒᆞᆫ 일이며, <u>뎌희 무리는 이 ᄀᆞᆺ치 개인쥬의만 잔ᄉ득 드럿슨즉</u> 어시호 즁인의 리익을 박탈ᄒᆞ여 <u>일신 을 살지게 ᄒᆞ고 공변된 거슬 해롭게 ᄒᆞ고, ᄉᆞᄉᆞ를 리롭게만 ᄒᆞ다가</u> 필경 그 민죡이 멸망ᄒᆞ는 날을 당ᄒᆞ면 그 ᄒᆞᆫ 몸도 그 망ᄒᆞ는 딕로 드러가고 그 ᄒᆞᆫ 집도 그 멸ᄒᆞ는 딕로 드러가ᄂᆞ니 이거시 실노 가련ᄒᆞᆫ 일이로다. 오호ㅣ라 동포들이여. <u>동포의 국가가 졈졈 부패ᄒᆞᆫ 딕로만 드러감은 무ᄉᆞᆷ 일인가 그 ᄭᆞᆫ닭이 ᄯᅩᄒᆞᆫ 만흐나 개인쥬의가 뎨일큰지라.</u> 그럼으로 한국에 졘일 탐관오리들의 힝위는 곳 개인쥬의라 홀거시오. 동포의 경우가 이러 케 비참ᄒᆞ게 됨은 무ᄉᆞᆷ 일인가 그 ᄭᆞᆫ닭이 만흐나 개인쥬의가 뎨일 큰지라. 그럼으로 오늘날 한국의 비챠ᄒᆞᆫ 현상을 지은 쟈도 곳 개인쥬의라 홀 거시 며, 동포의 젼졍에 마귀되는 거시 무어시뇨. 그 근뎌가 여러 가지로딕 개인류의가 뎨일 큰지라. 그럼으로 한국 쟝릭에 뎨일 큰 근심도 쏘흔 개인 쥬의라 홀지니라. 다만 ㅂ라건딕 동포들은 지난 일과 당쟝 일을 보와셔 쟝릭일을 경계ᄒ여 이왕에 업더진 ᄌ최를 다시 밥지 말지어다. ㅂ라건딕 동포 중에 혹 이 개인쥬의를 가진 쟈ᄂ 큰칼과 넓은 독긔로 그 용렬ᄒ 셩품을 급급히 싣어ㅂ리고 민족쥬의를 분발홀지어다. <u>민족이 멸망되면 개인도 싸러 멸망ᄒ며 민족이 흥ᄒ면 개인도 싸러 흥ᄒᄂ니 일신을 보젼 코져 ᄒ거든 몬져 민족 보젼ᄒ기를 도모ᄒ며 일신의 영화를 구ᄒ고져ᄒ 거든 몬져 민족의 번셩홈을 도모홀지어다.</u> 오호ㅣ라 개인쥬의로 살기를 구ᄒ지 말지어다. 개인쥬의가 사름을 죽이ᄂ니라.

—'자기 일신을 위하여 살기를 구하지 말지어다',
『(국문판)대한매일신보』, 1909.11.21

이 논설은 '개인주의'를 민족주의와 대립하는 개념으로 설정하고, 민족을 멸망하게 하는 주의가 개인주의라고 질타하였다. 그러나 엄밀히 말하면 이 논설에 등장하는 '개인주의'는 '자기 일신 보존주의', 곧 '이기주의'를 표현한 말이다. 국권 침탈기 '이권(利權)'만을 탐하고, 민족과 사회의 공리를 고려하지 않는 풍토를 경계한 논설로, 이 시대의 '개인'에 대한 자각이 이기적인 속성을 띤 경우가 많았으며, 그것을 당연시하는 논리도 빈번히 등장했음을 암시한다. 이러한 풍토는 결과적으로 이 시기 개인에 대한 인식, 주체에 대한 의식이 한계를 갖고 있었음을 의미하며, 이러한 인식의 한계는 지식인 스스로 '개인과 사회'에 대한 비판적 가치관을 갖지 못했던 데서 비롯된 것으로 볼 수 있다. 특히 이 시기 상당수 지식인들의 문명·진보관이 서양이나 일본에서 비롯된 사회진화론적 문명관, 심지어는 차별적 인종론의 영향에서 자유롭지 못했기 때문에 나타난 현상으로 해석할 수 있다.

3. 진화론의 수용과 영향

3.1. 우승열패의 자연 논리

근대 계몽기의 문명·진보론은 그 자체로 '진화론'을 내포한 사상이다. 한국 근대 계몽기를 지배했던 문명·진보론의 바탕에 '사회진화론'이 전제되어 있음은 널리 알려진 사실이며, 이를 반영하듯 그동안 학계에서도 근대 계몽기 진화론에 대한 연구 성과가 비교적 다양하다. 예를 들어 근대 계몽기 진화론과 관련된 박사학위논문으로 신연재(1991)의 「동아시아 3국의 사회진화론 수용에 관한 연구: 가토(加藤弘之)·량치차오(梁啓超)·신채호(申采浩)의 사상을 중심으로」(서울대학교 박사논문), 이성규(1993)의 「목적론(目的論)과 다윈의 진화론(進化論)」(성균관대학교 박사논문), 조경란(1995)의 「진화론의 중국적(中國的) 수용과 역사인식의 전환」(성균관대학교 박사논문), 박성진(1999)의 「한말-일제하 사회진화론 연구」(한국정신문화연구원 박사논문), 김성한(2001)의 「도덕의 기원에 대한 진화론적 설명과 다윈주의 윤리설」(고려대학교 박사논문), 박정심(2001)의 「백암 박은식(白巖 朴殷植)의 철학사상에 관한 연구: 사회진화론의 수용과 양명학적 대응을 중심으로」(성균관대학교 박사논문), 박정희(2012)의 「자연주의 도덕 실재론 옹호: 진화론과 플라너겐의 심리 실재론을 토대로」(성균관대학교 박사논문), 유봉희(2013)의 「사회진화론과 신소설: 이해조와 이인직을 중심으로」(인하대학교 박사논문) 등이 차례로 발표되었다. 그뿐만 아니라 각 학회보에 수록된 '근대 계몽기 진화론 수용 과정'과 관련된 논문도 50여 편 이상 존재하는데, 그 가운데 우남숙(2011)의 「사회진화론의 동아시아 수용에 관한 연구: 역사적 경로와 이론적 원형을 중심으로」(『동양정치사상사』 10(2), 한국동양사상정치사상사학회), 조성환(2010)의 「진화론과 근대 중국의 민족주의: 양계초와 장병린의 민족사상을 중심으로」(『정치사상연구』 16(1), 한국정치사상학회), 양일모(2007)의 「동아시아의 사회진화론 재고: 중국과 한국의 '진화' 개념의 형성: 동아시아의 사회진화론 재고」(『한국학연구』 17, 인하대 한국학연구소), 전복희(1993)의「사회진화론의 19세기말부터 20세기초까지 한국에서의 기능」(『한국정치학회보』 27(1), 한국정치학회) 등은 사회진화론 수용 과정의 실증적 연구 성과에 해당한다.

근대 계몽기 한국사회의 지식 장에서 진화론이 등장한 것은『한성순보』 1884년 3월 8일의 '태서문학원류고(泰西文學源流考)'에 '달이온(達爾溫, 다윈)'과 관련된 언급부터로 볼 수 있다. 그런데 수많은 논설·논문 및 교과서에서 '사회진화'를 언급하고 있지만, 정작 생물학적 진화론을 소개한 경우는 많지 않다. 앞에서 설명한『독립신문』1899년 8월 15일의 '진보론'이나 논설.『제국신문』 1899년 4월 10일~11일의 논설 '나아가는 론'은 모두 사회진화를 의미하는 것으로 생물학적 진화론은 아니다. 이 점은 학회보도 비슷한데, 초기의 학회보인『친목회회보』 제6호에 수록된 장호익(1898)의 「사회경쟁적(社會競爭的)」이라는 논문도 사회진화론적 관점에서 서양 각국의 각축 상황을 소개한 글이다. 이 점은 근대 계몽기 교과서도 비슷한 경향을 보이는데, 1900년대 저역(著譯)된 각종 생물학(식물학, 동물학) 교과서에서도 생존경쟁과 관련된 단원은 등장하지 않는다.19) 이를 고려할 때 이 시기 진화론 수용은 생물학적

---

19) 이 시기 대표적인 생물학 교과서로는 다음과 같은 것들이 있다. 그런데 이들 교과서에도 우승열패, 생존경쟁, 자연도태 등이 나타나지는 않는다.

교과서명	저작자	연도	발행지
普通動物學敎科書	普成館編輯部	1908	普成館
식물도설	Dr. A. L. Gray	1906	미상
植物學	玄采	1908	玄公廉
植物學1·2(2책)	尹泰榮 譯述	1908	미상
植物學敎科書	尹泰永	1908	普成館
新編動物學(全)	申海溶	1908	滙東書館
中等動物學	朴重華	1910	新舊書林,光東書局
初等動物學	鄭寅琥	1908	洪淳珏,鄭寅琥
初等動物學敎科書	鄭寅琥	1908	鄭寅琥
初等植物學	鄭寅琥	1908	鄭寅琥

차원보다 정치, 사회학적 차원에서 이루어졌음을 알 수 있다.[20]

이러한 수용 과정은 기존의 진화론 수용에 대한 기존 연구의 경향에
서도 드러난다. 이광린(1979)에서는 유길준의 '경쟁론', '개화의 등급'
등이 스펜서와 헉슬리 이론이 일본을 경유하여 영향을 미친 논설임을
규명하였다.[21] 특히 이광린(1979)에서는, 진화론을 수용하기 위해서 기
초적인 여러 학문 분야의 지식이 필요한데, '분류학, 형태학, 생태학,
비교해부학, 고생물학' 등과 관련된 지식이 풍부하지 않기 때문에,
자연과학적인 면보다 사회과학적인 면의 사회진화론의 수용에 머물렀
다고 해석한 바 있다. 이 점은 중국을 경유한 진화론 수용도 비슷했던
것으로 보인다. 조경란(1995)의 박사학위논문에서 분석된 것처럼, 중국
의 옌푸(嚴福), 량치차오(梁啓超), 루쉰(魯迅) 등의 진화론은 '생존경쟁',
'우승열패'를 전제한 사회진화론이었다. 예를 들어『음빙실문집』하권
에 소재한「천연학초조 달이문지학설 급 약전(天演學初祖 達爾文之學說及
其畧傳-壬寅, 진화론의 시조 달이문(다윈)의 학설과 그 약전)」과 같은 글도,
사회진화론을 전제로 다윈의 전기를 소개한다. 다음을 살펴보자.

【 天演學初祖 達爾文之學說及其畧傳-壬寅 】

近四十年來 無論政治界 學術界 宗敎界 思想界 人事界. 皆生一絶大之變遷.
視前此數千年若別有天地者然 競爭也. 進化也. 務爲優强勿爲劣弱也. 凡此諸

---

20) 참고로 근대 계몽기 생물학적 차원의 진화 문제를 논의한 논문으로는 다음과 같은 것들
이 있다.

연대	학회보	필자	제목	호수	비고
1906	태극학보	장응진	진화학상 생존경쟁의 법칙	제4호	진화론
1906	태극학보	편집부	동물의 지정	제9호	진화론
1907	공수학보	박유병	진화론	제2호	진화론
1907	공수학보	강병옥	동물 종족 발생의 학설	제2호	진화론
1907	동인학보	덕암생	동물의 자연도태	제1호	진화론
1907	공수학보	조용관	동물의 진화론	제1호	진화론
1907	야뢰	윤태영	진화론 대의	제5,6호	진화론
1910	보중친목회보	이수삼	동물진화의 개의	제1호	진화론

21) 이광린(1979), 「구한말 진화론의 수용과 그 영향」,『한국개화사상연구』, 일조각.

論 下自小學校之生徒 上至各國之大政治家. 莫不口習之而心營之. 其影響所及
也 於國與國之關係. 而帝國政策出焉. 於學與學之關係 而綜合哲學出焉. 他日
二十世紀之世界 將爲此政策 此哲學所磅礴充塞. 而人類之進步. 將不可思議.
此之風潮 此之消息 何日起耶. 曰起於一千八百五十九年[卽 咸豊九年] 何以故.
以達以文之種源論. (Original of Species) 出版於是年故.

번역 근 40년 이래 정치계, 학술계, 종교계, 사상계, 인사계를 물론하고
모두 큰 변천이 생겨났으니 이전으로 본다면 이는 수천 년이 별천
지가 있는 듯하여 경쟁이라, 진화라, 힘써 우강(優强)하고 열등하여 약해
지지 말아야 한다는 것이 그러하다. 무릇 이러한 논의는 아래로 소학교
생도로부터 위로 각국의 대정치가까지 입으로 말하지 않고 마음으로 꾀
하지 않는 자가 없다. 그 영향이 미친 결과는 국가와 국가의 관계에서
제국주의 정책을 낳고, 학문과 학문의 관계에서 종합철학이 출현했다. 타
일 20세기의 세계에서 장차 이것이 정책이 되고, 이 철학이 막힘없이 널
리 퍼질 것이니 인류의 진보가 헤아리기 어렵다. 이 풍조와 이 소식이
언제 생겨났는가. 말하기를 1859년(곧 함풍 9년)에 생겨났다고 하니, 왜
그런가. 곧 달이문(다윈)의 『종원론(종의 기원)』이 이 해에 출판되었기 때
문이다.

—량치차오, '천연학의 시조 다윈의 학설 및 그 약전',
『음빙실문집』 하, 광지서국

다윈의 전기를 소개하는 량치차오의 논문은 제국주의 정책과 철학적
관점에서 진화론의 영향이 막대했음을 전제하고 있다. 이는 량치차오
의 '천연학(진화론)' 개념이 생물학적 진화론보다 사회진화론에 가까움
을 의미하며, 『음빙실문집』에 들어 있는 또 다른 논문 '노사학안(盧梭學
案, 루소 학설)'이나 '배근 적변아 학설(倍根笛卡兒之學說, 베이컨과 데카르
트의 학설)', '법리학대가 맹덕사구 학설(法理學大家孟德斯鳩之學說, 몽테스
키외 학설)', '낙리주의 태두 변심의 학설(樂利主義泰斗邊沁之學說, 공리주의

태두 벤담의 학설)' 등과도 상통한다. 특히 '진화론 혁명자 힐덕의 학설 (進化論革命者頡德之學說, 벤자민 키드의 학설)'은 사회진화론의 구체적인 내용을 소개한 논문이다.

【 進化論革命者頡德之學說 】

二十世紀之天地 開其幕者 今已一年有奇. 此年餘之中 名人著述 鴻篇鉅製 貢獻於學界者 固不少. 而求其獨闢蹊徑. 卓然成一家言 影響於世界人羣之全體 爲將來放一大光明者 必推英國頡德(Benjaman Ridd)先生今年四月出版之『泰西文明原理』一書.

頡德者何人也. 進化論之傳鉢鉅子 而亦進化論之革命健兒也. 自達爾文種源說出世以來 全球思想界 忽開一新天地. 不徒有形科學 爲之一變而已. 乃至史學 政治學 生計學 人羣學 宗敎學 倫理道德學 一切無不受其影響. 斯賓塞起. 更合萬有於一爐而冶之. 取至賾至賾之現象 用一貫之理 而組織爲一有系統之大學科. 偉哉近四十年來之天下. 一進化論之天下也. 唯物主義昌 而唯心主義屛息於一隅科學[此指狹義之科學 卽中國所謂格致]盛而宗敎幾不保其殘喘 進化論實取數千年舊學之根柢而摧棄之飜新之者也.

번역 20세기 천지가 개막된 지 지금 일 년이 지났다. 이 해 가운데 명인이 저술한 위대한 책과 기술이 학계에 공헌한 바가 적지 않으나 오직 지름길로 구하여 두드러지게 전문가를 이룬 것을 말한다면 세계 인류 전체에 영향을 미쳐 장래 큰 빛을 발할 자는 오직 영국의 벤자민 키드 선생[22]이 금년 4월 출판한 『태서문명원리』한 책이다.

키드는 누구인가. 진화론을 전해 준 거목이며 또한 진화론의 혁명 건아이다. 다윈의 『종원설(종의기원)』이 출현한 이래 전 세계의 사상계는 갑자기 신천지를 열었다. 유형과학에 그치지 않고 일변했을 따름이다. 이에

---

22) 『음빙실문집』에는 벤자민 리드로 되어 있으나, 벤자민 키드(1858~1916)를 잘못 적은 것이다. 벤자민 키드는 영국의 사회학자로 다윈의 진화론과 마르크스의 경제학을 비판하며 『사회적 진화』(1894), 『열대의 통제』(1898), 『서양문명의 원리』(1902) 등을 저술하였다.

사학, 정치학, 생계학(경제학), 인군학(사회학), 종교학, 윤리·도덕학 등 모든 학문이 그 영향을 받지 않은 것이 없었다. 사빈색(스펜서)가 일어나 다시 모든 학문을 하나의 용광로로 녹여내고, 혼합하여 심오한 현상에 이르러 일관된 원리를 사용하니 한 계통의 거대 학과를 조직하였다. 위대하다. 근 40년 이래의 천하가 하나의 진화론의 천하이다. 유물주의가 창성하고 유심주의가 일개 구석진 과학(이것은 협의의 과학이니 즉 중국에서 이른바 격치라고 하는 것)이 그치니 종교가 어찌 그 잔 기침을 보존하지 못하겠는가. 진화론은 수천 년의 구학의 뿌리를 뽑아버리고 새로운 것으로 대체하였다.

—량치차오, '진화론의 혁명자 키드의 학설(進化論革命者頡德之學說)',
『음빙실문집』하, 광지서국

이 논문은 벤자민 키드의 사회진화론을 소개한 논문으로 다윈에서 비롯된 진화론이 스펜서, 키드를 거쳐 20세기 전반기 모든 학문 분야를 지배한 이론이 되었음을 설명하고 있다. 이 논문에서 량치차오는 키드의 진화론이 사람과 동물을 동일하게 간주하고, 사람과 사람의 경쟁, 인종과 인종의 경쟁 결과 우승열패 현상이 나타난다는 논리를 기반으로 하고 있음을 밝혔다. 이러한 논리는 전복희(1993)에서 밝힌 바와 같이, 사회진화론이 인간과 사회를 자연화하고, 자연화된 인간은 자연법칙에 복종해야 하며, 사회발전도 자연도태의 법칙에 따라 이루어진다는 논리를 갖추었음을 의미한다. 이러한 이론은 근대 계몽기 우리나라의 진화론 논문에도 나타난다.

【 進化論 】
夫 生物者은 其 生存上에 不可無ᄒ 競爭이 有ᄒ야 <u>所謂 弱肉强食</u>의 勢가 生物上에 廣大히 流行ᄒᄂ니 範 同母體로 産ᄒ 子孫이라도 其 形質이 母體와 全緣 不同ᄒ고 其 兄弟에 形質도 亦異ᄒ 故로 吾人 人類 間에도 其親과

不類훈 容貌 形質을 有훈 者 多호고 家內 兄弟에 容貌 形質이 他人과 恰似훈 狀態를 미양 目擊호는 바이요, 또 人類 以下 生物界을 觀察호더릭도 子을 産홀 時에 其 形質이 優等 或 劣等에 差別이 有호니 卽 優者은 常히 劣者을 蔑壓(멸압)호야 其 生活의 繁榮을 漸次 成就케 홈으로 쎠 其 良質을 子孫에게 遺傳호민 其 子孫은 益復繁盛(익부번성)호야 形質이 漸進漸化호고, 劣者은 優者의 滅壓을 被호야 其 子孫을 此 地球上에 不得存在호는데 至훈즉 此는 全히 生物에 遺傳과 應化의 善否에 在호니 此 現象을 自然淘汰라 稱홈이라. (…中略…) 人類가 生物 自然의 變遷을 觀察호야 自家의 智巧을 隨호야 外物의 形質을 變케 호는 故로, 此을 人爲淘汰라 稱호느니, 此은 極히 微少훈 變化로쎠 漸次 繁榮 進化홈이요, 決非朝營暮得이라. 幾年에 辛苦을 積호야 其 目的을 達홈이로다. 此로 由호야 植木商이 或 木에 良好훈 變種을 發見호야 其子孫을 傳코즈 호나 만일 木이 其親과 不類호고, 또 遺傳의 性이 無호면 雖 萬方을 試호되, 其目的을 達치 못호리니, 親子間에 雖差別훈 形이 有호나 相似훈 性이 有훈 故로, 此理을 應用호야 良好의 別種을 做出호느니 此 現象을 人爲淘汰라 云홈이라.

번역 대저 생물이라는 것은 그 생존에서 피하지 못할 경쟁이 있으니 이른바 약육강식의 형세가 생물상 널리 퍼져 있으니, 같은 모체로부터 태어난 자손이라도 그 형질이 모체와 완전히 같지 않고, 그 형제의 형질도 또한 다른 까닭에 우리 인류 간에도 그 가까운 것과 같지 않은 용모 형질을 갖춘 것이 많고, 가족 내 형제에도 용모와 형질이 다른 사람과 흡사한 것을 늘 목격하게 된다. 또 인류 이하 생물계를 관찰하더라도 자식을 출산할 때에는 그 형질이 우등하거나 열등한 차별이 있으니 곧 우수한 자는 항상 열등한 자를 멸시·억압하여 그 생활의 번영을 점차 성취하게 하며, 그 좋은 자질을 자손에게 유전하여 그 자손은 더욱 번성하며 성질이 점차 진화하고, 열등한 자는 우수한 자의 멸압을 받아 그 자손을 지구상에 존재하지 못하게 하는 데 이르니, 이는 모두 생물의 유전과 변화 대응의 좋고 나쁨에서 존재하는 것이니 이 현상을 자연도태(自然淘

汰)라고 칭한다. (…중략…) 인류가 생물 자연의 변천을 관찰하여 자기 스스로 정교한 지식을 따라 외물의 형질을 변하게 하는 까닭에, 이를 인위도태(人爲淘汰)라고 칭한다. 이는 극히 미소한 변화로 점차 번영 진화하는 것이요, 결코 하루아침에 도모하고 저녁에 얻을 수 있는 것이 아니다. 몇 년의 신고를 거쳐 그 목적한 바에 도달한 거이다. 이로 말미암아 식목 상인이 혹은 나무의 양호한 변종을 발견하여 그 자손을 전하고자 하나 만일 나무가 그 근원과 같은 부류가 아니고 또 유전하는 성질이 없으면 비록 모든 방법을 시험하더라도 그 목적을 달성할 수 없으니, 친자 사이에 비록 다른 형질이 있으나 서로 비슷한 성질이 있는 까닭에 이 이치를 응용하여 양호한 별종을 만드니, 이 현상을 인위도태라고 일컫는다.

—박유병, '진화론', 『공수학보』 제2호, 1907.4

박유병의 「진화론」은 자연상태의 진화 개념을 설명한 글이다. 이 글에서는 자연상태의 형질 변화에 따라 '자연도태(自然淘汰)'가 나타나고, 이 원리를 응용하여 '인위도태(人爲淘汰)'가 가능함을 설명하고 있다. 비록 짧은 논문이지만, 『공수학보』에서 소개하고자 한 진화론은 생물학적 차원에서 종의 변화를 이해하는 데 유용하다. 이뿐만 아니라 제2호에 실려 있는 강병옥(康秉鈺)의 「동물 종족 발생(動物種族發生)의 학설(學說)」도 마찬가지이다.

【 動物 種族 發生의 學說 】

就中에 第二說은 左와 如흔 經驗이 有흠. (一) 異種動物이 交接ᄒ야 中間動物을 生ᄒᄂ 事ㅣ 有ᄒ니 譬컨딕 馬와 驢(려)가 交接ᄒ야 騾(라)를 生ᄒᄂ 事며 (二) 地質學을 據흔즉 地球 變遷 時代에 地質學的 地層의 順序를 從ᄒ야 下等生物 遺跡이 高等生物의 遺跡보담 下層에 在ᄒ다 ᄒ니, 此를 由ᄒ야 思ᄒ면 下等生物이 世間에 最先 現出ᄒ엿든 證據가 昭然(소연)ᄒ도 다. 然ᄒ면 下等動物이 漸次 發育ᄒ야 高等動物을 生흔 者이 아닌가. 此說

에 對ᄒᆞ야 西曆 一千八百九年에 動物 哲學者 라말크[23] 氏의 說을 據ᄒᆞᆫ즉 凡 生物의 種類ᄂᆞᆫ 一種 或 數種이 逐次 變遷ᄒᆞ고 漸次 發育ᄒᆞ야 今日에 至ᄒᆞᆫ 者라 ᄒᆞ엿ᄂᆞᆫᄃᆡ 此說을 進化說이라 稱ᄒᆞᆷ. 其後 五十年을 經ᄒᆞ야 다一윈 氏가 出ᄒᆞ야 淘汰說이라ᄂᆞᆫ 學說을 作ᄒᆞ엿ᄂᆞᆫᄃᆡ 其說을 據ᄒᆞᆫ즉 各種 生物에 世間 森羅萬象에 對ᄒᆞ야 生存競爭을 開始ᄒᆞᆯ 時에 各各 能力을 用ᄒᆞ야 勝利를 得ᄒᆞᆫ 者ᄂᆞᆫ 能히 其種族을 繁ᄒᆞᆷ에 至ᄒᆞ고 生存競爭에 敗ᄒᆞᆫ 者ᄂᆞᆫ 消滅에 歸ᄒᆞ엿ᄂᆞᆫᄃᆡ 彼 勝者ᄂᆞᆫ 其 利用ᄒᆞᆫ 能力을 後裔에게 遺傳ᄒᆞ야 其 遺傳性을 益益 擴張ᄒᆞᄂᆞᆫ 者라 ᄒᆞ엿도다. 噫라. 人種도 生存競爭이 不無ᄒᆞ니 各各 精神을 刷新ᄒᆞᆯ지어다.

번역 그 가운데 제2설은 다음과 같은 증거가 있다. (1) 이종 동물이 서로 접촉하여 중간 동물을 생산하는 일이 있으니, 비유하면 말과 나귀가 교접하여 노새를 생산하는 일, (2) 지질학을 증거하면 지구 변천 시대에 지질학적 지층의 순서를 따라 하등동물의 유적이 고등동물의 유적보다 아래층에 존재한다 하니, 이로 생각하면 하등동물이 세상에 먼저 출현하였던 증거가 뚜렷하다. 그러면 하등동물이 점차 발육하여 고등동물이 된 것이 아닌가. 이 설에 대해 서력 1809년에 동물 철학자 라말크(라마르크)의 설을 근거하면 무릇 생물의 종류는 일종 혹 수종이 차례로 변천하고 점차 발육하여 금일에 이른 것이라고 하였는데, 이 설을 진화론이라고 칭한다. 그 후 50년을 지나 다윈이 출현하여 도태설이라는 학설을 제창했는데 그 설을 근거하면 각종 생물이 세상 삼라만상에 대해 생존경쟁을 시작할 때 각각 능력을 이용하여 승리를 얻은 자는 능히 그 종족을 번영하게 하고, 생존경쟁에서 패한 자는 소멸하게 되었는데, 저 승자는 그 이용 능력을 후손에게 유전하여 그 유전성을 점점 확장하는 자라고 하였다. 아아, 인종도 생존경쟁이 없지 않으니 각각 정신을 쇄신해야 한다.

—강병옥, '동물 종족 발생의 학설', 『공수학보』 제2호, 1907.4

---

23) 라말크: 라마르크.

강병옥의 논문에서는 라마르크의 진화설과 다윈의 도태설을 간략히 언급하고, 인류의 생존경쟁에 따른 정신적 쇄신의 필요성을 논의하였다. 이 시기 진화론 논문에서 생물학적 차원의 진화론을 소개한 논문이 많은데, 변종과 성질, 획득 성질과 유전의 원리 등과 같은 생물학적 지식을 소개한 사례는 극히 드물다. 이 점은 근대 계몽기 문명 담론에 등장하는 진화론이 인류의 생존경쟁, 우승열패와 관련된 사회진화론이 었음을 의미하는 셈이다.

3.2. 사회진화론과 제국주의

이광린(1979)에서 설명한 것처럼 1880년대 등장한 '경쟁론'은 근대적 국가 개념과 사회 개념이 정립되어 감에 따라 자연스러운 시대사상으로 변화해 갔다.24) 앞서 살펴본 바와 같이 경쟁론은 '우승열패', '자연도태', '적자생존' 등의 생물학적 논리에서 비롯된 것이지만, 그것이 쉽게 적용될 수 있는 범위는 국가와 사회에 관한 것이었다. 이러한 논리는 1900년대 이후 좀 더 체계를 갖추게 되는데, 사회진화의 차원에서 생존경쟁의 문제를 소개한 장응진(張膺震, 1907)에서도 이 논리를 확인할 수 있다.

【 進化學上 生存競爭의 法則 】

人類는 元來 團體生活을 營ᄒᆞ는 動物이라. 生存競爭도 ᄯᅩ흔 互相 團體

---

24) 근대 계몽기 진화론은 서양의 진화론을 수용한 것이지만, 일본과 중국, 한국에서의 진화론 수용 양상은 동일하지 않다. 이에 대해 양일모(2007)에서는 "동아시아의 사회진화론에 대한 연구는 지역이나 개인에 따라 발생한 내부의 차이에 주목해야 한다."고 하면서 일본의 가토히로유키(加藤弘之), 중국의 옌푸(嚴復), 량치차오(梁啓超) 등이 사회진화론을 수용한 과정을 고찰하였다. 특히 메이지 일본에서 1870년대 미국 동물학자 모스, 영국 사상가 스펜서를 통해 진화론이 수용된 과정을 규명한 점이나 중국의 옌푸가 영국 유학 중 헉슬리의 사상을 도입한 과정, 캉유웨이, 옌푸의 영향을 받은 량치차오의 사회진화론, 후쿠자와의 영향을 받은 유길준과 박영효 등의 진화론이 갖는 특징을 상세히 고찰한 점이 주목된다.

間에 行ᄒᆞᄂᆞ니 만일 其 團體의 分子되ᄂᆞᆫ 各 個人이 다ㅣ 强壯ᄒᆞ면 此 個人으로 組織된 團體ᄂᆞᆫ 隨爲强壯ᄒᆞ야 生存競爭에 優勝ᄒᆞᆫ 地位를 占得ᄒᆞᆯ 것시니 各 個人이 衛生에 注意ᄒᆞ야 身體의 健强을 保全ᄒᆞ고 精神의 活潑을 促發ᄒᆞᆷ은 一個 自身의 幸福ᄲᅮᆫ 아니라 其 國家와 團體의 幸福이 되ᄂᆞ니 個人이 衛生에 不注意ᄒᆞᆫ 結果로 生ᄒᆞᄂᆞᆫ 惡疾 或 傳染病 等에 關ᄒᆞᆫ 衛生上 規則이 國家와 團體에 必要 重大ᄒᆞᆷ은 論을 不俟ᄒᆞ고 自明ᄒᆞ리로다. 然이ᄂᆞ 人間社會의 實象을 觀ᄒᆞ면 强壯ᄒᆞᆫ 團體 中에라도 其 分子되ᄂᆞᆫ 個人은 身體가 虛弱ᄒᆞ고 精神이 愚劣ᄒᆞ야 個體로 分離ᄒᆞ면 到底 生存競爭의 場에 立키 不能ᄒᆞᆯ 者 甚히 不少ᄒᆞ니 如此ᄒᆞᆫ 者를 人工으로 保護ᄒᆞ야 生存蓄殖케 ᄒᆞ면 後日 其 子孫과 團體上에ᄂᆞᆫ 或 不幸의 結果를 遺傳치 아니키 難保ᄒᆞᆯ지니 團體 全體의 利害로 論ᄒᆞ면 自然淘汰에 一任ᄒᆞ야 不適者로 蹤跡을 滅케 ᄒᆞ고 適者로 ᄒᆞ여금 生存蓄殖케 ᄒᆞᆷ이 得策일 듯ᄒᆞᄂᆞ 吾人 人類ᄂᆞᆫ 他動物과 異ᄒᆞ야 高尙ᄒᆞᆫ 精神이 有ᄒᆞᆫ 者라. 만일 如此히 人道를 蹂躪ᄒᆞ고 人權을 蔑視ᄒᆞ며 博愛의 精神을 失墮ᄒᆞ면 禽獸草木과 何等의 差異有가 ᄒᆞ리오. 故로 國家와 社會의 文明이 進步ᄒᆞᆯ수록 智力의 發達과 兼ᄒᆞ야 道德과 衛生의 觀念이 進步ᄒᆞ고 醫學의 精蘊을 硏鑽ᄒᆞ야 弱者와 病者라도 一體人工으로 扶護ᄒᆞ야 一般人類의 幸福快樂을 求得ᄒᆞᆷ으로 目向ᄒᆞᄂᆞ니 此ᄂᆞᆫ 今日 文明國의 個人이 未開國 個人에 比ᄒᆞ면 比較的 肉體의 發達이 劣弱ᄒᆞᄂᆞᆫ 一原因이로다. (…中略…) 進化의 程度가 稍達ᄒᆞᆫ 今日에ᄂᆞᆫ 其 競爭의 單位ᄂᆞᆫ 團體 卽 國家니 此 單位가 生存에 適合ᄒᆞᆫ 性質이 有ᄒᆞ면 優勝의 地位로 生存自保ᄒᆞᆯ 것시오 適合ᄒᆞᆫ 性質이 無ᄒᆞᆫ 團體ᄂᆞᆫ 敗亡衰滅ᄒᆞᆷ은 古今 歷史上에 照明ᄒᆞᆫ 事實이라. 一國으로써 今日 世界上에 生存ᄒᆞ기에 必要ᄒᆞᆫ 性質은 卽 國民이 社會道德을 實行ᄒᆞ고 今日 程度에 適當ᄒᆞᆫ 人生生活에 必要ᄒᆞᆫ 凡百事爲卽 政治 法律 道德 軍事 敎育 農工商 等 一切을 硏究發達ᄒᆞ야 他國家와 相對 競爭ᄒᆞᆯ 實力이 有ᄒᆞᆫ 然後에야 生存自立ᄒᆞ리니 弱者를 扶護ᄒᆞ며 愚者를 誘發ᄒᆞ고 自働的 精力으로 强壯ᄒᆞᆫ 國體를 糾合ᄒᆞ야 生存에 必要ᄒᆞᆫ 性質을 硏究自得ᄒᆞ야 自己生存의 活路를 自開自進ᄒᆞᆷ이 吾人 人類가 受働的으로 다못 自然淘汰에

律從ᄒᆞᄂᆞᆫ 動物社會에 比ᄒᆞ면 高尙ᄒᆞᆫ 思想과 特殊ᄒᆞᆫ 精神이 有ᄒᆞᆫ 證據로다.

인류는 원래 단체생활을 이루어가는 동물이다. 생존경쟁도 또한 서로 단체 간에 행해지니 만일 그 단체의 분자가 되는 각 개인이 다 강하고 장대하면 그 개인으로 조직된 단체는 그 강하고 굳셈에 따라 생존경쟁에 우승(優勝)한 지위를 얻을 것이니, 각 개인이 위생에 주의하여 신체의 건강을 보전하며 정신을 활발하게 촉진 발육하는 일은 일개 자신의 행복뿐만 아니라 그 국가와 단체의 행복이 될 것이다. 개인이 위생에 주의하지 않은 결과 생겨나는 질병 혹은 전염병 등에 관한 위생상의 규칙이 국가와 단체에 필요하고 중대함은 논하지 않더라도 명백하다. 그러나 인간 사회의 실제 현상을 관찰하면, 강장(强壯)한 단체 가운데 그 분자되는 개인은 신체가 허약하고 정신이 우매·열등하여 개체로 떨어져 나오면 도저히 생존경쟁의 장에 존립하기 어려운 자가 심히 적지 않으니, 이러한 자를 인위적으로 보호하여 생존 번식하게 하면 후일 그 자손과 단체상에 혹 불행한 결과를 유전하지 않을 수 없으니, 단체 전체의 이해로 논하면 자연도태(自然淘汰)에 일임하여 적응하지 못하는 자는 종적을 소멸하게 하고, 적응한 자로 하여금 생존 번식하게 하는 것이 마땅한 정책일 듯하다. 그러나 우리 인류는 다른 동물과 달라, 고상한 정신이 있는 존재이다. 만일 이처럼 인도(人道)를 유린하고 인권(人權)을 멸시하며 박애(博愛)의 정신을 잃어버리면 금수 초목과 어찌 차이가 있겠는가. 그러므로 국가와 사회의 문명이 진보할수록 지력(智力)의 발달과 아울러 도덕과 위생의 관념이 진보하고, 의학의 정밀한 지식을 연구하여 약자와 병자라도 모두 인위적으로 보호하여 일반 인류의 행복 쾌락을 구하고자 함을 목표로 하니, 이는 금일 문명국의 개인이 미개국 개인에 비하면 비교적 육체의 발달이 열등하고 약해지는 한 요인이다. (…중략…) 진화의 정도가 좀 더 이루어진 금일에는 이 경쟁의 단위가 단체, 즉 국가이니 이 단위가 생존에 적합한 성질이 있으면 우승(優勝)한 지위로 생존하며 스스로 보호할 것이요, 적합한 성질이 없는 단체는 패망 쇠멸할 것임은 고금 역사상 틀림없는 사실이다. 일국으로 금일 세계에서 생존하기에 필요한 성질은 곧 국민이 사회도덕을 실행하고 금일의 수준에 적당한 인생 생활에 필요한 모든 일들, 즉 정치, 법률, 도덕, 군사, 교육, 농공상 등 일체를 연구 발달시켜 다른 국가와 맞서 경쟁할 실력을 갖춘 후에 생존하며 자립할 것이니, 약자를 도와 보호하며 어리석은 자를 계몽하여 발달시키고 스스로 행하는 정신력으로 강장한 단체를 규합하여 생존에 필요한 성질을 연구하고 스스로 터득하여 자기생존의 활로를 스스로 개발 진보하는 것이 우리 인류가 수동적으로 다만 자연도태의 법칙을 따르는 동물 사회에 비해 고상한 사상과 특수한 정신을 갖고 있는 증거가 된다.

　　—장응진, '진화학상 생존경쟁의 법칙', 『태극학보』 제4호, 1906.11

이 논문에 나타나듯이, 근대 계몽기 사회진화론의 핵심 내용은 자연 법칙의 우승열패, 적자생존 논리가 인류 사회에도 동일하게 적용된다는 논리이다. 특히 자연과는 달리 인류의 경쟁 단위는 '집단', 곧 '국가'와 '사회'이므로, 집단의 우열이 생존 자립의 조건이 된다는 뜻이다. 흥미로운 점은 우승열패와 적자생존 논리가 한 집단 내의 개인, 집단과 집단 속에서의 일개 집단에도 적용된다는 논리이다. 그렇기 때문에 집단 속의 개인 차원에서는 '위생', '건강'이 생존을 위한 기본 요소가 되며, 집단과 집단의 관계에서 특정 집단이 생존하기 위해서는 '정치, 법률, 도덕, 군사, 교육, 농공상' 등 모든 부문의 실력이 필요하다는 것이다. 이러한 논리는 근대 계몽기의 전형적인 계몽 담론으로 이어진다. 『태극학보』 제4호에 실려 있는 양대경(梁大卿)의 논법도 이와 다르지 않다.

【 觀國家之現象ᄒ고 余의 所感 】

　於是에 若假文中子之言ᄒ야 評論ᄒᆯ진ᄃᆡ 希臘이 學藝盛ᄒ야 希臘亡은 非學之罪也요 羅馬가 武, 法, 宗敎, 盛ᄒ야 羅馬 亡은 武와 法과 宗敎의 罪가

아니라 言할지로다. 此를 要컨딘 國家의 興亡과 永續은 其 國에 行ᄒᆞᄂᆞᆫ 宗教存續의 爲不爲를 不問ᄒᆞ고 其敎의 眞精神을 存續ᄒᆞ며 못ᄒᆞᄂᆞᆫ디 在ᄒᆞ도다. 故로 經世之士ᄂᆞᆫ 注目此點할지어다. 以上 法律이며 宗敎며 文學이 決非亡國之性質者也요 但 其 時代를 經ᄒᆞ야 其 形骸만 存續ᄒᆞ고 其 眞精神 眞思想을 失ᄒᆞᆫ 然故라 ᄒᆞ노라. 故로 國民中 使先覺者로 急先務者ᄂᆞᆫ 其 時代 時代之思想中 最良ᄒᆞᆫ 思想을 國民에 注入ᄒᆞ야 其 良分子의 眞精神을 不失케 홈을 深以留意ᄒᆞ갓도다. 昔者에 羅馬哲學者ᄂᆞᆫ 人을 社會的 動物이라 云ᄒᆞᆫ 것은 羅馬時代에 國家의 觀念이 今日갓치 國民腦裏에 充滿치 못ᄒᆞ야 如斯히 云ᄒᆞ얏거니와 當今日之現象ᄒᆞ야ᄂᆞᆫ 人을 社會的 動物이라 云ᄒᆞ기보담 國家的 動物이라 ᄒᆞᄂᆞᆫ 것이 適當ᄒᆞ도다. 噫라. 今日에 我國之現象은 如何ᄒᆞᆫ 地位에 立ᄒᆞ여스며 如何ᄒᆞᆫ 狀態耶아. 當今 環輿ᄒᆞᆫ 列國이 宇內에 雄峙하야 國際上 外面으로 交隣에 誼가 有ᄒᆞᆫ 듯ᄒᆞᄂᆞ 釁隙을 伺ᄒᆞ야 隣國의 不幸을 奇貨로 知ᄒᆞ야 自國의 利益만 取홈은 可謂 野心的時代라 云할지여다. 凡 優勝劣敗ᄂᆞᆫ 古今之定理온지 不知ᄒᆞ거니와 我國民의 腦裏에 國家的 精神이 孰有며 敎育을 孰張이며 法律을 孰明이며 內政을 孰治며 外交를 孰善이며 軍備가 孰優며 實業을 孰昌이며 經濟를 孰行가. 如此ᄒᆞᆫ 現象으로 엇지 生存續 競爭에 勝利를 得ᄒᆞ리요. 以此로 國家의 勝負를 決ᄒᆞ갓도다. 然이ᄂᆞ 一滴 千里에 必成一大河ᄒᆞ고 一塵相合에 必成一泰山은 物成之本理也로다. 於此에 我輩 靑年 社會에셔 銳氣를 奮勵ᄒᆞ고 犧牲的 精神을 熱誠勤恪(열성근각)ᄒᆞ야 國家的 觀念과 進化的 思想을 注入於腦中ᄒᆞ야 使先進者로 以誨後進者가 國家復興之一大原因이라 ᄒᆞ노라.

번역 이에 문중자의 말을 빌려 평하건대, 희랍이 학예 융성하나 희랍이 망한 것은 학문의 죄가 아니요, 로마가 무력 법률 종교가 성하나 로마가 망한 것은 무력 법률 종교의 죄가 아니라 할 것이다. 이를 요약하면 국가의 흥망과 영속은 그 나라에 행하는 종교의 존속의 행위 불행을 불문하고 그 교의 참된 정신을 존속하는가 그렇지 못하는가에 존재한다. 그러므로 경세하는 선비는 이 점을 주목해야 한다. 법률이며 종교, 문학이 결코 망국의 성질은 아니요, 다만 그 시대를 따라 그 형체와 잔해만 존속하고 그 참된 정신 참된 사상을 잃어버린 연고이다. 그러므로 국민 중 선각자로 하여금 급히 힘써야 할 것은 그 시대의 시대사상 중 가장 좋은 사상을 국민에게 주입하여 그 좋은 분자의 참된 정신을 잃지 않게 하는 데 있음을 깊이 유의해야 한다. 옛날 로마 철학자가 인간을 사회적 동물이라고 한 것은 로마시대의 국가 관념이 금일처럼 국민 뇌리 속에 충만하지 못해 이처럼 말했지만, 지금의 현상을 보면 사람을 사회적 동물이라고 말하기보다 국가적 동물이라고 하는 것이 적당하다. 아. 금일 아국의 현상은 어떤 지위에 있으며 어떤 상태에 있는가. 당금 세계를 둘러싼 열국이 지구 내에 대치하여 국제상 외면으로 교린의 우호가 있는 듯하나, 약간의 틈을 타서 이웃 나라의 불행을 기화로 알고 자국의 이익만 취하는 것은 가히 야만의 시대라고 일컬을 만하다. 무릇 우승열패가 고금의 정해진 이치인지 알 수 없으나 아국민의 뇌리에 국가적 정신이 어디 있으며 교육을 어떻게 확장해야 하며 법률을 어떻게 밝혀야 하며, 내정을 어찌 다스리며, 외교를 어찌 잘 하며, 군비가 어찌 우수하며, 실업을 어떻게 일으키며 경제를 어떻게 행해야 할까? 이러한 현상으로 어찌 생존을 이어 경쟁에 승리하겠는가. 이로써 국가의 승부를 결정할 것 같다. 그러나 한 물방울이 천리를 가서 대하를 이루고, 하나의 티끌이 합쳐져 태산을 이루는 것은 사물의 근본 이치이다. 이에 우리 청년 사회에서 예기를 분려하고 희생적 정신을 열심히 닦아 국가적 관념과 진화적 사상을 뇌 속에 주입하여 선진자로 하여금 후진자를 깨우치는 것이 국가 부흥의 일대 요인이 될 것이다.

—양대경, '관국가지현상하고 여의 소감', 『태극학보』 제4호, 1906.11

이 논설은 진화론적 사유방식이 국가와 사회 전반에 걸쳐 존재하고 있음을 보여주며, 우승열패 적자생존의 논리가 국가 차원의 계몽 담론, 특히 청년 담론을 형성하고 있음을 보여준다. 이 논리에 따르면 '희생

정신', '국가 관념', '진화 사상'은 청년 계몽의 주된 사상이며, 국가 생존의 관건에 해당한다.[25]

이러한 사회진화론은 서세동점기 민족주의, 국가주의와 결합되어 제국주의로 변화한다. 윈슬로우(1931, 1948)에 따르면,[26] 서양에서의 제국주의는 로마시대로부터 기원하며, 이론상으로 볼 때 마르크스주의적 제국주의론이나 홉슨과 같은 경제적 제국주의론은 모두 자본주의가 발달하면서 잉여 자본에 따른 착취의 문제에서 발달한 이론이다. 흥미로운 것은 '제국주의'라는 용어에 내포된 '제국(帝國)'의 개념인데, 윈슬로우에 따르면 이 용어는 '로마제국, 대영제국, 프랑스제국, 독일제국' 등과 같이 정치적·영토적 병합을 묘사하기에 적합한 용어로 사용되어 왔다. 그러나 이 용어의 의미는 연구자의 관점이나 입장에 따라, 또는 이 문제를 다루는 분야에 따라 다양한 의미를 지닌다.[27] 그럼에도 근대 계몽기 사회진화론의 바탕 위에 국가주의가 결합되면서 제국주의가 영토 확장을 목표로 한 팽창주의를 가리키는 용어로 쓰였음은 틀림없다. 특히 서구를 빠르게 모방한 일본의 경우 가토 히로유키(加藤弘之)와 같은 사회진화론자는 『국체신론(國體新論)』(1874)에서 '천부인권론'을 옹호하다가 『강자의 권리(强者の權利)』(1893)에서는 이를 완전히 부정하면서 모든 권리가 경쟁에 의해 획득된다는 논리를 전개하기도 하였다.[28] 이는 일본에서 1890년대 이후 본격적인 제국주의 이론이 확립되었음

---

25) 이에 대해서는 권2 제4장 '계몽시대 사회와 국가'를 참고할 수 있다.

26) E. M. Winslow(1931), "Marxian, Liberal and Sociological Theories of Imperialism", *The Journal of Political Economy*, 39; E. M. Winslow(1948), *The Pattern of Imperialism*, New York. 윈슬로우(1931)은 1948년 저서에 포함되어 있으며, 국내에서는 임지현 발췌 번역(1990), 「제국주의의 고전적 제이론」, 『한국사시민강좌』 7(일조각)에서 소개된 바 있다. 여기서는 임지현 번역(1990)을 근거로 사용하였다.

27) 이 점은 코젤렉의 개념사에서 '제국주의'를 집중적으로 분석한 데서도 확인된다. 이에 대해서는 외르크 피쉬·디터 그로 지음, 황승환 옮김(2010), 『코젤렉의 개념사 사전 3: 제국주의』(푸른역사)를 참고할 수 있다.

28) 이에 대해서는 권석영(2013), 「일본의 초기 제국주의론과 도덕 담론」(『사림』 45, 수선사학회)에서 자세히 분석된 바 있다.

을 의미한다.

일본 제국주의의 팽창 정책은 메이지 초기부터 지속적으로 이루어져 왔다. 특히 1871년 문부성을 설치하고, 대학 제도를 개편하면서 부국강병과 식산흥업을 목표로 하는 일본의 근대 교육이 발전하였고, 그 과정에서 스펜서와 헉슬리의 저술은 다양한 형태로 번역되어 교과서로 사용되었다.[29] 이러한 흐름에서 1890년대 이후 사회진화론에 기반을 둔 제국주의론이 확립되고, 이 논리에 따른 각종 식민정책(植民政策)이 추진된 것은 자연스러운 시대적 흐름일 것이다. 제국주의의 팽창 이론은 근대 계몽기 한국에도 중대한 영향을 미쳤는데, 각종 '보호국론(保護國論)'이 등장하고 '군국주의론(軍國主義論)'이 소개되었다. 『조양보』 제8호(1906.9)에 소재한 '논군국주의(論軍國主義)'도 그 중 하나이다.

【 論軍國主義 】

軍國主義의 勢力: 現今 軍國主義의 勢力이 盛大ᄒ야 前古에 無比ᄒ니 已達 其極點이로다. 列國이 軍費를 擴張ᄒ기 爲ᄒ야 其 精力을 竭盡ᄒ고 其財力을 消磨ᄒ나니 是曷 故焉고. 夫 軍費者는 尋常의 外亂과 ᄯ못 內患을 防禦할 而已어늘 何必 若是其甚也오. 彼等이 一國의 有形的 無形的을 盡舉ᄒ야 軍費를 擴張ᄒ는 犧牲의 原料를 作ᄒ니 是는 卽 其原因 與 目的을 不省ᄒ는 되셔 做出ᄒ야 其 原因된 防禦와 保護의 二 目的 以外로 濫出ᄒ니 亦 一研究할 大問題로다.

軍備 擴張의 因由: 無非 一種의 狂熱心과 一種의 虛誇心과 一種의 好戰的 愛國心而已니 彼好事ᄒ는 武人은 欲弄其韜略者而贊成ᄒ고 彼供其軍糧 及 軍需의 資本家는 博一攫萬金(박일확만금, 널리 만금을 후려치니) 巨利者而贊成ᄒ나니 英德 諸國의 擴張軍費者ㅣ 實因於此者가 多矣라. 然이나 武人

---

[29] 일본 근대 교육사에 대해서는 이권희(2013)의 『근대 일본의 국민국가 형성과 교육』(케이포북스), 한용진(1910)의 『근대 이후 일본의 교육』(문) 등을 참고할 수 있다.

과 資本家는 所以 得逞 其野心者가 實爲多數 故로 人民의 虛誇的 好戰的 愛國心의 發越이 有以應其機者也니라. 是以로 甲의 國民은 曰 我本平和를 希望혼다 ᄒ고, 乙의 國民은 曰 非望의 侵攻이 有혼 境遇에야 奈何오 ᄒ며, 乙國이 亦曰 我本希望平和而甲國이 有非望의 侵攻에 奈何오 ᄒ야, 世界 各國이 皆同一辭ᄒ니 眞是 噴飯之極이로다.

번역 군국주의 세력: 현금 군국주의 세력이 성대하여 이전에 비할 수 없다 하니 그 도달한 점이 극점이다. 열국이 군비를 확장하기 위해 그 정력을 다 쏟아 붓고 그 재력을 모두 다 쓰니 이 어떠한 연고인가. 대저 군비라는 것은 일상의 외란과 다만 내환을 방어할 뿐인데, 하필 이처럼 심해졌는가. 저들이 일국의 유형적 무형적인 것을 모두 다하여 군비를 확장하는 희생 재료로 삼으니 이는 곧 그 원인과 목적을 살피지 않는 데서 나와 그 원인인 방어와 보호 두 목적 이외의 것으로 넘쳐난 것이니 또한 연구할 큰 문제이다.

군비 확장의 원인과 이유: 일종의 광열심이 아닌 것이 없으며, 일종의 허과심과 일종의 호전적 애국심일 따름이니, 저 호사하는 무인은 그 전략을 시험하고자 하여 찬성하고 저 군량과 군수를 제공하는 자본가는 널리 만금을 사용하여 큰 이익을 얻으므로 찬성하니 영국과 독일이 군비 확장하는 것이 모두 실제로는 이에서 기인한 것이 많다. 그러나 무인(武人)과 자본가는 이른바 그 야심을 얻고자 하는 것이 많으므로 <u>인민의 허과적 호전적 애국심이 발동</u>하여 이에 부응하는 기제가 된다. 그러므로 갑의 국민은 우리는 본래 평화를 희망한다고 하고, 을의 국민은 원하지 않는 침공이 있을 경우 어찌하란 말인가 하며, 을국 또한 우리는 본래 평화를 희망하나 갑국이 원하지 않는 침공을 하니 어쩌란 말이냐 하여 세계 모든 나라가 모두 같은 말을 하니 이것은 입안의 밥을 뱉어내는 것이 지극한 상황에 이른 것이다.

—'논군국주의론', 『조양보』 제8호~제9호

이 논문은 군국주의의 출현 원인과 특징을 간략히 소개한 논문으로, 당시 일본의 제국주의론의 영향을 받은 것으로 추측된다. 이 논문에서는 군국주의의 출현 요인을 호사적 무인(武人)과 군수를 제공하는 자본가의 욕망에서 비롯된 것이며, 이에 호응하는 인민의 허과적(虛誇的), 호전적(好戰的) 애국심 때문이라고 하였다. 이러한 논리는 서양의 제국주의론과 상통하는 것이며, 일본의 제국주의론과도 유사하다. 이와 같은 사상적 흐름 속에서 '보호국론(保護國論)'도 빈번히 제기되었다.『조양보』제9호에 역술 등재된 다다쓰와나이가 나카오(有賀長雄, 1860~1921)의 '보호국론'도 이러한 경향을 보여준다.

【 保護國論 總論 】

竊按컨딕 國際間에 保護關係의 原因이 四種이 有ᄒ니 或 個個 單獨의 關係도 有ᄒ며 或 二個國 以上 聯亙 協作의 關係도 有ᄒ니 其詳을 左에 述ᄒ노라.

第一種 保護國은 玆에 一國이 有ᄒ야 完全훈 自主權을 持ᄒ고 其文化 程度가 亦 列國에 劣치 아니호딕 强國의 間에 在ᄒ고 國力이 微弱ᄒ야 其 獨立을 自持훌 力이 無ᄒ야 萬一에 一强國이 倂呑ᄒ면 其强國의 勢力이 立地에 膨脹ᄒ야 均衡훈 勢力이 變ᄒ야 此重彼輕의 形을 成ᄒ야 其累가 隣國 關係에 及할 患이 有ᄒ리니 此時를 當ᄒ야 其弱國 獨立을 維持ᄒ야 自國의 利益이 되게 ᄒ되 外에 在ᄒ야 陰然히 護衛ᄒ고 內政과 外交에난 不必 干涉이니 是則 歐洲學者의 所稱 護衛的 保護國, 單純 保護國이라 하ᄂ 것이오. 第二種 保護國은 玆에 國이 有ᄒ야 其 地域이 世界 交通ᄒᄂ 要路에 當ᄒ고 加之文明諸國의 通商 交易ᄒᄂ 道에 便ᄒ나 然이나 歐米 多數 國民으로 더부러 其文化 系統이 異훈 故로, 或 國土 開放을 拒ᄒ며 或 通商 交易上에 自處 自衛力이 乏ᄒ야 利害關係가 最深ᄒ면 一 强國이 아직 主權 一部를 代握ᄒ야 其國을 導ᄒ야 ᄒ여곰 世界 列國의 伴侶에 加ᄒ야 交際上 責任을 完全케 흠이니 是則 所謂 後見的 保護國이오. 第三種 保護國은 一 强國이

有ᄒ야 某 弱國을 併呑코자 ᄒ야 其國의 利權을 恣取ᄒ야 明明히 併呑ᄒ기를 圖ᄒ면 某弱國이 반다시 反抗ᄒ며 或 第三 諸國이 猜忌ᄒ야 外交上의 紛繞를 釀出홀 處가 有ᄒ면 此時를 當ᄒ야 其國 主權은 强國의 手에 取ᄒ고 아직 弱國 君主로 其君位를 保ᄒ야 其空名을 藉ᄒ야써 其政治를 施케 ᄒ나니 是則 獨逸學者가 稱ᄒ야 行政上 保護國이라 하난 것이오. 第四種 保護國은 某强國이 海外 未開혼 壤土로써 其 殖民地를 삼아 一時 開拓의 功을 求코져 ᄒ되 動兵ᄒ면 費用이 多ᄒ깃기로 漸漸 蠻族을 懷柔ᄒ고 其歡하난 物品을 與ᄒ야 使其土地를 讓與하고 保護를 承認케 홈이 好호되 但 其業이 未成한 際에 他 强國의 占領함이 될가 恐ᄒ야 先於地圖上에 其境界를 劃定ᄒ야 某國 保護地라 ᄒ고 列國의 承認을 豫得ᄒ나니 這種 保護地가 亞弗加 大陸에 其例 甚多ᄒ니 是則 學者가 稱ᄒ기를 殖民的 保護國이라 하난 것이니,

若 保護國에 制ᄂ 是 一時 權宜而已니 强國이 弱國을 制御ᄒᄂ 方便에 不過ᄒ고 保護關係者ᄂ 於强者 意思 以外에 可히 標準홀 者가 更無혼 故로 學術上에 硏鑽홀 餘地가 不存ᄒ고 惟其 自然 必要로 由ᄒ야 生혼 것은 則 其 保護 性質의 如何혼 것이 自然혼 法則을 因ᄒ야 定혼 것이라. 비록 保護者의 强으로도 動키 難혼 者가 有ᄒ니 是則 始可學術上으로 硏究홈을 得홀지라. 最近 十二三年間에 歐洲學者가 保護國이 世界 人類 國際生活上에 自然 必要로 從ᄒ야 生혼다 ᄒ야 一種 學術을 삼아 硏究ᄒᄂ 者ㅣ 不少ᄒ니 此等 學者의 所取가 皆 比較 硏究ᄒᄂ 法으로, 몬저 國與 國의 間에 湊合ᄒ야 保護關係의 事實을 生ᄒ고, 硏究혼 結果로 以上 四種을 敍ᄒ야 保護關係 起因을 삼고 同一 事由에셔 生한 數多 保護國을 比較ᄒ야 其間 普通 存在한 事實에 歸納ᄒ야 此로써 保護國 本然혼 性質을 삼아셔 將來 保護關係의 標準을 推定홈이라. 本書도 亦此 硏究法을 取ᄒ야 몬져 近世의 保護國 事實에 關ᄒ고 興味가 有혼 者를 分類ᄒ야 事實編에 取入ᄒ야 하여곰 各保護國이 各其 種類에 同一한 事由와 結果가 有홀 쥬를 知케 ᄒ고, 更於法理編에 其 一致 事由에 基ᄒ야 保護國 法理를 深究ᄒ야써 日本이 公正 確實을 事由로 日韓 保護國 關係의 現在 及 將來에 便宜혼 것을 判斷ᄒᄂ되 資賴코져 ᄒᄂ

것이 偏是 全編의 趣旨 綱領이니라.

감히 살피건대 국제간 보호관계의 원인이 4종이 있으니 혹 개개 단독 관계도 있고 혹 2개국 이상이 이어 협동하는 관계도 있으니 그 상세한 것을 다음에 서술한다.

제1종 보호국은 이에 한 나라가 있어 완전한 자주권을 갖고 그 문화 정도가 또한 열국에 뒤지지 않으나 강국 사이에 존재하고 국력이 미약하여 그 독립을 스스로 유지할 힘이 없어 만일 한 강국이 병탄하면 그 강국의 세력이 팽창하여 균형 세력이 변화하여 이쪽은 중하고 저쪽은 가벼워지는 형세를 이루어 그 폐단이 이웃나라 관계에 미칠 우려가 있을 것이니, 이에 그 약국의 독립을 유지하여 자국의 이익이 되게 하는 외에 음으로 호위하고 내정과 외교는 간섭하지 않으니 이는 곧 구주학자가 소위 '호위적 보호국', '단순 보호국'이라고 하는 것이다. 제2종 보호국은 이에 국가가 존재하여 그 지역이 세계에 교통하는 요로에 있고 더욱 문명 제국이 통상 교역하는 통로에 편하나 구미의 많은 국민과 그 문화 계통이 다르기 때문에 혹은 국토 개방을 거절하고 혹은 통상 교역에 자처 자위력이 부족하여 이해관계가 깊어지면 한 강국이 아직 주권 일부를 대신 장악하여 그 나라를 이끌어 세계 열국의 동반자가 되게 하고 교제상 책임을 완전하게 하는 것이니 이를 이른바 '후견적 보호국'이라 한다. 제3종 보호국은 한 강국이 있어 어떤 약국을 병탄하고자 하여 그 나라의 권리를 임의대로 탈취하여 병탄하고자 하면 그 약국이 반드시 저항하고 혹 제3 제국이 시기하여 외교상 분요가 생길 염려가 있으면 이때 그 나라 주권은 강국의 손에 취하고 아직 약국의 군주로 그 군위를 보호하여 이름만으로 정치를 실시하게 하니 이는 독일학자가 일컫기를 '행정상 보호국'이라 하는 것이다. 제4종 보호국은 어떤 약국이 해외의 미개한 토지에 그 식민지를 삼아 일시 개척하고자 하되 군대를 움직이면 비용이 많이 들 것이므로, 점점 야만족을 회유하고 그 좋아하는 물품을 제공하여 토지를 양여하도록 하고, 보호를 승인하게 하되 단 그 업이 이루어지기 전에 다른 강국이 점령

할까 두려워 먼저 지도상 그 경계를 획정하여 '모국 보호지'라고 하고, 열국의 승인을 미리 얻는 것이니 이들 보호지가 아프리카 대륙에 많으니 이는 곧 학자가 일컫기를 '식민적 보호국'이라 하는 것이다.

보호국 제도는 일시적 권한일 뿐이니 강국이 약국을 제어하는 방편에 불과하고 보호관계라는 것은 강자의 의사 이외에 가히 표준할 것이 다시 없으므로 학술상 연찬할 여지가 없고 다만 그 자연스러운 필요에서 발생한 것은 곧 그 보호 성질의 어떠함이 자연의 법칙을 따라 정한 것이다. 비록 보호자의 강함으로 움직이기 어려운 것이 있으니, 이는 곳 가히 학술상 연구할 필요가 있다. 최근 12~13년 사이에 구주 학자가 보호국이 세계 인류 교제 생활하는 데 자연스러운 필요에 따라 생겨난다 하여 일종 학술을 삼아 연구하는 자가 적지 않으니, 이들 학자가 취하는 것은 모두 비교 연구법으로 먼저 국가와 국가 간 합쳐 보호관계의 사실이 생겨나고, 연구한 결과 이상의 4종을 서술하여 보호관계가 생겨난 원인을 삼고, 동일한 사유에서 생겨난 여러 보호국을 비교하여 그간 보통 존재한 사실을 귀납하여 이로 보호국 본연의 성질을 삼아 장래 보호관계의 표준을 정하고자 하는 것이다.

본서도 또한 이 연구법을 취해 먼저 근세 보호국 사실에 관한 흥미 있는 것을 분류하여 사실편에 두어 각 보호국이 각기 종류에 동일한 이유와 결과가 있는 것을 알게 하고, 다시 법리편에 그 일치되는 사유를 기본으로 하여 보호국 법리를 깊이 탐구하여 일본이 공정하고 확실한 이유로 일한 보호국 관계의 현재 및 장래에 편의한 것을 판단하게 하는 데 제공하고자 하는 것이 전체 편술의 취지이자 강령이다.

—'보호국론 총론', 『조양보』 제9호

다다쓰와나이가(有賀長雄)는 근대 일본의 법학자이자 사회학자로 1889년 『국가론』, 1890년 『행정학』 등을 집필한 사람이다. 『조양보』 제9호의 '보호국론'이 어떤 책을 저본으로 했는지는 좀 더 고찰할 문제[30]

이나 보호국 발생이 자연발생적이라는 견해와 식민 지배를 위한 전단계의 일시적 현상임을 뚜렷이 하였다. 특히 책의 저술 취지와 강령이 '일한 보호국 관계'가 현재와 미래에 편리하고 당연함을 판단하게 하는 데 있다고 한 점은, 일본 제국주의의 한국 병탄 작업이 지속적이고 의도적인 것이었음을 명백하게 한다.

3.3. 인종주의와 동양주의

진화론적 사유 방식이 가져온 큰 문제는 인종이나 민족 간의 우열관계를 설정하고, 식민 지배를 당연시하는 논리이다. 앞의 권석영(2013)에서 가토(加藤弘之)의 사례를 분석한 바와 같이, 천부인권론도 사회진화론의 영향에 따라 부정되는 사례가 생겨났다. 이 점에서 '인종론', '민족우열론', '동양론' 등이 생성되었음은 주목할 만하다.

근대 계몽기 '인종(人種)'은 역사학이나 지리학 용어로 사용된 개념이었다. 이는 1895년 이후 학부에서 편찬한 역사 교과서나 개인 저술의 다양한 지지(地誌) 교과서에서도 쉽게 확인된다. 다음을 살펴보자.

【 人種 欒別 及 開化 階級 】

世界ㅣ 廣大홈을 因ㅎ야 諸洲 列國의 人民이 其風俗과 習慣이 自然이 다르고 쏘흔 其 外貌와 骨格이 갓지 못ㅎ야 許多흔 種族이 有ㅎㄴ니 大別흔 則 五種이라. 亞非利加洲의 土民은 皮膚가 漆黑이니 曰 阿伯啞種 [쏘 黑色人 이라 云ㅎ고]이라 ㅎ고, 印度 諸島의 土民은 棕色이니 馬來種 [쏘 銅色人이 라 云ㅎ고]이라 ㅎ고, 亞米利加洲의 土民은 赤銅色이니 亞米利加種 [쏘 赤

---

30) 다다쓰와나이가의 '보호국론'은 『태극학보』 제21호(1908.5)에도 역술되었는데, 역술자는 김지간(金志侃)이다. 김지간의 역술에서는 제2종 보호국에 '후견적 보호국' 이외에 '정치상 보호국, 진정 보호국, 국제 보호국'이라는 명칭을 더 열거했다. 또한 『조양보』에 역술한 보호국 제도의 특징과 책의 취지, 강령이 생략되어 있다.

銅色人이라 云호고]이라 호고 歐羅巴의 諸國民은 卵白色이니 高加色種 [또 白色人이라 云호고]이라 호고 我國과 日本과 支那의 國民은 黃色이니 蒙古 種 [또 黃色人이라 云호고]이라 호느니라. 世界의 人民은 其風俗과 制度와 倫理와 學術 等의 進否를 從호야 開化의 分數가 各各有異호니 亞米利加와 阿西亞尼亞洲의 土民과 亞細亞洲 一部의 人民은 廣漠훈 山野와 或 海濱에 起居호야 漁獵으로써 生業을 호야 形狀이 穴居時와 無異호니 蠻夷라 稱호 니라. 亞非利加의 黑人과 亞細亞 一部의 土人은 極히 粗野훈 屋舍에 住호야 風俗이 자못 殘忍호야 好殺호며 大槪는 文字가 업스되 蠻夷에 比호면 若干 進步훈 바ㅣ 잇스니, 未開의 民이라 호니라. 支那人과 印度人과 土耳其人과 其他 亞細亞 中의 數多훈 人民은 農工商 等의 業을 行호며 技藝와 文字를 講習호니 未開民에 比호면 開化의 域에 進호되 훈갓 古를 貴히 알고, 다시 文明의 域에 進홈을 希치 아니호며 實學을 講究치 아니호고 虛誕에 惑溺호 야 自己ㅣ 有홈만 知호고 國家ㅣ 有홈를 不知호며 虛禮에 拘泥호야 智識을 開發홀 志가 無호니 半開의 民이라 호느니라. 歐洲 諸國과 亞米利加 合衆國 과 亞細亞에서 稱호되 日本은 農商 百工의 業이 旺盛호야 學術과 技藝ㅣ 크게 進步호고 印刷와 輪船과 鐵道와 電線 等에 文明의 利器를 活用호야 富國强兵홈을 힘쓰고 上下ㅣ 心을 如一히 호야 國家의 隆盛홈을 圖호야 政令이 明白호고 刑罰이 寬大호야 人民의 虛飾이 少호고 廉恥의 心이 興호 야 文明 開化의 最高度에 達호니 곳 文明의 民이라 호느니라. 世界의 人民 은 文明의 分數를 좇ㅊ 文明의 民이며, 半開의 民이며, 未開의 民이며, 蠻夷 의 四 階級으로 分호니, 吾等은 自顧호야 富國强兵의 實을 勉호야 스스로 勇進호야 可히 文明 開化의 스롬이 되기를 圖謀홀 거시라.

번역 제4장 인종 개관 및 개화 등급: 세계의 광대함을 따라 모든 주의 열국 인민이 그 풍속과 습관이 자연히 다르고 또한 그 외모와 골 격이 같지 않아 허다한 종족이 있으니, 크게 나누면 5종이다. 아비리카 토민은 피부가 칠흑색이니 아백아종(또 흑색인)이라고 하고, 인도 여러 섬의 토민은 종색이니 마래종(혹 동색인)이라 하고, 아미리가 주 토민은 적동색이니 아미리가종(또 적동색인)이라 하고, 구라파 여러 국민은 난백색이니 고가색종(또 백색인)이라 하고, 우리나라와 일본 중국의 국민은 황색이니 몽고종(또 황색인)이라 한다. 세계의 인민은 그 풍속과 제도와 윤리와 학술 등의 진보와 그렇지 않음을 따라 개화의 분수가 각각 다르니 아미리가와 아서아니아 주의 토민과 아세아 주 일부의 인민은 광막한 산야와 혹 바닷가에 기거하여 어렵을 생업으로 하여 형상이 동굴에 주거할 때와 다르지 않으니 야만족이라 칭한다. 아비리가의 흑인과 아세아 일부 토민은 극히 조잡하고 야만스러운 집에 거주하여 풍속이 자못 잔인하여 살인을 좋아하며 대개는 문자가 없으나 야만족에 비하면 약간 진보한 바가 있으니 반개의 민이라 한다. 중국인과 인도인, 토이기 인과 기타 아세아 중 수많은 인민은 농공상 등의 업을 행하며 기예와 문자를 강습하니 미개민에 비하면 개화의 경역에 나아갔으나 한갓 옛날 것만 귀하게 알고 다시 문명 지역에 나가는 것을 희망하지 않으며 실학을 강구하지 않고 허탄에 혹하여 자기가 있음만 알고 국가가 있음을 알지 못하며 허례에 빠져 지식을 개발할 뜻이 없으니 반개의 민이라고 한다. 구주 제국과 아미리가 합중국과 아세아에서 일컫되 일본은 농상 백공의 업이 왕성하여 학술과 기예가 크게 진보하고, 인쇄와 윤선과 철도, 전선 등에 문명 이기를 활용하여 부국강병을 힘쓰고 상하가 마음을 합쳐 국가의 융성함을 도모하여 정령이 명백하고 형벌이 관대하여 인민의 허식이 적고 염치의 마음이 흥하여 문명 개화의 최고도에 달했으니, 곧 문명의 민이라고 한다. 세계의 인민은 문명의 분수를 따라 문명의 민이며, 반개의 민이며, 미개의 민이며, 야만족의 네 등급으로 나누니 우리는 스스로 돌아보아 부국강병의 실효를 힘써 스스로 용진하여 가히 문명 개화한 사람이 되기를 도모해야 한다.

　　—학부 편찬(1895), 『만국약사』 권1, 제4장 인종 개별 급 개화 계급

『만국약사(萬國略史)』에 등장하는 인종 개념은 피부색과 거주지에 따

른 명칭이다. 이는 이 시기 다른 교과서도 마찬가지인데, 주영환·노재연 역(1902)의 『중등만국지지』(출판지 미상)의 경우도 인종을 '황인종, 백인종, 흑인종, 동색인종, 종색인종' 등으로 구분하였다. 이와 같은 피부 중심 또는 거주지 중심의 인종 분류는 진화론적 사유 방식과 제국주의를 거치면서 인종 차별주의의 주된 근원지로 변화한다. 왜냐하면 문명·진보론, 사회진화론에서 제기한 '미개, 반개, 개화, 문명'의 등급 설정은 인종의 본질적인 능력이 진화상태를 결정한 요인이라는 논리로 이어질 수 있기 때문이다.

한국 근대 계몽운동사에서도 이러한 논리는 빈번히 발견된다. 비록 각종 논리마다 계몽하여 문명 상태로 진보할 것을 촉구하고자 하는 의도를 보이고 있지만, 이러한 의도의 바탕에는 '인종 우열론', '종족 또는 민족우열론', '민족성 담론' 등이 개재되어 있다. 이와 같은 인종론은 1880년대에도 나타난다.

【 亞細亞洲 總論 】

吾聞之議者曰 亞人之性好靜 歐人之性好動 則止動則通 此亞洲文物 所以止于中世 而不復通也. 又亞人易信于事 而歐人易疑于物 信則不深 其硏窮疑則必尋其原委 此亞歐方今文物異同隆替之所由判也. 雖然彼丈夫也 我丈夫也 有爲者亦若是文物之隆替 邦國之盛衰 惟在其人爲與不爲耳.

번역 또 내가 유식한 자에게서 들으니, 아시아 사람의 성품은 고요함을 좋아하고 유럽 사람들의 성품은 움직임을 좋아하니, 고요하면 정지(止)하고 움직이면 통달(通)한다. 이는 아시아의 문물(文物)이 중세(中世)에서 정지하고 다시 통달하지 못한 소이이다. 또 아시아 사람들은 사물을 쉽사리 믿고 유럽 사람들은 사물을 쉽사리 의심하니, 믿으면 깊이 연구하지 아니하고 의심하면 반드시 근원을 탐구한다. 이는 아시아와 유럽의 현재 문물이 현격하고 융성하고 쇠폐함이 판이하게 다른 소이이다. 비록 그러하나 저들도 장부(丈夫)이고 우리도 장부이니 행하는 것이 있다.

또한 문물의 융체와 방국의 성쇠는 오직 사람이 행하는가 그렇지 않은가
에 달려 있을 따름이다.

—'아세아주총론', 『한성순보』, 1884.3.8

1880년대 지지(地誌) 담론에서는 세계 각 지역의 생활상과 문화, 역사
에 관한 지식을 소개하는 일이 급선무였다. '아세아주 총론'도 구라파
와 아세아의 지리·역사를 비교하여 지식을 확장할 수 있도록 한 기사
인데, 이 기사에서 '아세아인'과 '구주인'의 성품에 관한 논의가 등장한
다. 일반적으로 아세아인(후에 동양인으로 확장)은 정적이고, 구주인(후
에 서양인으로 확장)은 동적이라는 논리이다.

인종론은 동서양의 대립으로 확장되면서 다양한 형태의 논리로 변화
된다. 특히 문명 진보의 차이, 생활양식의 차이 등이 모두 '아시아 : 유
럽', '동양 : 서양'으로 등식화될 수 있는 셈이다. 이러한 경향은 서양에
서 이른바 '황화론(黃禍論)'을 불러오기도 했으며, 이에 대한 반발로 동
양론이 확산되는 배경이 되기도 하였다.

'황화론'은 널리 알려진 바와 같이 독일 빌헬름 2세가 주창한 황색
인종 억압론이다. 인종 차별주의에 기인한 이 논리는 1900년대 우리나
라에 소개되기 시작했는데, 특히 러일전쟁에서 일본이 승리를 거둔 뒤,
서양인들이 일본 제국주의의 위력을 경계하며, 그것을 동양 인종론으
로 변질시킨 이론이다. 『황성신문』 1909년 7월 7일의 논설을 살펴보자.

【 宇內 大勢와 韓國 】

日露戰爭은 世界列强의 豫想에 反ᄒ야 日本이 勝利를 得ᄒ야 米國前大統
領 루스벨트 氏의 斡旋으로써 媾和談判을 포스마스에 開ᄒ야 媾和條約을
締結ᄒ니 其外닙ᄂ 日本이 露國의 滿洲에셔 經營ᄒ던 一切 權利와 樺太島
의 半分割讓을 受ᄒ고 又韓國에 承認을 得홈이 在ᄒ니 是ᄂ 戰爭의 結果가
日露兩國의 滿韓에 對ᄒ 地位와 關係를 一變케 홀 쑨 아니라 東洋大勢가

變遷ㅎ는 新紀元을 作홈이 至ㅎ얏도다. 然則 日露戰爭以後에 東洋大勢가 如何히 變遷ㅎ얏나뇨. 是는 我韓人士가 深히 硏究홀 바ㅣ라. 是를 三方面에 區分ㅎ야 論컨딕 第一은 列强의 對日態度의 一變이오 第二는 列强의 對淸 政策의 一變이오 第三은 列國과 韓國關係의 一變이라.

日露戰爭以後에 列强의 對日態度는 恐怖疑訝注意猜妬로 一變흔 듯ㅎ도 다. 日本이 維新以來로 歐米의 文物制度를 模範ㅎ야 不過幾十年에 國運이 隆盛ㅎ고 人文이 發達ㅎ야 近世文明國의 伴伍에 參入홈을 得흔 故로 列强 이 恒常 同情을 表ㅎ고 東洋問題에 對ㅎ야는 日本을 指ㅎ야 文明의 代表者 ㅣ니 平和의 保證者ㅣ니 稱ㅎ야 信賴ㅎ는 觀念이 深ㅎ더니 日露戰爭의 結 果를 見ㅎ니 果是競爭場裏의 勇强者ㅣ라, 其國是를 論컨딕 露國以上의 帝國 主義者ㅣ오 其國民을 見컨딕 歐米人以上의 愛國者ㅣ라. 如斯흔 國是와 如斯 흔 國性으로써 世界活動舞臺에셔 活劇을 演ㅎ면 其勢를 莫能當이라. <u>獨國 皇帝의 黃禍論이 其根據는 薄弱ㅎ느 一時에 歐洲思想界를 驚動케 흔 것을 見ㅎ면 列强이 如何히 日本人을 恐怖흔 所以로 推測키 不難ㅎ도다. 黃禍論 의 要旨는 昔者에 蒙古人種이 東歐를 侵略흔 歷史가 有ㅎ딕 今者에 日本人 의 進取主義를 見ㅎ니 滿韓으로붓터 發展ㅎ야 支那大陸에 雄飛ㅎ야 結局 은 黃人種을 統合ㅎ야 日 人種과 生存을 競爭ㅎ리니 今日을 當ㅎ야 我白人 種이 日本의 帝國主義에 對ㅎ야 豫備方策을 講究치 아니ㅎ면 後日에 大黃 禍를 免치 못ㅎ겟다 云흠이라.</u>

번역 러일전쟁은 세계열강의 예상과 반대로 일본이 승리를 거두어 미국 전 대통령 루스벨트의 주선으로 강화 담판을 포츠담에서 개최하여 강화조약을 체결하니, 그 겉의 취지는 일본이 러시아가 만주에서 경영하던 모든 권리와 화태도(樺太島, 사할린)를 반분 할양 받고, 또 한국에 승인을 얻음에 있으니, 이는 전쟁의 결과가 일본과 러시아 두 나라의 만주와 한국에 대한 지위와 관계를 일변하게 할 뿐만 아니라 동양 대세가 변천하는 신기원을 만듦에 이르렀다. 그런즉 러일전쟁 이후 동양 대세가 어떻게 변천했는가. 이는 대한 인사가 깊이 연구할 바이다. 이는 세 방면으로 나누어 논할 수 있는데, 제1은 열강의 일본에 대한 태도의 변화이요, 제2는 열강의 대청 정책의 변화이요, 제3은 열국과 한국과의 관계이다.

러일전쟁 이후 열강의 일본에 대한 태도는 공포, 의아, 주의, 시기로 변화한 듯하다. 일본이 유신 이래 구미의 문물 제도를 모방하여 불과 몇십 년에 국운이 융성하고, 인문이 발달하여 근세 문명국의 반열에 들게 된 까닭에 열강이 항상 동정을 표하고 동양 문제에 대해서는 일본을 지목하여 문명의 대표자니, 평화의 보증자니 일컬어 신뢰하는 생각이 깊더니, 러일전쟁의 결과를 보니 과연 경쟁의 마당에서 용감하고 강한 자이니 그 국시를 논하건대 러시아 이상의 제국주의요, 그 국민을 보니 구미인 이상의 애국자였다. 이러한 국시와 이러한 국민성으로 세계 활동 무대에서 활극을 연출하면 그 세력을 감당할 수 없을 것이다. 독일 황제의 황화론(黃禍論)이 그 근거는 박약하나 일시에 구주 사상계를 놀라게 한 것을 보면, 열강이 얼마나 일본인을 두려워하는지 그 까닭을 추측하기 어렵지 않다. 황화론의 요지는 옛날 몽고 인종이 동구를 침략한 역사가 있으니, 지금 일본인의 진취주의를 보면 만주 한국으로부터 발전하여 중국 대륙에 웅비하여 결국은 황인종을 통합하여 이르기를 인종과 생존을 경쟁할 것이니, 금일 우리 백인종이 일본의 제국주의에 대하여 예비 방책을 강구하지 않으면 후일 큰 황인종의 화를 면하지 못할 것이라고 말하는 것이다.

—『황성신문』, 1909.7.7

이 논설은 '황화론'의 본질이 무엇인지를 잘 보여주는데, 이 논리는 서양인의 입장에서 일본 제국주의를 경계하는 인종론이다. 엄밀히 말하면 황화의 '황인종'은 일본 제국주의를 지칭한 개념이었는데, 몽고의 유럽 침입의 역사를 회고하여 '동양 인종론'으로 확대된 이론이다. 이러한 인종론에 대립하여 일본 제국주의가 주창한 이론이 '동양론(東洋論)' 또는 '동아론(東亞論)'이다.[31] 이 이데올로기는 러일전쟁 직전에 활발히 제기된 것으로 보이는데, 『황성신문』 1903년 7월 22일 외보에 실린 다음 논설이 이를 증명한다.

【 戶水博士의 開戰論 】

日大學校敎授法學博士 七人이 滿洲事件으로 意見書를 提出흠은 已報ᄒ
얏거니와 該七博士中 戶水寬人氏가 更히 日俄開戰論을 公佈ᄒ얏난딕 其要
領이 如左ᄒ니, <u>近來 日本의 人口가 益益 增加흠이 殖民에 關ᄒ야 不可不
一定흔 方針을 立흘지라.</u> 今예 統計表을 見흔 則 明治二十四年에난 人口의
增加흠이 二十六萬五千이오 同三十三年에난 其增加흠이 五十四萬五千이니
僅僅 九年間에 人口의 增加가 加倍흠이 十年을 通ᄒ야 計筭ᄒ면 日本人口
의 增加ᄒ난 比例가 實노 十分一에 過ᄒ나 更히 他國에 比較ᄒ면 日本人口
의 增加ᄒ난 比例가 俄國及德國을 未及ᄒ니 人口가 迅速히 增加ᄒ난 者난
決코 日本人쑨 아니라 <u>白色人種도 亦크게 增加ᄒ난 것이</u> 十九世紀初에난
白色人種의 數가 一億七千萬에 不過ᄒ더니 二十世紀初에난 其數가 五億에
達흘지라. 然則 萬若 日本이 世界競爭場裏에 立ᄒ야 飛躍코져 ᄒ면 日本人
의 殖民에 最히 適當흔 處所를 選擇흘지니 以余觀之컨딕 亞細亞大陸이 最
히 適當흔 土地라. 夫日本은 <u>帝國主義(自己國力을 外國에 發展ᄒ난 主義)를
實行ᄒ난 必要가 有ᄒ고 且殖民를 選擇ᄒ난 必要가 有ᄒ야 亞細亞大陸에
日本의 羽翼을 展흠이 便利흔 故로</u> 日本이 各機會를 利用ᄒ야 朝鮮 及 滿洲
에서 日本國力을 發展ᄒ난 途를 不可不 講흘지라. 今에 俄國人이 滿洲原
野에 跋扈跳梁ᄒ나 然ᄒᄂ 其兵力이 微弱흔 故로 日本에셔 觀察ᄒ면 此實
乘時흘 機會니 此機會를 乘ᄒ야 擧兵討之ᄒ면 制勝흠이 指掌흠과 如ᄒ지

---

31) '동아론', '동양론'은 일본 제국주의의 팽창 정책에 따라 만들어진 이데올로기이다. 일본
의 침략주의가 본격화된 1890년대에는 '동방협회', '동아동문회' 등의 단체가 조직되면서
'동방', '동양', '동아' 이데올로기가 본격화되었다. 동방협회에 대해서는 최혜주(2012),
「일본 동방협회의 조선사정 조사활동과 조선인식」(『한국독립운동사연구』 43, 독립기념
관 한국독립운동사연구소)를 참고할 수 있다. 동아동문회와 관련된 연구로는 채수도
(2008)의 「초기 동아동문회(東亞同文會)의 정치적 성격과 정책노선에 관한 연구」(『대구
사학』 91, 대구사학회)를 참고할 수 있다.

라. 俄國을 助力ᄒᆞ난 人物은 或此로써 無名의 師라 稱홀 터이나 決코 不然
ᄒᆞ 것이니 俄人의 行動은 明白히 <u>東洋의 平和를 攪亂ᄒᆞ난 것인 則 日本이</u>
<u>東洋平和의 維持를 聲名</u>ᄒᆞ고 討伐홀지니 日本이 擧兵ᄒᆞ야 俄國을 討伐ᄒᆞ더
라도 엇지 堂堂흔 名義가 無ᄒᆞ다 ᄒᆞ리오. 日本이 開戰홀 時를 當ᄒᆞ야난 禮
를 具ᄒᆞ야 英國에 其意思를 通告홀 것은 不待贅論이어니와 意思만 通告ᄒᆞ
면 可ᄒᆞ고 其許諾을 得홈은 必要가 無홀지니 日本은 英國의 附屬國이 아니
어늘 如此事에 關ᄒᆞ야 英國의 許諾을 得ᄒᆞ난 必要가 何有ᄒᆞ며 又其意思만
通告홈에 엇지 許多日月을 要ᄒᆞ리오.

번역 일본 대학교 교수 법학박사 7인이 만주사건으로 의견서를 제출했
음은 이미 보도했지만, 이 7인 박사 중 도미즈 히론도 씨가 다시
일러 개전론을 펼쳤는데, 그 주요 내용이 다음과 같다. 근래 일본의 인구
가 점점 증가하여 식민(殖民)에 관해 어쩔 수 없이 일정한 방침을 세워야
한다. 지금 통계표를 보면 메이지 24년에는 인구 증가가 26만 5천이요,
33년에는 그 증가가 54만 5천이니 겨우 9년 사이에 인구 증가가 두 배가
되어 십년을 지나면 일본 인구의 증가는 비례가 실로 십분의 일에 지나나,
다시 다른 나라와 비교하면 일본 인구의 증가하는 비율이 러시아와 독일
에는 미치지 못하니, 인구가 신속히 증가하는 것은 결코 일본인만 아니라
백색인종도 또한 크게 증가하는데, 19세기 초에는 백색인종의 수가 1억
7천만에 불과하더니 20세기 초에는 그 수가 5억에 달한다. 그러므로 만약
일본이 세계 경쟁 마당에서 비약하고자 한다면 일본인의 식민에 가장 적
당한 장소를 택해야 할 것이니, 내가 보건대 아세아 대륙이 가장 적당한
토지이다. 대저 일본은 제국주의(자기 국력을 외국에 드러내는 주의)를
실행할 필요가 있고 또 식민을 선택할 필요가 있어 아세아 대육에 일본의
우익을 펼치는 것이 편리한 까닭에 일본이 여러 기회를 이용하여 조선과
만주에서 일본 국력을 펼치는 방법을 불가불 강구해야 한다. 지금 러시아
인이 만주 평야에 발호 도약하나 그 병력이 미약한 까닭에 일본에서 관찰
하면 이는 기회이니 이 기회를 타서 거병 토벌하면 제압 승리하는 일이

손으로 가리키듯 명료하다. 러시아를 돕는 사람들은 혹 이것을 명분 없는 군대(師)라고 할 것이나 결코 그렇지 않으니, 러시아인의 행동은 명백히 동양의 평화를 흔드는 것인데 일본이 동양평화 유지를 내세우고 토벌한 다면 일본이 거병하여 러시아를 토벌하더라도 어찌 당당한 명분과 대의 가 없다고 하겠는가. 일본이 개전할 때는 예를 갖추어 영국에 그 취지를 통고할 것을 물론이지만, 의사만 통고하면 되고 허락을 받을 필요는 없으 니, 일본이 영국의 부속국이 아니므로 이런 일에 관해 영국의 허락을 얻 을 필요가 어디 있으며, 또 그 의사만 통고하는 것이 어찌 허다한 시간을 필요로 하겠는가.

—'외보', 『황성신문』, 1903.7.22

이 기사는 1901년 도쿄대 법과대학 교수로 재직했던 도미즈 히론도 (戶水寬人, 1861~1935)의 동양론을 소개한 기사이다. 이 기사에 나타난 바와 같이, 이 시기 동양평화론은 러일전쟁 직전 일본의 조선과 만주 침략 논리를 대변한다. 일본이 거병(擧兵)하여 러시아를 치는 것은 곧 백색인종에 대한 아시아적 평화를 의미하는 것으로, 영국의 간섭을 받 을 필요가 없다는 논리이다. 이러한 논리는 러일전쟁 이후 한국 강점을 위한 보편 논리로 확장되었음을 알 수 있다. 다음과 같은 논설에도 입 으로만 동양평화를 외치는 일제의 행태가 드러나 있다.

【 宇內大勢觀 】

嗚呼라. 吾亞洲諸國이 弱於西歐列强也ㅣ 久矣라. 然이나 過去幾十年은 彼 西歐列强間에 互相敵視ᄒᆞᄂᆞᆫ 關係가 有ᄒᆞᆷ으로 白人全體가 我東洋을 向ᄒᆞ야 壓服을 試코져 ᄒᆞᆷ은 未有ᄒᆞ더니 至于今日ᄒᆞ야ᄂᆞᆫ 伊前과 不同ᄒᆞᆫ 形勢가 有 ᄒᆞ니 吾亞洲人이 其可安心乎아. 何者오 ᄒᆞ면 前日에ᄂᆞᆫ 英德間 猜疑도 有ᄒᆞ 고 英露間 競爭도 有ᄒᆞ고 法德間 仇視도 有ᄒᆞ야 各自 防禦를 圖ᄒᆞ고 各自 優勝을 要ᄒᆞᄂᆞᆫ 態度라. 是以로 英人이 近히 同洲同種의 國을 擔ᄒᆞ고 遠히

他洲殊種의 日人과 比肩聯盟ᄒᆞᆫ 結果에 至ᄒᆞ얏스니 此ᄂᆞᆫ 歐亞外交에 初有ᄒᆞᆫ 歷史오, 日露戰爭의 基因이오 韓滿에 對ᄒᆞᆫ 政略이 一變ᄒᆞᆫ 機括이라. 此等形態ᄂᆞᆫ 過去 近史에 顯著ᄒᆞᆫ 事實이어니와 近日에 至ᄒᆞ야ᄂᆞᆫ 英皇이 德國을 訪問以來로 英國에셔 日本이 先進되야 勃興ᄒᆞ기 開始ᄒᆞᄂᆞᆫ 亞細亞를 엇지 ᄒᆞ면 壓服ᄒᆞᆷ가 ᄒᆞᄂᆞᆫ 問題로 公然論評ᄒᆞᆷ에 至ᄒᆞ얏다고 日本某新聞에 記載가 有ᄒᆞ니 大抵 英人의 擧動이 恒常 世界大勢에 關係되ᄂᆞᆫ 것은 從前 歷史上瞭然ᄒᆞᆫ 證據라. 彼英德이 互相接近ᄒᆞᄂᆞᆫ 境遇에 至ᄒᆞ면 歐洲全體가 一致로 聯合平和를 成ᄒᆞᄂᆞᆫ 結果가 有ᄒᆞ기를 預言ᄒᆞ야도 可ᄒᆞᆯ지라. 然則 彼의 鷹瞬虎視ᄒᆞᄂᆞᆫ 眸子가 何處로 向ᄒᆞ깃ᄂᆞᆫ가. 吾亞洲에 直射ᄒᆞᆯ 것이 不其明乎아. 彼俄人으로 言ᄒᆞ면 原來好戰多貪ᄒᆞᄂᆞᆫ 野心에 富ᄒᆞᆫ 者라. 甲辰戰爭에 一大挫折을 受ᄒᆞ얏스나 彼가 一敗不振ᄒᆞ야 長此退縮ᄒᆞᆯ 者가 아니라. 若其瘡痍가 快蘇하고 兵食이 充足하ᄂᆞᆫ 日이면 於東於西에 驚旗를 揚하ᄂᆞᆫ 地가 必有ᄒᆞᆯ지니 若其歐洲列國을 對하야 勝利를 圖ᄒᆞᆯ 必要가 無하면 捨東亞而焉往哉아. 目今에ᄂᆞᆫ 這般 幾微가 無하나 將來 形便을 其可不念가 嗟乎라. <u>我東洋人士여. 東洋平和라 同種相愛라</u> ᄒᆞᄂᆞᆫ 問題를 徒然히 口頭禪으로 唱道치 勿ᄒᆞ고 平和의 實事를 做去ᄒᆞ고 相愛의 實情을 發表ᄒᆞ야 目前의 小利를 貪ᄒᆞ야 百年의 大計를 誤케 ᄒᆞᆷ이 無ᄒᆞ면 吾亞洲黃種의 無量ᄒᆞᆫ 幸福이라 ᄒᆞ노라.

번역 아. 우리 아시아 제국이 서구 열강에 비해 약한 것이 오래되었다. 그러나 과거 몇 십 년은 저 서구 열강 사이에 서로 적대시하는 관계가 있었기 때문에 백인 전체가 우리 동양을 향해 압박과 복종을 시도하고자 하지는 않았으나, 지금에 이르러는 이전과 같지 않은 형세가 있으니, 우리 아시아인이 가히 안심할 수 있겠는가. 왜 그런가 하면, 전일에는 영국 독일 사이도 시기가 있었고 영국과 러시아도 경쟁이 있었고, 프랑스와 독일 사이도 원수처럼 지내 각자 방어를 도모하고 각자 승리를 요구하는 모양이었다. 이로 영국인이 근히 같은 대륙의 같은 종족의 국가를 담당하고 멀리 다른 대륙의 다른 종족인 일본인과 비견하여 연맹하였으니 이는 유럽과 아시아 외교에 처음 있는 역사이며 러일전쟁에서 비롯된 것이요, 만주 한국에 대한 정책이 일변한 계기였다. 이런 형태는 지난 최근의 역사에서 현저한 사실이나 최근에 이르러 영국 황실이 독일을 방문한 이래 영국에서 일본이 앞서 나가 발흥하기 시작한 아시아를 어찌하면 압박 복종시킬까 하는 문제가 공개적으로 논평되기에 이르렀다고 일본의 어느 신문에 기재된 바가 있으니, 대저 영국인의 거동이 항상 세계 대세와 관련을 맺는 것은 역사상 명백한 사실이다. 저 영국과 독일이 서로 가까워지는 경우에는 구주 전체가 일치 연합하여 평화를 이루게 될 것이라고 말해도 좋을 것이다. 그런즉 저들의 응순호시(鷹瞬虎視)하는 눈동자가 어디로 향하겠는가. 우리 아시아 대륙에 바로 뻗칠 것이 명료하지 않은가. 저 러시아인으로 말하면 원래 호전적이고 탐욕적인 야심이 풍부한 자들이다. 갑진년 전쟁에 일대 좌절을 겪었으나 저들이 한 번 패하고 일어나지 못해 오랫동안 퇴축할 자들이 아니다. 만약 상처가 낫고 병력과 군량이 충족되는 날이면 동으로 서로 사나운 깃발을 날리는 지역이 반드시 있을 것이니, 만약 구주 열국에 대해 승리를 도모할 필요가 없으면 동아를 버리고 어디로 가겠는가. 지금 눈에는 저반 기미가 없으나 장래 형편을 가히 생각하지 않을 수 없다. 우리 동양 인사여. 동양 평화라, 같은 인종을 서로 사랑하라 하는 문제를 헛되이 구두선으로 부르짖지 말고, 평화의 실질적인 일을 만들고 서로 사랑하는 실질적인 정을 발하여 눈앞의 작은 이익을 탐하여 백년의 대계를 그르침이 없게 하면 우리 아시아 황인종의 무량한 행복이라고 할 것이다.

—『황성신문』, 1909.5.27

이 논설에 등장하는 '동아', '동양' 논리는 서구에 대항하기 위한 아시아인 공동체를 의미한다. 이러한 논리의 진원지는 메이지 이후의 일본이었으나, 러일전쟁 이후 일본 제국주의의 팽창 정책, 특히 한국 병탄(併呑)을 준비하는 과정에서 그 논리가 더욱 강화되었다. 위의 논설에서도 '황인종', '동양 인종'을 하나의 단위로 묶어 서양과 대결해야 '동양

평화'를 유지할 수 있다는 논리가 내재되어 있는 셈이다.

3.4. 국민성과 민족성 담론

문명·진화론적 사유 방식은 서구 열강의 제국주의화 과정에서 식민 지배 이데올로기를 확립하는 데 유용한 이론을 제공한다. 1900년대 이른바 애국계몽시대 한국 지식인들에게도 이와 같은 사유방식과 비판적 의식이 자각되었는데, 그 과정에서 등장하는 것이 '민족 우열론' 또는 '국민성 우열론'이다. 다음 논설을 살펴보자.

【 平和的 戰爭 】

今日은 二十世紀 時代라. 世界의 文明은 非常히 速力으로 進步되고 世界 文明이 進步되는 것을 從ᄒ야 列强의 欲望이 增長ᄒ고 列强의 欲望이 增長 ᄒ는 것을 因ᄒ야 列强의 主義가 一變ᄒ는데 至ᄒ얏도다. 十九世紀 以來로 各國 國民은 相互間 國民的 特性을 發揮ᄒ 結果로 往往히 他國의 風俗과 慣習과 法律과 政治 等을 排斥ᄒ야 人類 全體의 幸福를 犧牲에 供ᄒ는 傾向 이 有ᄒ 故로 世界的 性質이 有ᄒ 文學 美術 及 其他 科學上에 對ᄒ야도 自尊偏狹ᄒ 國民的 特性을 表現ᄒ고 各各 新文明 維持者로 自任ᄒ얏스니 此는 卽 國民主義의 爭鬪時代라 홀지로다. 十九世紀末로부터 今世紀에 至 ᄒ기까지 各國은 人口의 增加ᄒ는 同時에 其 領土의 狹隘홈을 自覺ᄒ야 諸般 機會를 利用ᄒ야 世界上에 多大ᄒ 土地를 割取홀 企圖가 國際的 競爭 上에 表現된 故로 曩者의 國民主義는 一變ᄒ야 殖民主義가 되고 再變ᄒ야 帝國主義가 되얏도다. 此 殖民主義와 帝國主義는 表面으로 觀察ᄒ면 名稱 의 差異가 有ᄒ나 其實은 同一ᄒ 手段 卽 平和的 戰爭에 不過ᄒ도다. 現今 列强의 帝國政策를 實行ᄒ는 方法은 大略 二種으로 分ᄒ니 此는 國力의 如 何와 境遇의 如何를 因홈이라. 一은 自國의 權力이 世界上에 優勝ᄒ 地位을 占有ᄒ 者는 他國이 自己의 利益를 侵害ᄒ는 者가 少ᄒ 故로 全然히 自己의

政策을 實行ㅎ는데 汲汲홀 쑨이오. 二는 自國의 國力이 優勝치 못홈을 因ㅎ야 種種他人의 侵害가 有흔 故로 一方으로 他人의 侵害을 排斥ㅎ고 他方으로 自國의 政策를 實行홀 方法를 講究ㅎ도다. (…中略…) 是故로 列强은 此 領土 擴張에 對ㅎ야 多少間 道德上 理由가 有흔 줄로 聲言ㅎ되 今世界의 大部分은 無智無能흔 民族 掌中에 在ㅎ야 天然富力을 發達키 難흔지라. 卽 全世界의 人口는 年年히 增加ㅎ는 同時에 遠隔흔 地方의 天然 富源을 開拓ㅎ 人類의 幸福을 享케 홀 것이어늘 劣等 民族이 此을 占領ㅎ야 未開흔 狀態로 暴殄ㅎ는 것은 天意에 違反되는지라. 故로 他 優等 民族은 此 劣等 民族을 指揮 監督ㅎ야 其 生産을 增進홀 方法을 講究홀 것이라 ㅎ느니 彼等의 領土 擴張을 圖謀ㅎ는 口實 此에 止홀쑨 아니라 彼等은 쏘 世界로써 最有力흔 人種의 相續홀 財産이라 ㅎ야 有흔 民族은 野蠻쓰는 微力者을 逐斥ㅎ고 領土을 占領홀 天賦 權利가 有ㅎ다고 主張ㅎ는도다.

　以上 列强의 聲言은 卽 野心家의 利己 貪欲ㅎ는 精神上으로 出來홀 쑨 아니라 理論上及事實上에 到底히 不能흔 者인 故로 一部 妄論으로 認定ㅎ노라. 何則고. 米人 우이리얀 놋쑤스氏는 歐洲人中에 比較的 公平흔 意見이 有흔지라. 同氏의 著作흔「東洋的精神」은 黃禍論을 罵倒ㅎ고 人類 同種論을 主張ㅎ야 東西 文明을 調和ㅎ고 新世界을 建設코자 홈이라. 箇中의 人類 同種論은 此 人種 問題에 對ㅎ야 極히 公正흔 論評으로 思惟흔 故로 數節을 抄譯ㅎ노니

번역 금일은 20세기 시대이다. 세계의 문명은 보기 드문 속도로 진보되고 문명이 진보되는 것을 따라 열강의 욕망이 증장하고, 열강의 욕망이 증장함에 따라 열강의 주의가 일변하는 데 이르렀다. 19세기 이래 각국 국민은 서로 국민적 특성을 발휘한 결과 종종 타국의 풍속과 습관과 법률과 정치 등을 배척하여 인류 전체의 행복을 희행하도록 하는 경향이 있는 까닭에 세계적 성질이 있는 문학, 미술 및 기타 과학에 대해 자존편협(自尊偏狹)한 국민적 특성을 표현하고, 각각 신문명 유지자로 자임하였으니, 이는 곧 국민주의(國民主義) 쟁투시대(爭鬪時代)라고 할 것이다. 19

세기 말부터 지금 세기까지 각국은 인구가 증가하는 동시 그 영토가 좁음을 자각하여 제반 기회를 이용하여 세계상 많은 토지를 분할 취득하고자 하는 기도가 국제적 경쟁으로 나타난 까닭에 이에 국민주의는 일변하여 식민주의(殖民主義)가 되고, 다시 변하여 제국주의(帝國主義)가 되었다. 이 식민주의와 제국주의는 표면으로 관찰하면 명칭의 차이가 있으나, 사실 동일한 수단, 곧 평화적 전쟁에 불과하다. (…중략…) 그러므로 열강은 이 영토 확장에 대해 다소 도덕상 이유가 있는 줄로 주장하되, 지금 세계의 대부분은 무지 무능한 민족의 손에 들어 있어, 천연의 부를 발달시키기 어렵다. 곧 전세계의 인구는 해마다 증가하는 동시 먼 지방의 천연한 부의 자원을 개척하여 인류의 행복을 누리게 해야 하나, 열등 민족이 이를 점령하여 미개한 상태로 두는 것은 하늘의 뜻에 어긋나는 것이다. 그러므로 다른 우등 민족은 이 열등 민족을 지휘 감독하여 그 생산을 증진할 방법을 강구할 것이라고 하니, 저들의 영토 확장을 도모하는 구실이 이에 그칠 뿐 아니라 저들은 또 세계에 가장 힘 있는 인종이 상속할 재산이라고 하여, 문명한 민족은 야만 또는 미약한 자를 축출 배척하고, 영토를 점령할 천부의 권리가 있다고 주장하고 있다.

이상 열강의 주장은 야심가의 이기 탐욕하는 정신에서 비롯된 것일 뿐 아니라 이론적으로나 사실상 도저히 불가능하기 때문에 일부의 망언으로 인정한다. 왜 그런가. 미국인 우이리얀 노쿠스는 구주인 중 비교적 공평한 의견을 가진 사람이다. 그가 저작한 『동양적 정신』은 황화론(黃禍論, 독일 빌헬름2세가 주창한 황색 인종 억압론)을 매도하고 인류 동종론(同種論)을 주장하여 동서 문명을 조화하고 신세계를 건설하고자 한 것이다. 개중 인류 동종론은 이 인종 문제에 대해 극히 공정한 논평으로 생각되는 까닭에 몇 구절을 발췌하여 번역한다.

—채기두(蔡基斗), '평화적 전쟁', 『대한학회월보』 제6호~제7호

이 논설은 서양 제국주의가 '국민주의 → 식민주의 → 제국주의'로 변

화했다고 전제하고, 이러한 이데올로기는 서구 열강의 영토 확장에 대한 탐욕과 이기에서 비롯된 것일 뿐이라고 규정한다. 이 과정에서 앞의 '보호국론'과 마찬가지로 '선진 문명국이 야만국을 지배하는 천부 권리가 있다'는 제국주의 이데올로기가 존재함을 밝히고, 이러한 논리가 민족 우열론을 형성하고 있음을 논증했다. 비록 채기두(1908)에서 『동양적 정신』32)을 근거로 동서양의 인종적 차이가 습관이나 심성 등의 환경에서 비롯된 것이라고 주장하고 있으나, 이 시기 한국 지식인들에게도 우열적 국민성, 민족 우열의 관계에 대한 논의는 보편적으로 확산된 상태이다.

여기에 등장하는 국민성론이나 민족성론은 인종론이 피부나 주거 대륙을 근거로 한 것임에 비해 식민 지배를 목적으로 하는 제국주의의 침략 이데올로기의 하나로 볼 수 있다. 다음을 살펴보자.

【 國民性의 特性 】

凡 國於地球上에 其民이 各有 特性이라. 或 聰明흔 國民도 有ㅎ며 或 暗愚흔 國民도 有ㅎ며 或 感情이 激烈흔 國民도 有ㅎ며 或 意志가 薄弱흔 國民도 有ㅎ며 或 失離를 主要로 ㅎᄂ 國民도 有ㅎ며 或 權勢를 目的으로 ㅎᄂ 國民도 有ㅎ야 各個人의게 其 個人의 特別흔 品性이 有흠과 갓치 各 國民의게도 其 國民의 特別흔 品性이 亦有ㅎ며 一個人이 其 自然的 又 社會的 境遇와 及 祖先 以來의 遺傳으로 由ㅎ야 各其 特殊흔 品性을 成흠과 갓치 一國民도 亦 其 自然的 又 國際的 境遇와 及 歷史的 遺傳으로 由ㅎ야 各其 特殊흔 國民의 性을 成ㅎᄂ니라. 國民의 品性이 有異흠으로 其國의 强弱 貧富가 係焉이니 顧 我韓 國民의 特性은 果安在乎아. 玆에 列强 國民의 各異흔 品性

---

32) 채기두(1908)에 등장하는 '우이리얀 노쿠스'와 『동양적 정신』에 대한 구체적인 서지는 밝혀지지 않았다. 다만 이 논설의 내용을 고려할 때, 『동양적 정신』은 '황화론'과 대립적인 차원에서 제기된 '인류 동종론', '인류 평화론'을 내용으로 하는 책으로 추정된다. 채기두의 논설에 인용된 '동양적 정신론'은 동서양인의 인종적 차이가 인종의 차이에서 비롯된 것이 아니라, 습관과 심성 등의 환경에서 비롯된 것이라는 주장을 담고 있다.

을 罌擧ᄒ야 左에 言ᄒ노라. (…中略…) 東西國人其特性이 各 有所長ᄒ니 英國人은 經驗實行ᄒ야 失敗不沮홈이 特長이오 獨國人은 學者的 國民으로 其 原理原則을 考ᄒ야 預知先見홈이 特長이오 佛國人은 理論與實際를 一擧 調和홈이 特長이오 米國人은 實利爲主ᄒ야 直徑進行ᄒᄂ 精神이 特長이오 露國人은 大度量與忠實信義가 特長이오 印度人의 哲學的 天才와 支那人의 實利的 主見과 日本人의 軍事的 政事的 發揮가 皆其所長이니 顧我韓國國民 은 其 所長이 或 有其彷彿乎아. 凡爲國民者宜各自省ᄒ야 去其所短ᄒ며 勉其 所長ᄒ야 勇進不己홀지니라. (…中略…) 國民의 偉大ᄒ 品性을 具備케 홈이 其 道如何오. 無他라 敎育을 普通케 ᄒ고 且其敎育을 科學的 實際的으로 國民의 知識을 開發ᄒ며 國民으로 ᄒ야곰 國中國外의 事情에 通曉ᄒ며 如 何ᄒ 世界의 事變과 如何ᄒ 國家의 問題를 接觸ᄒ여도 理非曲直과 利害得 失의 秤量을 不誤ᄒ야 盲動的 又 感情的으로 不或輕擧ᄒ고 國利民福의 所 存을 見ᄒ면 勇往邁進ᄒᄂ 氣象을 養成홈에 在ᄒ고 其 方法의 如何ᄂ 又 如何ᄒ 問題에 自由 討究의 門戶를 開ᄒ야 國民의 輿論을 喚起홈에 在ᄒ니 國民의 偉大ᄒ 特性을 不欲養成則己어니와 如欲養成이면 當由此道니 此列 强諸國의 己行之例也니라.

번역 무릇 지구상의 국가에 그 국민이 각각 특성을 갖고 있다. 혹 총명한 국민도 있고, 혹 암우한 국민도 있으며, 혹 감정이 격렬한 국민도 있고, 혹 의지가 박약한 국민도 있으며, 실패와 분리를 중심으로 하는 국민도 있고, 권세를 목적으로 하는 국민도 있어 각 개인에게 그 개인의 특별한 품성이 있는 것과 같이, 각 국민에게도 그 국민의 특별한 품성이 존재하며, 일 개인이 그 자연적 또는 사회적 상황과 조상 이래 유전으로 말미암아 각기 특별한 품성을 이룸과 같이 한 국민도 또한 자연적 국제적 상황과 역사적 유전으로 말미암아 각기 특수한 국민성을 이룬다. 국민의 품성이 다름으로 그 나라의 강약과 빈부가 달려 있으니, 돌아보건대 아한의 국민 특성은 과연 어떠한가. 이에 열강 국민의 각자 다른 품성을 대략 열거하여 다음에 논하고자 한다. (…중략…) 동서국 사람들이 그 특성이 각각 장점이 있으니 영국인은 실질 경험과 실행을 중시하여 실패를 두려워하지 않는 점이 특징이요, 독일인은 학자적 국민으로 그 원리원칙을 살펴 미리 보고 알고자 하는 것이 장점이요, 프랑스 사람들은 이론과 실제를 모두 조화롭게 하고자 하는 것이 특별한 장점이요, 미국인은 실리를 주로 하여 바로 행동하는 정신이 특별한 장점이요, 러시아인은 도량이 넓고 충실하며 신의가 있는 것이 장점이요, 인도인의 철학적 재질과 중국인의 실리적 주견과 일본인의 군사적, 정치적 능력 발휘가 모두 장점이니, 돌아보건대 아한 국민은 그 장점이 혹 모방하는 데 있는가. 무릇 국민이 되어 마땅히 각자 반성하여 단점을 버리고 장점에 힘써 용진해야 할 따름이다. (…중략…) 국민의 위대한 품성을 구비하게 하는 것은 그 방도가 어디에 있는가. 다름이 아니라 <u>교육을 보급하고 또 그 교육을 과학적·실제적으로 국민 지식을 개발</u>하며, 국민으로 하여금 나라 안 나라 밖 사정에 밝아, 어떤 세계의 일과 어떤 국가의 문제와 부딪히더라도 논리적으로 곡직과 이해득실의 균형감을 그릇되지 않게 하여 맹목적 또는 감정적으로 경거망동하지 않게 하고, <u>국리민복과 관련된 것을 보면 용왕매진하는 기상을 양성</u>하게 하는 데 있으며, 그 방법 여하는 또한 어떤 문제에 <u>자유토론 연구하는 문호를 개방하여 국민 여론을 환기</u>하는 데 있으니, 국민의 위대한 특성을 양성하지 않을 수 없거니와 양성하고자 한다면 당연히 이 도에서 비롯되어야 하니, 이것은 이미 열강 제국이 이미 행하는 예들이다.
—박성흠, '국민의 특성', 『서우』 제11호, 1907.10

이 국민성 담론은 세계 각국 국민의 품성이 존재함을 전제로, 우리의 위대한 국민성을 갖추기 위해 교육이 필요함을 강조하는 내용으로 이루어져 있다. 이러한 논리는 애국계몽기의 전형적인 교육 담론, 계몽 담론에 해당한다. 그런데 여기서 주목할 점은 서양인, 일본인의 국민성에 대한 견해와 우리 국민성에 대한 부정적 인식이다. 이 논설에 나타난 바와 같이, 이 시기 지식인들의 눈에는 영국인의 실행 정신, 독일인의 이지적 사고, 프랑스인의 조화 정신, 일본인의 군사적·정치적 능력 등을 고정관념으로 수용하고 있다. 특히 일본과 관련하여 1900년대 재일 유학생들에게 널리 퍼져 있던 '일본 문명관'은 이 시기 한국과 일본의 우열관계에 대한 다양한 고정관념, 또는 민족(국민)적 자격지심(自激之心)으로 이어지는 경우가 많았다.

【 日本 文明觀 】

大凡 一國의 文明을 觀察ㅎ는 方法이 有二ㅎ니 一을 國制的이오, 一은 國性的이라. 國制的은 其國의 文明 根源을 硏究ㅎ 時에 原因 結果의 連絡 與否는 第二 問題에 付歸ㅎ고 旣現 事實에 置重ㅎ야 一切 文物 制度을 觀察ㅎ는 故로 是를 指ㅎ야 <u>形式的 觀察</u>이라 謂ㅎ고, 國性的은 其國의 文明 根源을 形式에 求치 아니ㅎ고 其 國民의 性格에셔 出生흔 與否를 探硏ㅎ야 아무리 重大흔 事實이라도 無意識으로 發現된 것은 重視치 아니ㅎ고 假使 微細흔 事實이라도 性格으로 從來흔 것은 愼重히 觀察ㅎ는 故로 是를 指ㅎ야 <u>精神的 觀察</u>이라 謂흠.

二十世紀 活劇 舞臺에 第一 頭幕에 一大 花役者가 되야 十四億 傍觀者의 視線을 引흔 者는 무엇이뇨. 卽 日本이라 謂ㅎ리로다. 日淸戰爭에 淸國에 勝ㅎ야 亞洲의 牛耳를 執흠에 至ㅎ얏고 日俄戰爭에 俄國에 勝ㅎ야 世界 列強 中 一單位를 占흠에 達ㅎ야 政治上 一動一靜이 世人의 注目을 引ㅎ야 天下 大勢와 世界 治亂을 論ㅎ랴면 此 日本을 除外흘 슈 無흔 境遇에 處ㅎ얏도다. 然則 日本 文明을 硏究흠은 世界 各國人의 時代 要求온 겨우 一葦之水를 隔ㅎ야 感起ㅎ도다. 然而 觀察의 着眼點이 一毫를 誤ㅎ면 千里之差가 生흠을 免키 難흘 뿐더러 <u>外國에 對흔 觀察은 恒常 理想보덤 感情에 傾向키 易흔 故로 論者는 中立 地位에 處ㅎ야 公平흔 眼光으로 日本人 性格을 標準ㅎ고 其 文明의 長短을 評判ㅎ야 我韓人으로 ㅎ여곰 日本 文明에 對ㅎ야 其 長을 取ㅎ고 其短을 捨케 ㅎ고져 ㅎ노라</u>. 日本이 不過 四十年에 如許흔 速度의 進步를 見흠에 至흔 것은 天下大勢의 刺戟을 因ㅎ야 必然的 關係로

生호 理由도 其大原因은 <u>日本人의 性格이 他黃人種과 特殊호 點이 多호 所以</u>라 호노라.

번역 무릇 한 나라의 문명을 관찰하는 방법이 두 가지가 있으니 하나는 국제적(國制的)이요, 하나는 국성적(國性的)이다. '국제적(국가제도)'이라는 것은 그 나라의 문명의 근원을 연구할 때 원인과 결과의 상관성을 이차 문제로 하고, 이미 출현한 사실에 치중하여 모든 문물 제도를 관찰하는 까닭에 이를 일컬어 '형식적 관찰'이라고 하고, '국성적'이라는 것은 그 나라의 문명의 근원을 형식에서 구하지 않고 그 국민의 성격에서 나타났는지의 여부를 심층적으로 탐구하여 아무리 중요한 사실이라도 무의식적으로 나타난 것은 중시하지 않고, 미세한 사실이라도 성격에서 비롯된 것은 신중하게 관찰하기 때문에 이를 '정신적 관찰'이라고 한다.

20세기 활극 무대에 제1막의 가장 큰 화려한 역할을 맡은 자가 되어 14억 방관자의 시선을 끄는 자가 누구인가. 곧 일본이라고 할 것이다. 청일전쟁에서 청국에 이겨 아시아의 쇠귀를 잡기에 이르렀고, 러일전쟁에서 러시아에 승리하여 세계열강 중 한 단위를 차지하기에 이르러 정치상 하나의 동작이 세계 사람들의 주목을 끌어, 천하대세와 세계의 치란(治亂)을 논하려면 이 일본을 제외할 수 없는 지경에 이르렀다. 그러므로 일본 문명을 연구하는 것은 세계 각국인의 시대적 요구이나, 겨우 물 하나를 건너 흥기하기에 이르렀다. 그러나 관찰의 착안점이 조금이라도 잘못되면 천리의 차이가 생겨나는 어려움을 면할 수 없을 뿐만 아니라. <u>외국에 대한 관찰은 항상 이상(理想, 바람직한 상태)보다 감정에 치우치기 쉽기 때문에, 논자는 객관적 입장에서 공평한 눈으로 일본인의 성격을 표준하고, 그 문명의 장단을 비평하여 우리 한국인으로 하여금 일본 문명의 장점을 취하고 단점을 버리고 하고자</u> 한다. 일본이 불과 사십년에 이처럼 급속한 진보를 이룬 것은 천하대세의 자극에 따라 필연적 관계로 생겨난 것인데, 그 큰 원인은 <u>일본인의 성격이 다른 황인종과 다른 점이 많은 까닭</u>이다.

최석하(1908)은 애국계몽시대 일본의 문명에 대한 비교적 체계적인 논술에 해당한다. 이 논문은 『대한학회월보』 제8호~9호, 『대한흥학보』 제1호~제2호에 연재되었는데,[33] "객관적 입장에서 공평한 눈으로 일본인의 성격을 표준하고, 그 문명의 장단점을 취사하도록 하는 데" 목적을 두었다고 했지만, 시대 상황을 고려할 때 일본 문명 예찬론을 벗어나기 힘들었다. 이 논문에서는 '애국성', '기민성', '감성'을 일본인의 특성으로 규정했다. 이러한 성질은 경우에 따라 단점으로 작용하기도 한다고 보았지만, 본질적으로 일본이 한국보다 우월적 지위를 차지하는 요인으로 인식된 셈이다.

4. 문명·진화론에 대한 대응 방식

4.1. 문명·진화론의 수용 방식

근대 계몽기 진화론적 사유 방식에 따라 제기된 각종 제국주의 이데올로기에 대응하는 방식은 크게 두 가지 방향으로 정리할 수 있다. 첫째는 문명 우열이나 진화의 과정을 긍정하고, 당시 우리나라의 부정적 상황을 계몽·개선해야 한다는 논리이다. 이러한 논리는 갑오개혁 이후 일제 강점기에 이르기까지 지속되었다. 특히 국권 침탈기 저항적인 애국계몽가들의 사상에도 이러한 논리가 지배적이었는데, 그러한 예의 하나로 『대한매일신보』 1910년 2월 22일부터 3월 3일까지 연재된 '신

---

33) 이 논문은 미완성으로, 『대한흥학보』 제2호에는 '미완(未完)'으로 표시되어 있으나, 그 이후 연재물이 발견되지 않는다.

국민론(新國民論)'을 살펴보자.

【 二十世紀 新國民 】

嗚呼라 凄風淫雨에 三千里山河가 顔色을 變ᄒ고 烈火深水에 二千萬同胞가 悲號를 作ᄒᄂ도다 然則何以ᄒ면 此韓國이 能히 勝利의 歌를 奏ᄒ야 適存의 福樂을 享ᄒ며 何以하면 此韓國이 能히 富强의 基를 開ᄒ야 民國의 威靈을 光홀싸 曰此ᄂ 오즉 國民同胞가 二十世紀新國民됨에 在ᄒ니라. 大抵太古時代의 民族으로ᄂ 足히 中古時代에 角立치 못하며 中古時代의 民族으로ᄂ 足히 二十世紀時代에 角立치 못ᄒᄂ지라 試思하라 彼中古時代에 在ᄒ 民族으로 오히려 草衣木食ᄒ며 禽居獸處하야 太古野蠻의 原始的狀態를 不免ᄒ 者ᄂ 國家가 組織되며 社會가 發達되야 精神과 物質이 文明域에 稍登ᄒ 中古世界에셔 衰亡을 不免ᄒ엿나니 彼苗族이 漢族에게 敗홈과 蝦夷族이 日本族에게 敗ᄒ 等이 是오. (…中略…) 故로 其競爭이 烈ᄒ며 其競爭이 長ᄒ며 其競爭의 禍가 大ᄒ나니 故로 曰國民同胞가 二十世紀新國民되지 아니홈이 不可ᄒ다 ᄒᄂ 바며 今日韓國人士中에 何故로 政治家ᄂ 政治에 敗ᄒ며 實業家ᄂ 實業에 敗하며 其他何種의 事業家던지 外人에게 必敗하나냐 ᄒ면 曰新國民이 아닌 所以며 何故로 國家精神이 無ᄒ며 何故로 國民能力이 無ᄒ냐 하면 曰新國民이 아닌 所以며 何故로 國를 賣ᄒᄂ 者가 有ᄒ며 何故로 民를 賣ᄒᄂ 者가 有하야 하면 曰新國民이 아닌 所以니 故로 曰國民同胞가 二十世紀新國民되지 아니홈이 不可ᄒ다 ᄒᄂ 바라.

(국문판) 오호-라 쳐량ᄒ 비와 음침ᄒ 바름에 삼쳔리 강산이 안싴을 변ᄒ고 밍렬ᄒ 불과 깁흔 물에 이쳔만 동포의 <u>호곡소리가 猶ᄒ도다</u>. 그런 즉 엇지ᄒ면 한국이 능히 이 급ᄒ 디경을 버셔나셔 복락을 누리며 부강의 터를 닥고 만국에 위엄을 빗나게 ᄒ여 볼가. 굴ᄋ딕 과연 이러케 ᄒ고져 홀진딕 국민동포가 <u>이십셰긔에 싴국민이 되지 아니ᄒ고ᄂ 불가ᄒ니라</u>. 대뎌 태고 시딕의 민족으로ᄂ 죡히 즁고ㅅ시딕에 셔기를 닷토지 못ᄒ고 즁고ㅅ시딕의 민족으로ᄂ 죡히 지금 이십셰긔 시딕에 셔기를 닷토지 못

166

홀지라. (…중략…) 그런고로 그 경징이 밍렬ᄒ며 그 경징이 쟝원ᄒ며 그 경징의 화가 큰지라. 그럼으로 굴ᄋᄃᆡ 국민동포가 이십셰긔에 신국민이 되지 못ᄒ고는 불가ᄒ다 ᄒᄂ는 바ㅣ며 금일 한국 인ᄉ 중에는 무슴 연고로 정치가는 정치에 패ᄒ며 실업가는 실업에 패ᄒᄂ는가 ᄒ면 굴ᄋᄃᆡ 신국민 이 못된 연고ㅣ라 홀지며, 무슴연고로 국가정신이 업스며 인민 능력이 업는가 ᄒ면 굴ᄋᄃᆡ, 신국민이 못된 연고ㅣ라 홀지오, 무슴 연고로 나라를 ᅮ는 쟈ㅣ 잇스며 무슴 연고로 인민을 ᅮ는 쟈ㅣ잇ᄂ뇨 ᄒ면 굴ᄋᄃᆡ 신국 민이 못된 연고ㅣ라 홀지니 그런고로 굴ᄋᄃᆡ 국민동포가 이십셰긔 신국 민이 되지 못ᄒ고는 불가ᄒ다 ᄒᄂ는 바ㅣ로다.

　　—'이십세기 신국민(이십세게 새국민)', 『대한매일신보』, 1910.2.22

이 논설은 진화론적 사유방식의 생존경쟁에서 우리 국민의 상태가 열패(劣敗)하였음을 전제로, 그 원인이 '신국민(新國民)'이 되지 못한 데 서 비롯된 것이라고 진단한다. 여기서 '신국민', 곧 이십세기를 생존할 새로운 국민은 어떤 국민을 말하는가가 중요하다. 이 논설에서는 "금일 동포가 어떻게 하면 몇 천 년 동안 동양 한 구석진 곳에 고립하여 살던 구시대의 꿈을 버리고 20세기 신국민의 이상을 발휘하며, 어떻게 하면 가히 수백 년 사대주의에 심취하던 구시대의 수치를 씻고 20세기 신국 민의 사업을 진작(振作)하여 현세계 무대상에 명예로운 깃발을 휘날리 게 할까?"라는 명제 아래 '국민의 각오(覺悟)', '국민과 도덕(道德)', '국민 과 무력(武力)', '국민과 경제(經濟)', '국민과 정치(政治)', '국민과 교육(敎 育)', '국민과 종교(宗敎)' 등의 전반적인 문제를 계몽하고자 하였다. 그 내용을 간추리면 다음과 같다.

【 20세기 신국민(二十世紀 新國民)의 계몽 내용 】
ㄱ. 국민의 각오(覺悟)
　갑. 세계의 추세(趨勢): 제국주의 시대(帝國主義時代), 민족주의 시대(民

族主義時代), 자유주의 시대(自由主義時代)로 규정.

을. 문명의 진보(進步): 공맹의 보세장민주의(輔世長民主義) 실현, 루소의 평등 자유정신(平等自由精神)의 성취.

병. 한국의 지위(地位): 열강의 각축장이 되었으며, 그 원인은 '몇 백년 정치의 혼악 빈약', '천하대세를 알지 못하고 경쟁에 실패함', '완고의 습관을 제거하지 못한 것'에서 기인함.

ㄴ. 국민과 도덕(道德)

갑. 평등(平等): '씨족(氏族)의 계급', '관민(官民)의 계급', '적서(嫡庶)의 계급'이 존재함. 평등을 실현하지 못하면 문명국이 될 수 없음.

을. 자유(自由): 자유를 위한 희생이 필요한 이유를 알지 못하고 세력계(勢力界), 사상계(思想界), 현상계(現狀界)의 노예가 되어 수치를 알지 못함.

병. 정의(正義): '사리심(私利心) 혁거', '미신 타파(迷信打破)'를 통한 정의에 면려해야 함.

정. 의용(毅勇): 분투 극렬의 세계에서 의기와 용기가 필요함.

무. 공공(公共): 단체와 공익, 국가를 위한 사상을 배양해야 함.

ㄷ. 국민과 무력(武力): 군국주의 시대 부국강병이 필요함. '국민개병주의', '병기 혁신' 등의 물질적 무력과 정신적 무력을 동시에 갖추어야 함.

ㄹ. 국민과 경제(經濟): 경제 분투의 시대. '생산의 부족', '상업 부진', '유민(遊民) 증가', '정치적 영향' 등의 원인 규명과 해결 필요.

ㅁ. 국민과 정치(政治): 국민의 정치사상 함양이 필요. '전제(專制)', '경제(經濟)', '지식(知識)' 상황에 따라 정치사상이 결핍된 것이므로 이를 개선해야 함을 촉구함. '독립사상', '입헌사상' 배양 강조.

ㅂ. 국민과 교육(敎育): '국가정신', '민족주의', '문명주의', '상무주의(尙武主義)' 교육이 필요함.

ㅅ. 국민과 종교(宗敎): 국민 감화의 주요 수단으로 국민정신을 바탕으로 한 종교가 필요함을 역설함. 구체적으로 유교 개량과 발달, 야소교의 확장

과 본질적 정신 보존 등을 방편으로 제시함.

이상의 각 항목은 국권 상실 직전의 한국 상황과 위기의식, 시대적 요청에 따른 민족적 과제 등을 집약한 것으로 볼 수 있다. 이러한 논설도 근본적으로는 '경쟁시대', '쟁투시대' 등의 진화론적 사유방식이 전제되어 있다. 그러나 제국주의의 진보론, 보호국론, 인종론, 동양론 등과는 달리 민족의 생존과 미래를 전제로 국민정신 함양을 촉구한 점은 국권 침탈기 저항적 민족주의가 택한 계몽적 대응 방식이었다고 할 수 있다. 특히 민족의 진로에 대한 부정적 패배주의적 관점을 벗어나, 국민정신을 적극적으로 주장하고자 한 점은 애국계몽가들의 자기 희생적 대아주의(大我主義)를 반영한 것이라고 해석할 수 있다.

【 二十世紀 新國民 】

論을 此에 結ᄒ리로다. 吾儕가 二十世紀 新國民이라고 題ᄒ 第一日부터 國民同胞에게 何言을 旲ᄒ엿ᄂ고. 曰吾儕가 국민의 覺悟를 論ᄒ 時에 世界 趨勢, 文明進步, 韓國地位를 論ᄒ엿스며 吾儕가 國民의 道德을 論ᄒ 時에 平等 自由, 正義, 毅勇, 公共을 論ᄒ엿스며 吾儕가 國民의 武力을 論ᄒ 時에 精神界와 物質界의 武力發興을 論ᄒ엿스며 吾儕가 國民의 經濟를 論ᄒ 時에 勤勉, 進取, 國民經濟를 論ᄒ엿스며 吾儕가 國民의 政治를 論ᄒ 時에 思想, 能力을 論ᄒ엿스며 吾儕가 國民의 敎育을 論ᄒ 時에 尙武敎育 義務敎育을 論ᄒ엿스며 吾儕가 國民의 宗敎를 論ᄒ 時에 國家的 宗敎를 論ᄒ엿노니, 嗚乎라 同胞여. 同胞ᄂ 試ᄒ야 斯論을 聽ᄒ라. 聽하야 斯論이 可하거던 試ᄒ야 行ᄒ라. 行ᄒ야 二十世紀 新國民이 될지어다. 最終에 吾儕ᄂ 韓國에 對ᄒ 希望을 一論ᄒ노니 某 學者가 亡國의 理由를 說明ᄒ야 曰 (一)國土가 狹ᄒ고 國民이 少ᄒ 國은 必亡ᄒ고 (二) 國民的 國家가 아닌 國(立憲國이 아니오 一二人의 專制ᄒᄂ 國)과 世界大勢를 逆ᄒᄂ 國은 必亡ᄒ다 ᄒ지라. 今此 韓國은 三千里 山河가 有ᄒ니 其国土가 大하며 二千萬 民族이 有

ᄒ니 其国民이 衆ᄒ지라. 然則 国民 同胞가 但只二十世紀 新國民의 理想
氣力을 奮興ᄒ야 國民的 國家의 基礎를 鞏固ᄒ야 實力을 長ᄒ며 世界大勢
의 風潮를 善應하야 文明을 擴하면 可히 東亞一方에 屹立ᄒ야 强國의 基를
誇ᄒ지며 可히 世界舞臺에 躍登하야 文明의 旗를 揚ᄒ지니 嗚乎라, 同胞여.
엇지 奮勵치 아니ᄒ리오.

번역 이에 논설을 맺고자 한다. 우리들이 20세기 신국민이라고 제목을
붙인 첫날부터 국민 동포에게 어떤 말을 드렸는가. 우리들이 국민
의 각오를 논할 때는 세계추세, 문명진보, 한국 지위를 논했으며, 우리가
국민의 도덕을 논할 때는 평등, 자유, 정의, 의용, 공공을 논하였으며, 우
리가 국민의 무력을 논할 때는 정신계와 물질계의 무력 발흥을 논하였으
며, 국민의 경제를 논할 때는 근면, 진취, 국민 경제를 논하였으며, 국민의
정치를 논할 때는 사상, 능력을 논하였으며, 국민의 교육을 논할 때는 상
무교육, 의무교육을 논하였으며, 국민의 종교를 논할 때는 국가적 종교를
논하였으니, 아아. 동포여. 동포는 시험하여 이 논설을 들으라. 듣고 이
논리가 가능하면 시험하여 행하라. 행하여 20세기 신국민이 되어라. 마지
막으로 우리는 한국에 대한 희망을 논하고자 하니, 어떤 학자가 '망국의
이유'를 설명하여 말하기를 (1) 국토가 좁고 국민이 적은 국가는 반드시
망하고, (2) 국민적 국가가 아닌 국가(입헌국이 아니고 한두 사람이 전제
하는 국가)와 세계대세를 거스르는 국가는 반드시 망한다고 하였다. 지금
한국은 삼천리 산하가 있고 국토가 크며 이천만 민족이 있으니 국민이
많다. 그러므로 실력을 기르고 세계대세의 풍조를 잘 따라 문명을 확장하
면 가히 동아 일방에 우뚝 서서 강국의 기초를 자랑할 것이며, 가히 세계
무대에 도약하여 문명의 깃발을 드날릴 것이니 아아. 동포여. 어찌 분려하
지 않겠는가.

—『대한매일신보』, 1910.3.3

이 논설의 결론에서는 20세기 신국민의 자질을 다시 정리하고 신국

민, 곧 국가주의 사상을 갖출 것을 촉구하였다. 특히 통감시대 각종 언론 통제가 존재했음에도 '독립사상'을 부르짖고, '상무교육'을 촉구하며, 결론적으로 '망국론(亡國論)'을 통렬히 비판한 것은 진화론적 문명관을 수용한 저항적 계몽주의가 갖고 있는 특징이라고 할 수 있다.

4.2. 동양주의 비판

저항적 계몽주의는 '동양주의'에 대한 비판에서도 잘 나타난다. 앞서 살펴본 바와 같이, 동양주의는 서구식 진화론적 문명주의에 대응한 일본 제국주의의 식민 이데올로기 가운데 하나였다. 이러한 차원에서 애국계몽기 동양주의를 비판하는 다수의 논설이 발견된다. 다음을 살펴보자.

【 東洋主義에 對한 批評 】

東洋主義者는 何오. 東洋諸國이 壹致團結ᄒ야 西力의 東漸홈을 禦ᄒ다 홈이니라. 此主義를 唱흔 者는 誰오. 壹曰 誤國者니 彼等이 四千載 祖國을 擧ᄒ야 鳩居에 讓ᄒ며 二千萬兄弟를 驅하야 奴籍에 注ᄒᄆᆡ 此世上에 忍立흘 面目이 無흔 故로 此等語로 強히 장撰ᄒ야 上으로 天을 欺ᄒ며 下으로 人을 欺ᄒ야 曰, 現今은 東西 黃白 兩種의 競爭時대라, 東洋이 興則셔洋이 亡ᄒ고, 셔洋이 興則東洋이 亡ᄒ야 其勢가 兩立ᄒ지 못흘지니 今日東양에 生흔 者는 國과 國이 相合ᄒ며 人과 人이 相結ᄒ야 셔양을 抗흘 曰이니 然則吾輩가 國을 賣ᄒ야 셔人에 與ᄒ얏스면 是罪어니와 今에 不然ᄒ야 賣흔 者도 東양人이오 買흔 者도 東양人이니 譬컨듸 楚弓을 楚得홈이라. 吾輩가 何罪리오 ᄒ야 此義로 自解說ᄒ며 此義로 自辨護홈이니 所謂 東양主義가 第壹 此輩의口에 出흔 者오. 二曰 媚外者이니 國勢가 旣此境에 到ᄒ야 全國各權利가 皆外人의 手中에 墮入ᄒᄆᆡ 前日 旁蹊曲逕 蠅營狗苟의 輩가 壹窠官爵을 渴想ᄒ며 幾圓月俸을 苦夢ᄒᄂᆞᆫ듸 此를 求得ᄒᄂᆞ 方法은 惟外人에게 納媚흘

쑨이라 於是乎千方百計를 出호야 彼의 壹嚬壹笑을 求홀시 金錢을 納호면 彼가 喜호나 其喜가 猶小호며 珍寶을 與호면 彼가 悅호나 其悅이 猶淺호고 彼의 大喜大悅홀 바는 惟大韓全國의 國魂을 剝喪호는 壹事가 是라. 此를 能히 剝喪호는 者가 有호면 彼가 其手를 握호며 其吻을 接하고 歌호야 此를 迎호며 舞호야 此를 拜홀지라 故로 壹般奴輩가 此意를 知得호고 各其奇計를 出하야 自家의 國魂을 剝喪코즈 호나 但直接으로 人을 向호야 爾의 國을 忘호고 外國을 事호라 호며 爾의 祖를 背하고 外國을 尊호라 호면 無知尺童도 必也劒을 拔호야 奮起호리니 如此호면 又徒勞無功홀 비라. 於是乎彼奴輩가 其魔心을 竭호야 東양主義라 云호는 魔說을 做出호야 我가 日本의 批頰홈을 怒하거던 彼가 我를 誘호야 曰東양은 壹家니 爾가 無怒하라 하며 我가 日本의 吮血홈을 痛호거던 彼가 我를 欺호야 曰黃人은 同種이니 爾가 無痛호라 호야 明明히 國民을 驅호야 國家主義를 忘호고 東양主義에 醉케 호나니 東양主義가 此輩에서 固호며 三曰 渾沌無識者이니 此等人은 元來獨立主見이 無호고 只是隨波逐浪의 生涯를 嗜호는 者라. 擧世가 靑眼鏡을 帶호면 我도 靑眼鏡을 帶호며 擧世가 黃眼鏡을 帶호면 我도 黃眼鏡을 帶호야 起坐에 人腕을 依호고 是非에 人舌을 效하야 人이 守舊호면 我도 守舊호며 人이 開化호면 我도 開化호야 時世와 推移호던 者로 偶然 今日을 遇호야 政府黨과 壹進會及遊說團의 誘弄과 日人의 籠絡中에셔 東양主義說을 習聞호미 信口로 傳唱호는 者라.

(국문판) 동양쥬의라 호는 쟈는 무엇이뇨 동양졔국이 일톄로 단결호여 셔양의 셰력이 동으로 번져 오는 거슬 막는다 호는 뜻이니라. 이 의론을 쥬쟝호는 쟈는 누구 | 뇨 첫재 나라를 그릇치는 쟈 | 니 뎌희가 스쳔년 조국을 들어다가 놈에게 스양호며 이쳔만 형뎨를 몰어다가 종으로 호젹을 호엿스미 이 셰상에셔 참어 면목을 들 수 업는 고로 이런 말을 억지로 쑤며 내여 우흐로 하늘을 속이며 아리로 사름을 속여 글으되 지금은 동셔양 황인종과 빅인종이 셔로 닷토는 시티라 동양이 흥호면 셔양이 망호고 셔양이 흥호면 동양이 망호여 그 형셰가 둘이 홈쯰 셔지 못홀지니 오늘날

동양에셔 난 쟈ㅣ 나라는 나라끼리 셔로 합ᄒ며 사ᄅᆷ은 사ᄅᆷ끼리 셔로 련결ᄒ여 셔양에 항거ᄒᆫ 날이니 그런즉 우리가 나라를 셔양인에게 풀엇스면 이것은 죄라 ᄒ려니와 이제 그럿치 아니ᄒ여 ᄑᆞᆫ 쟈도 동양인이오 산 쟈도 동양인이니 비유컨ᄃᆡ 초국 사ᄅᆷ이 일허셔 초국 사ᄅᆷ이 엇엇스니 우리가 무ᄊᆞᆷ 죄를 지엇ᄂᆞ뇨 ᄒ여 이 ᄠᅳᆺ으로 제가 스스로 희셕ᄒ며 뎌 ᄠᅳᆺ으로 제가 스스로 변호홈이니 <u>소위 동양쥬의라 ᄒᆞᄂᆞᆫ 거슨 뎨일 이놈들의 입에셔 나온 쟈ㅣ오 둘재는 외국에 아첨ᄒᆞ난 쟈ㅣ</u>니 나라 형세가 이믜 이 디경에 니ᄅᆞ러셔 젼국에 각종 권리가 외국 사ᄅᆷ의 슈즁에 드러가ᄆᆡ 젼일에 방계곡경으로 파리ᄀᆞᆺ치 영영 ᄒ고 개ᄀᆞᆺ치 구구ᄒᄂᆞᆫ 무리들이 벼슬 ᄒᆞᆫ 자리를 갈구ᄒ며 월급 몃 푼을 갈망ᄒᄂᆞᆫᄃᆡ 이거슬 구ᄒ여 엇는 방법은 다만 외국인에게 납쳠ᄒᄂᆞᆫ 것ᄲᅩᆫ이라 어시호 쳔방 빅계를 지어내여 뎌의 ᄒᆞᆫ 번 웃고 ᄒᆞᆫ 번 씽긔ᄂᆞᆫ 것을 슯혀셔 금경을 밧치면 뎌희가 깃버ᄒ나 그 깃버홈이 오히려 적고 보빅를 드리면 뎌희가 반거위ᄒᄂᆞᆫ 바는 다만 대한 젼국의 국혼을 박멸ᄒ여 업시ᄒᄂᆞᆫ 쟈가 잇스면 뎌희는 그 손을 잡으며 그 입을 맛초고 노래를 불너 이거슬 환영ᄒ며 츔을 츄어 이거슬 숭비ᄒᆯ지라 그런 고로 일반 노례의 무리들이 이 ᄠᅳᆺ을 알고 각각 긔이ᄒᆫ 계교를 내여 <u>ᄌᆞ긔 나라의 국혼을 박멸ᄒ여 업시코져 ᄒᆯ 제 다만 직졉으로 사ᄅᆷ을 향ᄒ여 너의 나라를 니져ᄇᆞ리고 일본을 셤기라</u> ᄒ며 너의 조샹을 비반ᄒ고 일본을 존슝ᄒ라 ᄒ면 무식ᄒᆫ 어린ᄋᆞ히라도 필연 칼을 쎄여 들고 본연히 니러날지니 이러케 ᄒ면 ᄯᅩ ᄒᆞᆫ갓 슈고만 ᄒ고 공은 업슬 터인즉 어시호 뎌 노례의 무리들이 그 <u>마귀의 쇠를 궁극히 ᄒ야 동양쥬의라 ᄒᄂᆞᆫ 마귀의 말을 지어내여</u> 우리가 일본에 쌤만ᄂᆞᆫ 거슬 노ᄒ면 뎌희는 우리를 쇠여 갈ᄋᆞᄃᆡ 동양제국은 ᄒᆞᆫ집이니 너희난 노ᄒ지말나ᄒ며 우리가 일본에 기름을 쎌니는 거슬 졀통히 넉이면 뎌희는 우리를 속여 ᄀᆞᆯᄋᆞᄃᆡ 황인종은 동죵이니 너희는 원통히 넉이지 말나 ᄒ여 명명히 국민을 몰어다가 국가쥬의를 니져ᄇᆞ리고 동양쥬의에 취ᄒ게 ᄒᄂᆞ니 동양쥬의가 이 무리에게셔 나온 바ㅣ며 <u>셋재난 혼미 무식ᄒᆫ 쟈ㅣ</u>니 이런 무리들은 원릭

독립의 쥬견이 업고 다만 물결 치는 되로 바름 부는 되로 쓰러가며 성활을 흐는 쟈ㅣ라. 셰상이 푸른 안경을 쓰면 나도 푸른 안경을 쓰고 셰샹이 누른 안경을 쓰면 나도 누른 안경을 써셔 니러나고 안즈미 사름의 눈을 의지흐며 올타 그릇다 흐는듸 늄의 입을 쓰러셔 늄이 슈구흐면 나도 슈구흐고 늄이 기화흐면 나도 기화흐여 셩인도 여셰츄이라 흐는 말을 쥬쟝흐던 쟈들이 우연히 오늘날 나셔 정부당과 유셰단의 유인흠과 일인의 롱락 즁에셔 놀며 동양쥬의라 흐는 말을 닉히 드르미 정션 업시 입으로 옴기는 쟈ㅣ라.

—'동양주의에 대한 비평', 『대한매일신보』, 1909.8.10~11

이 논설에 나타난 바와 같이, 동양주의는 일본 제국주의의 식민 침탈 이데올로기였다. 그런데 국권 침탈기 '일진회(一進會)', '개진회(開進會)' 등의 명칭을 갖고 있던 다수의 친일 매국 단체에서 이 이론을 근거로 '일한병합론(日韓倂合論)'을 펼치고, 심지어는 병합을 위한 건의문까지 내기에 이른다. 이 논설은 이러한 시대 상황을 반영한 논리적 저항 운동으로 나타난 글이다. 이 논설에서는 당시 국내의 동양주의론자를 '나라를 그르치는 자', '외국에 아첨하는 자', '혼미 무식한 자'로 구분하고, 이들이 동양주의를 내세우는 이유를 상세히 분석하였다. 이와 같은 동양주의에 대항하는 정신적 기조는 '국혼(國魂)'을 되찾는 일이었다. 이 점에서 근대 계몽기 애국계몽가들의 계몽 운동의 지향점은 비록 국권 침탈을 회복하기에는 충분한 시간적 여유가 없었지만, '국혼' 또는 '국가정신'으로 대변되는 '민족 의식의 확립'에 있었다고 할 수 있다.

제3장 충군애국과 국가·민족론

고경민

1. 전통적 국가 개념과 근대 국가

1.1. 전통적인 국가에서 근대 국가로의 전환

근대 국가의 개념과 국민의 개념을 규정하는 문제에 있어 근대 국가를 국민국가로 볼 것인가의 문제는 그리 간단한 것이 아니다. 근대 국가의 발전 단계에 대해 기술한 김동택(2002: 362)에서는 16세기에 만들어져 서로를 배타적인 주권체로 인정한 웨스트팔리아 조약 이후의 국가들을 근대국가로 규정하고, 그것의 발전 단계에 따라 절대주의와 국민국가로 구분할 수 있을 것으로 보고 있다.[1] 조선의 경우 개항을 비롯해 대내외적인 압력과 경쟁 속에서 '근대국가'라는 시대적 사명과 과제

---

1) 여기서는 국가 내부의 주권의 소재가 발전해 온 단계에 입각하여 주권이 왕에 존재하는 절대주의 단계와 다시 국민들로 이전되는 국민국가 단계로 구분할 수 있다고 보았다.

를 부여받음과 동시에 현실적으로는 극복하기 어려운 난제를 떠안고 있는 형국이었다. 특히 외세에 대한 경계와 국내 정치의 혼란은 근대국가를 지향했던 시대적 방향을 어긋나게 했던 요인이라 할 수 있다.[2]

박상섭(2009: 174)에서는 서양적 개념이 소개되기 이전의 동아시아, 특히 한국의 전통적 국가의 개념은 상당한 안정성을 누리고 있었다고 기술하고 있다. 그 이유를 두 가지로 제시하고 있는데 첫 번째 요인은 국가라는 틀 자체에 대하여 굳이 새로운 설명을 할 이유가 없었다는 점과 두 번째로 경험과 이론 두 가지 면에서 기존 체제에 대한 아무런 대안이 제시되지 않았다는 점이다. 한국사 전통에서 대안적 국가질서에 관한 성철이 약했다는 것은 기존 체제의 변화를 요구할 수 있는 대안적 세력의 성장이 없었음을 의미하는 것이며, 그 결과 새로운 국가의 틀이 논의될 수 있는 계기가 마련되지 않았다는 것이다.

전통적인 중화체제의 입장과 관점에서 세계를 인식했던 조선은 개항을 통해 서구 세계에 대한 이해가 필요했고, 이를 위해 다양한 서구의 국제법 이론이 소개되기 시작한다.[3]

국제법이나 국가학과 관련한 지식의 보급은 전통적인 관점에서의 '국가'의 개념과는 사뭇 다른 양상에서 전개되었으며, 이는 전통적인 개념 안에 서구의 국가 개념을 덧붙여 이해하는 방식과 서구의 국가 개념 자체를 직접적으로 인용하고 기술하는 방식으로 이분화 되었다.

전통적인 국가 개념의 안에서 새로운 개념으로써의 국가를 설명하는 방식은 아래에서 제시한 인용문과 같이 '집'이나 '나무' 등을 비유로 국가의 역할을 설명하고 있으며, 국가요소설이나 국가유기체설에서 국가

---

2) 김동택(2002: 380)에서는 지식인들이나 지배계급들은 국민을 단지 동원의 대상으로만 간주하였으며, 지식인들이나 지배계급들은 국가의 강화를 위해 국민 형성의 필요성만 느낄 뿐 현실적인 제도화로 이루어지지 못한 점을 지적한 바 있다.

3) 김동택(2002: 366)에서는 국가 및 국제 관계에 대한 근대적 개념이 전파되는 과정에서 독일과 미국의 정치학 교과서들의 번역 양상을 소개하면서 대표적으로 「만국공법」, 「공법회통」이 어떠한 과정으로 수용되었는지를 기술하고 있다.

를 이루는 각각의 구성 요소를 중시하는 것과는 다른 시각을 엿볼 수 있다.

【 나라는 곳 일개 큰집 】

대뎌 나라는 곳 일개 큰 집이라 뎌 녯사룸의 닐은 바 나라이라 ᄒᆞ는 쟈는 집의 큰 거슬 닐음이라 ᄒᆞᆫ 말이 실노 허ᄉ된 말이 아니로다 동셔에 널녀 잇는 각 국이 모다 뎌의 민족의 쥬접ᄒᆞᆫ 집이니 그런 고로 그 민족이 그 나라를 일흐면 곳 그 집을 일홈과 ᄀᆞᆺᄒᆞ며 그 <u>나라를 보존ᄒᆞ면 곳 그 집을 보존홈과 다름이 업ᄂᆞ니라</u> 이 대한뎨국으로 의론홀지라도 아셰아 동방에 놉히 셰운 일개 큰 집이라 곳 대한 민족의 쥬접ᄒᆞᆫ 집이로다 근일에 엇던 요망ᄒᆞᆫ 무리들이 ᄌᆞ긔 나라와 다른 나라를 ᄒᆞᆫ집이라 쥬론ᄒᆞᆫ 쟈ㅣ 잇스니 오호ㅣ라 이 무리들이여

ᄌᆞ긔 나라와 다른 나라를 ᄒᆞᆫ집이라 ᄒᆞ면 두 집 중에 ᄒᆞᆫ집은 명칭을 업시ᄒᆞ여야 가ᄒᆞ니 이 나라이라 ᄒᆞᆫᄂᆞᆫ ᄒᆞᆫ집이 업셔지든지 뎌 나라이라 ᄒᆞᆫᄂᆞᆫ ᄒᆞᆫ집이 업셔지든지 좌우간 ᄒᆞᆫ집은 업셔야 ᄒᆞᆫ집이라 ᄒᆞᆫᄂᆞᆫ 거시 당연ᄒᆞ지 두 집의 명칭을 그뒤로 두고야 엇지 ᄒᆞᆫ 집이라 홀가

—『대한매일신보』, 1909.5.13

【 대개 나라를 다ᄉ림이 집을 짓는 것과 】

대개 나라를 다ᄉ림이 집을 짓는 것과 다름이 업스니 누구던지 집을 지을ᄊᆡ에 몬져 터를 단단이 다지고 쥬초를 견고케 셰운 연후에 기동과 들보를 됴흔 ᄌᆡ목으로 션ᄐᆡᆨᄒᆞ야 쟝광 쳑슈를 다 맛게ᄒᆞ고 연목과 기와를 ᄉ방에 광구ᄒᆞ야 조곰도 부족지탄이 업게ᄒᆞ며 토역과 면회를 아모됴록 보기됴케 ᄒᆞ야 도모지 미흡ᄒᆞᆫ 곳이 업게ᄒᆞ고 쟝원과 울타리를 튼튼이 ᄒᆞ야 범빅이 다 합당ᄒᆞᆫ 연후에야 비록 급ᄒᆞᆫ 바람이 불고 큰 쟝마가 질지라도 가옥이 아모 근심이 업시 몃십년을 지나도록 그 집쥬인이 틱평 안과ᄒᆞᆫ 법이지 만약 당초에 집지을째 브터 그렁져렁 되ᄂᆞᆫ뒤로 시작ᄒᆞ야 비슙

흔 싸에 터도 다지지 아니ᄒ고 쥬초도 멍싴으로만 셰우ᄂᆞᆫ체 ᄒᆞ며 기동과 들보도 되지못ᄒᆞᆫ 나무를 쟝단을 불계 ᄒᆞ고 도막을 이여셔 맛추고 기와도 부죡흔것을 억지로 덥허두며 연목도 가늘고 좀먹어셔 능히 지팅치 못ᄒᆞ며 토역과 면회를 변변이 아니 ᄒᆞ야 조곰만 비가오면 흑덩이가 ᄉᆞ면에셔 써러지고 쟝원과 울타리가 튼튼치 못ᄒᆞ야 도적이 임의로 츌립ᄒᆞᆯ 디경이면 오리지 아니 ᄒᆞ야 그 집이 보젼키가 어려울것이니

—『제국신문』, 1900.2.13

'집'을 비유로 국가의 개념을 설명했던 것과 비슷하게 '국가'를 '가족'의 집합체로 이해한 논의도 살펴볼 수 있다.

【 역사와 애국심의 관계 】

今 夫 國이란 者ᄂᆞᆫ 一家族의 結集體(西諺에 云 國家란 者ᄂᆞᆫ 家族 二字의 大書)며 歷史란 者ᄂᆞᆫ 一國民의 譜牒이라. 此 譜牒 中에 吾祖 吾宗의 功烈도 記ᄒᆞ며 恥辱도 記ᄒᆞ며

번역 대저 나라라는 것은 일 가족의 결집체(서양말에 국가는 가족 두 자를 확대한 것)이며 역사라는 것은 일 국민의 보첩이다. 이 보첩 중에 우리 조종의 공열을 기록하며 치욕도 기록하며

—신채호, '역사와 애국심의 관계', 『대한협회회보』 2호, 1908.5

이러한 전통적 관념의 국가에 대한 틀이 근대적 국가관으로 바뀌기 위해서는 무엇보다 현재의 국가에 대한 성찰이 있어야 하며, 이는 당연하게 생각되었던 당시의 정치 체계나 질서가 전혀 다른 틀로 바뀔 수 있다는 인식에서 출발해야 하는 것이었다.

한말의 상황은 현재의 국가가 제 기능을 수행하지 못한다는 문제의식과 이를 위한 대안을 고민하던 시기이면서 동시에 이러한 의심과 고민을 감춰야 했던 시기이기도 하다. 박상섭(2009: 123)에서는 서양의 존

재를 인식하고 있던 초기 개화파의 개혁사상은 '동도서기(東道西器)'라는 말에서 암시하고 있으며, 이 시기의 '개혁'은 주어진 정치체제나 사회질서의 근본적 회의에서 시작된 개혁이 아닌 주어진 기성의 정치와 사회체제의 틀을 깨지 않는 범위 안에서의 기술적 변화를 모색하는 논의였다고 보았다. 이러한 기술적 변화 혹은 부분적 변화는 이 시기 국가문제에 대한 새로운 성찰이 수반된 것으로 볼 수는 없을 것이다.

【 대뎌 산이른 것은 흙덩이를 모히여 일운것이오 】

대뎌 산이른 것은 흙덩이를 모히여 일운것이오 바다른 것은 닌물을 합ㅎ야 된거시라 비유컨디 <u>빅셩은 물과굿고 국가는 빅와굿고 함쟝은 님군과 굿고 정부는 긔계와 굿흐여 물이 업스면 빅가 왕리홀수 업고 빅가잇고 함쟝이 업스면 그빅를 부리지 못ㅎ느니</u> 그런고로 물이 잇슨후에 빅가잇고 빅가 잇슨후에 함쟝이 잇고 함쟝이 잇슨후에 긔계가 싱긴지라 이와굿치 빅셩업는 나라이업고 나라업는 님군이 업는지라 그님군이 그빅셩을 잘두스리야 빅셩이 원망이업고 그빅셩이 그님군을 잘셤기야 그님군이 평안홀지라

—『협성회회보』, 1898.1.26

위 인용문에서와 같이 한말의 국가를 이루는 중요한 요소 가운데 하나는 바로 '임금'이었다. 전통적인 국가관에서 '주권'은 당연히 군주에게 있는 것이었고, 군주를 제외한 국가의 구성은 상상할 수 없는 일이었다. 백성과 주군의 관계는 전통적인 국가를 이루는 근간이며, 여기에는 정부의 역할도 포함되는 것이다.

【 政府 亦 國民 】

政府도 人民也오, 不是天降地湧神聖嶽崇的 特別 一種이라. 盖 人民性質才稟이 不能無善惡之混雜ㅎ야 詐欺爭奪을 理所難免則不得不有制治之術而其

人民이 不能自制自治 故로 不得不 另立管理防範之標準ᄒ니 政府者는 只此 標準之所立也라

번역 정부도 인민이요, 하늘이 내린 땅에 신성한 산악의 특별한 것이 아니다. 대개 인민의 성질과 재주와 품성이 선악이 혼잡한 것이 아니로되, 사기 쟁탈이라는 이치를 면하기 어렵기에 부득불 통치술을 만들고 그 인민이 자제하고 자치하지 못함으로 부득불 방범(防範)의 표준을 만드니 정부라는 것은 다만 이 표준을 세우는 것일 뿐이다.

—'政府 亦 國民', 『황성신문』, 1902.4.4

전통적 국가 개념은 나라를 다스리는 '치국(治國)'에 대한 논의를 통해서도 살펴볼 수 있다.

【 나라의 근본 】

영국 선교ᄉ 샹목ᄌ – ᄀᆯᄋᄃᆡ 나라를 다스림이 오직 나무를 심으는것과 ᄀᆺ하여 몬져 그 근본을 비양홀지라 나무의 ᄲᅮᆯ이가 깁고 단단ᄒ면 그 가지와 입ᄉ귀가 ᄌ연히 무셩ᄒ고 실과가 누누히 ᄆᆽ칠것이오 만일 ᄲᅮᆯ이가 깁지 못ᄒ야 단단치 못ᄒ면 가지와 입이 마를ᄲᆫ 아니라 큰 바람이 불고 쟝마 비가 나릴 ᄶᅢ에는 반다시 너머질 넘녀가 잇다 ᄒ엿스니 나무는 곳 나라 집이요 ᄲᅮᆯ이는 나라 도학의 교화오 가지와 입ᄉ귀는 나라의 법률과 긔계요 풍우와 쟝마는 국가의 환란과 직앙이라 그런즉 도학을 슝샹ᄒ 후에 사름의 ᄆᆞ음이 발나지고 교화가 힝ᄒ 후에 나라 형세가 울흥ᄒ 지라 동양 글에 ᄀᆯᄋᄃᆡ 하늘이 명ᄒ신것을 닐ᄋᄃᆡ 셩품이라 ᄒ고 셩품을 거ᄂᆞ림을 닐ᄋᄃᆡ 도라 ᄒ고 도를 닥금을 닐ᄋᄃᆡ 교라 ᄒ고 ᄯᅩ ᄀᆯᄋᄃᆡ 도가 사름을 멀니 ᄒ지 안코 사름이 도를 멀니 ᄒ다 ᄒ엿스니 동양 사름들을 ᄃᆡ ᄒ야 도가 업다 ᄒ는것이 아니라 잇셔도 힝치 아니 ᄒ면 도가 업는 것과 갓다 홈이라

—『독립신문』, 1899.9.12

전통적인 시각에서의 국가관은 유길준의 『서유견문』에서도 잘 나타나 있다.[4] 유길준은 국가가 기본적으로 국가를 구성하는 사람들이 역사적으로나 정치적, 문화적으로 동질성을 갖고 있는 것으로 정의하였다. 박상섭(2009: 133)에서는 유길준의 국가 관념의 전통적 성격은 그가 국가를 생각하면서 주군의 존재를 반드시 전제로 하고 있다는 점에서 살펴볼 수 있다고 언급한 바 있다. 유길준은 효과적인 국가의 존재를 주군의 존재에서 찾았다는 것이다.

전통적 국가의 개념에서 근대 국가로의 전환이 이루어진 일의 시작은 근대 국가의 개념이 담긴 서구의 국가 이론이 소개되면서부터이다. 1905년을 기점으로 상당수의 국가학 관련 교과서가 편찬되었으며, 휘튼이나 블룬츨리의 저서가 번역되어 소개되기도 했다.

이 시기 국가학과 관련한 대표적인 서적은 아래와 같다.[5]

【 근대 계몽기 국가학 관련 교과서 】

교과서명	편저자	연도	발행자
强者의 權利競爭	劉文相	1908	義進社
國家思想學	鄭寅琥	1908	鄭寅琥
國家學	金祥寅 譯述	1906	
國家學綱領	伯倫知理 著, 安鍾和 譯	1907	金相萬
國民須知	金宇植	1907	金相萬
國民自由進步論	劉鎬植	1908	古今書海館
大家論集	大垣丈夫 著, 劉文相 譯	1908	弘文館
民族競爭論	劉鎬植	1908	古今書海館
列强의 現勢	尹台鎮, 河九鏓	1908	
外交通義(上·下:2책)	長岡春一	1907	普成館
二十世紀之大慘劇帝國主義	卞榮晩	1908	金相萬

---

4) "나라라고 하는 것은 한겨레의 국민들이 한 폭의 대지를 차지하여 살면서 언어, 법률, 정치, 습속과 역사를 같이하며, 또 같은 임금과 정부를 섬김으로써 이해관계와 치란 여부를 같이하는 공동체이다."(유길준, 허경진 역(2004), 『서유견문』, 321쪽)
5) 해당 시기의 국가학 관련 문헌은 김효전(2005)을 참조할 수 있다.

政治原論	安國善	1907	安國善
政學原論	普成館	1908	普成館
地方行政論(全)	趙聲九 撰述	1908	中央書館

나진·김상연이 역술한 「국가학」은 독일의 블룬칠리의 일본어 번역본을 재번역한 것이며, 또다른 블룬칠리의 저작인 「국가사상학」은 1908년 정인호에 의해 출판된 것이다.[6]

국가 관념의 고취는 당시 근대교육에서는 필수적인 것으로 국가학은 대부분의 전문학교 교과목과 법률 교과안에 포함되어 있었다. 김효전 (1996: 449)에서는 이러한 교과서류의 발간이 폐지된 과거를 대신한 공무원 선발고사의 준비용으로 사용되면서 꽤 많은 수요가 있었을 것으로 보고 있다. 이밖에 유성준의 『법학통론』(1905)[7]이나 주정균의 『법학통론』(1908)[8] 등의 법학 서적들도 이러한 맥락에서 출간된 것이라 할 수 있다.

이렇듯 다양한 국가학 관련 서적의 편찬과 국가학 교육은 근대 국가의 개념을 정립하는 데 큰 영향을 미쳤으며, 이를 수용한 지식인들의 근대국가관을 형성하는 계기가 되었다. 다음 절에서는 이렇게 정립된 근대 국가관이 어떤 방식으로 발현되었으며, 이 시기 근대국가를 이루는 요소는 어떻게 변화했는지를 살펴보기로 한다.

---

6) 「국가사상학」은 량치차오가 한문으로 번역하여 실은 「국가사상변천이동론」과 「각국헌법이동론」을 합쳐서 출판한 것이다.

7) 최초의 법학통론 교과서라 할 수 있는 유성준의 『법학통론』에서는 국가를 일정한 토지와 인민, 그리고 일정한 통치권을 가진 것으로 보았다.

8) 주정균의 『법학통론』에서도 국가의 관념을 설명한 부분이 있으며 그는 여기서 국가를 구상적인 것과 추상적인 것으로 나눠 기술하고 있으며, 구상적인 부분에는 국가의 여러 요소를 설명하고 있다.

1.2. 근대 국가의 성립과 요건

1899년에서 1905년까지의 시기는 정치적으로나 사회적으로 매우 혼란한 시기였다. 1897년 대한제국이 선포된 이래 1898년 독립협회의 해산, 1899년 대한국국제의 반포 등 국가 권력을 유지하고, 황제권을 지키기 위한 다양한 시도가 계속된 시기이기도 하다. 기존의 체제를 유지하고, 황제의 권한을 지키려 했던 움직임은 근대 국가 건설이라는 목적으로 이루어진 것은 아니었다. 김동택(2007: 171)에서는 1905년 이후 활발하게 나타났던 계몽 운동과 다양한 정치적 움직임 그리고 활발하게 논의되었던 정치체제 구상은 역설적이게도 황제권의 약화로 인해 초래된 측면이 강하다고 보았다. 황제권이 모든 정치적 논의를 제약하고 있었던 상황에서 황제권 강화에 근거한 근대 국가건설노선이 실패로 돌아가면서 오히려 새로운 정치체제에 대한 논의는 활기를 띠게 된 것이다.

전통적인 국가 관념 안에서 근대 국가로의 전환에 있어 당시의 '부국강병(富國強兵)'의 길은 '문명화'라는 견해가 지배적이었다. 『독립신문』과 『매일신문』에서는 연일 '문명'이나 '자주', '독립'에 대한 논설이 쏟아져 나왔고, 부강하고 자주독립하는 최선의 길은 문명화를 통해 이어지는 것이라 생각했다. 문명화의 방법에 대해서 '교육'과 '풍속의 개선'을 주장하기도 했는데 이는 『독립신문』과 『매일신문』의 아래의 논설을 통해 살펴볼 수 있다.

【 청국 사름들이 몃 천년을 싱각 ᄒ기를 청국이 세계 즁에 뎨일 기화ᄒᆫ 나라히요 】
만일 죠션 사름들이 쏨을 씌여 가지고 물을 주여 먹어 가면셔도 진보ᄒ야 공평 ᄒ고 뎡직 ᄒ고 편리 ᄒ고 <u>부국 강병ᄒᄂ 학문과 풍속을 힘쓰거드면</u> 죠션 사름도 영길리나 미국 사름만 못 ᄒ지 안 홀터이요 죠션도 청국을 쳐 요동과 만쥬를 차지 ᄒ고 비샹 팔억 만원을 밧을터이니 원컨되 죠션 사름들은 ᄆ 음을 크게 먹어 십년 후에 요동 만쥬를 차지 ᄒ고 일본 되마도를 차져 올 싱각들을 ᄒ기를 ᄇ라노라 ᄒ면 될터이니 결심 ᄒ야 홀 싱각들만 ᄒ고 못 되려니와ᄂᆞᆫ 싱각지 말지어다

—『독립신문』, 1896.8.4

그러ᄒ즉 인민에 마음을 열고 ᄭᅢ닷게 ᄒ랴ᄒ면 무엇이 뎨일 힘쓸것인 고 무르면 학교를 확장ᄒ야 인민의 ᄌᆞ녀간 모라다가 ᄒᄂᆞ도 무식 ᄒ사람 이 업게 ᄒ연후에야 기화라 ᄒᄂᆞᆫ것을 경영 홀터인즉 학부 대신이 지금은 ᄆᆞ우 한가ᄒ 모양이나 이셰월에 학부 관인이 엇지 한가홀 ᄯᅥ리오 아모조 록 혼모ᄒ 졍신을 차려 부부 읍읍 방망 곡곡이 학교 셜립 ᄒ기를 간절이 바라노라

—'아즉 열니지 못ᄒ 나라 사름들이 혹 기화 ᄒ얏다고 ᄒ며 혹',

『매일신문』, 1898.10.3

'깨우치는 것의 필요성'에 대한 논의는 비단 교육에만 있지는 않았 다. 나라의 규칙과 법을 지키고, 자신의 본분을 다하는 것 역시 국가가 발전하는 길이라 여겼고, 이러한 내용의 논설은 『독립신문』에 상당수 실리게 된다. 또한 '부국강병'에 대한 모색과 문명화는 '회사'를 통해 가능하다는[9] 논의도 등장하는데 이때의 문명화는 정치제도를 수용하

---

9) 『한성순보』 1883년 11월 20일, 『會社設』 요즈음 서양 제국에서는 모두 會社를 설립하여 商人들을 부르고 있는데, 실로 부강의 基礎라 하겠다. 대저 상업이란 한 고장에 없는 것을 영영 없도록 하는 것도 아니며, 한 고장에 있는 것을 독점하여 자기 소유를 삼게 하는 것이 아니라, 반드시 이곳에 있는 물건을 저쪽 없는 곳에 공급하는 것이다. 또 저쪽에 남는 물건을 부족한 이쪽에다 보태주는 것이니, 이는 하늘이 사람을 기르고, 사람이 생을 누리는 방법이다. 이를 버리고 하지 않으면 農·工이 모두 피폐해져, 하늘은 사람을 기르 지 못하고, 사람은 생을 보존하지 못한다. 그렇기 때문에 옛날 聖人이 周易의 噬嗑의 象을 보아 사람들에게 낮에 시장에 가交易하기를 가르친 것이다. 그러나 동방의 상인들은 지 금까지 4천여년을 지내오는 동안, 단지 한사람 단독으로 무역하고 바꿀 줄만 알았지, 여러 사람이 모여 함께 경영할 줄은 몰랐기 때문에 상업이 성하지 못하고, 나라 형세가

거나 체제를 바꾼다는 개념이기보다는 계몽 차원에 머물러 있는 것이라 할 수 있다.

【 죠션이 쇽히 ᄆᆞ음을 결단 ᄒᆞ야 나라이 진보 ᄒᆞ야 가고 】

죠션이 쇽히 ᄆᆞ음을 결단 ᄒᆞ야 나라이 진보 ᄒᆞ야 가고 <u>규측과 법률이</u> <u>ᄒᆞᆫ글ᄀᆞᆺᄒ</u> 전국에 잇ᄂᆞᆫ 인민이 무론 샹하 귀쳔 ᄒᆞ고 <u>ᄌᆞ긔의 직무들을 ᄒᆞ며</u> 엇더케 ᄒᆞ면 ᄌᆞ긔 몸에들 유죠 ᄒᆞ고 ᄌᆞ긔 나라에 유죠 ᄒᆞ야 셔로 돕고 셔로 ᄉᆞ랑 ᄒᆞ야 친 형뎨간이라도 ᄒᆞ나이 협잡을 ᄒᆞ던지 법률과 규측에 어기ᄂᆞᆫ 일을 ᄒᆞᆼ ᄒᆞ거드면 형이나 아우가 셔로 ᄭᅵ다라 주어 그른 일을 ᄒᆞ거드면 다ᄆᆞᆫ ᄌᆞ긔 ᄒᆞᆫ 몸에ᄆᆞᆫ 히가 잇을 ᄲᅮᆫ이 아니라 집안에 히가 잇ᄂᆞᆫ거슬 일너 주고 ᄌᆞ긔 ᄒᆞ나이 잘 못 ᄒᆞᄂᆞᆫ 히가 젼국에 밋쳐 몃빅 만명 동포 형뎨가 그 히를 입을 거슬 싱각 ᄒᆞ고 만사를 ᄒᆞᆼ ᄒᆞ게 되여야 졍부에서 벼슬 ᄒᆞᄂᆞᆫ 사ᄅᆞᆷ이 ᄌᆞ긔 몸을 위 ᄒᆞ야 벼슬을 낸거시 아니요 젼국 인민을 위 ᄒᆞ야 ᄌᆞ긔를 벼슬을 식혀 빅셩이 낸 돈을 들들이 주어 가면셔 일 ᄒᆞ라 ᄒᆞᆫ거신즉 국은과 빅셩의 은혜를 입고 일을 별노히 잘은 못 ᄒᆞ더라도 그 나라와 그 빅셩의게 히ᄂᆞᆫ 업ᄂᆞᆫ 일은 ᄒᆞ여야 홀터인ᄃᆡ

—『독립신문』, 1897.5.29

'문명화'를 위한 교육과 학교 설립을 강조했던 한말의 이러한 논의들은 근대 국가를 형성하는 '국민'의 개념 확립에 지대한 영향을 미쳤으며, 이후 본격적인 근대 국가의 요건을 논의하는 발판을 마련하게 된다. 한말에 유입된 서구의 국가 이론은 '교육'과 더불어 근대 국가 개념

떨치지 못한 지가 오래였다. 저 서양은 그렇지 않아서 한 사람 혼자 힘으로 무역할 수 없으면 반드시 10명이 함께 하고, 10명의 힘으로도 되지 않으면 반드시 백명·천명이 함께 한다. 그래서 크고 작은 일이 성사되지 않음이 없어, 한 집안이 넉넉해지고 나라가 부강하여, 다만 한 고장에서 안녕을 누릴 뿐 아니라 반드시 온 천하에서 우뚝하고자 한다. 이로 본다면 商社의 사업 역시 시일을 다투는 急務이므로 서양 사람들의 成法을 同志들께 알린다.

을 성립하는 데 중요한 요소로 작용한다. 특히 국가학과 관련한 서적의 편찬과 번역 등은 전통적인 국가관에서 벗어난 '국가요소설'이나 '국가 유기체설'과 같은 이론을 소개함으로써 근대 국가관 성립을 위한 논의의 출발점이 되었다. 국가유기체설[10]은 국가를 이해하고, 설명하기 위해 국가를 유기적인 자연현상에 비유하는 것으로 국가가 유기체가 갖는 여러 자연적 성질을 지닌다고 본 것이다. 칼 슈미트(1988)는 이러한 유기체적인 국가의 성질을 일곱 가지로 설명하기도 했다.[11]

국가유기체설은 독일의 법학자 '블룬츨리'의 저작에 상당한 영향을 받았다고 할 수 있다. 블룬츨리는 국가를 일정한 국토에 있어서 정치적으로 조직화된 국민 인격이라고 보았고,[12] 근대국가의 지표를 '국민', '국토', '정치조직', '윤리적·정신적·남성적', '유기적 존재', '총체성'으로 제시하였다. 또한 블룬츨리와 함께 한말 근대 국가관 형성에 영향을

---

10) 김동택(2002: 371)에서는 국가요소설의 경우 인민, 토지는 모두 공통적으로 사용하고 있으나 논자에 따라 군주, 정치조직, 주권 등 다양한 표현을 사용하고 있으며, 국가유기 체설은 군주를 국가를 구성하는 하나의 요소로 병치하고 있다고 기술한 바 있다.

11) 칼 슈미트 저, 김효전 역(1988) 참조.
　첫째, 국가는 비기계적이며, 이는 국가가 관료제와 같은 도구적 성질과는 다르다는 것이다.
　둘째, 국가는 비외부적이며, 군주는 초월성을 상실한 국가의 기관일 뿐이다.
　셋째, 국가는 비상부적이며, 국가를 구성하는 전원의 공동의사 속에 있는 것이다.
　넷째, 국가는 비강제적이며, 국가의 결정은 타협이나 양해, 토론을 통해 이루어진다.
　다섯째, 국가는 비원자적이며 비개인주의적이다.
　여섯째, 국가는 비개별주의적이며, 이는 연방주의에 반하는 중앙집권주의를 의미하는 것이다.
　일곱째, 국가는 모든 능동적이고 의식적인 것에 대립한다.

12) 우남숙(2000: 122)에서는 블룬츨리의 국가관에 대해 상세히 논의하고 있는데 블룬츨리의 국가관에서 중요한 여섯 가지를 다음과 같이 제시하고 있다. 첫째, 국가의 인적 구성 요소로서 국민을 제시한다는 점. 둘째, 국가는 자연적 구성 요소로서 고정적이며 지속적인 국가영역인 국토를 가진다는 점. 셋째, 국가는 단순한 임의적 집합체인 사회가 아니라 치자·피치자의 구별이 있는 이른바 의사의 통일과 그 의사를 국가적으로 표현하는 권력을 가진 강제조직의 국가라는 점. 넷째, 국가란 국민의 느낌들과 생각을 수용하여 법으로 표현하며 행위로서 실현화할 수 있는 윤리적·정신적 유기체인 것. 다섯째, 국가의 유기적 본질은 국가를 구성하는 다양한 요소가 기계의 일부가 아닌 신체를 구성하는 부분과 같이 각기 임무를 다하며, 유기적 전체로서 존재하는 것. 여섯째, 국가는 정치적 기초로서 「총체성」을 갖는 것이 그것이다.

미친 량치차오(梁啓超) 역시 국가가 인체와 같이 다양한 구성 요소가 각각의 기능을 수행함으로써 유기체로서의 인격을 갖는 것이라고 보았다. 량치차오에 의하면 국가란 개인이 자신의 생존과 안위를 위해 선택한 것이며, 개인의 필요에 의해 국가가 성립했고, 개인의 이익을 위해 이익을 추구한다면 이것이 국가의 수단이 되고, 개인이 국가를 가치 있게 하는 원천이 될 것이라 보았다. 결국 근대국가의 성립과 근대국가의 권위는 국민에 의해 창출되는 것이며, 이를 위해 '국민'은 국가의 강한 경쟁력이 될 수 있는 자질을 갖춰야 한다고 본 것이다.

【 신민설 】

나라는 백성이 쌓여서 이루어진다. 나라에 백성이 있는 것은 몸에 사지·오장·혈맥이 있는 것과 같다. 사지가 단절되면 오장도 제대로 기능하지 못하고 혈맥도 상처입고 혈관도 마른다. 그러므로 몸도 더 이상 지탱할 수 없다. 나라도 마찬가지이다. 백성이 어리석고 나약하고 비겁하고 뿔뿔이 흩어져 있고 혼탁한데도 나라가 성립할 수는 없다. 불로장생하기를 바란다면 섭생술을 연구해야 할 것이며, 나라의 평안과 번영을 바란다면 신민(新民)의 도를 강구해야 할 것이다.

—량치차오, 『신민설』 제1절 1면[13]

량치차오의 이러한 논의[14]는 이후 신채호(申采浩), 박은식(朴殷植), 현채(玄采), 장지연(張志淵)과 같은 한말의 지식인들에게 영향을 주었으며, 국가유기체설 혹은 국가요소설에 의거한 다양한 논의를 펼치는 사상적 기반이 되었다. 이러한 논의는 근대 국가를 구성하는 요소와 요건에

---

13) 본문에 인용한 내용은 이혜경(2006)의 해석과 번역에 따른 것이다.
14) 신민설(新民說)을 통해 량치차오는 근대 국가의 이념인 자유, 평등, 권리, 자주 등이 필요하다고 역설하였다. 특히 이러한 이념을 사적인 영역과 공적인 영역으로 구분하고, 자유정신, 권리정신, 자주정신 등은 국가사상, 의무사상 등과 함께 근대국가의 개개인이 갖춰야 할 공적인 덕목이라 보았다.

대한 논의로 이어지게 된다. 국가요소설이나 국가유기체설이 당대의 많은 지식인들에게 환영받았고, 이를 근거로 근대 국가관에 대한 논의를 펴기도 했지만 국권보다는 민권의 입장에서 보거나 국가유기체설 자체에 대한 비판의 목소리[15]도 있었다. 박찬승(2002: 204)에서는 김영기와 문일평의 논의[16]를 소개하면서 국가의 운명을 국민의 자유와 자립 능력에 관련하여 살핀 지식인들의 견해를 제시하고 있다.

【 國民의 須知 】

국가는 만민의 몸이모여 흔아히 된것이니 그 본뜻을 말흐건뒤 <u>토디는</u>
<u>국이라흐고 인민은 가라흐야 이두가지를 합흐면 국가이라</u> 그러나 토디와

---

15) 국가유기체설에 대한 비판의 목소리는『대한협회회보』3호에 실린 설태희의 논설에서 찾아볼 수 있다. "第一. 有機體說: 有機體라 흠은 此를 組織흐는 分子가 其 全體와 類似한 性質을 有흐야 各 分子로 獨立活動흐는 者를 指稱흠이니 此有機體說을 唱흐는 學者는 國家 도 亦 此와 同흐야 各 個人의 集合에만 不止흐고 別로 國家라 흐는 一體를 成흔 者ㅣ라 云흐니 此 說은 古時에 唱導된 것이나 十九世紀에 當흐야 自然法學派의 反動을 作흐야 歷史法學者의게 依흐야 主唱흐니 此 說이 再盛이라 自然法學派는 國家로써 人의 任意에 作成된 者ㅣ라 흐고 此 有機體說을 唱흐는 者는 國家는 人爲로써 製造키 不得홀 者오 全혀 有機體와 如히 自然成長發達흔 者ㅣ라 說明흐나 然이나 此 說은 單國家는 人爲에 依흐야 作成된 者에 不在라 흐는 說明에 止홀 뿐이오 國家法律上 研究에는 全然 無益흔 說이라. 何以然之오 有機體라 흐는 思想은 法律意外의 觀念으로 國家로써 直有機體라 說明홀은 一比喩에 止흔 者ㅣ라(제1 유기체설: 유기체라는 것은 이를 조직하는 분자가 그 전체와 유사한 성질이 있어 각 분자로 독립 활동하는 것을 지칭하는 것이니, 이 유기체설을 주장 하는 학자는 국가도 또한 이와 같아 각 개인의 집합에 그치지 않고 특별히 국가라는 일체를 이룬 것이라고 한다. 이 설은 옛날에 주장된 것이나 19세기 자연법학파의 반동으 로 역사법학자들이 주장하였으니, 이 설이 다시 융성한 것이다. 자연법학파는 국가가 사람의 임의에 따라 이루어진 것이라 하고, 이 유기체설을 주장하는 자는 국가는 인위로 만들기 어려우며, 모두 유기체와 같이 자연 성장 발달한 것이라고 설명한다. 그러나 이 설은 단지 국가가 인위에 의해 만들어진 것에 불과하다는 설명에 그칠 뿐이요, 국가 법률 상 연구에는 전연 무익한 설이다. 왜 그런가. 유기체라는 사상은 법률 외의 관념으로 국가가 곧 유기체라고 설명한 것은 하나의 비유에 지나지 않는다)."

16) 박찬승(2002: 205)에서 김영기의 "국가는 인격의 합성자라. 국가를 구성한 개개 분자가 인격을 먼저 길러 자유를 회복하며, 생존을 유지한 연후에야 인격의 합성자의 자주권도 이를 따라서 완전히 성립할 것"이라는 주장과 문일평의 "국가의 자주 독립의 근원은 개 인의 자립에 있으며, 개인이 자립하지 못하면 국가도 독립하지 못할 것"이라는 논의를 소개하고 있다.

인민이 잇고라도 국가라 홀슈업고 반다시 일뎡혼 졍치가 잇슨연후에야
국가라홀지니 졍치라ᄒᆞᄂᆞᆫ것은 졍부를 베풀고 다ᄉᆞ리ᄂᆞᆫ법을 세움을 일음
이라 군쥬국에ᄂᆞᆫ 황뎨가잇고 공화국에ᄂᆞᆫ 대통령이잇셔 그아ᄅᆡᆨ빅가지 졍
령을 거ᄒᆡᆼᄒᆞᄂᆞᆫ 대소관리를 두고 국가의ᄉᆞ무를 쳐리ᄒᆞ나니라.

—『제국신문』, 1907.7.21

위 인용문에서는 국가가 만민의 몸이 모여 된 것이며, 토지를 '국(國)'
이라 하고 인민을 '가(家)'라 하며, 이 두 가지를 합쳐 '국가'라고 한다고
보고 있다.17) 이와 같은 견해는 『만세보』에서 1906년 9월 19일부터 11
월 22일까지 연재된 「국가학」에서도 살펴볼 수 있다.

【 국가학 】

토지는 國이고 인민은 家이다. 이를 합쳐서 국가라고 한다. 국가에는
반드시 원수가 있다. 그는 국가의 大權을 모두 장악하는데, 이 사람을 주
권자라고 한다. 입법기관을 설치하여 국가의 의지를 결정하는데, 이를 국
회라고 한다. 그리고 행정기관을 설치하여 국가의 운용을 맡기는데, 이를
정부라고 한다. 국가는 같은 종족이 모여 있고, 일정한 지역을 점령하여
가지며 일정한 정치를 갖추고 있다. 그러므로 토지가 있고 인민이 있다고
하더라도 아직 정치를 갖추지 못했다면 그것은 국가가 될 수 없다. 마치

---

17) 이와 유사한 내용의 논설은 당시의 학회보에 자주 등장하는데 「대한자강회월보」 제3호,
1906년 9월25일 논설에도 이러한 국가를 이루는 요소에 대해 논하고 있는데 여기서는
국가의 개념과 구성 요인, 국가와 군주의 구별에 대해서도 논의하고 있다.
"國家ᄂᆞᆫ 國民萬姓의 共同體니 君主一人의 私有物이 안이라 故로 其 本義를 釋ᄒᆞ건ᄃᆡ 土
地曰 國이오 人民曰 家ㅣ니 此 二者를 合稱함이라 然ᄒᆞ나 土地와 人民이 有ᄒᆞ야도 國家라
遽稱ᄒᆞ기 不能ᄒᆞ야 必政治組織이 一定혼 後에 可ᄒᆞ니 政治組織은 何謂함인고 政府를 設ᄒᆞ
야 治體를 立ᄒᆞᆷ을 謂ᄒᆞᆷ이라(나라는 국민 만성의 공동체니 임금 한 사람의 소유된 것이
아니니라. 따라서 그 원래 뜻을 풀건대 땅이 '국'이고 인민이 '가'니 이 두 가지를 아울러
일컫는 것이다. 그러나 땅과 인민이 있어도 나라라 일컬을 수 없으니 반드시 정치 조직이
정해진 뒤에야 된다. 정치 조직은 무엇을 가리킴인가? 정부를 세워 다스리는 꼴을 세움
을 가리키는 것이다)."

유목민이 다만 부락만을 만들 수 있었던 것은 이러한 例이다.

—『만세보』, 1906.9.19[18]

근대 초기의 논설들이 주로 전통적 국가관에 입각해 국가의 근본을
설명했던 것과 달리 1905년을 전후한 논설들에서는 '정치'의 개념을 상
당부분 수용하고, 발전시킨 논리가 등장하기 시작한다. 또한 정치나 주
권, 정부, 의회 못지않게 그 국가를 이루는 국민들의 태도와 마음가짐
을 강조하는 논리도 나타나게 되는데 이는 국가 성립에 필요한 외적인
요건 외에도 국가를 결속하고, 발전시킬 수 있는 내적인 요건도 필요함
을 역설한 것이라 할 수 있다.

신채호는 이러한 외적인 요건을 형식상의 국가라고 보았으며, 이를
정신상의 국가와 구분하였다.

【 정신상의 국가 】

精神上國家라 홈은 何를 謂홈인가 曰其民族의 獨立홀 精神, 自由홀 精神,
生存홀 精神, 不屈홀 精神, 國權을 保全홀 精神, 國威를 奮揚홀 精神, 國光을
煥發홀 精神 等을 謂홈이니라. 形式上國家라 홈은 又何를 謂홈인가 曰疆土,
主權, 君主, 政府, 議會, 官吏, 軍艦, 大砲, 陸軍, 海軍, 等의 集合體를 謂홈이
니라. 嗚乎라 精神上國家가 亡ㅎ면 形式上國家는 不亡ㅎ얏슬지라도 其國은
已亡흔 國이며 精神上國家만 不亡ㅎ얏스면 形式上國家는 亡하얏슬지라도
其國은 不亡흔 國이니라.

> **번역** 정신상의 국가는 무엇을 말하는 것인가? 그 민족의 독립할 정신,
> 자유로운 정신, 생존할 정신, 불굴의 정신, 국권을 보전할 정신,
> 국위를 불러 일으킬 정신, 국가의 빛을 찬란히 빛낼 정신 등을 말하는
> 것이다. 형식상의 국가는 또한 무엇을 말하는 것인가? 강토·주권·군주·

---

18) 김효전(1988), 『동아법학』 7호에 실린 번역문.

정부·의회·관리·군함·대포·육군·해군 등의 집합체를 말하는 것이다. 아 정신상의 국가가 망하면 형식상의 국가는 망하지 않을지라도 그 나라는 이미 망한 나라이며, 정신상의 국가만 망하지 않았으면 형식상의 국가는 망하였을지라도 그 나라는 망하지 않은 나라이다.

—신채호, '정신상의 국가', 『대한매일신보』, 1909.4.29

이와 비슷한 논의로는 『대한매일신보』 1909년 4월 29일에 실린 「정신으로 된 국가」를 살펴볼 수 있는데 여기서는 독일과 미국, 이탈리아를 예로 들어 국가정신을 바로 잡을 것을 당부하고 있다. 이 시기는 특히 당시의 현실을 반영한 계몽 및 국가주의와 관련한 논설이 상당수 등장하게 된다.

【 국가의 정신을 발양ᄒ라 】

　기즁에 국가의 정신으로 나아가는 쟈는 몃 사름이나 되는가. 뎌 일신상 ᄉᄉᄉ 리익에만 련련 불망ᄒ야 빙공영ᄉᄒ는 비루ᄒᆫ 쟈들은 물론ᄒ고 고명ᄒ고 결빅ᄒᆫ 열심가들을 볼지라도 혹 종교로 쥬의를 솜으며 혹 가족으로 쥬의를 솜으며 혹 동양으로 쥬의를 솜으며 혹 아모 쥬의도 업시 다만 시셰만 ᄯᅡ라셔 교육이니 실업이니 ᄒᄂ니 실노 정신을 국가 이ᄉ즌에 경쥬ᄒᆫ 쟈는 젹젹무군이로다.

　이럼으로 경향 각 쳐 학교에 디ᄒ야 뭇기를 너희 학교는 무엇을 위ᄒ야 셜립ᄒ엿ᄂ뇨 ᄒ면 엇던 쟈는 디답ᄒ기를 우리는 유교를 부지코쟈 ᄒ노라 ᄒ며 엇던 쟈는 디답ᄒ기를 우리는 셩교를 젼도코쟈 ᄒ노라 ᄒ며 엇던 쟈는 디답ᄒ기를 우리는 친족을 발달코쟈 ᄒ노라 ᄒ며 엇던 쟈는 디답ᄒ기를 우리는 황인종을 보젼코쟈 ᄒ노라 ᄒ야 빅 가지 싱각과 쳔가지 길노 상티가 분분ᄒ니 대개 이런 문명 시디에 나셔 각기 ᄌ유로 그 회포를 실힝ᄒᆷ을 우리가 반 ᄒᆷ은 아니나 다만 일반 국민들이 국가의 정신으로 통일 련합ᄒ야 동심 협력지 못ᄒ고 쳔지만엽에 ᄉ분오렬ᄒ면 어느 ᄯᅢ에나 국

<u>가의 비운을 버셔나리오</u> 브라노니 동포들아 교육을 확쟝ᄒ던지 실업을
발달ᄒ던지 반ᄃ시 그 머리에ᄂ 우리 시조 단군을 니고 잇스며 그 ᄆ음에
ᄂ 우리나라 대한을 싴여 두며 그 엇기에ᄂ 삼천리 강토와 이천만 민족을
메고 잇셔 <u>싄치지 말고 계속 진취ᄒ야 국가의 정신을 발양홀지어다.</u>
　　　　　　　—'국가의 정신을 발양ᄒ라', 『대한매일신보』, 1909.1.5

　　정부19)의 역할과 정치의 중요성을 강조한 이 시기의 논의는 국민의
자각과 발전이 국가의 발전으로 이어진다는 논리로 전개되었으며, 새
로운 국민성을 획득하는 것이 필요하다는 개념으로 당시의 동아시아
전체로 퍼져나가게 된다.

　　정부의 역할과 정치에 대한 논의는 정치제도와 관련해서도 살펴볼
수 있다. 전통적인 국가관에서 군주를 부정할 수 없었던 이들은 군주를
상징적인 존재로 규정하고, 주권의 일부를 관료가 대신하는 '입헌군주
제'를 추구하려는 모습을 보이게 된다. 이후 러일전쟁과 을사조약의 체
결 등은 황제권의 제한과 약화를 가져오는 결과를 낳게 되었고, 근대
국가, 엄밀히 말하자면 '입헌군주제'에 대한 논의는 더욱 활발해졌다.
처음으로 유럽의 정치제도를 소개한 것은 『한성순보』에서 시작된다.

　　　政治則唯端西法蘭西用共和政治唯俄羅斯土耳其用君主專治其外各國皆用
　　君民同治故各國政府令全國人民特擧議員都會於政府議定法律名曰民會此誠
　　歐洲今日致治之一大關件故各國政府分政務爲數局每局有宰相而司之所謂內
　　務宰相外務宰相商務宰相軍務宰相工務宰相等皆是也

---

19) 김효전(2000: 159)에서는 한말 당시에도 국가의 개념과는 달리 정부라는 개념이 학술적
　　으로나 현실적으로도 자주 사용되었다고 기술하였다. 또한 그전까지 절대군주제 치하에
　　서 정부를 비판하거나 비난하는 것은 곧 왕조에 대한 불경 내지는 반역에 해당하는 것으
　　로 금기시되었으나 정부개념의 도입으로 국가, 왕조, 그리고 권력을 맡은 관원의 구별이
　　생겨나기 시작했다고 보았다.

정치면은 瑞西(스위스)와 프랑스만이 共和政治를 하고, 러시아와 터키는 君主專治를 하며, 기타 각국은 모두 君主와 國民이 함께 다스린다. 그렇기 때문에 각국 정부는 전국 국민으로 하여금 議員을 선거 하게 하여 모두 政府에 모이게 해서 法律을 議政케 하는데, 이를 民會라 한다. 이는 실로 유럽의 오늘날 일대 중대사이기 때문에 각국 정부가 政務 를 몇 개 局으로 나누어 局마다 宰相을 두어 맡기니, 內務宰相·外務宰相·商 務宰相·軍務宰相·工務宰相 등이 모두 그것이다.

—『한성순보』, 1883.11.10

이후 『한성순보』에는 계속적으로 입헌주의와 헌법에 대한 소개글이 실리게 되는데 이는 같은 시기 『독립신문』의 논설에도 자주 등장하는 주제였다. 『독립신문』에는 특히 법률의 제정이나 법률을 지키는 일에 대한 논설을 소개하는 일이 잦았다.

【 법률이라 ᄒᆞᄂᆞᆫ거슨 샹하 귀쳔 빈부 유무셰를 샹관치 아니 ᄒᆞ고 】

법률이라 ᄒᆞᄂᆞᆫ거슨 샹하 귀쳔 빈부 유무셰를 샹관치 아니 ᄒᆞ고 공평 이즈만 가지고 ᄌᆡ판을 ᄒᆞᆫ 신둙에 사름이 가란 ᄒᆞ고 셰가 업고 디위가 낫 드릭도 법에만 범치 아니 ᄒᆞ고 올흔 일만 ᄒᆞᆯ것 ᄀᆞᆺᄒᆞ면 셰샹에 두려워 ᄒᆞᆯ 사름이 업고 남의게 압졔 밧을 묘리가 업ᄂᆞᆫ지라 그런 고로 기화흔 나라에 셔는 사름마다 올흔 일만 ᄒᆞᆯ 싱각들을 힘 쓰는 고로 사름이 알고 협잡 흔다든지 법에 범 ᄒᆞᄂᆞᆫ 일을 ᄒᆡᆼ ᄒᆞᄂᆞᆫ 사름이 젹거니와 열니지 못흔 나라 에셔는 사름이 권리만 잇스면 나라 법률을 가지고 즈긔 몸에 편코 리ᄒᆞ도 록 시힝을 ᄒᆞᄂᆞᆫ 고로 혹 올흔 일이 그르게도 되고 그른일을 올케도 ᄆᆞᆫ드 ᄂᆞᆫ 법이 잇ᄂᆞᆫ지라 그런 고로 법은 둘ᄌᆡ가 되고 권리가 뎨일이더니

—'법률이라 ᄒᆞᄂᆞᆫ거슨 샹하 귀쳔 빈부 유무셰를 샹관치 아니 ᄒᆞ고',
『독립신문』, 1896.7.14

이러한 입헌정치에 대한 논의는 유길준의 『서유견문』을 시작으로 김상연의 『헌법』이나, 조성구의 『헌법』, 안국선의 『정치원론』 등 당대의 헌법과 정치, 국가학에 관해 서술한 다양한 저서에서 언급이 되었고, 이들 논의는 대부분 '영국'의 입헌정치를 모델로 삼아 논의를 펼친 것이다. 이밖에도 김성희와 이기 역시 입헌주의에 대해 활발한 논의를 펼쳤던 인물이다. 입헌정치를 비롯한 민주정치에 대한 관심은 국가권력의 작용을 셋으로 나누고, 이것을 분담해서 균형을 지키고자 했던 3권 분립에 대한 논설로도 이어진다. 아래 논설에서는 '몽테스키외'의 3권 분립을 소개하는 동시에 비판적인 시선으로 문제점을 논의하고 있다.

【 立法 司法 及 行政의 區別과 其意義 】

몬데스규 氏의 學說의 三種 分立說이 多數훈 點에 誤謬를 包含홈은 容疑홀 餘地ㄱ 無훈 故로 恒常 諸學者의 批難을 受ᄒᆞᆫ 바라. 其 批難의 一은 分類의 不完全홈에 在ᄒ도다. 彼의 分類ᄒᆞᆫ 바 執行權은 彼 스스로 此를 稱ᄒᆞ야 國際法에 屬ᄒᆞᆫ 事件의 執行權이라 云ᄒᆞᆫ지라. 故로 彼의 分類ᄂᆞᆫ 今日 所謂 行政의 觀念은 彼보담도 前에 行ᄒᆞᆫ 것이라, 單히 國際法에 屬ᄒᆞᆫ 事件에 不止ᄒᆞᆫ 것은 勿論이어니와, 坐 單히 法을 執行ᄒᆞᆫ 데뿐 止ᄒᆞᆫ 것도 아니라, 廣大히 法의 範圍 內에 自由 活動을 包含ᄒᆞᆫ 것이라. 其 批難의 二ᄂᆞᆫ 英國 制度를 誤解ᄒᆞᆫ 데 在ᄒ도다. 彼의 說과 ᄀ튼 三種 分立은 英國에서 일즉 實行된 事 無ᄒ고, 彼의 當時에 英國은 旣爲 議員內閣制度ㄱ 其形을 顯ᄒᆞ얏고, 國會ᄂᆞᆫ 立法權의 主要ᄒᆞᆫ 勢力뿐만 아이라 執行權의 最高 官府라도 亦 國會 多數黨에셔 此를 出케 ᄒᆞ야 立法權과 執行權으로 ᄒᆞ야곰 셔로 調和케 ᄒᆞᆫ지라. 其 批難의 三은 實行키 難ᄒᆞᆫ 데 在ᄒ도다. 彼ᄂᆞᆫ 國權의 作用을 三種에 區別ᄒᆞᆫ 同時에 國家의 機關도 亦此를 三種에 分ᄒᆞ야 作用의 分類와 機關의 分立으로 ᄒᆞ야곰 全然一致케 ᄒᆞ랴 ᄒᆞ야스나 國家의 作用이 複雜ᄒᆞ야 內部에서 相互間 繫聯(계연)된 如此 劃然ᄒᆞᆫ 分離를 許키 難ᄒᆞᆫ지라. 機關의 區別과 作用의 區別노 ᄒᆞ야곰 全然一致케 홈은 只空想國家에뿐 思考홀

을 得홀 것이오, 實際에 行키 難혼 바라. 最後에 彼에 學說에 對ᄒᆞ야 最大혼 批難은 彼의 說을 그ᄃᆡ로 實行홀 時ᄂᆞᆫ 國家의 統一이 破壞될 것이라 ᄒᆞ엿더라.

번역 몽테스키외 학설에서 삼권분립설(삼종분립설)이 많은 곳에 오류가 있음은 의심할 거리가 없으므로 늘 여러 학자의 비판을 받는다. 첫 번째 비판은 분류의 불완전함을 지적하는 것이다. 그가 나눈 바로 집행권(행정권)은 그 스스로 이것을 두고 국제법에 딸린 사건의 집행권(행정권)이라 말하였다. 따라서 그의 분류는 오늘날 이른바 행정의 관념은 그보다도 옛날에 했던 것이라 따로 국제법에 딸린 사건에만 그치지 않음은 물론이고 또 따로 법을 집행하는 데 그치는 것도 아니라서 널리 법의 범위 안에 자유 활동을 포함한 것이다. 두 번째 비판은 영국 제도를 오해하였다는 것이다. 그의 설과 같은 삼권 분립은 영국에서 일찍 시행된 바가 없고 그 당시에 영국은 이미 의원내각제도가 그 모습을 갖추었고 국회의 입법권의 주요한 세력뿐만 아니라 행정권의 가장 높은 기관(내각)이라도 또한 국회의 다수당에서 이것(각료)을 나오게 하여 입법권과 행정권으로 하여금 서로 어우러지게 하였다. 세 번째 비판은 실행하기 어렵다는 점이다. 그는 국가권력의 작용을 삼권에 나누면서 국가 기관 또한 삼권에 나누어 작용의 분류와 기관의 분립으로 해야만 모두 맞아 떨어진다고 하였지만 나라의 작용이 뒤섞이고, 안에서 서로 얽혀서 이처럼 그은 듯이 나누기가 어렵다. 기관의 구별과 작용의 구별로 하여금 모두 맞아 떨어지게 함은 그저 생각 속의 나라에서만 이룰 수 있는 것이지 실제로 하기는 어렵다. 마지막으로 그의 학설을 비판함은 그의 설을 그대로 할 적에는 나라의 통일이 깨질 것이라는 것이다.

　　―전영작, '立法 司法 及 行政의 區別과 其意義', 『태극학보』 제8호,
1907.3

위 인용문에서는 몽테스키외의 삼권 분립설과 독일 법학자들의 비판

내용을 제시한 논설 내용 가운데 입헌군주국의 삼권 분립 특징을 자세하게 논하고 있다. 여기서는 논하는 삼권 분립은 권력의 분할이 아닌 권한의 분배라는 차원에서 논의한 것이다.

이 시기의 입헌정치 개념은 민주정체를 말하는 것이 아니라 군민동치(君民同治)를 의미하는 것이며, 이 의미는 군주단독의 전제를 부인하고 군주권을 제한하여 민권을 넓히는 것을 의미하는 것이었다.

1.3. 국민 개념의 발전과 주권의식의 성장

1.3.1. 국민 개념의 등장

'국민'이라는 용어의 등장이 반드시 근대 국가의 성립과 관련이 있는 것은 아니다. 강동국(2006: 7)에서는 「주례」와 「좌전」, 「사기」 등의 고전에서 이미 국민 개념이 쓰였으며, 조선시대의 문헌에도 이러한 용례는 답습되고 있음을 살핀 바 있다.[20]

> 普土之民, 亦莫非國民也, 國物以國民, 而受價於國可乎?
>
> 토지에 미치는 백성은 또한 국민이 아닌 자가 없다. 국가의 사물로써 국민이 국가로부터 대우를 받으면 가하겠는가?
>
> —『승정원일기』, 1660.10.11

我國民庶舊皆戴平凉子其制織竹而素 其體惟驛卒黑而戴之壬辰之亂有言賊

---

20) 강동국(2006: 9)에서는 서양제국과의 관계에서도 이러한 국민 개념의 연속성을 볼 수 있다고 기술하고 있다. 1880년대 조선과 서양이 조약을 체결할 때 조선에서는 주로 '민인(民人)'으로 기술하여 '덕국민인', '본국민인', '양국민인'으로 표현했는데 민인 개념은 중국적 천하질서의 내부에서도 각 국의 구성원을 지칭할 때 쓰였던 개념이며, 이러한 용법의 예는 1882년 김윤식이 청의 예부에 보내는 조회에서 '해국민인'을 쓰고 있다는 점에서 확인할 수 있다고 기술하였다.

遇兩班則　必殺無貸一時大小人皆戴平凉子唐將怪而問之對者曰君父播越臣子
不忍服美以庶人禮自處也　唐將聞而善之.

번역　우리나라의 서민이 옛날에 모두 패랭이를 썼는데 대로 짜서 만들고 물들이지 않았다. 그 생김새는 역졸은 까맣게 칠해서 썼는데 임진왜란에서 도적이 양반을 만나면 봐주지 않고 반드시 죽였다는 말이 있어서 한때 계급이 높고 낮은 사람이 모두 패랭이를 썼다. 중국 장수가 이상하게 여기고 물었는데 대답하는 사람이 가로되 아버지 같은 임금이 피난을 가셨는데 아들 같은 신하가 좋은 옷을 입을 수 없어 예를 스스로 따른 겁니다. 명나라 장수가 듣고 잘 했다고 하였다.

—『문헌고략』 14권

　물론 이때 사용된 '국민'의 개념은 근대 국가에서의 '국민'과는 사뭇 다른 개념이었고, 포함하는 범위와 지칭하는 대상에서 차이가 있었다. 다만 박명규(2009: 52)에서 제시한 바와 같이 『조선왕조실록』에 총 163회의 '국민' 용어가 사용되었고, 그 가운데는 '국가의 구성원'이라는 의미를 담고 있는 경우도 있기 때문에 간단히 무시할 수 없는 결과라는 견해도 주목할 필요가 있다. 한말의 국민 개념은 대한제국에서 칙령으로 발표된 '대한국국제'에서 확인할 수 있으며, 이때의 국민 개념은 '군주의 군권을 절대 침해하지 않는 자'로 해석될 수 있다.[21]

　이전과는 다른 현대적 개념의 '국민'은 일본에서 1866년에 출간된 '후쿠자와유키치'의 『서양사정』과 이후 『학문의 권장』 등 주로 서양의 이론을 번역하거나 소개하는 서적에서 출발하였다. 이러한 논의에 힘입어 '국민'과 '인민'을 구별하려는 시도가 나타나기 시작한다.

---

21) 대한국 국제 4조 "第四條, 大韓國臣民이 大皇帝의 享有ᄒᆞ옵신 君權을 侵損ᄒᆞᆯ 行爲가 有ᄒᆞ면 其已行未行을 勿論ᄒᆞ고 臣民의 道理를 失ᄒᆞᆫ 者로 認ᄒᆞᆯ지니라".

【 나라 ᄉ랑ᄒᆞᄂ론 】

그런 고로 텬부지셩이 진실노 잇ᄂᆞ 바이나 시ᄃᆡ의 변천(變遷) ᄒᆞᄂᆞᄃᆡ 인 ᄒᆞ야 인민과 국민의 차등이 잇도다 구라파 사름이 말 ᄒᆞ되 나라를 ᄉ 랑 ᄒᆞᄂᆞ ᄆᆞᄋᆞᆷ이 발ᄉᆡᆼ ᄒᆞᄂᆞᆫ것이 셰가지 구별이 잇스니 ᄒᆞ나ᄂᆞ 언어와 풍속 과 종교(宗敎)가 ᄒᆞᆫ가진것이요 둘ᄌᆡᄂᆞ 하해와 산악과 디계가 논홈이요 셋 ᄌᆡᄂᆞ 우예 두가지가 다 ᄀᆞᆺ쵸아 뜻이 ᄒᆞᆫ가지가 되여 셔로 늣기ᄂᆞ 졍이 홍 긔 ᄒᆞᄂᆞᆫ것이라 인민의게 관계 되ᄂᆞ 공ᄉᆞ가 잇서 ᄂᆡᄃᆡ 사름이 비록 리치가 굴 ᄒᆞ나 이를 굽혀 익이고져 홈은 국민의 통졍이니 이ᄂᆞ 언어와 풍속과 종교와 하해와 산악들이 막힌것을 인 ᄒᆞ야 뜻이 ᄒᆞᆫ가지고 셔로 늣기ᄂᆞ 졍이 깁고 간절ᄒᆞᆫ 바이라 그런 고로 문화가 어린 시ᄃᆡ에ᄂᆞ 갑향(甲鄕) 사 름이 을향(乙鄕) 사름을 대 ᄒᆞ야 너의 사ᄂᆞ 토디ᄂᆞ 걸고 풍요 ᄒᆞ고 너의 시골 관인은 어질고 붉다 ᄒᆞ면 비록 흙이 거칠고 관인이 어리셕으나 오히 려 조하 ᄒᆞ야 우리 시골 토디ᄂᆞ 지금 셰상에 조흔ᄃᆡ라 ᄒᆞ며 동빈토 셔번 토 사름을 대 ᄒᆞ야 너의 졍부ᄂᆞ 어질지 아니 ᄒᆞ고 너의 토디ᄂᆞ 조흔ᄃᆡ가 업다 ᄒᆞ면 그 사름들이 발연 변ᄉᆡᆨ ᄒᆞ나니 을인(乙人)의 깃거 홈과 동셔번 사름의 셩내ᄂᆞᆫ것은 범위 (範圍)ᄂᆞ 비록 협쇼 ᄒᆞ나 다 ᄀᆞᆺ치 나라를 ᄉ랑 ᄒᆞᄂᆞ 본ᄉᆡᆨ의 텬셩으로 홀너 나ᄂᆞ바이라.

—'나라 ᄉ랑ᄒᆞᄂ론', 『독립신문』, 1898.12.17

앞서 살핀 바와 같이 이 시기는 '국민'의 명확한 개념이 확립된 시기 가 아니다. 이 시기에 '국민'은 단순히 '백성'의 다른 이름이거나 '신민' 과 같은 의미로 사용되는 용어였고, 이 개념에 정치적 권리나 주체로서 의 의미는 전혀 담겨 있지 않았다.

'국민' 용어의 사용은 당시 유학생들의 사용에서도 의미와 범위를 확 인해 볼 수 있는데 박찬승(2010: 78)에서는 당시 국내에서 발간되었던 『독립신문』이나 『황성신문』은 국민이라는 단어보다는 인민이나 신민 이라는 단어를 더 많이 사용한 데 비해 『대조선유학생친목회회보』와 같은 유학생들의 학회보에는 '국민'이라는 용어가 더 자주 사용되고 있음을 언급하고 있다. 이러한 용어의 사용은 다음과 같은 용례를 통해 살펴볼 수 있다.

【 國民의 喜怒 】

笑ᄒ기도 善히 ᄒ고 泣ᄒ기도 善히 ᄒᄂᆫ 國民은 쏘ᄒᆫ 怒ᄒ기도 善히 ᄒᄂᆫ 國民이 아니면 不可ᄒ도다. 怒흠이 不可ᄒᆫ 듸 怒ᄒᄂᆫ 國民은 癲狂ᄒᆫ 國民이나 怒흠이 可ᄒᆫ듸 不怒ᄒᄂᆫ 國民은 神經이 無ᄒᆫ 國民이로다.

번역 잘 웃고 잘 우는 국민은 또한 화를 잘 내는 국민이 아니면 안 된다. 화를 내면 안 되는데 화를 내는 국민은 정신이 온전치 못한 국민이나 화를 내야 할 때 화내지 못하는 국민은 신경이 없는 국민이다.

—申海永, '國民의 喜怒', 『친목회회보』 2호, 1896.3.15

【 國民의 義務 】

國은 何를 謂함이뇨. 萬人의 公衆을 謂흠이라. 國은 一人의 有흠이뇨. 萬人의 有ᄒᆫ 則 萬人이 公正ᄒᆫ 義務를 各自 愛護ᄒ야 國勢를 鞏固ᄒ고 民權을 擴張ᄒ야 自己 確建흠이 國民의 公正ᄒᆫ 義務로다.

번역 국가는 무엇을 말하는 것인가? 만인의 사회를 말하는 것이다. 국가는 한 사람이 있음인가? 만인이 있으므로 만인이 공평하고 올바르게 의무를 다하여야 국가의 세력이 단단해지고, 민권을 확장하여 스스로 굳건해 지는 것이 국민의 올바른 의무이다.

—劉昌, '國民의 義務', 『친목회회보』 3호, 1896.10.23

【 教育에 對ᄒ야 國民의 愛國想像 】

國民은 國의 民이라. 民이 有흔 後에 國이며 國이 有흔 後에 民이니 國家가 國의 成立 体裁를 確認ᄒ고 臣民이 民의 權能 義務를 慣識ᄒ면 自然이 獨立氣 活潑ᄒ며 愛國心 涵融ᄒ야 億兆 團躰 帝國이 世界에 特立흘지라.

玆에 國家 成立 躰裁와 臣民 權能 義務를 附演ᄒ노니, 國家ᄂ 人類 獨立 資
格을 保有ᄒ고 永久 存續의 現象이 有ᄒ 無制限의 結合躰라.

> **번역** 국민은 나라의 백성이다. 백성이 있은 뒤에 나라가 있으며 나라가
> 있은 뒤에 백성이 있을 수 있으니 국가가 나라 세움의 체제를 알
> 고, 신민이 백성의 권리와 의무를 알고, 습관화하면 절로 독립의 기운이
> 살아나고 애국심을 품게 되어 수많은 나라 가운데 세계에 우뚝 서리라.
> 이에 국가 성립 체재와 신민 권리 의무를 덧붙여 말하니 국가는 인류 독
> 립 자격을 갖고, 영구히 존속하는 결합체다.

―元應常, '敎育에 對ᄒ야 國民의 愛國想像',
『친목회회보』 5호, 1897.9.26

김현숙(2006: 123)에서는 『국민소학독본』의 첫 머리를 인용해 이 시
기 처음으로 '국민'으로서 대중을 지칭하기 시작했으나 여기서의 '국
민'은 역사와 국가 주권의 주체로서가 아닌 황제의 피지배자로서의 성
격을 갖는 '신민적 국민'이라 설명하였다.22) 유길준은 『정치학』에서
'족민'과 '국민'을 구분함에 있어 족민은 종족이 서로 같은 일정한 인민
의 무리를 말함이고 국민은 같은 나라에 거주하는 일정한 인민의 갈래
를 말하는 것으로 구분하기도 했다. 하지만 '국민'의 개념은 당시 '민족'
의 개념과 명확하게 구분되는 것은 아니었다. 1905년을 전후로 상당수
의 국가학 서적이 번역되고, 근대 국가 및 국민에 대한 지식이 유입되
었지만 국민과 민족 개념의 혼란은 한동안 계속되었고, 이러한 혼란은
지식인들에게도 예외가 아니었으며,23)이를 규명하기 위한 시도도 계

---

22) 또한 한성사범학교 관제 규칙에서 제시한 '국민'으로서의 교육과 계몽은 주권체로서의
   국민이 아니라 황제에게 충성하고 부국강병을 위해 국가에 헌신하는 '신민적 국민'으로
   만들고 통합하기 위한 각종 국가주의적 상징의 창출과 보급 차원에서 이루어진 것으로
   설명하고 있다.
23) 강동국(2006: 27)에서는 이러한 혼란의 원인을 첫째, 서로 다른 범주로 정치체의 구성원
   을 개념화하고 있던 유럽의 대표적인 두 학술 언어의 차이에서 찾을 수 있으며, 둘째,

속되었다.

『서북학회월보』 제16호에서는 국가 발전 단계를 설명하면서 국민과 민족의 관계를 아래와 같이 논하고 있다.

【 國家의 概念 】

國民者는 國家 下에 團結 生息ᄒᄂᆫ 人類를 謂ᄒᆞᆷ이니 民族者는 人種과 宗教와 風俗과 慣習과 言語가 相同ᄒᆞᆷ이니 同一 國家下에 在ᄒᆞ기 未必이라. 英美人은 비록 兩國에 分ᄒᆞ얏스나 同一 民族이라 可謂ᄒᆞᆯ지오, 奧太利ᄂᆫ 種種 民族을 統合ᄒᆞ야 國을 成ᄒᆞ얏고, 猶太人은 民族이라 稱ᄒᆞᆷ은 可ᄒᆞ고, 國民이라 稱키 不能ᄒᆞᆯ지라. 同一 民族으로 同一 國民이 된 者ᄂᆫ 日本이 是라.

번역 국민이란 것은 나라 아래에 뭉쳐서 사는 사람들을 가리키고 민족이란 것은 인종과 종교와 풍속과 관습과 말이 서로 같지만 꼭 같은 나라에서 살지는 않는다. 영국인과 미국인은 비록 두 나라로 나뉘었으나 같은 민족이라 할 만하고 오스트리아는 여러 민족을 아울러서 나라를 이루었고 유대인은 민족을 일컬을 수 있지만 국민으로 일컬을 수는 없다. 같은 민족으로 같은 국민이 된 것은 일본이 맞다.

―'國家의 槪念', 『서우』 제16호, 1908.3

1906년에 『대한자강회월보』에 '국민의 정치사상'이라는 제목으로 쓴 윤효정의 글은 이 시기 국민 개념이 얼마나 중요한 개념이었으며, 또한 새로운 정치적 범주였는지를 보여주는 글이라 할 수 있다.

【 國民의 政治思想, 朝陽樓主人 】

竊惟今日 我國은 往時의 我國이 아니오, 內外의 交通이 頻繁ᄒᆞᆷ을 隨ᄒᆞ야

근인으로서 이러한 지국적 대립이 동아시아 지역에 유입되는 과정에서 한자어 번역과정에서 생긴 혼란이 덧붙은 것으로 해석하고 있다.

民國思想의 變化ᄒᆞᄂᆞᆫ 狀態를 不免ᄒᆞ리니 國民의 思想이 一變ᄒᆞ기에 至ᄒᆞᆫ
則 國威를 顯揚키 不能홈은 勿論ᄒᆞ고 時 或 內爭의 搖亂을 生ᄒᆞ야 國民的
共同一致의 精神을 全失ᄒᆞ야 國家의 基礎가 危殆ᄒᆞ기에 至ᄒᆞᄂᆞᆫ지도 亦未可
知也니, 故로 今此 多事之時에 際會ᄒᆞᆫ 余輩 國民된 者ᄂᆞᆫ 맛당히 粉骨碎身
忠君愛國의 思想을 涵養치 아니홈이 不可ᄒᆞ니 此 實 國民된 義務 職分이라.
余輩가 假令 最完全ᄒᆞᆫ 政治的 思想을 有ᄒᆞᆫ 國民이 되기에ᄂᆞᆫ 如何ᄒᆞᆫ 要素를
必要로 홀가. 問題를 揭起ᄒᆞ고 其要素를 列擧 畧論ᄒᆞ야 敢히 同胞의 參考에
供ᄒᆞ노니,

一. 國籍을 同히 홀 事

二. 同一主權의 下에 在홀 事

三. 邦土를 同히 홀 事

四. 言語를 同히 홀 事

五. 人種을 同히 홀 事

六. 宗敎를 同히 홀 事

七. 習慣을 同히 홀 事

盖 (一) (二)의 條項은 原來 國民된 資格에 必須ᄒᆞ고 且 明確ᄒᆞᆫ 者인 則
特히 解說을 不要ᄒᆞ고 自 三 以下에 至ᄒᆞ야ᄂᆞᆫ 議論의 必要가 少有ᄒᆞᆫ지라.
順序를 逐ᄒᆞ야 愚見을 請陳ᄒᆞ노라.

번역 감히 말하건대 금일 우리나라는 과거의 우리나라가 아니요, 내외
교통이 빈번함에 따라 국민사상이 변하는 상태를 면하지 못하
니, 국민 사상이 일변하기에 이른즉 국위를 드높이기 불능함은 물론하고
혹은 내적인 분쟁의 요란이 발생하여 국민적 공동일치의 정신을 모두 상
실하여 국가 기초가 위태하기에 이를지도 역시 가히 알지 못할 것이다.
그러므로 지금 이와 같이 다사한 때에 우리 국민된 자는 마땅히 분골쇄신
충군애국의 사상을 함양하지 않으면 안 될 것이니, 이는 실제 국민된 의
무이자 직분이다. 우리가 가령 가장 완전한 정치적 사상을 가진 국민이
되려면 어떤 요소를 필요로 할까. 이 문제를 제기하고 그 요소를 열거하

여 감히 동포에게 참고하도록 제공하고자 한다.

일. 국적을 같게 할 일 이. 동일 주권의 아래 존재할 일 삼. 방토를 같게
할 일 사. 언어를 같게 할 일 오. 인종을 같게 할 일 육. 종교를 같게 할
일 칠. 습관을 같게 할 일.

대개 일, 이의 조항은 원래 국민이 되는 자격에 꼭 필요한 것이며 또
명확한 것인즉 특히 해설을 필요로 하지 않으며 3항 이하에는 의론의 필
요가 조금은 있으므로 순서를 따라 우견을 진술한다.

—尹孝定, '國民의 政治思想, 朝陽樓主人',
『대한자강회월보』 6호, 1906.12

위 인용문에서 제시한 바를 살펴보면 '국민'이 되는 요건을 '국적을
갖게 하는 것'과 '동일 주권 아래 있는 것'을 필수적인 것으로 보았고,
국토, 언어, 인종, 종교, 습관은 논의에 따라 적용할 수 있는 것으로 보
았다. 이후의 설명에서는 영토를 공유하지 않으면 같은 국민으로서의
의식을 공유할 수 없다고 말하고 있으며, 언어는 단결하고 애국하는
가장 중요한 요소라고 설명하고 있다. 앞선 시기의 '국민'과 다른 점은
'주권'의 존재를 명확하게 드러내고 있다는 점이다. 이와 함께 살펴볼
수 있는 김성희의 논의에서는 '헌법'과 '정치'의 관계, 국민의 중요성을
국가의 구조라는 측면에서 제시하고 있다.

【 國民的 內治 國民的 外交 】

國家ᄂ 乃人民共同之公産이오 非政府之私有어늘 今於革舊就新整理之際
에 瞑行獨裁라가 中痼之怪疾이 猝發ᄒ야 補不得瀉不得에 莫可收拾ᄒ니 此
ᄂ 亡國之第二原因이라 誰爲爲此오. 嗚呼痛哉라 政府之罪歟아 民人之罪歟
아 吾自斷案曰專制政體之罪也라 ᄒ노라. 然則 國家體裁를 不得不 新構造 然
後에 可以得生存於二十世紀新世界也니 新構造를 當如何오 第一은 國民的
內治오 第二ᄂ 國民的 外交也니 內治의 材料ᄂ 憲法上 監督之機關이 是也오

外交의 材料는 事實上 經驗之歷史가 是也玆欲次第揭說于下ᄒ노ᄑ라.

번역 국가는 인민 공동의 공동 산물이요, 정부의 사유가 아니거늘, 지금 과거를 혁파하고 새로움을 취하는 때에 독재의 어둠을 행하다가 괴질이 갑자기 발발하여 보양할 수 없고 씻어내기 힘들어 수습하기 어려우니, 이는 망국의 두 번째 원인이다. 누가 이렇게 하는가. 오호통재라. 정부의 죄인가, 백성의 죄인가. 나는 단언하건대 전제정치의 죄라고 하노라. 그러므로 국가 체제를 부득이 새로 구성한 뒤에 가히 20세기 신세계에 생존할 수 있으니 신구조를 어떻게 해야 하는가. 제1은 국민적 내치요, 제2는 국민적 외교니 내치의 재료는 헌법상 감독기관이 그것이요, 외교의 재료는 사실상 경험의 역사가 그것이니, 이에 차례로 설명하고자 한다.

—金成喜, '國民的 內治 國民的 外交', 『대한협회회보』 4호, 1908.7.25

【 土地와 國家人民의 關係 】

西哲이 有言ᄒ되 國家의 三大要素난 曰土地 曰人民 曰法律이라 ᄒ니 此는 具禮ᄒ 國家의 對ᄒ 汎論어니와 大抵 法律은 人民의 使用ᄒᄂ 者오 人民은 土地에 依生ᄒᄂ 者라. 其 住居ᄒᄂ 家屋도 土地에 建築ᄒ고 飮食ᄒᄂ 穀物도 土地에 産出ᄒ고 穿着ᄒᄂ 衣被도 土地에 作成ᄒ나니 然則 土地가 無ᄒ면 捿息도 不得ᄒ 것이오 土地가 無ᄒ면 穀腹도 不得ᄒ지니 土地가 無ᄒ면 絲身도 不得ᄒ 것이오 人民은 卽 土地가 有ᄒ 然後에 生活ᄒᄂ 者오. 又 法律은 人民을 須ᄒ야 制定ᄒᄂ 者니 國家의 原素는 卽 土地라 單言ᄒ이 可ᄒ도다. 土地의 關係가 如此히 綦重ᄒ 故로 現世萬邦의 공례를 據ᄒ건딘 國與國間에 人民의 互相 移住는 容許ᄒ더린도 土地의 賣買는 決不許ᄒ나니 今에 其 利害를 槪論ᄒ진딘 可令 甲國人民이 乙國人民에게 土地 一坪를 賣與ᄒᄂ 同時에는 甲國土地 一坪이 減縮ᄒ야 乙國土地 一坪을 增加ᄒ지며 쏘ᄒ 土地를 外人에게 賣ᄒ 後에는 還退ᄒ 道理가 更無ᄒ니 今日에 一坪을 賣ᄒ고 明日에 一坪을 賣ᄒ야 日居月諸에 賣與ᄒ기를 不己ᄒ면 國

家에 有限호 土地가 畢竟 無土地國家를 徒成홀지니 無土地國家에 人民이
能存乎아 否乎아.

번역 서양 철학에서 말하는 국가를 이루는 세 가지는 땅과 인민과 법률
이라 하니 이것은 예를 갖춘 나라에 널리 맞는 이론이거니와 무릇
법률은 인민이 쓰는 것이고 인민은 땅에 의지하여 사는 사람이다. 그 사
는 집도 땅에 세우고 먹고 마시는 벼도 땅에서 나고 입는 옷도 땅에서
짓는 것이므로 땅이 없으면 살며 쉬는 일도 없을 것이고 땅이 없으면 배
도 채울 수 없고 땅이 없으면 몸에 걸칠 옷도 없을 것이다. 인민은 곧
땅이 있은 뒤에야 살 수 있는 것이다. 또 법률은 인민이 모름지기 제정하
는 것이니 나라의 근본은 곧 땅이라 단언할 수 있을 것이다. 땅이 이같이
중요한 이유로 온 나라의 공례를 살피건대 나라 간에 인민이 옮겨 사는
것은 허용해도 나라의 땅을 사고 파는 건 허락하지 않으니 이에 그 이해
를 널리 따지자면 어떤 나라의 인민이 다른 나라의 인민에게 한 평의 땅
을 팔면 바로 어떤 나라의 땅 한 평이 줄고 다른 나라의 땅 한 평이 늘어나
며 또한 땅을 다른 나라 사람에게 팔고 돌려받을 수 없으니 오늘날에 한
평을 팔고 내일 한 평을 팔고 매달 팔기를 그치지 않으면 나라에 남아
있는 땅이 없어 땅이 없는 나라가 될 것이니 땅이 없는 나라에 인민이
살 수 있겠는가?

—大韓子, '土地와 國家人民의 關係', 『대한협회회보』 6호, 1908.9.25

다만 이러한 논의의 한계점은 이 시기의 국민의 개념이 국가에 충성
을 다하고 의무를 다하는 정치적 공동체의 구성원이지 국권의 주체로
서 자유와 평등을 누리는 구성원은 아니었다는 점이다.

이 시기의 국가와 민족, 국민의 개념은 조선조까지 지속되었던 '民'
의 관념과는 사뭇 다른 특질을 지니고 있었다. 특히 이러한 관념은 실
학사상에서 개화사상, 이후의 사회진화론의 영향에 이르기까지 다양한
사상의 영향에서 자유로울 수 없었다.

【 각 신문별 '국민, 민족, 백성, 인민, 동포'의 출현 빈도 】

	제국신문	한성순보	한성주보	대한매일신보	황성신문	독립신문	중외일보	매일신문	협성회회보
국민	778	109	32	1037	4003	135	1139	37	2
민족	9	9	2	209	547	0	240	0	0
백성	16	209	229	203	555	1778	33	0	0
인민	2687	57	45	1378	6574	1384	43	385	23
동포	1128	7	3	682	3875	264	424	112	10

위 표는 이 시기 간행되었던 신문에 실린 '국민'과 관련 용어의 빈도에 대한 것이다. '국민'이나 '민족'이 아닌 '인민'이나 '동포', '백성'이라는 용어의 등장도 꽤 빈번하다는 것을 알 수 있다. 권보드래(2008: 108)에서는 이를 '인민'과 '백성'이 민족국가의 현실과는 다소 부조화를 빚을 수밖에 없었으며, 본래의 용법은 정치적 의미와 거리가 있어서 국가라는 단위를 전제하지 않은 채 다양한 맥락에서 쓰였기 때문이라고 설명하고 있다.24) 정선태(2009: 152)에서는 1905년을 전후한 시기부터 '민족'이라는 개념이 사용되기 시작했으며, 이는 '동포'나 '백성' 또는 '인민'과 뚜렷하게 구별되는 것은 아니었다고 보았다.

이러한 국민의 개념은 이후 '국민의 혼'이나 '국가정신' 등의 개념과

---

24) 『대한매일신보』 1908.7.30에서는 '국민과 민족의 구별'이라는 제목으로 다음과 같은 논설문이 실려 있다.

"국민이라ᄒᆞᄂᆞᆫ 명목이 민족 두글ᄌᆞ와ᄂᆞᆫ 구별이 잇거늘 이제ᄉᆞ 사ᄅᆞᆷ들이 혼히 이거ᄉᆞᆯ 혼합ᄒᆞ여 말ᄒᆞ니 이ᄂᆞᆫ 올치 아니홈이 심ᄒᆞ도다 고로 이제 이거ᄉᆞᆯ 략간 변론ᄒᆞ노라 민족이란거슨 다만 ᄀᆞᆺ흔 조상의 ᄌᆞ손에 미인쟈ㅣ며 ᄀᆞᆺ흔 디방에 사ᄂᆞᆫ쟈ㅣ며 ᄀᆞᆺ흔 력ᄉᆞᄅᆞᆯ 가진쟈ㅣ면 ᄀᆞᆺ흔 종교ᄅᆞᆯ 밧드ᄂᆞᆫ쟈ㅣ며 ᄀᆞᆺ흔말ᄋᆞᆯ쓰ᄂᆞᆫ쟈ㅣ 곳이민족이라 칭ᄒᆞᄂᆞᆫ바ㅣ어니와 국민이라ᄂᆞᆫ거ᄉᆞᆯ 이와ᄀᆞᆺ치 히셕ᄒᆞ면 불가홀지라 대뎌 흔 죠상과 력ᄉᆞ와 거디와 종교와 언어의 ᄀᆞᆺ흔거시 국민의 근본은 아닌거시 아니언마ᄂᆞᆫ 다만 이것이 ᄀᆞᆺ다ᄒᆞ야 믄득 국민이라 홀수업ᄂᆞ니 비유ᄒᆞ면 근골과 믹락이 진실노 동물되ᄂᆞᆫ 근본이라홀지나 허다히 버려잇ᄂᆞᆫ 근골믹락을 흔곳에 모도와 놋코 이것을 싱긔잇ᄂᆞᆫ 동물이라고 억지로 말홀수 업ᄂᆞᆫ 것과 ᄀᆞᆺ치 뎌 별과ᄀᆞᆺ치 허여져잇고 모릭ᄀᆞᆺ치 모혀 사ᄂᆞᆫ 민족을 가르쳐 국민이라홈이 엇지 가ᄒᆞ리오 국민이란쟈ᄂᆞᆫ 그 조상과 력ᄉᆞ와 거디와 종교와 언어가 ᄀᆞᆺ흔외에 또 반ᄃᆞ시 ᄀᆞᆺ흔 리해를 취ᄒᆞ며 ᄀᆞᆺ흔힝동을 지어셔 그 닉부에 조직됨이 흔몸에 근골과 ᄀᆞᆺ흐며 밧글 틱ᄂᆞᆫ 정신은 흔 영문에 군딕ᄀᆞᆺ치ᄒᆞ여야 이거ᄉᆞᆯ 국민이라ᄒᆞᄂᆞ니라"

함께 더욱 강력해진 연계 의미를 갖게 되었으며, 이는 '국민주의'나 '국민운동', '국민대회'의 형태로도 나타나게 된다.

【 友洋生 崔錫夏, '大呼破格兒' 】

起坐焉此國民主義를 謳歌ᄒ며 寢食焉此國民土義를 誦道ᄒ야 我韓思想界에 大革命軍을 起ᄒ야 幾百年 以來로 腐敗ᄒ 偏黨的 陋想을 打破ᄒ고 國民二字를 大書ᄒ 旗幟를 韓半島 中央에 高立ᄒ고 二千萬人이 同一 目的地에 普肩齊足으로 勇往直前케 ᄒ야 最后 大事業을 成就ᄒ 破格兒가 有乎아 無乎아.

> **번역** 일어나서나 앉아서나 이 국민주의를 노래하고, 자고 먹으며 이 국민토의를 외우며, 우리 한국 사상계에 대혁명군을 일으켜 수백 년간 부패하고 저들만 생각하는 패거리의 막힌 생각을 부수고, '국민' 두 글자를 크게 쓴 깃발을 한반도 가운데에 높이 세워 이천만인이 같은 목적지에 어깨와 발을 맞추어 힘차게 앞으로 나가게 하여 끝내는 큰일을 이루도록 할 파격적인 젊은이는 없는가.

—『대한학회월보』 2호, 1908.3

【 국민의 혼 】

중ᄒ도다 국민의 혼이여 강ᄒ도다 국민의 혼이여. 그나라ㅅ인민이 두어간 되ᄂ 적은짐을 루지키어려우며 두어날같이 박뎐을 보전키어려울지라도 국민의 혼만 보전ᄒ면 그나라의 영광은 가히 민멸치아니ᄒ며 그나라ㅅ인민의 ᄼᅵᆼ경신은 기ᄅ지못ᄒ고 ᄼᅵᆼ물결은 자*지 못ᄒ지라도 국민의 혼만 보전ᄒ면 그나라의 위엄은 가히 써러지지 아니ᄒᄂ니 국민의 혼이여 엇지 중치 아니리오.

천병만마가 그나라의 산천은 가히 천답ᄒ지언뎡 그나라국민의혼은 감히 요동치못ᄒ며 강포ᄒ라국이 능히 그나라의인민을 압박은ᄒ지언뎡 그나라ㅅ국민의혼은 감히 쌔앗지 못ᄒ나니 국민의 혼이여 엇지 강ᄒ지아니

흐리오

—『대한매일신보』, 1909.11.2

'국민' 개념과 함께 이 시기에 같은 의미로 사용되는 용어 가운데 '인민'을 살펴볼 수 있다. 인민 개념은 국민이나 동포 등의 용어에 비해 긴 시간 자주 사용되었던 개념이다. 박명규(2009: 123)에서는 『조선왕조실록』에 '인민(2504회)'이라는 단어가 국민(163회), 시민(395회), 백성(1718회)에 비교해 압도적으로 많이 사용되었으며, 조선시대 전반을 통해 인민이라는 말은 어떤 단어보다도 더 집합적인 사회구성원 일반을 지칭하는 말로 쓰였을 것이라 보고 있다.

서구 계몽사상의 핵심적 인물이라 할 수 있는 루소는 국가를 개개인의 구성체이자 공동체적인 자아를 지닌 집합체로 보았는데 루소가 말하는 '인민'은 국가의 영토에 거주하면서 주권의 일정지분을 보유하는 자로서 사회계약을 통해 권리를 보장받는 사람들을 지칭하는 것이었다.

일본에서의 '인민'의 개념은 '피플(people)'의 번역어로서 대체적으로 국민은 '네이션(nation)'을 인민은 '피플(people)'의 번역어로 구분하여 사용하였다. 하지만 이러한 구분이 명확하게 지켜진 것은 아니며, 실제로 후쿠자와 유키치의 저서에서도 '국민'과 '인민'을 혼용해 사용하기도 한다.

류대영(2008)에서는 『조선그리스도인회보』와 『그리스도신문』의 기사에 나타난 '인민'의 개념을 살피고 있는데 '신민'과 '백성'이 주로 국왕의 피지배자를 의미할 때 사용한 것이라면 '국민'이나 '인민'은 근대적인 국가건설과 관련하여 사용한 개념이라는 점에서 차이가 있다고 보았다. 인민은 불특정 다수를 지칭한다는 점에서는 백성과 유사할 수 있지만 지배층과 피지배층 전체를 포괄한다는 점에서 차이가 있으며, 문명개화를 소개하는 데 '인민'이 주로 사용되었다는 점을 언급하고 있다. 다음의 글은 인민과 국가의 연관성을 보여주는 글로 국가를 가옥에 비유하고 인민을 초석(주춧돌)이며, 동량(기둥과 들보)이라고 말하고 있는데 여기서도 '국민'과 '인민'의 개념에 큰 차이는 보이지 않는다.

【 國民과 政治의 關係 】

大抵 國家라 홈은 一定흔 土地가 有ᄒ고 一定흔 人民이 有ᄒ야 國權으로 統治ᄒᄂ 者ㅣ라. 故로 國家에ᄂ 主權을 總攬흔 者 卽 君主가 有ᄒ고 次에 主權의 管轄을 受ᄒᄂ 者 卽 人民이 有ᄒ고 其 間에 介在ᄒ야 國家의 機關으로 政務를 辦理ᄒᄂ 者 卽 政治家가 有ᄒ니라. 然이나 此ᄂ 他의 目的을 爲홈이 아니라 卽 國家와 人民을 維持 保護ᄒ기 爲ᄒ야 存在흔 者라 何者오. 民은 維邦本이니 本이 固ᄒ여야 邦이 寧이라 홈은 千秋由來의 格言이오 國이 泰平ᄒ여야 民이 安業이라 홈은 萬世不易홀 原則되ᄂ 所ㅣ라. 故로 國家의 政務를 大別ᄒ며 國權의 獨立 及 維持와 人民의 保護 及 發達 二者에 不出ᄒᄂ니 何則고. 중략. 嗚呼 同胞아 國家ᄂ 譬컨딕 吾人의 住居ᄒᄂ 家屋과 如ᄒ니 人民은 礎石이오 棟樑이라. 礎石이 薄弱ᄒ고 棟樑이 粗雜ᄒ면 工匠이 如何히 絶妙흔 技術이 有홀지라도 着手치 못ᄒᄂ니 此ᄂ 善良흔 家屋이 堅牢흔 礎石과 精美흔 棟樑을 由ᄒ야 建設되ᄂ 者ㅣ 됨을 知得ᄒᄂ 所ㅣ라.

번역 무릇 나라란 일정한 땅이 있고 일정한 인민이 있어야 국권으로 다스리는 것이다. 따라서 나라에는 주권을 모두 거느린 이, 곧 임금이 있고 다음으로 주권의 관할을 받는 이, 그러니까 인민이 있고 그 사이에서 나랏일을 다스리는 이, 그러니까 정치가가 있다. 그러나 이는 남의 목적을 위해서가 아니라 곧 나라와 인민을 유지 보호하기 위하여 있는 것이니 어째서인가. 인민은 나라의 근본이니 근본이 단단해야 나라가 편안함은 이전부터 유래된 격언이고 나라가 태평해야 인민이 안심하고 일에 종사하는 것은 만세에 바뀌지 않는 원칙이다. 따라서 나라의 정무를 크게 나누어 국권의 독립 및 유지와 인민의 보호 및 발달 두 가지에 지나지 않으니 (…중략…) 아아 동포여. 나라는 비유하면 우리가 사는 집과 같으니 인민은 주춧돌이고 들보와 같다. 주춧돌이 여리고 기둥과 들보가 어설프면 기술자가 아무리 좋은 기술이 있다고 해도 손을 쓸 도리가 없으니 이것은 좋은 집이 튼튼한 주춧돌과 꼼꼼한 기둥과 들보로 말미암아 세워지는 것임을 알 수 있는 바이라.

　　　—변덕연, '國民과 政治의 關係', 『대한협회회보』 7호, 1908.10.25

이 시기의 인민 개념은 국민의 자유나 권리를 중요하게 생각하면서도 국가에 이바지하고, 국가를 위해 의무를 다해야하는 개념이 더 강했다고 할 수 있다.

이러한 '인민'의 개념은 이후 사회주의자들에 의한 '인민' 개념이 적극적으로 등장하기 전까지는 지금의 '국민'의 개념과 크게 다르지 않은 '주권을 가진 존재'의 의미로 지속적으로 사용되었으며, 이는 1920년 중반까지 계속 이어지게 된다.

1.3.2. 주권의식의 성장

'주권의식'의 성장에 대해 살피기 위해서는 먼저 근대적 의미로서의 '권리'에 대한 개념이 한국에서 어떻게 자리를 잡았는지 살펴볼 필요가 있다. 현재 통용되는 '권리'의 개념은 휘튼의 국제법 책을 마틴이 번역한 『만국공법』[25]에서 살펴볼 수 있다. 김효전(2010: 154)에서는 『만국공법』에서의 권리는 주로 국제법상 국가의 권리에 관한 것이며, 이에 따라 '권리'에 대한 이해도 처음에는 국제사회에서 국가의 지위에 중점을 두었을 것으로 보았다. 이후 블룬츨리의 『공법회통』과 번역서인 마틴

---

[25] 『만국공법』의 전래에 대해 그간 1877년 12월 17일자 기록인 『왜사문답』, 『왜사일기』, 『일사문자』 등을 기반으로 『만국공법』과 『성초지장』을 예조판서 조영하에게 기증한 것이 최초라고 알려져 있었는데 김용구(2014: 100)에서는 1876년 3월 27일 강화도 조약 체결에 참여했던 모리야마 시게루가 본국에 보고하는 내용을 소개하면서 이미 1876년 이전에 조선에 전래된 것이 확실하다고 언급하고 있다.

의 『공법편람』 등이 소개되면서 일반 대중에도 '권리'라는 개념이 보급되었을 것으로 볼 수 있다.[26] 이후 이러한 '권리'에 대한 내용은 『독립신문』을 통해 활발하게 소개되었으며, 권리에 대한 논의뿐만 아니라 천부인권 사상이나 민권에 대한 논설도 게재하고 있다.

【 나라이 진보 되야 가는지 안 가는지 첫지 보이는거슨 그 】

　나라이 진보 되야 가는지 안 가는지 첫지 보이는거슨 그 나라 사름들이 즈긔들의 빅셩된 권리를 차지랴고 ᄒᆞ는거시라 우리가 빅셩이라고 말 ᄒᆞ는거슨 다만 벼슬 아니 ᄒᆞ는 사름만 가지고 말 ᄒᆞ는거시 아니라 누구던지 그 나라에 사는 사름은 모도 그나라 빅셩이라 빅셩 마다 얼마큼 하ᄂᆞ님이 주신 권리가 잇는듸 그 권리는 아모라도 셋지 못 ᄒᆞ는 권리요 그 권리를 가지고 빅셩이 빅셩 노릇슬 잘 ᄒᆞ여야 그 나라 님군의 권리가 놉하지고 전국 디톄가 놉하지는 법이라 죠션 빅셩들은 몃 빅년을 즈긔 나라 사름들의게 압졔를 밧아 빅셩의 권리라 ᄒᆞ는거슨 당쵸에 다 이져 버렷고 ᄯᅩ 무슴 ᄯᅳᆺ신지도 모로는지라 그런고로 나라 디톄가 나쟈져 오날늘 외국에 견모를 ᄒᆞ고 슈치를 밧으며 이러케 망신을 ᄒᆞ면셔도 분히 ᄒᆞ는 사름들도 업는지라.

—『독립신문』, 1897.3.9

　이러한 권리에 대한 논설은 이후 자유 개념과 함께 다뤄지면서 대중

---

26) 김효전(2010: 158)에서 『공법편람』의 일부를 번역하여 소개하고 있다. 내용은 다음과 같다.
　　"공법은 이미 따로 하나의 과목이 되었다. 그러니 마땅히 오로지 공법만을 위하여 사용하는 문구가 있을 것이다. 그래서 원문에 이따금씩 한문으로써는 드러내기가 어려운 뜻이 있다. 따라서 사용한 글자들이 억지로 끌어 맞춘 듯이 보이기도 할 것이다. 곧 예를 들면 '권(權)'이라는 글자는 책 속에서 다만 관리가 쥐고 있는 권력을 가리킬 뿐만 아니라 널리 사람이 이치적으로 마땅히 얻어야 할 몫을 가리키기도 한다. 그래서 때로는 리(利)라는 한 글자를 더하기도 하였다. 예를 들면 사람들이 본래 가지고 있는 권리(權利)라고 한 것이 그것이다."

에게 인식되기 시작한다. 이후 권리는 국민이 마땅히 행사해야 할 의무라는 개념이 더해지게 되었고, 예링의 『권리를 위한 투쟁』과 같은 저서가 『권리경쟁론』이라는 이름으로 번역되기도 했다. 1905년 이후에는 권리의 보호와 민권의 중요성을 강조한 논설들도 자주 등장하게 되며, 국권과 민권의 불가분성을 강조한 논설도 신문을 통해 볼 수 있게 되었다.

【 인민은 법률을 알어서 권리를 보호홀 일 】

멋 빅년 이릭로 악흔 정부가 오늘날 한국을 부패케 흠은 사름마다 아는 바ㅣ라 다시 의론홀 것 업거니와 뎌 악흔 정부가 무슴 쇠로 능히 국가를 부패케 ㅎ엿는가 글ㅇ딕 법률이 업슴이니라 한국에는 엇지 법률이 업섯는가 뎌 대뎐회통, 대뎐통편, 대명률은 법률이 아니고 무엇인가 글ㅇ딕 슗흐다 이것이 모다 완전치 못흔 법뎐일 쑨더러 진실노 법뎐이나 잇스면 법률이 잇슴인가 당시의 정부는 인민을 압졔ㅎ는 쇠로 인민의 지식을 어리셕게 ㅎ엿고 인민을 어리셕게 ㅎ는 쇠로 법률의 공포를 금ㅎ야 소위 법뎐이라 ㅎ는 것은 명문대가에 심심쟝지ㅎ야 일즉 반귀라도 인민이 알가 념려ㅎ엿스니 뎌 인민이 무엇으로 좃촛 법률을 알앗스며 무엇으로 좃촛 권리를 쥬쟝ㅎ엿스리오 이것이 법률 업는 것이 아니고 무엇인가 -중략. 지금은 소위 직판소도 잇스며 샤회의 여론도 잇스며 보관의 공필도 잇느니 ㅂ라건딕 졔군들은 법늋을 <u>스스로 알어셔 권리를 스스로 보호홀 지어다</u>. 본 긔쟈가 이러틋시 말흠은 오늘날 한국의 스법권이 엇더흠을 의론코져 흠이 아니라 단지 인민들이 가급적으로 <u>목젼읫 권리라도 보호흠을 ㅂ라며쏘</u> 한국 인민들이 법늋의 지식이 밝으며 법늋의 즈유를 엇어셔 완젼흔 싱활 방침을 엇기를 더욱 ㅂ람이로라.

—『대한매일신보』, 1909.3.21

'권리'라는 용어와 더불어 '민권'이라는 용어가 보급되기 시작한 것은

1890년대 전후이다. 김효전(2000: 378)에서는 '민권'이 프랑스어 'droit civil'을 일본에서 '민권'으로 번역한 것이며, '자유' 개념의 도입과 함께 자유, 민권이 주창되고 마침내 정치적·공법적인 의미를 지니게 되었다고 기술한 바 있다. 또한 '국권'이라는 용어 역시 일본에서 먼저 사용된 것이며, 초기 단순히 국위를 발양하는 의미에서 국권의 회복을 도모하거나 국권을 확장한다는 적극적인 의미도 내포하게 된 것으로 보았다.

근대 한국의 경우에도 국권의 개념은 민권과 크게 다르지 않았으며, 민권의 대립적인 개념으로 '관권'이라는 용어를 사용하기도 했다.

'민권'이나 '국권'이라는 용어가 자주 등장한 데 비해 '주권'이라는 용어는 상대적으로 그 빈도가 높지 않았다. 근대 국가의 출현이 국민국가의 시작점이 되기 위해서 주권의 개념은 반드시 결부될 필요가 있다.[27] 즉 절대왕조나 봉건국가에서의 '국민' 개념의 형성을 위해서는 기존 체제의 변화는 물론 지배계급으로부터 국민으로의 주권 이양이 이루어져야 한다. 박상섭(2009: 224)은 주권의 이양을 비롯한 서양식 국제질서로의 편입은 국내 체제의 정비를 통해 서양식 국가에 근접하는 체제를 갖추는 일이 수반되어야 하는데, 이러한 일이 단순히 정부 관료들의 태도 변화로 이루어질 수는 없으며, 기존의 유교적 세계관과는 급격히 다른 서양식 제도의 도입은 일반 대중들의 심성과도 큰 마찰을 일으키는 일이었을 것으로 보았다. 서구 이론의 소개와 서책의 발간 등은 새로운 개념을 소개하고 있었지만 막상 이러한 개념은 학습을 통해서 간단히 될 수 있는 일이 아니었던 것이다.

『서유견문』[28] 이전에 주권이라는 용어 사용을 발견하기는 어렵지만

---

27) 우남숙(2000: 125)에서는 블룬츨리의 국가관을 소개하면서 그가 주장한 "주권은 국가 및 법제를 연원으로 하여 성립하는데 주권이 국가 위에 위치한다고 하는 주장은 전혀 이치에 맞지 않는다. 주권은 국가가 있고 난 후 생기는 권리로, 결코 권리가 먼저 생기고 나서 나중에 국가가 성립하는 것은 아니다."라는 논의를 통해 주권은 어디까지나 국가 내지 국법의 틀에서 인정되는 것이고, 주권자가 국법을 초월해 주권을 행사하는 것이 허락되지 않는다는 점을 설명하고 있다.

이와 유사한 개념의 용어가 사용된 적은 있다. '치국지권(治國之權)'의 개념이 그것으로 여기서의 '치국지권'은 '나라를 다스리는 권력'으로 해석할 수 있을 것이다.

주권의 개념은 앞선 언급한 '민권'이라는 개념과 혼동되어 사용되기도 했으며, 이때의 '민권'은 전통적인 개념의 민권과는 차이가 있는 것이었다.

【 나라이되랴면민권을확장흠이필요흠 】

"법국에셔 빅셩들이 닐어나 정부의 압졔를 반디ᄒ고 인민의 즈유권리를 회복ᄒ야 공화정치를 만들미 영국빅셩들이 그일을보고 크게분발ᄒ야 영국정치졔도 고치기를 모도ᄒᄂ디 셔력 일쳔칠빅칠팔십년간으로부터 시작ᄒ야 일쳔팔빅삼십이년에 가셔야 비로소 영국셔 지금까지 시힝ᄒᄂ 립헌졔도를 실시ᄒ얏스니 대뎌 ᄉ오십년 셰월을 허비ᄒ여가며 젼국인민이 열심쥬션흔後에야 영국이 뎌럿툿 부강ᄒ얏스니 <u>나라의 강약셩쇠가 민권잇고 업난디 달넌거슬 가히짐작흘지로다</u> 지금 우리나라 인민이 열니지 못흔거슬 근심ᄒ거니와 뎌 영국셔 민권 확장ᄒ기젼 일을의론ᄒ건디 (…중략…) 우리나라지금형편이 국ᄉ를 정부에만맛겨두고 근본되ᄂ 인민들은 남의일보듯 흘쎠가안인쥴은 셜명치안어도 가히알거시어늘 인민이 인민된 직칙은힘쓰지안이ᄒ고 원통ᄒ니 애닯으니 쉬은말노만 쩌드ᄂ거시 실노한심흔 일이로다.

—『제국신문』, 1906.3.12

---

28) 유길준, 『서유견문』. "邦國의 權利ᄂ 二種에 分ᄒ야 一 曰 內用ᄒᄂ <u>主權</u>이니 國中의 一切 政治 及 法令이 其 政府의 立憲을 自遵흠이오 二 曰 外行ᄒᄂ 主權이니 獨立과 平等의 原理로 外國의 交涉을 保守흠이라(나라의 권리는 두 가지로 나뉘니 첫째는 안에서 쓰는 주권으로 나라 안의 모든 정치 및 법률이 그 정부가 세운 헌법을 스스로 따름이고 둘째는 밖에서 하는 주권으로 독립과 평등의 원리로 나라 밖의 교섭을 지킴이라)."

【 히면을 관할ㅎ는 쥬권 】

토디를 관할ㅎ는 쥬權인즉 그나라이 다스리는 실權이 그디방에 덥히는 연고ㅣ라 만일 그실권이 업고 다만 헛일홈만 걸어 아모나라에 속흔 싸히라 공포만홀진디 누구던지 그토디를 긔간ㅎ고 인민을 보호ㅎ야 실상쥬權이 시힝 될진디 몬져 쥬쟝ㅎ엿던 허명이 인ㅎ여 업셔지느니 이는 공법상 경위라 그런즉 공법 시힝ㅎ는 셰상에셔 헛일홈만 가지고 힝셰홀슈 업고 쏘흔 쥬권을 찻즈면 보호ㅎ는 힘을 몬져 셰워야홀지라.

그러나 이는 토디의 관계흔權리라 셰계에들어난 토디는 다 만국에 관할흔바ㅣ 되여 분할ㅎ엿스미 혹 실權을일코 허명만 가진나라도잇고 허명도 ᄎᄎ일허 여디가 업셔지는 나라도잇스니 다 그쥬권이 잇슨즉 공디로 잇는곳슨 업거니와 히면을 말홀진디 온바다이 다 만국의공공디 각국이 다즈치 통힝ㅎ야 독단홀쟈ㅣ 업스되 지어 어느나라에던지 그ᄂᆞ디에 통흔 바다와 혹 그연히 디방에라도 조슈쩌러진에 히변에셔 물우혜 십*안은 그 나라 토디와즈치 관할권이 잇느니 그언덕에셔 찰 보호ㅎ는힘이 밋치는 연고ㅣ라 그쥬權 밋치는 히상에는 타국군함이 임의로 츌입지 못ㅎ느니 이는 륙디상에 타국군ᄉᆞ가 병긔를가지고 올으지못홈과 ᄀᆞ흔지라 그럼으로 그 방한되는안에 바다혼 곳 내나라에 속흔토디와 ᄀᆞ하셔 그안에 리익은 다 내거시라 그러나 공법상에 히면 십*안은 다 내관할이라ㅎ고 능히 경찰보호를 합당케 못ㅎ여 타국병션이 임의로 츌입ㅎ되 능히 금집홀 힘이업고 도적이 창궐ㅎ되 능히 금단치 못홀진디 쥬權이스스로 감ㅎ야 영히 업셔진쥴로 치느니 쥬권이라 ㅎ는거시 엇기도 어렵거니와 직희기가 더욱 어렵도다.

—『제국신문』, 1902.9.19

'나라이되랴면민권을확쟝홈이필요홈'에셔의 '민권'을 다룬 기사와 달리 같은 신문에 실린 '히면을 관할ㅎ는 쥬권'에셔는 '주권'이라는 용어가 사용되고 있는데 이때의 두 개념은 큰 차이를 보이지는 않는다.

여기서는 토지를 개간하거나 인민을 보호해야 할 주권이 실질적으로 보호하는 힘을 갖는 것이 중요하며, 주권은 얻기도 어렵지만 지키기도 어렵다고 기술하고 있다. '민권'이라는 용어의 사용은 량치차오 저서 「애국론」에서도 찾아볼 수 있다. 여기서는 민권을 신장하는 일이 국권을 키우는 일임을 명시하고 있다.29)

유럽의 경우 근대적인 주권의 개념이 확립된 것은 프랑스 혁명을 통해서이다. 프랑스 혁명을 통해 국가 주권을 공유한 집합체라 할 수 있는 'nation'의 개념이 자리매김했으며, 주권을 최초로 헌법적 원리에 명시하기도 했다.30)

한말 주권의 개념이 문제로 의식되기 시작한 것은 조선이 중국 중심이었던 세계관을 벗고, 서양식 국제 질서와 체제로 전환되는 시기와 크게 다르지 않았다. 당시 조선에서의 주권 개념의 수용은 곧 기존의 중국 관계에 있어 큰 변화를 의미하는 것이었으며, 이는 중국과의 관계에 크게 의지하고 있었던 조선으로서는 상당한 위험부담을 수반하는 일이었다.

박상섭(2009: 226)에서는 이러한 시기에 현실적 타협안을 제시한 인물로 김윤식을 꼽고 있다. 김윤식의 '양편론' 또는 '양득론'에 대한 설명과 함께 김윤식이 조선과 중국의 관계를 규제하는 전통적 사대자소의

---

29) "나라란 무엇인가? 민이 모여서 이루어지는 것이다. 나라의 정치란 무엇인가? 민이 스스로 자신의 일을 처리하는 것이다. 애국이란 무엇인가? 민이 스스로 자신의 몸을 사랑하는 것이다. 그러므로 민이 흥하면 국권도 성립하고 민권이 사라지면 국권도 없어진다. 군주 재상으로서 민권을 억누르는 일에 힘쓴다면 스스로 그 나라를 포기하는 것이며 민으로서 각각 그 권리는 신장하기 위해 힘쓰지 않는다면 스스로를 포기하는 것이다. 그래서 애국은 반드시 민권을 일으키는 일에서부터 시작해야 한다고 하는 것이다."(량치차오, 『애국론』; 이혜경(2002: 207) 재인용)

30) 박명규(2009: 65)에서는 nation을 국가의 인격성을 가능케 하는 근간이라고 살핀 바 있다. 이전에 군주를 통해 인격화하던 국가의 주권이 nation으로 이행함으로써 국가와 국왕 개인을 구분하고 국가라는 주권공동체의 존재근거를 제공해 줄 수 있다고 보았다. 특히 nation은 국가를 구성하는 개개인의 총합이기는 하지만 단순히 현존하는 사람들의 집합체 차원을 넘어선 포괄적인 개념으로 언급하고 있다.

논리와 조선이 자주국으로서 각국과 평등한 입장에서 외교관계를 맺는 것은 양립할 수 있다는 논리에 대해 소개하고 있다.

김윤식과 함께 당시의 주권 문제를 다뤘던 인물은 유길준이다. 유길준은 그의 저서 『서유견문』의 3편 「방국의 권리」를 통해 주권의 개념을 제시하고 있다.[31]

이후로 주권의 문제는 신문이나 잡지를 통해 다뤄지기보다는 법학이나 정치학과 관련한 서적에서 다뤄지게 되었으며, 앞서 살핀 유치형의 『헌법』이나 김상연의 『헌법』 등에서 다뤄지게 된다. 하지만 곧이어 닥친 '국권'의 상실과 '주권'의 부재는 '주권'의 개념을 확립하고, 만들 수 있는 시간을 허락하지 않았다. 박상섭(2009: 239)에서 기술한 것처럼 당시에 주권문제에 대해 논의하는 것은 곧 국권회복운동을 의미하는 것이었으며, 이 때문에 주권 문제에 대한 본격적 논의는 1945년 이후로 미뤄질 수밖에 없었다.

2. 충군애국과 민족 개념의 형성

2.1. 충군애국의 개념 성립과 애국의 의미

근대 국가를 추구했던 이 시기의 지식인들은 '군주'의 존재를 근대 국가의 배제 요소로 보지는 않았다. 이 시기 '충군애국'의 '애국'의 개념은 '충군'과 같은 선상에서 다뤄지기도 했으며, 실제로 대한제국기 가장 대표적인 국가 행사인 '개국기원절' 행사와 '만수성절(대군주 폐하의 탄신일)'은 충성과 애국은 물론 국민통합을 목표로 성대하게 치러졌다.

---

31) 박상섭(2009: 230)에서는 『서유견문』의 주권 개념이 내용(內用)하는 주권과 외용(外用)하는 주권으로 나뉘며, 내용하는 주권이 국내적인 사항을 다루는 것인 데 반해 외용하는 주권은 독립과 평등의 원리에 따라 외국과 교섭하는 권리라고 설명하고 있다.

【 닉일은 대군쥬 폐하 탄신이라 우리는 경츅홈을 이기지 못ㅎ야 】

닉일은 대군쥬 폐하 탄신이라 우리는 경츅홈을 이기지 못ㅎ야 오날 신 문에 만만셰를 미리 부르고 폐하의 성체가 안강ㅎ시고 죠션 인민이 부강 케 되기를 츅슈 ㅎ노라.

—『독립신문』, 1896.9.1

김현숙(2006: 124)에서는 이러한 국가적 행사를 충성과 애국의 기회 로 이용하고자 하는 메커니즘이 작동한 것이라고 보았으며, 국민통합 의 핵심에 황제가 있는 것으로 해석하였다. 이 시기의 이런한 특성들은 당시 『독립신문』을 통해 소개되었던 다수의 애국 관련 가사를 통해 살 펴볼 수 있다.

【 학부 쥬ㅅ 니필균씨가 대죠션 ㅈ쥬 독립 이국 ㅎ는 노리를 지엿는디 】

학부 쥬ㅅ 니필균씨가 대죠션 ㅈ쥬 독립 이국 ㅎ는 노리를 지엿는디 아셰아에대죠션이 합가 이야에야이국ㅎ셰 자쥬독립분명ㅎ다 나라위히 죽어보셰 분골ㅎ고쇄신토록 합가 우리정부놉혀주고 <u>츙군ㅎ고이국ㅎ셰</u> 우리군면도와주세 깁흔잠을어셔씨여 합가 눔의쳔디밧게되니 부국강변 진보ㅎ셰 후회막급업시ㅎ셰 합심ㅎ고일심되야 합가 ㅅ롱공상진력ㅎ야 셔셰동졈막아보세 사름마다ㅈ유ㅎ셰 남녀업시입학ㅎ야 합가 교휵히야 기화되고 셰계학식비화보자 기화히야사름되네 팔괘국긔놉히달아 합가 산이놉고물이깁게 류디쥬에횡힝ㅎ셰 우리ㅁ음밍셰ㅎ셰 한셩 오부ㅈ니 에 쟝ㅅ ㅎ는것과 솔 베는 것과 셩 넘는것과 산 근쳐 빅토 파는거시 나라 에 크게 금 ㅎ는거시어늘 근리에 빅셩들의 ㅁ음이 히완ㅎ야 이 네가지에 자죠 범죄ㅎ기로 경무쳥에셔 ㅅ월 이십륙일 브터 새로 엄히 신칙ㅎ야 금 홀시 셩안 셩밧 각 동리 두민의게 훈령ㅎ되 각동리 두민과 산직이와 분슈 직이 셩명을 칙에 긔록 ㅎ고 각기 일홈아리 슈결을 바다 령칙ㅎ되 이번에 다시 범ㅎ쟈 잇시면 엄형홀줄노 말ㅎ고 또 ㅅ산에 슌검을 만히 파숑ㅎ야

네가지죄에 범ᄒᆞᆫ쟈를 기여히 잡으랴고 ᄒᆞ니 아모쪼록 빅셩들은 죄에 ᄲᅢ지지 안흠을 ᄇᆞ라노라.

—『독립신문』, 1896.5.9

【 평양 보통문안 리영언 이국가 】

평양 보통문안 리영언 ᄋᆞᆨ국가 우리나라대죠션은 ᄌᆞ쥬독립분명ᄒᆞ다 ᄌᆞ쥬독립되야시면 문명기화됴홀시고 십부아문대신들은 츙량지심품고지고 각부각군관찰군슈 션뎡션치ᄒᆞ고지고 면면촌촌빅셩들은 ᄉᆞ롱공샹힘써보셰 삼강오륜쥰힝ᄒᆞ고 효뎨츙신직혀보셰 기화기화헛말말고 실샹기화ᄒᆞ여보셰 독립문를크게짓고 태극기를놉히달셰 불너보셰불너보셰 ᄋᆞᆨ국가를불너보셰 님군ᄉᆞ랑몬져ᄉᆞ랑 빅셩ᄉᆞ랑후에ᄉᆞ랑 ᄉᆞ랑ᄉᆞ랑ᄉᆞ랑중에 이ᄉᆞ랑이뎨일일셰 만셰로다만셰로다 우리나라만셰로다.

—『독립신문』, 1896.9.10

이러한 충군애국을 고취하는 애국가는 이외에도 독립신문에만 10여 편 이상이 실려 있다. 애국가뿐만 아니라 이 시기의 논설에서도 애국을 강조하는 논설을 신문에서 쉽게 살펴볼 수 있다.

【 이국론 】

이것이 나라를 ᄉᆞ랑 ᄒᆞᄂᆞᆫ것인지 내가 해외 각국을 류람 ᄒᆞ여 보니 거긔 빅셩들은 다 격동 ᄒᆞ고 분발ᄒᆞ야 츙셩스러온 간과 더운 피로 쟈긔 나라의 슈치를 말 ᄒᆞᆫ즉 얼골 빗이 동 ᄒᆞ야 슬푸게 탄식ᄒᆞ고 법을 변 홈을 들은즉 손을 들고 쒸고 졍ᄉᆞ가 변 ᄒᆞᄂᆞᆫ것을 본즉 팔을 쎕ᄂᆞᆨ고 눈물을 흘리ᄂᆞᆫ것이 누가 데어 홀슈 업스니 나라도 이러 ᄒᆞ고 빅셩도 이러 ᄒᆞᆫ지라 졍형과 실샹의 셔로 뒤집히ᄂᆞᆫ것이 엇지 이 ᄀᆞᆺᄒᆞ리요 우리 나라 사ᄅᆞᆷ이 나라 ᄉᆞ랑 홀줄몰으ᄂᆞᆫ것은 나라의 된 줄을 아지못 홈이라 즁국이 일통이 되야 텬하라 ᄒᆞ고 나라라 ᄒᆞ지 아니 ᄒᆞ엿스니 임의 나라가 업슴이 엇지 ᄉᆞ랑 홀줄을 알니요 나라는 평등으로 된것이요 스랑 하는것은 되답 하야 되접 홈으로 이러 남이라 넷글에 글ㅇ되 형뎨가 담 안에셔는 쌋호드리도 밧그로 업슈힘 밧는것은 막는다 하엿스니 만일 밧괴셔 업슈히 녁임이 업슨즉 비록 형뎨의 스랑이라도 또흔 거의 이질지라 다른 집을 되흔 후에 내 집을 스랑 홀줄 알고 남의 일가를 되흔 후에 내 일가를 스랑 할줄 알며 다른 시골 가셔 놀다가 내 동향 사름을 만나면 정분이 조연 나셔 셔로 스랑 하는 무음이 싱길터이나 만일 본 시골에 곳치 잇스면 범연히 길에 다니는 사름과 곳흘지라 나라도 이와 곳흐니 다른 나라를 되흔 후에야 내 나라를 스랑 홀줄 알지라 구라파 사름의 이국 하는 무음이 뎌럿케 셩 흔것은 희랍 希臘 이릭로 여러 나라이 병립 하야 셔로 잡거 하고 셔로 왕릭 하며 셔로 비교 하야 죠금도 질여 아니 하고 듯호아 가며 각각 보존 하기를 구 하는 고로 이국 하는 셩품이 가는되마다 발 하야 글앗치지 아니 하여도 나고 언약 아니 하여도 갓거니와 우리 나라는 그 럿치 아니 하야 四万万 동포가 여러 千년을 흔 작은 텬하 가온되 잇서 평등 국으로 더브러 교뎨를 못 하엿슴이 내 나라 외에는 다른 나라는 업는줄 안 연고라 그런고로 내가 글ㅇ되 나라 스랑 홀줄 몰으는것은 그 나라 된것을 아지 못 홈이라 이국 하는 셩질이 숨어 발양치 아이 하다면 가 하거니와 이국 하는 셩질이 업다는것은 불가 흔줄 아노라.

—『독립신문』, 1899.7.27

하지만 이러한 논리 모두가 군주의 독단적인 정치나 결단을 의미하는 것은 아니었다. 개화파의 '충군애국'의 의미는 군주의 자의적이고, 독단적인 결정을 줄일 수 있는 제도적 개혁을 통해 국민들의 자발적인 '충'을 이끌어 낼 수 있다고 보았고, 실제로 이를 통해 군주의 지위가 더 확고해진다고 생각했다. 조계원(2015: 57)에서는 개화파의 '충군애국'이 기존의 군신과의 주종 관계와 다르다는 점을 강조하면서 이러한 내용이 개화파인 박영효의 『건백서』에 잘 드러난다고 보았다.[32] 또한 전통적인 충군애국 관념은 국가가 충성의 대상으로서 궁극적인 가치를 지니고 있다는 사고를 담고 있지 않으며, 왕토 사상 등의 영향을 받아 충성의 대상으로 군주와 국가가 명확히 분리되지 않는다고 보았다. 이와 달리 개화파의 충군애국 개념은 군주를 국가를 구성하는 하나의 구성 요소로는 보고 있지만 충성의 대상은 '군주'가 아닌 '국가'였다.

'애국심'의 발현은 때로 '계몽'의 의미와 맞닿아 있는 경우를 볼 수 있는데 애국을 '깨우치는 것'이나 '교화되는 것'의 의미로 사용하거나 '자연발생적인 것'으로 보기도 한다.

【 教民必先 愛國誠 】

東洋之日本은 蔓而小島로딕 革新二十餘年之間에 興學敎民ᄒ야 人人이 莫不有愛國誠이라. 一與淸國 爭鋒에 如破竹建領ᄒ니 此ᄂ 無他라. 普日之以 寡敵衆과 以弱敗强이 皆由於其民之愛國誠力이니 然則 貧富强弱之勢가 實在 於人民之敎導如何而已라. 可不勉力敎民於愛國誠 三字哉아.

> **번역** 동양의 일본은 비록 작은 섬나라이되 혁신한 지 20년 사이에 흥학 교민하여 사람마다 애국성이 없는 자 없다. 청나라와 더불어 전쟁할 때 파죽지세로 영토를 만드니 이는 다름이 아니라 일본이 중과부적과 약함으로 강자를 패퇴한 것이 모두 그 백성들의 애국성력에서 말미암은 것이니 그런즉 빈부 강약의 세가 인민의 교도 여하에 달려 있을 따름이다. 가히 인민에게 애국성 세 자를 힘써 가르치지 않음이 불가하다.

—『황성신문』, 1901.12.17

위 인용문 '敎民必先 愛國誠'에서의 애국의 논리는 '애국=국력의 신

---

32) 박영효, 『건백서』(조계원(2005: 59)의 번역을 재인용). "진실로 한 나라의 부강을 기약하고 만국과 대치하려 한다면 군권을 감소하여 인민으로 하여금 정당한 만큼의 자유를 갖게 하고 보국의 책무를 지게 한 연후에 점차 문명의 상태로 나아가게 하는 것이 나을 것입니다. 대저 이와 같이 한다면 백성이 편안하고 나라가 태평하게 될 것이며, 종사와 군위가 모두 함께 오래갈 수 있을 것입니다."

장'을 의미하는 것이며, 나라를 부강하게 하는 힘을 인민들의 '애국'에
서 찾고 있다.

【 익국ᄒ눈셩심 】

　대뎌 나라이라ᄒ난거슨 흔뭉텅이 빅셩으로 흔덩어리 토디를 뎜령ᄒ고
일뎡흔권리를 능히 힝홈을 닐음이라 이럼으로 사름은 피ᄎ의 구별이 업
스나 나라난 동셔의 경계가 잇셔 임군도 그 쥬쟝ᄒ난 나라를 닐ᄋ디 내나
라이라ᄒ며 졍부도 그 잇난나라를 닐ᄋ디 내 나라이라ᄒ고 빅셩도 그 사
ᄂ나라를 닐ᄋ디 내 나라이라ᄒᄂ니 이ᄂ 임군과 졍부의 빅셩이 그 나라
에 디흔 디위난 비록다르나 그 흥ᄒ고 망ᄒ며 리ᄒ고 해ᄒ며 근심ᄒ고
즐겨홈은 일반이라 이에 임군과 빅셩을 물론ᄒ고 나라집의 칙임을 당ᄒ
야 만일 흔가지라도 잘못ᄒ야 나라이 나라된 톄면을 손실ᄒ면 그 토디와
권리를 보젼치못홈은 고샤ᄒ고 그 흔몸의 싱활홈도 능히 못홀거시오 다
만 일신의 싱활홈을 능히 못홀ᄲᅡ니라 그 일홈도 이를 좃ᄎ 멸망홀지니
이럼으로 <u>사름마다 나라를 ᄉ랑ᄒ난셩심은ᄌ연히싱ᄒᄂ바이라쏘</u> 일홈
이 흔번멸망홀진디 아조 업셔지면 그만이어니와 김디라리디라ᄒᄂᄉᄉ
일홈은 비록멸망ᄒ나 아모나라 빅셩이라 아모 인종이라ᄒ난 일홈은 오히
려 잇셔 셰계샹 인류의 동등이되지못ᄒ야 아모산에 즘승이라 아모물에
고기라홈과 ᄀᆺ치 지명ᄒᄂ니 그럼으로 이 <u>국민이라 ᄒ난 일홈은 실노 우
리 인류된 쟈의 스스로 즁히 녁이고 스스로 ᄉ랑홀거시로다.</u>

—『대한매일신보』, 1907.10.20

　'익국ᄒᄂ셩심'에서는 '애국'하는 마음이 '자연발생적'이라는 점과
나라를 사랑하는 마음은 '국민'이 스스로 행해야 하는 것임을 강조하고
있다.

　개화 초기 '충군애국'의 의미가 군주에 대한 충과 애를 의미하는 것
이며, 주권이 군주에게 있다는 의미였다면 1905년 이후의 '애국'은 국

가의 흥망을 결정하는 것은 국민주권에 기초한 정치 활동이며, 이러한 차원에서의 '애국'의 의미는 앞서 살핀 바와 같이 '계몽'의 관점에서 다뤄지기도 하다.

1905년 이전의 논의들이 국가를 구성하는 요소로 '국민'이나 '인민', '토지', '님금'을 포함하고 있다면 이후의 논의에서는 이러한 내용에 변화가 생기고, '군주'는 더 이상 절대적인 '충'의 대상이 되지는 못한다. 특히 이러한 논리는 정치의 변화와 맞물려 법에 기초한 정치를 중요한 국가의 발전 요인으로 꼽기도 했다.

【 헌법정치연구회의 필요 】

굴으딘 그러치아니ᄒ다 대뎌 이 셰계ᄂ 헌법정치를 힝ᄒᄂ 나라ᄂ 반ᄃ시 흥ᄒ고 헌법정치를 힝ᄒ지아니ᄒᄂ 나라난 반ᄃ시 쇠ᄒᄂ거슨 어린 으히라도 다아ᄂ바ㅣ라 이셰계에 잇셔셔 나라이 ᄒ로라도잇스면 ᄒ로의 헌법을 힝홀지며 이틀을잇스면 이틀의 헌법을 힝홈이 가ᄒ니라 (…중략…) 슯흐다 헌법을힝홈이 무슴힘이잇셔셔 그 국가에 딕ᄒ여 관계가 이러케 즁대ᄒ가 대뎌 엇던나라이든지 그 나라를 국민의 나라로 ᄒ지 아니ᄒ고 ᄒ두사ᄅ의 슈즁에 너허노흐면 아모리 일시 셰력 이 셰계를 진동ᄒ던 나라라도 그 복조가 길지못ᄒ여 오늘 망ᄒ지 아니ᄒ여도 명일에ᄂ 반ᄃ시 망ᄒᄂ니 뎌 마긔돈을 보라 그 셰력이 일셰를 진동ᄒ엿스나 뎌ᄂ 알렉산더 ᄒ 사ᄅ의 슈즁에 잇난 나라인고로 알렉산더가 ᄒ번 넘어지미 그나라이 ᄯ러져 망ᄒ엿스며 뎌 텹목으의 나라를 보라 그위엄이 텬디를 진동ᄒ엿스나 뎌ᄂ 텹목으 ᄒ사ᄅ의 슈즁에잇ᄂ 나라임으로 텹목으가 ᄒ번죽으미 그나라이 ᄯ러져 망ᄒ엿스며 ᄯ 어ᄂ째에 어ᄂ 나라를 물론ᄒ고 ᄒ사ᄅ이나 혹 두어사ᄅ이 관할ᄒᄂ 나라ᄂ 그나라이 모릭우혜 지은 집과ᄀ치 업드러지기가쉽고 마른짜에 비ᄉ물ᄀ치 잣기가 쉬운지라 그런고로 국가를 유지ᄒ고 ᄯ 확쟝코져ᄒᄂ쟈ᄂ 반ᄃ시 그나라를 국민의 나라를 ᄆᆫ드ᄂ거시 가ᄒ니라. (…중략…) 오호-라 오늘날 한국의형세를 도

라보건듸 국가는 쇠망흠을 당흐고 민족은 민멸흠이 박두ㅎ엿스니 어느겨
를에 헌법정치를 말ㅎ리오마는 <u>오늘날 한국동포가 권리의ᄉ샹을 분발ㅎ
여 문명의 제도를 예비홈은 뎨일 급흔일일ᄲᆞᆫ더러 과연 한국동포가 디옥
을면흐고 락토로 향코져ㅎ면 불가불 헌법정치를 힝홀지니 헌법의 예비가
업고야 엇지 가ᄒ리오.</u>

—『대한매일신보』, 1910.3.19

인용한 논설문에서 보는 바와 같이 당시의 입헌국가수립론자들은 국
가의 요소를 인민과 토지, 그리고 법률로 제시하고 있다. 이는 1905년
이전의 국가관이나 애국의 관점과는 다른 양상을 보이는 것이라 할 수
있다.

정혜정(2011: 130)에서는 대한자강회 발기취지문을 제시하며[33], 여기
서 말하는 국민의 정신이란 애국정신을 의미했고, 문명학술의 흡수란
나라를 건설하는 문명의 수용을 의미한다고 보았다. 여기서는 당시 헌
정연구회를 비롯해 대한자강회 등에서 활발하게 활동했던 윤효정에 대
해 기술하면서 윤효정이 본 국가의 의미[34] 가운데 국가구성의 정신되
는 애국심이 가장 우선시되는 것이라고 소개하고 있다. 윤효정의 이러
한 애국심에 대한 사상은 다음의 인용문을 통해서도 살펴볼 수 있다.

---

33) 『대한자강회월보』 1호, 「本會會報」, 1906.7.
　　"雖然이나 抑欲貫徹 此 自强之目的인딘 不得不先培養 其國民之精神ᄒ야 使檀箕以來四千
年自國之精神으로 灌注於二千萬人人之腦髓ᄒ야 一呼吸一瞬息之頃이라도 不忘於自强之 精
神 然後에야 方可鍊自强之心膽而作復權之活機也리니 <u>內養其祖國之精神ᄒ며 外吸乎文明之
學術이 卽今日時局之急務也*此ㅣ 自强會之所以發起者也라. 惟我全國有志 僉君子는 孰無慷
慨回復國權之想哉아 請勿踚躇ᄒ고 同此血性ᄒ야 亟亟奮發於自强之術而悉進於回復之途則
大韓獨立之基礎가</u> 必權輿於此矣니 玆豈非全國之幸福也哉아"
34) 첫째는 법리상으로 일정한 토지와 인민이 독립된 주권하에 통치되는 단계이며 둘째는
경제적으로 자영자존의 욕망의사를 가진 경제 단위, 셋째는 정신적·정치상으로 애국심
과 정치적 능력, 그리고 무력의 세 가지로 정의되는 것이다.

【 雲庭 尹孝定, '國家的 精神'을 不可不 發揮 】

蓋國民全體가 擬以自國으로 爲世界列國之模範ᄒ야 以之活動其世界列國
之元氣ᄒ며 以之維持其世界列國之平和ᄒ야 挫其强暴ᄒ며 扶其弱小ᄒ며 蒙
昧者焉指導之ᄒ며 未開者焉啓牖之호ᄃᆡ 唯此一大精神이 充滿於其內ᄒ고 而
磅礴於其外也에 以之爲法制之完備ᄒ며 以之爲敎育之隆盛ᄒ며 以之爲産業
之發達ᄒ며 以之爲外交之敏活ᄒ며 以之爲技術之優美文學之興隆ᄒ야 以增
益其國家之光彩ᄒ나니 此莫非國家的精神之發揮之所致也라. (…중략…) 國
民全體가 廓揮國家的精神(卽愛國心)ᄒ야 必講共自力自立之方法手段而後에
可也니 如農者ㅣ 欲其耕作之登於他國ᄒ며 商者ㅣ 欲其貿易之盛於他國ᄒ며 工
者之於技藝와 士者之於學術에 皆欲其精美於他國이니 如此而國始存立矣라.
欲使國民全體로 發揮此一大精神인ᄃᆡ 其法이 無他라. 唯此確立法制ᄒ며 鞏
固民權ᄒ야 以謀安全其生命財産ᄒ며 實施自治之制ᄒ고 採用選擧之法ᄒ야
漸次付與以國政參議之權利則君民이 同治ᄒ고 擧國이 一致ᄒ야 國民之視國
事를 可與自家事無間矣라.

번역 대개 국민 전체가 자국을 고려하여 세계 열국의 모범을 삼고, 이
로 세계 열국의 원기로 활동하며 세계 열국의 평화를 유지하여
강폭함을 꺾고, 그 약소함을 부조하며, 몽매한 자를 지도하며, 미개한 자
를 계유하되, 오직 이 하나의 큰 정신이 그 내부에 충만하고 그 외부에
널리 퍼짐에 이로써 법제를 완비하고, 교육을 융성하며, 산업을 발달시키
고, 외교를 민활하게 하며, 기술의 우미함과 학문의 융성을 삼고, 국가의
광채를 증진하니, 이는 국가적 정신이 발휘되지 않은 것이 없다. 국민 전
체가 국가적 정신을 바로잡아(곧 애국심) 함께 자력 자립의 방법과 수단
을 강구한 이후에 될 일이니 농자가 다른 나라보나 낮게 경작하고자 하고,
상인이 타국과 무역하고자 하며, 공인의 기예와 선비의 학술이 모두 다른
나라에 비해 정미하고자 함과 같으니, 이것은 국가의 시작과 존립과 같다.
국민 전체로 하여금 이 일대 정신을 발휘하게 하고자 하면 그 법은 다름
이 아니다. 오직 법제를 확립하며 민권을 공고히 하여 그 생명과 재산을

안전하게 하며, 자치제도를 실시하고 선거의 법을 채용하여 점차 국정 참의의 권리를 부여하면 곧 군민이 함께 다스리고 모든 나라가 일치하여 국민이 국사를 대할 때 가히 자기 집안을 일과 다름이 없을 것이다.

—『대한자강회월보』, 1907.2.25

위 인용문에서는 나라의 정신을 떨치는 것이 곧 애국심이며, 이는 반드시 스스로의 힘으로 설 방법과 수단을 익힌 후에야 가능한 것이라 보고 있으며, 이를 농부와 상인, 기술자, 선비의 예를 통해 설명하고 있다.

【 愛國의 義務 】

吾人이 斯世에 生ᄒ야 當行홀 義務가 頗多ᄒᄂ 其中에 가장 重要흔 者ᄂ 愛國의 義務가 是라. 關係의 가장 親密홈과 契合의 가장 强固흔 것슨 다못 吾人과 國家의 關係니 何則고. 國家ᄂ 吾人의 生命을 保護ᄒ며 家族과 財産을 保護ᄒ고 社會와 自由를 維持ᄒ기 爲ᄒ야 成立흔 것시라. 吾人이 만일 愛國의 精神이 無ᄒ면 國家를 保全키 難ᄒ고 만일 國家를 保全치 못ᄒ면 吾人이 엇지 此世에 生活ᄒ야 幸福和樂을 期望키 能ᄒ리오. 然則 此世에셔 幸福의 生活을 期望ᄒᄂ 吾人은 絶對的 國家를 爲ᄒ야 誠心으로 헌신의 義務가 有ᄒ고 忠君愛族의 義務가 有ᄒ다 謂ᄒ리로다. (…중략…) 噫라 我大韓帝國 二千萬同胞의 一分子가 되지 아니ᄒ얏스면 已어니이와 我二千萬同胞의 一分子가 된 者ᄂ 此言을 忘치 아니홈이 可ᄒ깃도다. 然而余ᄂ 年今十四幼沖이라. 學識이 未成ᄒ야 今日에ᄂ 能히 自强力의 萬分之一이라도 補치 못ᄒ려니와 幾年間知識의 擴充을 待ᄒ야 愛國ᄒ시ᄂ 先進諸君의 旗幟下에 맛당히 鞭을 執ᄒ야 翼進ᄒ리니 勉之哉어다 愛國同胞여.

번역 우리가 이 땅에 태어나 마땅히 해야 할 의무가 많지만 그 가운데 가장 중요한 것은 나라는 사랑하는 의무가 맞다. 가장 친밀한 관계이고, 가장 단단한 결합인 것은 다만 우리와 나라의 관계뿐이니 어째서인가. 나라는 우리의 목숨을 지키며 가족과 재산을 지키고, 사회와 자유를 유지하려고 세운 것이다. 우리가 만일 애국의 정신이 없으면 나라를 보존하기 어렵고, 나라가 보존되지 못하면 우리가 어찌 이 땅에 살면서 행복을 누릴 수 있으리오. 그러하므로 이 땅에서 행복한 삶을 바라는 우리는 절대적인 나라를 위해 따르는 마음으로 헌신할 의무가 있고, 임금에게 충성하고 민족을 사랑할 의무가 있다고 이른다. (…중략…) 우리 대한제국 이천만동포의 구성원이 안 되었으면 그만이지만 우리 이천만동포의 구성원이 된 이는 이 말 잊으면 안 된다. 그러나 나는 나이가 열네 살로 어리며 배운 게 아직 모자라 오늘날에는 스스로 힘을 키우는 데 만 분의 일도 못 보태므로 몇 해 동안 널리 배움이 넓어지기를 기다려 나라를 사랑하는 앞선 여러분의 깃발 아래서 마땅히 채찍을 집고, 나아갈 것이니 부지런할 지어다. 애국동포여.

—李潤柱, '애국의 의무', 『태극학보』 5호, 1906.12.24

정리하면 충군애국의 개념은 군주의 은혜에 보답하는 백성들의 '충'의 개념이 '국민'이나 '인민'과 같은 정치적 구성원으로 바뀌면서 '충'의 대상 역시 군주에만 머무르는 것이 아닌 '국가'와 '제도'를 대상으로 한 객관적이면서 정치적인 개념으로 변모했다고 볼 수 있을 것이다.

애국의 의미와 대상 역시 마찬가지로 임금에게 충성하는 것과 본분을 다하는 '애국'의 의미에서 국력을 키우거나 스스로의 발전과 민권의 확장이라는 차원의 '애국' 개념으로 전환되었다.

2.2. 민족 개념과 동포

민족의 개념 정립은 '민족'이 어떤 과정을 통해 언제 형성되었는지에 대한 의견 차이에서 비롯된 것이라고 할 수 있다. 먼저 도구론적 입장의 경우 '국가민족'이라는 민족 개념에서 출발한 것으로 인민주권론이 세속주의나 국민적 시장권과 결합되면서 근대적 민족주의와 민족을 탄생시켰다고 보는 견해이다.35) 원초론적 입장의 경우 '문화민족'이라는 개념에서 시작된 것으로 언어와 공통의 문화유산, 종교, 관습과 같은 객관적 기준이 민족의 기초로서 강조되는 것을 말한다. 이는 민족적 유대감이라는 것이 국가나 정치 형태에 관계없이 형성되고 존재하는 것이며 민족은 국가에 선행하는 개념이다.

민족의 개념에 대한 정의들을 살펴볼 때 우선적으로 논의의 대상이 되는 용어는 프랑스의 nation과 독일의 Volk 개념이다. 박찬승(2010: 29)에서는 nation이 주로 이념을 공유하는 정치적 공동체의 성격이 강하였고, Volk는 언어 역사 등을 같이하는 문화적 공동체의 성격이 강한 것으로 보았다. 또한 '민족'의 개념에 대해 여러 고전적인 정의들이 있었지만 어떠한 정의도 '민족'에 대해 충분히 설명하고 있지는 못한다고 기술하고 있다.

그 이유는 정치적 이념을 같이하거나 언어를 같이한다고 해서 하나의 민족을 구성하는 것도 아니고, 같은 영토에도 여러 민족이 살고 있는 경우가 있으며, 정치적 이념은 달리하지만 언어와 종교 등 문화를 같이하면서 하나의 민족을 구성하는 경우도 있기 때문이다.

'민족'의 근대적 개념이 자리잡기 이전에도 조선시대에는 비슷한 의미의 다른 용어들이 사용되고 있었다. 먼저 '족류(族類)'는 고려 때 친족의 의미로 사용되던 것이 조선 시대부터는 '동족'의 의미로 사용된 용어이다.36) '족류'는 다양한 기록을 통해 살펴볼 수 있으며, 주로 조선

---

35) 박찬승(2010), 『민족·민족주의』, 33쪽.
36) 『세종실록』 세종 16년 1월 12일. "今者征討之後, 革面來附, 禮當待之以厚, 然非我族類, 其心必異, 豈可徒信其歸附之心, 而不嚴其出入之防乎! 自今其私相通好, 一依前例乎? 不得已有體探, 則守令給公幹, 然後許以往來乎?(이제 그들을 토벌한 후에 지난 일을 뉘우치고, 귀순해 오니, 예의상 후하게 대해야 마땅하나, 우리 민족이 아니라서 그 마음이 반드시 검은 면이 있을 것이니, 어찌 그 귀순하는 마음만을 믿고 출입의 방지를 엄중히 하지 않겠는가?)"

사람이 아닌 왜인이나 중국인과의 구분을 위해 사용되기도 했다.

근대에 들어서도 '민족'의 개념이 명확하게 자리를 잡는 데에는 오랜 시간이 걸렸다. 1900년을 넘어서도 특별히 '민족'의 개념을 설명하거나 '국민'과의 차이를 의식하는 일은 없었다. 『황성신문』의 1900년 1월 12일 기사에서 「기서-서세동점의 기인」이라는 글에 '민족'이 등장하기는 하지만 여기서의 '민족'은 오히려 인종에 가까운 개념으로 사용된 용어였다. 이전에도 『한성순보』에 '민족'이라는 용어는 등장하지만 '민족'의 개념을 이해할 만큼의 내용을 담고 있지는 못하다. '민족'과 '국민'의 구별에 대해 논의한 『대한매일신보』의 1908년 7월 10일자 논설 「민족과 국민의 구별」이 나오기 전까지 '민족' 개념을 찾아보기 힘들며, 1906년에 『대한자강회월보』 5호에 실린 논설과 1907년 3월 5일과 10월 30일 각각 『야뢰』와 『낙동친목회학보』에 실린 논설에서 '민족'에 대한 개념을 간략하게 설명한 내용을 찾을 수 있을 뿐이다.

【 단체연후민족가보(團體然後民族可保) 】

夫 國家之所以成立者는 由乎其民族之團体集合耳라. 唯有曠邈 土地와 許多民族이라도 缺團合之義ᄒ며 乏團合之力ᄒ고 惟逐手草轉移無常ᄒ야 欲自動自活ᄒ며 自營自私於穹壤之間이면 是ᄂ 野蠻之一部落耳라. 在本古鴻濛淳厖之時代則可커니와 在今日競爭劇烈之社會ᄒ야ᄂ 惡能逃劣敗漸滅之患也哉아.

번역 대저 국가가 성립되는 까닭은 그 민족의 단체가 집합할 따름이다. 오로지 광막한 토지와 수많은 백성이 있을지라도 단합의 뜻이 없고 단체를 합력함이 부족하면 오직 떠다니는 수초처럼 변화가 무쌍하여 스스로 움직이고 스스로 살아가고자 하며 자영(自營)·자사(自私)가 막다른 곳에 이르러 붕괴할 지경이면 이는 야만의 한 부락일 따름이다. 본래 옛날 홍몽순방(鴻濛淳厖)의 시대에는 가(可)하겠지만 지금 경쟁이 극렬한 사회에서는 능히 도망하여 열패(劣敗) 시멸(漸滅)의 걱정만 있을 따름이다.

—숭양산인 장지연, '단체연후민족가보(團體然後民族可保)',
『대한자강회월보』 5호, 1906년 11월.

『대한매일신보』와 『황성신문』에서 '민족'이라는 용어를 자주 사용하기 시작한 것은 1907년 이후이다. 박찬승(2010: 70)에서는 4월 24일, 4월 26일, 5월 6일, 5월 13일 등 이전에는 자주 등장하지 않았던 '민족'이라는 용어가 이 시기 들어 자주 등장하고 있다고 살핀 바 있다. 또한 권보드래(2007: 60)에서는 1905년 이후 황제-인민 사이의 수직적 질서가 후퇴한 대신 국민이나 민족 등 평등주의적 색채를 드러내는 용어가 급속히 그 용법을 확대하였고 인민과 같은 오래된 개념에 비해 국민이나 민족 등의 신조어가 자주 쓰이게 된 것은 그만큼 새로운 인식틀이 확고히 자리잡아 가는 과정을 보여주는 것으로 설명하고 있다. 또 한 가지 특징은 '인민'이나 '백성'과 함께 사용되었던 '동포'의 개념이 '민족'과 함께 쓰이는 일이 많아졌다는 점이다.

【 奴婢를 宜乎釋放 】

原夫生人之初에 圓其顱方其趾ㅎ며 橫其目兩其臂ㅎ야 立於天壤之間而靈於禽獸之類者는 孰非吾同胞男女也며 孰非吾平等種族乎아 嗟乎라 我人類中에 幼而爲奴婢ㅎ며 長而爲奴婢ㅎ며 生而爲奴婢ㅎ며 死而爲奴婢者여 爾亦人也어늘 何故로 牛馬若賣買를 被ㅎ며 牛馬若束縛을 取ㅎ며 牛馬若鞭箠를 受ㅎ는가 上天이 一視同仁ㅎ시건마는 若等에 對ㅎ야는 天道도 難知오 聖人이 博愛無偏ㅎ시건마는 若等에 對ㅎ야는 公德도 不存이오 明王이 子惠困窮ㅎ시건마는 若等에 對ㅎ야는 仁政도 不及이로다.

번역 무릇 사람이 태어나는 처음에 머리뼈는 둥글고 발가락은 네모나며 눈은 옆으로 만들고, 어깨를 양쪽에 만들어 하늘과 땅 아래에 서서 금수 사이에 신령한 존재로 만들었으니 이는 누가 우리 동포 남녀가 아니며 누가 우리와 평등한 종족이 아니겠는가. 아아! 우리 인류 가운데 어려서 노비가 되고 자라서 노비가 되고 태어나서 노비가 되고 죽어서 노비가 된 이여. 너희 또한 사람이거늘 어쩌다가 마소마냥 사고 팔리면서 속박을 겪고 마소마냥 채찍질을 받는가? 하늘이 사람을 한가지로 본다만 그대들을 두고는 하늘의 이치도 알기 어렵고 성인이 널리 사랑하고, 한편에 치우침이 없건만 그대들을 두고는 공덕도 없으며 정사에 밝은 임금이 곤궁한 이를 자식처럼 돌본다만 그대들에게는 어진 정치도 미치지 않는구나.

—『황성신문』, 1908.2.12

【 保守와 改進 】

我同胞乎아 曰 無有也니 彼掀天動地之大事業은 尙矣莫言ᄒᆞ고 卽掘井及泉之小功勞도 杳乎難聞이라. (…中略…) 二千萬民族之精神으로 做造我商工國, 武備國, 文明國, 富强國호ᄃᆡ 保守者ᄂᆞᆫ 非他라 保守我疆土ᄒᆞ며 保守我家國ᄒᆞ며 保守我國精國粹而已오 改進者ᄂᆞᆫ 無他라 改進我社會ᄒᆞ며 改進我政治ᄒᆞ며 改進我敎育學術而已라 無復掩耳閉目之保守者ᄒᆞ며 無復喪心失性之改進者ᄒᆞ면 我韓이 於是乎 庶幾라 ᄒᆞ노라

> **번역** 우리 동포여, 없지 않다 말하니, 저 하늘을 기쁘게 하고 땅을 흔드는 대사업은 일찍이 말하지 않고, 우물 파고 샘을 만드는 작은 공로도 묘연히 들어보지 못했다. (…중략…) 이천만 민족의 정신으로 우리 상공업국, 무비국, 문명국, 부강국을 만들되 보수라는 것은 다름이 아니다. 우리 강토를 지키며 우리 가족과 나라를 지키며 아국의 국수를 지키는 것일 따름이요, 개진이라는 것이 다름이 아니다. 우리 사회를 다시 진보하게 하며, 우리 정치를 개진하며 우리 교육과 학술을 개진하는 것일 따름이다. 귀를 닫고 눈을 감아 다시 지키는 것이 없고, 우리의 본성을 잃고 다시 개진함이 없으면 아한이 어찌 되겠는가.

—『황성신문』, 1907.4.26

'奴婢를 宜乎釋放'에서는 '동포'의 개념과 함께 '종족'이라는 용어를 함께 사용하고 있으며, '保守와 改進'에서는 '동포'와 '민족'을 함께 사용하고 있다. 박찬승(2010: 62)에서는 '동포'의 용례에는 평등의 개념이 내포되어 있으며, 상하귀천 없이 모두 동등하게 지칭할 때 주로 '동포'라는 용어를 사용하고 있음을 지적한 바 있다.

1907년을 기점으로 '민족'과 '국민'의 용례는 크게 늘었으며, 이때부터는 '민족'과 '국민'을 구분하려는 논의도 찾아볼 수 있다. (48)에서 살펴볼 수 있는 『대한매일신보』의 논설에서는 특정한 자격이나 조건이 아닌 동일한 이해관계 및 정신적인 의지 혹은 마음가짐에 따라 '민족'과 '국민'을 구분할 수 있다고 보았다.[37]

【 민족과 국민의 구별 】

국민이라ᄒᆞᄂᆞᆫ 명목이 민족 두글ᄌᆞ와ᄂᆞᆫ 구별이 잇거늘 이제ᄉᆞ사ᄅᆞᆷ들이 흔히 이거슬 혼합ᄒᆞ여 말ᄒᆞ니 이ᄂᆞᆫ 올치 아니흠이 심ᄒᆞ도다 고로 이제 이거슬 략간 변론ᄒᆞ노라.

민족이란거슨 다만 ᄀᆞᆺᄒᆞᆫ 조상의 ᄌᆞ손에 민인쟈ㅣ며 ᄀᆞᆺᄒᆞᆫ 디방에 사ᄂᆞᆫ쟈ㅣ며 ᄀᆞᆺᄒᆞᆫ 력ᄉᆞ를 가진쟈ㅣ면 ᄀᆞᆺᄒᆞᆫ 종교를 밧드ᄂᆞᆫ쟈ㅣ며 ᄀᆞᆺᄒᆞᆫ말을 쓰ᄂᆞᆫ쟈ㅣ 곳이민족이라 칭ᄒᆞᄂᆞᆫ바ㅣ 어니와 국민이라ᄂᆞᆫ거슬 이와ᄀᆞᆺ치 히석ᄒᆞ면 불가ᄒᆞᆯ지라. 대뎌 ᄒᆞᆫ 죠샹과 력ᄉᆞ와 거디와 종교와 언어의 ᄀᆞᆺᄒᆞᆫ 거시 국민의 근본은 아닌거시 아니언마ᄂᆞᆫ 다만 이것이 ᄀᆞᆺ다ᄒᆞ야 믄득 국민이라 ᄒᆞᆯ수업ᄂᆞ니 비유ᄒᆞ면 근골과 믹락이 진실노 동물되ᄂᆞᆫ 근본이라ᄒᆞᆯ지나 허다히 버려잇ᄂᆞᆫ 근골믹락을 흔곳에 모도와 놋코 이것을 싱긔잇ᄂᆞᆫ 동물이라고 억지로 말ᄒᆞᆯ수 업ᄂᆞᆫ 것과 ᄀᆞᆺ치 뎌 별과ᄀᆞᆺ치 허여져

---

37) 이선이 외(2011: 267)에서는 민족성을 결정짓는 가장 중요한 요소는 결국 소속되어 있는 사람들의 공속의식에 근거하여 공통의 성격임을 상호 승인하는 인식에의 공유라 보았다. 또한 심성이나 기질, 성격 등에 초점이 맞추어지고 있는 민족과 민족성에 대한 논의는 피상성이나 비과학성에도 불구하고 분명한 현실적 힘을 가진 실체화된 인식이라 규정하고 있다.

잇고 모릐굿치 모혀 사는 민족을 가르쳐 국민이라흠이 엇지 가흐리오 국민이란쟈는 그 조샹과 력ᄉ와 거디와 종교와 언어가 굿혼외에 ᄯ 반드시 굿혼 리해를 췌ᄒ며 굿혼힝동을 지어셔 그 닉부에 조직됨이 흔몸에 근골과 굿ᄒ며 밧글 뒤흔 정신은 흔 영문에 군뒤굿치ᄒ여야 이거슬 국민이라ᄒᄂ니라.

—『대한매일신보』, 1908.7.30

　논설에서 말하듯 '민족'이란 같은 조상의 자손이며, 같은 지역과 같은 역사를 가진 자거나 같은 종교를 가진 자, 같은 언어를 사용하는 자로 규정하고 있다. 이와 달리 '국민'은 조상이나 역사, 종교 등이 같은 것 외에도 같은 정신을 갖고, 같은 이해를 하며, 같은 행동을 하는 사람으로 설명하고 있다.

　'동포'의 등장에 대한 다른 견해도 살펴볼 수 있는데 김동택(2002: 374)에서는 근대국가형성을 위한 자원동원이라 측면에서도 최소한의 권리가 주어지는 국민을 설정할 필요가 있는데 이런 경우 주권에 대한 변화가 불가피하고, 이런 상황을 모면하기 위해 등장한 것이 '동포'라는 개념이라고 설명하고 있다. 이는 '가족'과 같은 전통적 개념을 이용해 '군주-백성'의 관계를 '부모-자식' 관계에 견주어 국가를 이해하려는 은유가 힘을 잃었을 때 '형제' 관계를 앞세워 이를 지키려 했다는 것이다.

　1907년 이후 '민족'의 개념은 점차 '국민'이나 '인민'과는 다른 집단을 가리키는 용어로 변화하게 되는데 권보드래(2007: 67)에서는 이를 민족의 개념이 점차 추상화의 길로 접어든다고 표현하기도 했다. 또한 '민족'의 개념이 '단순히 인간 집단을 가리키는 개념'에서 '부족을 가리키는 개념'으로 바뀌고, 다시 '현존 국가 체제의 구성원을 가리키는 개념'에서 '국가 체제 부재의 상황에서도 존재할 수 있는 국가의 원형적 집단을 가리키는 개념'으로 바뀌었다고 보았다.

1905년에서 1910년까지의 시기는 이 네 가지 개념이 모두 공존하는 시기였으며, 일제강점기 이후 '국가 체제 부재의 상황에서도 존재할 수 있는 국가의 원형적 집단을 가리키는 개념'만이 남은 것이다.

1910년 이후에는 '민족'이라는 용어가 지식인들 사이에서 크게 확산되었으며, 1919년 3.1운동을 기점으로 대중 차원까지 확산되고 정착하게 된다.

2.3. 민족의식과 민족주의의 변화

민족주의에 대한 사전적 정의를 살펴보면 "민족에 기반을 둔 국가의 형성을 지상목표로 하고, 이것을 창건·유지·확대하려고 하는 민족의 정신상태나 정책원리 또는 그 활동"[38]으로 정의하고 있다. 더불어 민족주의의 조건에 대해 기술한 것을 살펴보면 첫 번째 조건으로 세계는 하나라고 하는 이상과 이것을 바탕으로 하여 세워진 세계제국이 무너지고 많은 독립국가가 나타나 종래의 보편적인 종교와 문화를 대신하는 새로운 민족적인 종교와 문화를 창조하여야 한다는 것이며, 둘째는 이렇게 만들어진 독립국가를 국민들이 '우리들의 국가'로 받아들여 사랑하고 긍지를 느끼게 되어야 한다는 것이다.

이한태(2013: 417)에서는 일반적으로 민족이라는 개념은 민족주의라는 정치적 이념을 동력으로 하여 표출되는 성향이 있으며, 따라서 양자를 분리하여 민족이라는 개념을 설명할 수 없다고 보았다. 또한 세계사적 측면에서 민족주의는 외세에 대항하는 민족의 자주·자립을 위한 정치적 운동의 성격이 강하기 때문에 상대적이고 배타적 성격이 내재된 사상으로 기술하고 있다.

한국의 근대화 과정에서의 민족의식과 민족주의는 외세에 맞서 민족

---

38) 두산백과(http://terms.naver.com/entry.nhn)

의 자주권을 지키는 과정에서 발생한 것이라 볼 수 있다.

민족주의의 영어 표기인 내셔널리즘(nationalism)은 동아시아권에서는 민족주의나 국가주의, 국민주의로 번역되기도 했으며, 한국에서의 '민족주의'39)가 중국에서는 '애국주의'로 일본에서는 '국민주의'로 해석되기도 했다. 이렇듯 민족주의의 개념은 시대와 상황, 국가에 따라 다르게 해석되어 왔으며, 필요에 따라 목적에 따라 다양한 의미로 풀이되었다.

신복룡(1993: 45)에서는 민족주의 연구의 어려움을 다음과 같이 다섯 가지 요인으로 살펴보고 있다.

첫째는 민족주의라는 어휘가 상당히 다의적이기 때문에 똑같은 내셔널리즘이라 해도 프랑스에서는 민권의 개념에 초점을 맞추어 국민주의라는 의미로 이해되고, 영국에서는 국가 사회에 초점을 맞춰 '국가주의'를 의미하고 있으며, 아시아 국가나 신생국에서는 '민족주의'라는 의미로 이해되는 경우가 있다는 것이다.

둘째는 민족주의가 시간과 공간 또는 문화적 유산에 따라서 그것을 보는 견해나 유형이 다르고 결과적으로 추구하는 목적이 다르다는 점이다. 예를 들어 중국이나 러시아 미국의 경우 이것이 제국주의를 의미하기도 했고, 영국과 일본은 식민지주의를 지향하고 있다는 점에서 각기 다른 특징을 보인다는 것이다.

셋째는 민족주의가 지극히 감정적인 것이고 형상화되지 않은 국민정서이기 때문에 국민동원이라는 점에서 잠재력을 갖는 반면 민족문제를 어렵게 하는 양면적 성격을 가지고 있다는 것이다.

넷째는 민족주의가 하나만의 의미가 아닌 다른 이데올로기들을 담는

---

39) 김현숙(2005: 118)에서는 한국과 같이 오랜 기간 중앙집권적 구가체제 하에서 동일한 언어, 문화, 습관, 혈통, 사상, 집단의식을 공유하고 있는 나라에서는 민족주의의 양상이 다르게 나타나기도 한다고 보았고, 한국의 경우 앤터니 스미스가 말하는 '에스니'가 이미 형성되어 있었다고 기술하고 있다.

그릇이 된다는 점이다. 무엇을 담느냐에 따라서 그릇의 용도가 달라지 듯이 다른 이데올로기에 의해 오용되거나 악용될 위험성을 항상 가지 고 있다는 점이다.

마지막으로 민족주의가 갖는 부도덕한 측면에 대한 것이다. 인종적 편견에 의해 자행되었던 수많은 전쟁과 학살이 이를 증명한다는 것이다.

요약하면 '민족주의'가 갖는 다의적인 의미와 이를 사용하는 사람들 의 목적에 따라 '민족주의'의 개념은 시시각각 변하는 것이라고 할 수 있을 것이다.[40]

주지한 바와 같이 '민족'이라는 용어가 한국에서 사용되기 시작한 것 은 그리 오래된 일이 아니며, 1905년을 기점으로 그 이전에는 '민족'의 개념을 설명하고 있는 논의를 찾기 어렵다고 살핀 바 있다. 그 전에는 '국민'이나 '인민'과의 특별한 구별을 보이지 못했던 '민족' 개념은『대 한매일신보』1908년 7월 30일 논설 내용과 같이 '국민'과의 구별을 통 해 근대적인 민족의식으로 정립되기 시작한다. 전상숙(2015: 86)에서는 이를 막연히 역사적인 운명 공동체를 의미하던 '민족' 개념이 구체적인 내용 곧 혈통이나 영토, 언어, 역사, 종교 등 서양의 근대 민족 개념과 유사한 방식으로 이해되며 근대적인 민족 개념으로 정의되어 간 것으 로 보았다.

이렇게 성립된 '민족'의 개념은 러일전쟁과 일본의 노골적인 침략에 대응하는 개념으로 발전하면서 한 민족으로서의 공동체의식을 통합하 고, 자긍심을 부여하는 '민족의식' 혹은 '민족주의'의 형태로 나타나게 된다. 김현숙(2005: 122)에서는 이러한 상황을 '에스니'가 이미 형성된 조선에서 개항을 계기로 국제법과 근대 평등사상이 유입되면서 화이관 을 탈피하기 시작했고, 청의 속국화 정책이 강도를 높여가자 독자적이

---

40) 전상숙(2015: 9)에서는 민족주의가 각 민족이 그만의 특수성이 있고 따라서 최대의 가치 로 추구하는 민족의 목표와 이념이 민족마다 차이가 있으므로 민족을 단위로 하는 민족 자결의 정치체제가 가장 정당성을 가진 정치라는 것을 전제로 한다고 살핀 바 있다.

고 독립적인 국가로서의 자각이 이루어진 것으로 보고 있다.

근대 한국에서의 이러한 상황은 국가적 위기를 극복할 수 있는 공동체의 담론으로 확산되었고, 이러한 담론은 특히 역사적 인물이나 '영웅' 사례 등을 통한 민족의식의 고취를 목적으로 한 다수의 글에서 나타나게 된다.

【 영웅의 나는 시디 】

영웅이라 영웅이라 ᄒ니 영웅은 과연 엇던 사름인고. ᄒᆫ 마디 말이 나면 텬하가 금옥ᄀᆞ치 ᄉᆞ랑ᄒ며 ᄒᆫ 번 ᄒᆡᆼ동ᄒᆫ 거슬 후세ㅅ 사름이 법률ᄀᆞ치 직희게 ᄒᄂᆞᆫ 사름이 곳 영웅이며 그 피ᄂᆞᆫ 세계를 위ᄒ여 쓰며 그 정신은 세계를 위ᄒ여 운용ᄒᄂᆞᆫ 사름이 곳 영웅이며 이 세상에서 복음을 젼ᄒ고 후세에 영명을 드리우ᄂᆞᆫ 사름이 곳 영웅이며 당시ㅅ 사름은 텬신과 ᄀᆞ치 놉히고 후세ㅅ 사름은 ᄉᆞ표로 밋게 ᄒᄂᆞᆫ 사름이 곳 영웅이며 즁ᄉᆡᆼ을 위ᄒ여 낫다가 즁ᄉᆡᆼ을 위ᄒ여 죽어셔 천고만고 만만고에 큰 텬ᄉᆞ가 되고 큰 ᄉᆞ명이 되ᄂᆞᆫ 사름이 곳 영웅이니라 그러나 뎌 나라의 힘이 강대치 못ᄒ고 사름의 문명이 넉넉지 못ᄒᆫ 시뒤에ᄂᆞᆫ 영웅이 나기가 쉬우려니와 <u>만일 나라의 힘이 이믜 강대ᄒ고 인물이 이믜 넉넉ᄒᆫ 시뒤에ᄂᆞᆫ 영웅이 나기가 어려우니</u> 이ᄂᆞᆫ 무ᄉᆞᆷ 연고인가 이런 시뒤에 잇셔셔ᄂᆞᆫ 영웅이 챡슈ᄒᆞᆯ ᄉᆞ업이 업고 영웅이 운동ᄒᆞᆯ 긔회가 업셔셔 영웅이 비우와 일반이오 비부가 영웅과 일반이 되여 영웅이라 ᄒᆞ쟈 ᄒ면 사름 사름이 모다 영웅이오 영웅이 아니라 ᄒᆞ쟈 ᄒ면 사름 사름이 모다 영웅이 아니니 영웅이 엇지 나리오. (…중략…) 이럼으로 사막이 막막ᄒ고 인연이 희쇼ᄒᆫ 아레이쎄아에셔 모하메드 ᄀᆞᄐᆞᆫ 영웅이 낫스며 산쳔이 흑암ᄒ고 슈목(틀에서 양과 락타를 기르ᄂᆞᆫ 일)을 죵ᄉᆞᄒᄂᆞᆫ 야만이나 횡ᄒᆡᆼᄒᄂᆞᆫ 몽고에셔 홀필렬(원나라ㅅ 조샹) ᄀᆞᄐᆞᆫ 영웅이 낫스며 인심이 야믜ᄒ고 디긔가 한링ᄒᆫ 아라ᄉᆞ에셔 셩피독 ᄀᆞᄐᆞᆫ 영웅이 나지 아니ᄒ엿ᄂᆞᆫ가. <u>지금에 한국은 국가가 싸하 노흔 알이 문허짐과 ᄀᆞᆺ고 인민은 괴로온</u>

바다에 샌짐과 ᄀ호여 나라 된지 사천여년이릭에 ᄀ장 위험ᄒ고 ᄀ장 고
통ᄒᆫ 시딕를 맛낫스니 이 시딕가 엇던 시딕인가. 만일 이 시딕에 잇셔
일개 크고 큰됴혼사름이 나셔 국가를 태산ᄀ치 튼튼ᄒ게 ᄒ고 인민을 락
원으로 인도ᄒ여 쾌락ᄒ고 승평ᄒᆫ 시딕를 조성ᄒ면 그 사름은 곳 영웅이
라 홀진뎌. 그런 고로 우리ᄂᆫ 오늘날 한국 시딕를 일흠ᄒ여 ᄀᆯ ᄋ딕 영웅
이 날 시딕라 ᄒ노라.

—『대한매일신보』, 1909.4.9

위 인용문에 나타난 영웅에 대한 정의와 영웅 출현에 관한 논지는
이외에도 다수의 글에서 발견할 수 있다. 본격적으로 논의가 시작된
1906년부터 1910년까지의 역사 인물과 영웅에 대해 실린 학술지를 살
펴보면 아래와 같다.

【 근대 계몽기 학술지 소재 영웅 담론 】

순번	연도	학술지명	권호	필자	제목	문종	주요 내용	주제
1	1906.08.25	대한자강회월보	제2호	남숭산인 장지연	국조고사 (國朝故事)	설명	역사	조선국명, 단군, 강토
2	1906.11.25	대한자강회월보	제5호 ~ 제7호	복성초부 (福城樵夫) 설태희 (薛泰熙)	人族의 淵源觀念	논설	역사	민족기원
3	1907.02.05	야뢰	제1호 ~제2 호	玄采	[歷史地理] 薩水大捷	논문	역사	살수대첩
4	1907.05.24	태극학보	제10호	友洋 崔錫夏	韓國 復興은 英雄崇拜에 在홈	논설	영웅	영웅론
5	1907.06.05	야뢰	제5호		李元翼 拜別舊君	설명	인물	이원익
6	1907.07.01	동인학보	제1호	金晉庸	英雄은 何人이며 余는 何人인고	논설	영웅	영웅론
7	1907.07.24	태극학보	제12호	友洋 崔錫夏	天下大勢를 論홈	논설	영웅	영웅론

순번	연도	학술지명	권호	필자	제목	문종	주요 내용	주제
8	1908.01.30	낙동친목회학보	제4호	金淇驤	理想的 人物	논설	인물	이상적 인물
9	1908.01.30	낙동친목회학보	제4호	崔南善	壬辰倭亂에 關혼 古文書三度 (前號續 二)	자료	역사	임진왜란
10	1908.01.30	낙동친목회학보	제4호	金淇驤	理想的 人物	논설	인물	이상적 인물
11	1908.02.24	태극학보	제18호	農窩生 鄭濟原	無名의 英雄	논설	영웅	영웅론
12	1908.04.25	대한협회회보	제1호	玄檃	地誌	논문	역사	단군조선
13	1908.05.01	서북학회월보 (서우+한북학회)	제17호		西北諸道의 歷史論	논설	역사	단군, 고구려
14	1908.07.01	서북학회월보 (재간행본)	제1권 제2호	本校學生 朴漢榮	時勢가 造英雄	논설	영웅	영웅론
15	1908.08.01	서북학회월보 (재간행본)	제1권 제3호	栩然子	[論說] 對童子論史	논설	역사	역사관
16	1908.11.01	소년	제1년 제1권	大東勇士 譚抄 出	薩水戰記	논문	역사	고구려
17	1908.11.01	소년	제1년 제1권	大東勇士 譚抄 出	薩水戰記	논문	역사	고구려
18	1909.02.01	서북학회월보 (재간행본)	제1권 제9호	皇城子	讀 高句麗 永樂大王 墓碑 謄本	논문	인물 (역사자료)	광개토대왕 비문
19	1909.02.01	서북학회월보 (재간행본)	제1권 제9호	日本 世界雜志 編者識	高句麗 永樂大王 墓碑 發見혼 事實	기사	인물 (역사자료)	광개토대왕 비문(日本 佐川少佐)
20	1909.02.01	서북학회월보 (재간행본)	제1권 제9호	長白榮禧 筱峯甫識 於序广	高句麗永樂大 王墓碑謏言 (난언): 長白榮禧筱峯 甫識於序广 (음엄)	논설	역사	광개토대왕 비문
21	1909.02.01	서북학회월보 (재간행본)	제1권 제9호		廣開土王의 伐燕 拓地史論	논설	역사	광개토대왕
22	1909.02.01	서북학회월보 (재간행본)	제1권 제9호	皇城子	讀 高句麗 永樂大王 墓碑 謄本	논문	인물 (역사자료)	광개토대왕 비문
23	1909.02.01	서북학회월보 (재간행본)	제1권 제9호	日本 世界雜志 編者識	高句麗 永樂大王 墓碑 發見혼 事實	기사	인물 (역사자료)	광개토대왕 비문(日本 佐川少佐)

민족주의가 역사적 서술의 형태로 발현된 것과 더불어 이를 사회진화론이나 자강운동과 연결한 논의도 등장하게 된다. 이렇게 결합된 민족주의는 제국주의를 비난하는 논리로 사용되기도 했다. 또한 교육기관에서는 국가 관념과 민족의식을 고취시키는 교재가 채택되었고, 과거 한국인의 투쟁 의지의 역사적 재구 및 민족 성원의 결속과 역량을 극대화시킬 수 있는 역사 교육과 역사 서적의 집필에 박차를 가하게 된다.41)

역사적인 공동체이자 문화적 공동체로서의 '민족주의'의 성격은 당시의 민족주의가 점차 '문화적 민족주의'의 성격으로 변모하고 있다는 것을 보여주는 일이라 할 수 있다. 박찬승(2010: 141)에서는 이러한 문화적 민족주의의 면모를 알 수 있는 것으로 '국혼론과 국수론', '국조에 대한 신앙의 강조', '본국사 교육의 강조', '국문 사용의 강조'를 제시하고 있다.

【 朝鮮魂 】

嗚呼라. 大韓民族이 如許히 壯烈き 朝鮮魂을 有ㅎ얏거늘 何故로 今日에 如許き 地位를 當ㅎ얏ᄂ뇨. 俗不云乎아 荊山白玉도 泥中에 沈埋ㅎ면 其光을 發치 못ㅎᄂ니 이와갓치 我韓이 百餘年 以來로 外侵이 不至ㅎ고 內訌이 絶跡ㅎ야 政治가 文弱에 流ㅎ며 民心이 姑息에 安ㅎ며 德教가 虛飾에 歸ㅎ며 教育이 章句에 止ㅎ야 國家의 元氣가 日日鎖沈ㅎ며 人民의 神經이 時時 衰弱ㅎ야 亘天通地ㅎ던 朝鮮魂이 黑黑暗暗き 雲天中에 晦光ㅎ야 世人으로 ㅎ야곰 其 精彩를 見치 못ㅎ게 ㅎ얏도다. 刮目ㅎ노니 誰가 九萬蒼空에 大風을 喚起ㅎ야 彼 靑邱江山에 陰陰き 浮雲을 一掃ㅎ고 隱蔽ㅎ얏던 朝鮮魂을 發起ㅎ야 二千萬 同胞로 ㅎ야곰 活潑き 自由天地와 光明き 獨立日月을 見케

---

41) 김현숙(2005: 130)에서는 이러한 역사교육과 역사 서적의 집필을 '대성학교'를 사례로 설명하고 있다.

호고. 大聲疾呼ᄒ야 曰 是ᄂᆞᆫ 我靑年의 兩肩에 負擔흔 責任이라 ᄒ노라.

發起ᄒ라. 朝鮮魂을 發起ᄒ라. 此 朝鮮魂을 同胞마다 發起ᄒ면 旣失흔 政治權도 回復홀 슈 有ᄒ고 旣失흔 財政權도 回復홀 슈 有ᄒ고 旣失흔 國際權도 回復홀 슈 有ᄒ다 ᄒ노라.

번역　오호라. 대한 민족이 이처럼 장렬한 조선혼이 있었거늘 어찌하여 금일 이런 지경을 당했는가. 속담에 이르지 않았는가. 형산의 백옥도 흙속에 묻히면 그 빛을 발하지 못하니, 이와 같이 아한이 백여 년 이래로 외침이 그치지 않고, 내홍이 끊임없어 정치가 문약에 흐르고 민심이 고식지계에 안주하며 덕교가 허식에 돌아가고 교육이 문장 구절에만 그쳐 국가의 원기가 날로 소멸 침체되며 인민의 신경이 날로 쇠약하여 하늘에 미치고 땅을 통하던 조선혼이 암흑한 구름 사이에 빛을 가려 세상 사람으로 하여금 그 정체를 보지 못하게 했다. 눈을 씻고 바라본이 누가 구만리 창공에 큰 바람을 불러일으켜 청구 강산에 음음한 구름을 일소하고 가려웠던 조선혼을 불러일으켜 이천만 동포로 하여금 활발한 자유 천지와 광명한 독립 세월을 보게 할 것인가. 대성질호하여 말하기를 이는 우리 청년의 양 어깨에 지워진 책임이라 하겠다.

떨쳐 일어서라. 조선혼을 떨쳐 일으켜라. 이 조선혼을 동포마다 불러일으키면 이미 잃은 정치 권리도 회복할 수 있고 이미 잃어버린 재정 권리도 회복할 수 있고, 이미 잃어버린 국제 권리도 회복할 수 있다고 하겠다.

―崔錫夏, '朝鮮魂', 『태극학보』 5호, 1906.12.24

위 인용문은 유학생이었던 필자 최석하가 량치차오의 저술에 영향을 받아 기술한 내용이다. 여기서의 '조선혼'은 민족의 의식을 고취하고, 단결할 목적으로 사용된 것으로 조선을 지키는 정신으로 해석할 수 있을 것이다.

【 我國靑年의 危機 】

個人에 特質이 各有홈과 如히 國體도 亦是 其 歷史의 事實과 國民의 性格으로 因하야 自然히 一種 特質이 生하ᄂ니 我韓으로 言하면 吾祖 檀君이 創建하신 四千載 歷史遺訓과 其 孫 扶餘族 二千萬의 倫理的 思想이 化合하야 我國體의 特質을 表彰ᄒ 者 有하니 卽 禮義俗이 是라.

> **번역** 개인에게 각자 성질이 있는 것과 같이 국체도 역시 그 역사의 사실과 국민의 성격으로 말미암아 자연 일종 성질이 생겨나니 아한으로 말하면 우리 국조 단군이 창건하신 사천년 역사 유훈과 그 자손 부여족 이천만의 윤리적 사상이 화합하여 우리 국체의 특질을 드러낸 것이 있으니, 곧 예의속이 그것이다.

—文—平, '我國靑年의 危機', 『태극학보』 26호, 1908.11.24

위 인용문에 의하면 국조 단군이 건국한 4천 년의 역사와 그 후손인 부여족 2천만의 사상이 합하여 우리 국체의 특질을 세상에 드러나는데, 그렇게 드러내어 밝히는 사람은 곧 예의자이다. 이러한 논지는 당시 신채호의 『독사신론』의 내용과 일치하는 것으로 볼 수 있다.

【 국문신보 발간 】

본 긔쟈ㅣ 이 한국 사름을 되ᄒ야 ᄒ 마듸 말노 질문코져 ᄒ노니 대져 샴쳔리 강토와 이쳔만 인구로 ᄌ쥬 독립 ᄒ지 못홀 걱정이 업거늘 무슴 연고로 오늘날에 나라 권셰를 온젼히 일코 사름의 권리가 젼혀 업서져 무궁히 비참ᄒ 경우애 ᄲ졋ᄂ뇨 그 원인을 의론컨듸 ᄌ릭로 한국인이 편리ᄒ 군문은 바리고 편리치 못ᄒ 한문을 숭샹ᄒᄂ 폐막으로 말믜암이라 ᄒ노니 모든 한문가에셔ᄂ 혹 이 말에 되ᄒ야 노여ᄒ며 괴이히 녁이ᄂ 자도 잇스려니와 이것슨 한국 닉에 큰 마귀의 저희인즉 일쟝 셜명ᄒ야 벽과치 아니치 못홀지로다.

대져 셰계 렬국이 각기 졔 나라 국문과 국어(나라방언)로 졔 나라 졍신을 완전케 흐는 긔초를 삼는 것이어늘 오직 한국은 제 나라 국문을 버리고 타국의 한문을 슝샹흠으로 제 나라 말신지 일허버린 쟈가 만흐니 엇지 능히 졔 나라 정신을 보존흐리오 그 국문을 버리고 한문을 슝샹흔 폐막을 대강 말흐랴면 여러 가지라. (…중략…) 대져 국문의 공부로도 그 사름이 현량흐고 그 나라이 부강흐얏스면 그 사름은 헌철흔 사름이 되고 그 나라 혼 웃듬 나라이 될지니 엇지 구구히 한문의 능불능을 말흐리오 폐일언 흐고 한국은 국문이 발달되야 사름의 지혜가 열리고 나라힘이 츙실흘지라 이러흠으로 본샤에셔 국문신보 일부를 다시 발간흐야 국민의 정신을 씨여 가르키기로 쥬의흔 지가 오래엿더니 지금셔야 제반 마련이 다 쥰비되여 릭월일 이브터 발힝을 시작흐오니 한국 진보의 긔관은 우리 국문신보의 확쟝되는 정도로써 징험흘지니 쳠군즈는 이 쥬의와 ㅈ치 흐기를 십분 근졀이 브라노라.

—『대한매일신보』, 1907.5.23

위 인용문은 국문신보의 발간 목적을 알리는 글이다. 그에 따라 나라의 정신을 보전하는 데 가장 중요한 것은 국문을 사용하는 것이라 말하며, 국문의 발달이 나라 힘의 근원이 된다고 기술하고 있다. 박찬승(2010: 149)에서는 유길준과 주시경의 사례를 들어 유길준의 언문일치, 국문의 사용을 '어문민족주의'라 보았고, 이러한 사상이 주시경에게 계승되었다고 살핀 바 있다.

이렇듯 조선의 혼을 강조하고, 역사교육과 역사서 편찬에 힘을 쏟고, 국문의 사용을 신장하는 형태의 문화 민족주의는 이후 1920년대의 문화 운동으로 이어졌으며, 일제의 식민 치하에서 민족적 투쟁과 함께 역사적 운명공동체로서의 민족의식을 정립하게 된다. 이후 대한민국임시정부의 수립은 민족 국가 건설을 목적으로 한 한국의 민족의식이 발현된 결과이며, 이후의 민족의식과 민족주의의 토대로 작용한다.

3. 근대 계몽기 '국가'와 '민족' 담론의 한계

근대 국가가 성립된 이후 '자유주의'와 '민족주의'는 근대 국가를 유지하는 주된 이데올로기였다. 임희완(2002)의 『서양사의 이해』(박영사)에서는 서양의 민족주의 발달 과정을 자유주의와 연계하여 설명하고 있는데, 프랑스 대혁명과 산업혁명 이후 자유주의와 민족주의 전개 과정을 다음과 같이 요약한 바 있다.

> 프랑스 혁명을 치른 유럽은 산업혁명을 거치면서 비로소 근대적 사회의 면모를 제대로 갖추게 되었다. 그리하여 산업 혁명을 기준으로 이전 사회를 '전근대', 그 이후 사회를 '근대'로 구분하는 역사가들이 적지 않다. 이것은 19세기의 유럽이 정치적으로뿐 아니라 사회적, 경제적으로도 근대적 성격을 가지게 되었다는 의미이다. 더 구체적으로는 시민혁명(프랑스 혁명)과 산업혁명이 제기한 자유주의와 민족주의, 민주주의 그리고 사회주의의 이념들이 서로 부딪히면서 유럽의 역사가 진행되었다.[42]

'자유주의', '민족주의', '민주주의', '사회주의' 등의 이데올로기가 어떤 상관성을 보이는지는 연구자의 관점에 따라 달리 해석될 수 있다. 그러나 영국사가 자유주의와 민주주의 발달사를 압축하고, 프랑스 혁명 이후 나폴레옹 체제의 붕괴와 독일 통일을 거친 유럽 대륙의 역사는 민족주의 발달의 역사로 해석하는 것이 서양사학자들의 보편적 견해이다. 달리 말해 유럽 대륙의 민족주의는 각 민족을 중심으로 하는 국가 성립과 밀접한 관련을 맺고 있다는 뜻이다.

'민족' 개념은 '국가' 개념과 밀접한 관련을 맺는다. 이 점에서 국가에 대한 서양인의 인식과 성리학적 전통을 계승한 한국인의 인식 차이를

---

42) 임희완(2002), 『서양사의 이해』, 박영사, 346쪽.

비교하지 않는다면, 근대 계몽기 국권 침탈의 위기 상황에서 논의된 '민족' 개념의 특징을 이해할 수 없다. 요약하여 말하면, 조선시대나 1880년 이후 한국 사회에 전승된 국가 개념은 '개인에서 가족으로', '가족에서 국가로' 이어지는 집합 개념이었으며, 이 집합 가운데 가장 대표자인 '군주'는 곧 '국가'로 인식되었다. 국가학이 도입되고, 입헌주의가 제창되면서 '군주＝국가'라는 등식에 변화가 생겨나기는 했지만, 근대 한국사에서 입헌주의 운동이 성공을 거두지 못한 채, 국권 침탈의 상황이 다가왔다. 이러한 상황에서 1880년대부터 제창되어 온 '군민공치(君民共治)'의 개념이 부각되었고, 애국계몽기 국권 침탈의 위기를 극복하기 위한 노력으로 '국수(國粹)', '조선혼(朝鮮魂)'을 중심으로 하는 '민족' 개념이 정립되기 시작하였다. 단어의 축자적 의미에서 알 수 있듯이, '국수'는 국가를 전제로 한 용어이며, '조선혼'은 '조선'이라는 나라 또는 '조선 민족'을 전제로 한 용어이다. 애국계몽기 이러한 용어가 동의어처럼 쓰인 것도 민족 개념과 국가 개념의 혼종성을 의미하는 셈이며, 세계사의 일반 법칙과 마찬가지로 한국 근대 계몽기에서도 국가와 민족이 때로는 뒤섞이고 때로는 구별되며 그 개념 영역을 분화해 가고 있음을 알 수 있다.

1910년대 '민족'이라는 용어는 지식인들에 의해 널리 확산되고, 재생산되는 개념이었다. 특히 1919년 3·1운동은 '민족' 개념이 지식인만이 아닌 대중 전체에 퍼지며, 자리를 잡을 수 있게 한 계기가 되었다. 한말 '순수한 하나의 혈통'이라는 인식으로서의 '민족'의 개념은 '역사적 경험을 함께한 공동체'라는 사회적 의미로서의 개념으로 변화하였으며, 공통된 역사와 공통된 문화가 민족을 구성하는 요소로 받아들여지기 시작했다. 1930년대 들어서면서 '민족'의 개념은 문화적 차원에서도 활발하게 논의가 이루어진다. 박찬승(2010: 97)에서는 이광수와 안재홍의 '민족' 개념과 그에 대한 논의를 소개하고 있으며, 특히 이광수가 민족의 본질적 요소에서 문화적 요소를 중요하게 보았다는 점과 안재홍의 민족 개념이 '오랜 시일 역사적 경험을 같이하면서 같은 문화를 만들어 온 문화적 공동체'를 포함하고 있다는 사실을 언급한 바 있다.

정리하면 '민족'의 개념은 1900년『황성신문』을 통해 등장할 당시 '인종'의 의미로 사용되다가 1904년『황성신문』과 1906년『대한매일신보』에서 한반도에 거주하고 있는 '집단'의 의미로 사용되기 시작한다. 이후 본격적으로 '민족'의 개념이 자리 잡기 시작한 것은 1907년부터이며, 이때부터 '민족'은 조선혼을 지닌 주체로 그려지거나 국권 회복의 주체로 설정되면서 '백성'이나 '동포'와는 다른 의미의 개념으로 확립되게 된다. 또한 이 시기부터 '민족'의 성립 요건으로 동일한 역사적 배경을 갖는 혈연 공동체를 강조하기 시작한다. 이 때 국내의 지식인들이 영향을 받은 대상은 중국의 량치차오가 저술한 서적이며, 량치차오가 제시한 민족 개념(지리, 혈통, 언어, 문화, 종교, 경제 등의 공통성을 지닌 집단)이 지식인들의 '민족' 개념 형성에 영향을 주게 된다. 초기의 '민족' 개념은 '동포'와 크게 다르지 않은 개념으로 사용되거나 동일한 맥락으로 사용되기도 했다. 이후 1910년부터는 '민족'의 개념에 문화적 동질성을 포함하는 논의가 이루어지면서 동일한 언어와 풍속 등이 한 민족의 범주에 필요하다는 개념이 자리 잡게 되었으며, 이 시기에는 유학생들이 펴낸 잡지 등을 통해 '민족' 용어의 사용이 크게 증가하게 된다. 3·1운동을 거치면서 '민족'의 개념은 지식인만이 아닌 대중 차원으로 널리 퍼지게 되었고, 이 시기 창간된 신문과 잡지 역시 '민족' 개념의 대중적 확산에 크게 기여하였다. '민족'의 개념은 20년대와 30년대를 거치면서 앞서 정립된 개념에 문화공동체로서의 성격이 더해지면서 현대적 의미로서의 '민족' 개념 형성에 가까워지게 된다.

제4장 식민 시대의 민족 담론

김슬옹

1. 식민 정책과 민족 개념의 변화

1.1. 제국주의와 식민정책의 본질

근대 계몽기 이후 빈번히 등장하는 '제국(帝國)'과 '식민(植民, 殖民)'이라는 개념은 그 자체로서 모호한 성격을 띤다. 축자적 의미를 고려한다면 '제국'은 '제(帝, 중국의 경우 삼황과 오제가 있었음)'가 다스리는 국가를 뜻하며, '식민'은 '이민(移民)'의 한 형태로 풀이된다. 서양사의 경우도 '제국'이나 '식민'이라는 개념은 고대 그리스·로마 시대까지 역사를 거슬러 올라간다. 흔히 말하는 '로마제국'이나 '로마의 식민지'라는 표현이 이를 증명한다. 그러나 서양사에서 정치적인 의미로 제국주의와 식민주의가 관심의 대상이 된 것은 19세기 중반부터이다. 『제국의 시대』의 저자인 에릭 홉스봄은 프랑스 혁명 이후 1914년까지 백여 년의 시대를 '혁명의 시대(1789~1848)', '자본의 시대(1848~1875)', '제국의 시대

(1875~1914)'로 구분하였다. 여기서 그가 말한 제국의 시대는 프랑스 혁명(1789) 100주년을 기준으로 한 것이므로, 다분히 조작적인 성격을 띤다고 볼 수 있다. 그럼에도 많은 연구자들이 에릭 홉스봄이 주장한 '제국의 시대', 곧 '제국주의' 이데올로기가 형성된 시점을 1880년대 전후로 설정하는 데는 충분한 근거가 있다.

에릭 홉스봄에 따르면 1875년부터 1914년까지의 시기는 유럽에서 가장 많은 황제가 존재하며, 가장 많은 병합과 통치가 이루어진 시기이다. 레닌(1917)이 주장했던 세계 분할, 강자와 약자의 대립 및 약육강식, 진보와 후진의 분리 등이 이루어진 시기[1]이며, 19세기 중반의 자유주의적 세계와 자유무역의 세계가 전혀 다른 체제로 편입된 시기이다. 이에 따라 형성된 제국주의 이데올로기는 다분히 경멸적인 의미로 사용되기도 한다.

현대적 의미에서 제국주의는 민족주의가 독점 자본주의 국가에서 경제, 군사력을 바탕으로 반동화한 형태를 일컫는 경우가 많다. 자본주의 발전과정에서 선진 자본주의가 저개발 후진 자본주의 사회를 침탈해 가는 한 형태를 제국주의로 규정하는 셈이다. 여기서 주목할 것이 제국주의 이데올로기가 격화된 배경으로 식민지 쟁탈전이 존재했다는 점이다.

그렇다면 제국주의의 기반을 이루는 식민주의란 무엇인가? 식민주의를 연구한 오르겐 위스터함멜은 식민주의의 본질을 '팽창주의'의 한 형태로 이해한다.[2] 그는 역사상 일어났던 팽창의 형태를, '종족과 사회 전체의 이주', '대규모 개별 이주', '경제적 식민화', '해외 정착 식민화' 등으로 나누고, 이웃 종족의 팽창에 의한 압력이나 문명 중심지의 유혹 등에 의해 발생하는 '종족과 사회 전체의 이주', 또는 사회 구조의 변화

---

1) V. I. Lenin(1917), *Imperialism, the Latest Stage of Capitalism*.
2) 오르겐 위스터함멜, 박은영·이유재 옮김(2006), 『식민주의』, 역사비평사.

가 없는 '대규모 개별 이주'는 개념상 식민지로 볼 수 없는데 비해, 문명 지역에서 발생하는 토지의 확장적 병합(경제적 식민화)이나, 정치적 지배력을 가진 소수의 정착민이 식민 국가의 도움을 받아 원주민 추방 후 그들과 지속적 경쟁을 하는 형태(해외 정착 식민지)의 팽창주의는 식민지 개념에 합당하다고 보았다. 그는 여기서 한걸음 더 나아가 제국을 건설하는 정복 전쟁과 해상 팽창에서 나타나는 거점 연결 형태를 구분하고, 이를 제국주의와 연계된 식민주의로 규정하였다. 이러한 차원에서 오르겐 위스터함멜은 식민주의를 "식민 이전 상태와 결부된 상태에서 침입(정복과 혹은 정착 식민화)을 통해 새로이 만들어진 정치체로서, 지역적으로 격리되어 있으며, 식민지에 대한 배타적 소유권을 주장할 수 있는 모국 혹은 제국의 중심에 대해 외부 '지배자'들이 지속적으로 의존성을 띠는 정치체"라고 정의에는 '침입', '격리', '모국', '제국' 등의 논항이 포함되어 있다. 달리 말해 식민주의의 개념적 정의 속에는 '외부 세력에 의한 지배와 피지배자들의 고립'이라는 의미가 들어 있는 것이다. 이 점은 식민주의에 대한 필립 커틴(1992)의 정의와도 일치한다. 그는 식민주의를, "타문화 출신 종족에 의한 지배"[3]를 의미하며, 이는 곧 문화적 타자성(他者性)과 불법적인 지배를 의미하는 것이라고 규정한다. 여기서 문화적 타자성은 외부 세력을 의미하는 것(주로 제국주의)이며, 불법 지배는 전쟁을 비롯한 다양한 방법에 따른 침입을 의미한다.

이러한 논의를 종합해 볼 때, 정치·경제적 차원에서 제국주의와 식민주의는 불가분의 관계를 맺는다. 다분히 경멸적인 의미로 사용되기는 하지만, '식민 제국주의'라는 용어가 탄생할 수 있는 셈이다.

식민 제국주의는 발생 동기에 따라 여러 유형으로 나눌 수 있다.[4]

---

3) Philip D. Curtin(1974), "The Black Expreience of Colonialism and Imperialism", Sidney W. Mintz, *Slavery, Colonialism and Racism*, NewYork, Norton, 1992.

4) 제국주의에 대한 여러 관점에 대해서는 서정훈(1994)에서 종합 정리된 바 있다. 틀과

그 가운데 대표적인 이론의 하나로 중심부 제국주의론과 주변부 제국주의론이 있다. 앞의 이론은 제국주의 국가를 위주로 본 것이고 뒤쪽 이론은 피식민지 국가를 중심으로 본 것이다. 중심부 제국주의론은 먼저 자본주의적 제국주의론이 있다. 이 이론은 홉슨(J. A. Hobson)에 의해 주로 이루어진 것으로 경제적 제국주의론이라고도 한다. 이 이론의 핵심은 과잉 생산과 과잉 자본의 해소를 위한 식민지 필요성에 의해 제국주의가 발생했다고 보는 것이다. 곧 과잉 자본을 가진 소수 부유층이 새로운 이익을 확보하기 위해서뿐만 아니라 민중의 민주적 개혁 요구를 외부로 돌림으로써 기득권을 유지하기 위해 제국주의를 추진한다는 관점이다. 레닌은 이러한 제국주의론을 받아 들여, 자본주의와 제국주의 사이의 필연성을 개입시켜 제국주의를 자본주의 멸망의 결정적 징후로 해석하였다. 또한 이 이론 주장자들은 제국주의 지배가 식민지 국가의 경제적 착취, 토착문화의 파괴 등을 가져왔다는 점에서 제국주의 지배를 부정적으로 본다.

앞의 이론들이 제국주의의 주된 동인을 중심부(제국주의 국가)에 두었다면 주변부 제국주의론은 주변부(식민지 국가)에서 찾는 것으로 제국주의를 끌어당기는 주변부 요인들이 훨씬 결정적이었다는 것이다. 곧 근대화를 열망하는 엘리트 집단들의 협력 태세 때문에 무역을 중심으로 식민지 국가들이 서구 산업체제에 경제적으로 통합되어 갔고 서구의 간접 지배로 이어졌다는 것이다.

이런 맥락에서 근대 동아시아 국가 가운데 가장 먼저 서구화를 꾀했던 일본은 중심부 자본주의적 제국주의 국가로 규정할 수 있다. 일본은 메이지 유신으로 서구식 근대화를 앞당기면서 자본주의가 발달함에 따라 필요한 원자재와 식량을 조선을 약탈하여 충당하기 위해 본격적인 제국주의 길을 걷게 되었다.

기본 흐름은 이 글을 따랐다.

1.2. 일본 제국주의의 식민정책

일제 강점기 제국주의 일본의 식민 정책은 우민화, 노예화를 바탕으로 한 동화주의를 목표로 하였다. 박붕배(1987)에서는 일제 강점기 교육 정책의 특징을 '동화, 우민화, 노예화'로 규정한 바 있는데, 이는 교육뿐만 아니라 정치, 경제, 사회, 문화 전반에 걸쳐 적용된 원칙으로 볼 수 있다.

식민 정책은 시기별로 다소 차이가 있지만, 그들의 표현대로 1910년대 '무단 헌병통치', 3.1독립운동 직후의 이른바 '문화정치', 1930년대의 '병참기지화 정치', 중일전쟁과 태평양전쟁을 거치면서 이루어진 '총력 동원체제(민족 말살 정책)' 등의 변화를 보인 것으로 정리할 수 있다.

이러한 식민 정책은 분야마다 다양하게 추진되었는데, 강제 병합 직후 가장 먼저 실시된 것은 황족과 귀족의 귀화, 언어 동화를 목표로 하는 '일본어 보급', 혈통 동화를 목표로 하는 '양 민족의 혼인 장려', 1900년대 초부터 본격화된 일본인 이주 장려 등으로 나타난다. 이들 정책은 근대 계몽기 이후 강화되어 온 '문명·진보론', '동양주의'의 연장선에서 일본이 식민 지배를 하는 것이 아니라 조선의 안정과 문명화를 돕는 것이라는 논리를 산출한다. 이 논리는 강제 병합과 함께 갑자기 만들어진 것이 아니라, 메이지 이후 일본 식민 제국주의의 팽창 과정에서 지속적으로 강화되어 온 것이다. 다음은 후쿠자와유키치(福澤諭吉)의 문하생으로 1886년 『한성주보』 발행에 깊숙이 관여했던 이노우에가 강제 병합 직후 회고한 담화문이다.

【 朝鮮統治의 成功: 政友會 代議士 井上의 談話 】

余는 東京을 出發ᄒ기 前에 寺內總督을 訪問ᄒ얏더니 總督은 來十二日에 京城으로 歸任ᄒ 豫定인즉 同行흠이 如何오 ᄒ나 余는 不得已ᄒᆫ 事勢를 因ᄒ야 代議士 淸釜太浪 氏와 同伴ᄒ야 出發 渡鮮ᄒ얏노라. 余는 朝鮮과

不淺흔 關係가 有ᄒ니 明治 十七年브터 久히 京城에셔 卜住ᄒ얏고 且 京釜
鐵道를 起工ᄒ던 것이 卅七年 頃인딕 余ᄂ 當時에ᄂ 監督ᄒ기 爲ᄒ야 渡來
흔 事ㅣ 有흔지라. 故로 朝鮮의 當年 朝野의 名士 中에도 知友가 不少ᄒ더
니 今回에 다시 朝鮮의 土地를 踏ᄒ고 爲先 喫驚흔 者ᄂ 新領土에 在흔 內
地人의 發展이 想像 以外오 特히 釜山港은 海陸의 設備가 整頓흔 中 市街
等도 大히 膨脹ᄒ고 整頓ᄒ딕 驚歎흠을 不勝ᄒ얏거니와 惟獨 釜山港쑨만
안이라 京釜線 到處에 內地人의 形影이 無所不在ᄒ야 主要 各驛은 勿論ᄒ
고 寒村僻陬에 至ᄒ기ᄭ지 日本 家屋의 散在흠을 見ᄒ얏고 又 溫突 簷頭에
鯉幟를 揭ᄒ얏스니 此ᄂ 溫突 內에 必然 內地人이 居住흠이오 沿線의 禿山
赫陵은 十七年 頃에 余가 視察흔 當時보다 尤甚ᄒ즉 此亦 豫想 以外오 朝鮮
倂合에 全土가 極히 靜穩ᄒ다 ᄒ더니 今回 實地로 平穩無事흠을 目擊ᄒ얏
고 新政은 顯著히 普及ᄒ야 內地人의 移住者가 連續不絶ᄒ니 此地 産業의
開發은 多言을 不須홀지로다.

번역 내가 동경을 출발하기 전 데라우치 총독을 방문하였더니, 총독은
오는 20일 경성으로 귀임할 예정이니 동행하는 것이 어떻겠는가
하였다. 그러나 나는 부득이한 일로 대의사 淸釜太浪 씨와 함께 출발하여
조선에 건너왔다. 나는 조선과 밀접한 관계가 있는데, 메이지 17년부터
오랫동안 경성에서 일을 했고, 경부철도를 기공하던 37년 경 감독하기
위해 도래한 일도 있었다. 그러므로 그해 조선 조야의 명사 가운데도 친
구가 적지 않았는데, 이번에 다시 조선 땅을 밟으면서 먼저 놀란 것은
신영토에 있는 내지인의 발전이 상상 밖이요, 특히 부산항은 해륙 설비가
정돈된 가운데 시가도 매우 팽창하고 정돈되어 놀라움을 이기지 못했지
만 부산뿐만 아니라 경부선 도처에 내지인의 모습과 영향이 미치지 않은
곳이 없어 주요 역은 물론 시골 궁벽진 곳에 이르기까지 일본 가옥이 산
재함을 보았다. 또 온돌 첨두에 이치(鯉幟)를 달았으니, 이는 온돌 내에
반드시 일본인이 거주하고 있음을 의미하며, 연안 선로의 민둥산 벌거벗
은 구릉의 모습은 17년 경 내가 시찰했을 때보다 더욱 심하니 예상 밖이

요, 조선 병합의 전 영토가 극히 조용하다고 하더니 이번 실제로 평온무
사함을 목격하였으니, 신정(新政)이 현저히 보급되어 일본인 이주자가 끊
이지 않으니 이 땅의 산업 발전은 다언을 기다릴 필요가 없다.

—『매일신보』, 1911.5.5~10

이노우에는 이 담화에서 조선에 대한 자신의 오랜 인연을 소개한 뒤,
데라우치 시대의 식민 정책이 성공을 거두었음을 축하하고 있다. 이
글에 나타나듯이, 강제 병합으로 조선은 일본의 '신영토'가 되었으며,
병합 이전부터 추진되어 온 철도 건설, 항만 정비, 도시 건설, 한촌벽추
(寒村僻聊)까지 퍼진 일본인 이주 정책이 '산업 발전'이라는 미명 아래
광범위하게 추진되었음을 회고하였다. 이 회고담이 쓰인 시점이 강제
병합 후 1년이 지나지 않았음을 고려할 때, 데라우치 시대의 무단통치
가 충분히 효과를 거두고 있었던 셈이다. 이어서 이노우에는 데라우치
의 식민 정책을 다음과 같이 설명하였다.

【 朝鮮統治의 成功 】

近來 總督政治에 對ᄒᆞ야 意見이 百出ᄒᆞ되 其中 尤甚ᄒᆞ 者ᄂᆞᆫ 惡罵를 放ᄒᆞ
ᄂᆞᆫ 者ᄭᅵ지 有ᄒᆞ나 此等 朝鮮의 現下의 狀態를 未解ᄒᆞᄂᆞᆫ 者가 안이면 其眞相
을 不知ᄒᆞ고 誤解홈에 基因홈이오 且 世間에셔ᄂᆞᆫ 往往히 武斷政治 言論壓
制로 批評ᄒᆞ나 軍事上 必要ᄒᆞ 結果로 斷行된 것인즉 軍政을 施ᄒᆞ야도 未爲
不可ᄒᆞ도다. 然而 朝鮮이 今日과 如히 平穩無事ᄒᆞ 狀態를 持續홈은 總督政
治의 一大 成功이오 寺內總督이 안이면 能치 못홀 바이라. 警察制度의 普及
은 新領土 統治上 가쟝 緊要ᄒᆞ 條件이니 現在에도 警察制度가 普及ᄒᆞ 結果
로 朝鮮의 草賊은 其形影을 遁秘홈이 안인가. 要컨딕 彼等은 武斷의 意義를
了解치 못ᄒᆞ고 徒然히 武斷政治를 排斥ᄒᆞ야 武斷政治로써 非立憲的이라 홈
은 其迂怪홈을 言키 難ᄒᆞ도다. 新領土의 言論取締도 亦統治上에 極히 必要
ᄒᆞ 條件이니 無責任ᄒᆞ 言論과 亂暴ᄒᆞ 橫議ᄂᆞᆫ 有害無益ᄒᆞ즉 到底히 取締치

안이치 못홀지니 若夫矯激의 論을 主張ᄒ다가 禁遏을 受ᄒ고 言論의 壓迫이라 따ᄒᄂᆫ 者ㅣ 有ᄒ면 是ᄂᆫ 自己의 面에 唾ᄒᄂᆫ 者인즉 相互間에 國家의 利益得失을 考慮ᄒ고 是非言論을 插홀 것이 안이로다. 英國이 植民地 經營에 成功ᄒ야 今日의 大帝國을 建設홈은 卽 國民이 一致協力ᄒ야써 植民地 經營에 盡力ᄒ고 蕭牆의 紛爭을 避혼 所以어니와 佛蘭西가 西貢에 對홈과 如히 ᄒ고 乃至 西班牙가 曾往에 數多던 領土를 經營ᄒ던 當時와 如히 母國의 官民과 相爭ᄒ면 太半 失敗혼 歷史를 遺ᄒ리니 殷鑑不遠이라. 日本 官民도 大히 反省홀 바이오. 余ᄂᆫ 此點에 對ᄒ야 社會의 耳目되ᄂᆫ 新聞記者 諸君에게 特히 注意홈을 要ᄒ노니 最近의 一例를 擧ᄒ건뒤 寺內總督의 伊勢太廟參拜에 對ᄒ야 無根之說을 傳ᄒᄂᆫ 者ㅣ 有ᄒ고 且 全國商業會議所聯合會에 出席혼 中野武營 氏의 談이라 ᄒ고 總督政治 及 彼會社令에 對ᄒ야 捏造說을 打電혼 者ㅣ 有ᄒ니 此ᄂᆫ 德義上은 勿論ᄒ고 半島의 經營上에 國民이 黙許키 不能혼 大罪惡이라. 余ᄂᆫ 會社令에 對ᄒ야 何等의 異論을 不有혼 者어니와 該令은 新開地에 必要혼 制令이라. 余ᄂᆫ 曾時 帝國議會에셔도 此를 論議혼 바ㅣ 有ᄒ얏거니와 如何히 文明혼 國民이라도 未丁年者에게ᄂᆫ 後見人의 定規가 有ᄒ니 自由開放의 主義되ᄂᆫ 米國도 亦 此制度가 有ᄒ고 반다시 官憲*** 點이 多ᄒ고 日本 內地에셔도 일즉 會社의 重役은 公選혼 時代도 有ᄒ얏도다. 余ᄂᆫ 아즉 充分히 視察치 못ᄒ얏슴으로써 別로히 談話홀 材料가 無ᄒ거니와 歸途에 다시 來京홀 豫定인즉 詳細ᄂᆫ 其時에 開陳홈을 得ᄒ리로다.

번역 근래 총독 정치에 대하여 의견이 분분하되 그 가운데 심한 것은 악담과 매도하는 자까지 있으니, 이는 조선 현재의 상태를 이해하지 못하는 자가 아니라면 그 진상을 알지 못하고 오해하는 데서 기인한 것이요, 또 세간에서 종종 '무단정치', '언론압제'라고 비난하나 이는 군사상 필요에서 단행된 것이므로 군정(軍政)을 실시해도 불가한 것은 아니다. 그러므로 조선이 금일과 같이 평온무사한 상태를 유지하는 것은 총독 정치의 가장 큰 성공이요, 데라우치 총독이 아니면 능히 해내지 못할 일이다. '경찰제도'의 보급은 신영토 통치에서 가장 필요한 조건이니 지금 경찰제도가 보급된 결과 조선의 '초적(草賊)'이 그 자취를 감춘 것이 아니겠는가. 요컨대 저들은 '무단'의 의미를 이해하지 못하고, 헛되이 무단정치를 배척하여 무단정치가 비입헌적이라고 하니 그 어리석고 괴상함은 말로 하기 어렵다. 신영토의 '언론 통제'도 또한 통치상 극히 필요한 조건이니 무책임한 언론과 난폭한 횡의(橫議)는 유해무익하니 도저히 단속하지 않을 수 없을 것이다. 만약 그릇되고 격한 논리를 주장하다가 금지를 당하고 언론의 압박이라고 주장하는 자가 있다면 이는 자기의 얼굴에 침을 뱉는 자이니 서로 국가의 이익 득실을 고려하고, 언론에 대한 시비가 끼어들 바는 아니다. 영국이 식민지 경영에 성공하여 금일 대제국을 건설한 것은 곧 국민이 일치협력하여 식민지 경영에 진력하고 오랜 분쟁을 피한 까닭이거니와 프랑스가 서공(西貢)을 대하는 것과 같이 하고, 스페인이 과거 많은 영토를 경영하던 때와 같이 모국의 관민과 서로 다투면 태반 실패한 역사를 남길 것이니 본받을 것이 멀리 있는 것이 아니다. 일본 관민도 깊게 반성해야 하며, 내가 이에 대해 사회에서 주목받는 신문기자 여러분에게 특히 주의할 것을 요청한다. 최근 한 예를 들면 데라우치 총독이 태묘를 참배한 것에 대해 근거 없는 말을 전하는 자가 있고, 또 전국 상업회의소 연락회에 출석한 나가노(中野武營) 씨의 이야기라고 하면서 총독 정치 및 저 회사령에 대해 날조한 말을 타전한 자가 있으니, 이는 도덕상은 물론 반도 경영상 국민이 허용하기 어려운 큰 죄악이다. 내가 회사령에 대해 어떤 다른 견해를 갖고 있지는 않으나 이 법령은 신개척지에 필요한 법령이다. 내가 과거 제국의회에서도 이를 논의한 바 있지만 어떤 문명한 국민이라도 미성년자에게는 후견인이라는 규정이 있으니, 자유 개방의 주의를 취하는 미국도 또한 이 제도가 있고, 반드시 관헌(들이 통제하는) 면이 많고, 일본 내지에서도 일찍이 회사의 중역은 공선한 시대도 있었다. 내가 아직 충분히 시찰하지 못하였으므로 특별히 말할 재료가 없지만 돌아가는 길에 다시 경성에 올 예정이므로 상세한 것은 그때 개진하고자 한다.

—『매일신보』, 1911.5.5~10

이노우에는 데라우치의 식민 통치를 스스로 '무단통치'라고 규정하였다. 그는 '경찰제도'를 기반으로 한 '무단통치'와 '언론취체(통제)'가 통치상 꼭 필요한 것이라고 주장하였으며, 그 결과 조선 내의 '초적(의병)'이 자취를 감추었다고 평가한다. 이러한 통치 방침은 식민 지배의 결과 획득한 '신영토'를 경영하기 위한 것이며, 그 자체가 '문명한 국민'이 취하는 자연스러운 정책으로 둔갑해 버린다. 물론 이 담화는 일본인 기자와 일본 국민을 대상으로 한 것이어서 무단통치 옹호론이 지배자들의 논리일 뿐이라고 생각될 수 있으나,『매일신보』기자와의 담화임을 고려한다면 식민 지배 논리는 지배자들의 논리일 뿐 아니라 피지배 민족이 수용하고 감당해야 할 논리인 셈이다.

식민 통치가 지속되면서 각 시대별 식민 정책에 다소의 변화가 있으나 일제강점기 전체를 꿰뚫는 식민통치의 주된 이데올로기는 조선 민중을 실질적으로 지배하여 황국신민화를 꾀하는 데 있었다. 시대 상황에 따라 황국신민화와 동화 이데올로기가 1910년대에는 '신민의 도'를 강조하며 '내선의 융화'를 부르짖다가 1920년대에 이르러는 '일시동인(一視同仁)'을 강조하고, 1930년대 이후에는 '내선일체(內鮮一體)'의 이데올로기를 생산하는 방향으로 변화를 보이기도 하지만, 그 근저는 동일하다. 이러한 이데올로기는 1937년 중일전쟁 이후에는 조선의 '병참기지화(兵站基地化)'를 정당화하기 위하여 '국체명징(國體明徵)' 또는 '국체본의(國體本義)'를 강조하고, '내선만일체(內鮮滿一體)' 또는 '대동아공영(大東亞共榮)'의 이데올로기로 표출된다. 이러한 이데올로기는 궁극적으로 조선을 지배하여 종속화하고, 인력과 자원을 수탈하여 일본 제국의 번영과 이익을 추구하는 것을 목표로 하였으며, 정치·경제적인 지배를 원활하게 하기 위하여 일본어를 보급하고, 일본 사상을 주입하고자 하였다. 허재영(2009, 2011)에서 밝힌 것과 같이, 일제 강점기 일본어 보급을 중심으로 한 지속적인 동화 정책은 조선 민중으로 하여금 국가 상실뿐만 아니라 민족 고유성이나 민족 정체성을 유지하는 데에도 큰 장애물이 될 수밖에 없었다.

2. 일제 식민정책 하의 민족 담론

2.1. 국가와 민족의 위상

'국가학'이나 '식민주의'는 한국 근대 학문 형성기에서 정치 분야의 주된 연구 과제 가운데 하나였다. 『독립신문』, 『미일신문』, 『제국신문』, 『황성신문』, 『대한매일신보』 등의 근대 신문에서 '국가', '국민'이라는 용어가 신문 기사에서 빠진 적이 거의 없으며, 『대조선독립협회회보』, 『대조선재일유학생친목회회보』를 비롯한 근대 잡지에서도 다수의 '국가', '사회', '정치학' 관련 논문이 게재되고 있음은 이미 살펴본 바와 같다. 특히 1908년 이후 다수의 '국가학' 관련 교과서가 출현하고, '정치학 교과서'에도 국가의 개념과 유형, 기능 등이 서술되었다.

그런데 주목할 점은 '식민주의'에 대한 개념 정립 과정이다. 이 용어는 1900년대 초부터 빈번히 사용되었음을 확인할 수 있는데, 처음에는 구미 지역으로 이주하는 일본인을 지칭하거나 일부 멕시코로 향한 한국인 이주 문제를 거론할 때도 '이민'과 '식민'을 동의어로 사용한 예가 많다. 앞에서 위르겐 오스터함멜의 『식민주의』가 '타자에 의한 불법적인 지배'를 의미한다고 설명한 바와 같이, 식민주의는 단순한 이주를 의미하는 것이 아니다. 경제적 차원에서 식민주의를 논의한 슘페터나 마르크스·엥겔스의 전통을 이어 식민주의를 논의한 레닌의 식민주의를 통해 '타자성'과 '불법성'이 부각되기는 했지만, 한국 근대 학문 형성기의 식민주의는 아직까지 식민주의의 본질을 이해하는 데는 충분한 연구 경험이 축적되지 못한 상황이었다.[5]

식민주의 연구가 축적되어 가면서 일본 제국주의 식민지의 성격에 관한 논의도 활발해지고 있다. 미즈노 나오키(水野直樹, 2002)[6]에서는 식민주의 연구의 의미를 설명하고, 일본의 식민주의에 대한 연구 과제를 해명하면서, '일본형 식민주의'라는 명칭을 사용하였다. 그는 식민주의는 이중성을 띠는데, "구미의 식민주의를 문명화와 차이화(야만화)의 이중성으로 특징지을 수 있다면, 일본의 식민주의는 '동화와 배제'의 이중성으로 특징지어진다."라고 주장하였다. 이에 덧붙여 그는 "일본의 '동화정책'은 '보편적인 문명'을 기준으로 하는 '문명화'라는 측면을 가지면서도, 그 이상으로 피지배자에게 '일본적인 것'을 이식시키려는 측면이 강하다. 또는 '동화'와 '문명화'는 일체의 것으로 간주되었다고 말할 수도 있다."라고 진술하였다.

이 주장은 피상적으로 볼 때, 합리적인 판단으로 보인다. 그런데 일제 강점기 동화정책의 내면을 살펴본다면, 일본형 '동화주의'는 '피지배 민족 말살'을 통한 '동화'를 의미하는 것이며, '일본적인 것의 이식'은 '일본에의 굴종'을 의미하는 것이다. 이러한 지배 이데올로기는 메이지 유신 이후 서구 제국주의를 모방한 일본 제국주의가 형성된 시점

---

5) 식민주의가 타자성과 불법성을 내포한다는 점은 식민주의 연구자들이 대체로 공감하는 것으로 보인다. 그러나 이 불법성의 근원이 무엇인지, 또는 그 영향이 어떠했는지에 대해서는 연구자의 관점에 따라 큰 차이가 있는 것으로 보인다. 예를 들어 미즈노 나오키(水野直樹) 외, 정선태 옮김(2007)의 『생활 속의 민주주의』(산처럼)에서는 일본에서의 식민주의 연구가 제2차 세계대전 이후 한동안 관심을 끌지 못하다가, 식민지 지배 관계 청산의 차원에서 사회적인 문제, 특히 보상과 관련하여 식민주의에 대한 관심이 높아졌다고 한다. 서구의 식민주의 연구에서도 이런 경향이 있었으나, 이른바 '포스트 콜로니얼리즘' 연구를 통한 탈식민주의 이론화가 진행되고 있고, 피지배 상태에서 독립한 민족의 탈식민국가 건설 과정에서 발생하는 다양한 문제가 연구되면서 식민주의 연구 스펙트럼이 넓어지고 있다.

6) 水野直樹・鄭根殖・駒込武・松田吉朗(2002), 『生活の中の植民地主義』, 東京: 人文書院. 정선태 옮김(2007)을 참고할 것.

부터 지속적으로 성장해 온 이데올로기이다.[7] 이 점에서 일본 제국주의의 한국 지배는 국가에 대한 강제 병합뿐만 아니라 '문명화된 동양=대일본 제국'을 구성하기 위한 피지배 민족 말살을 목표로 하는 것이었다. 그렇기 때문에 식민 지배 초기부터 '대제국(大帝國)=대일본'을 위한 '애국 담론'을 주장한다.

【 廣義의 愛國心 】

愛國心은 狹義 廣義의 二種이 有ᄒ니 狹義의 愛國心이라 홈은 海陸의 交通이 不完ᄒ고 物質의 貿易이 未開ᄒ야 足跡이 疆外에 不出ᄒ던 古昔時代를 夢想ᄒ야 區區ᄒᆫ 小天地에서 踢縮코져 ᄒᄂᆫ 바이오, 廣義의 愛國心이라 홈은 世界의 大勢와 人類의 現況을 深察ᄒ고 幾個의 小國家를 合ᄒ야 一個의 大國家를 成코져 ᄒᄂᆫ 바이니, 其利害의 關係가 如何ᄒ뇨. 試思홀지어다. 昔者에ᄂᆫ 我朝鮮 半島 內에도 數十個 國家가 各其 一方에 據ᄒ야 互相 爭雄ᄒ다가 人文의 進化를 隨ᄒ야 三韓이 鼎立홈에 至ᄒ고 (…中略…) 然ᄒᆫ즉 日韓 倂合은 人力의 所致가 안이오 天意의 所使로 東亞의 一大 帝國을 建設홈이어늘 嗟 我 同胞 中에는 旣往을 不鑑ᄒ며 將來를 不思ᄒ고 一時의 悲憤과 一片의 妄想으로 海外에 漂迫ᄒ야 老父母의 倚閭之望과 弱妻子의 啼飢之狀을 不顧ᄒᄂᆫ 者도 有ᄒ며

번역 애국심은 협의, 광의 두 종이 있으니, 협의의 애국심이라고 하는 것은 해륙의 교통이 불완전하고 물질의 무역이 열리지 않아 족적

---

7) 「서일본 대학박사 건의서 후(書日本大學博士 建議書後)」(『황성신문』, 1903.9.15)에서 "日居月諸에 俄國之勢力이 益張하며 東洋之脚跟이 愈牢則 必將揚焉投鞭渡江하야 將飮馬乎神戶之洲矣리니 豈滿洲之足問乎아 嗚乎라 如我韓은 認做彼家囊中之一物하야 至以交換 等說로 自相簸弄하니(날로 러시아의 세력이 증장하며 동양의 발꿈치가 더욱 우리에 갇히니 장차 양양하고 채찍을 들어 강을 건너 에도의 땅에서 말을 먹일 것이니, 어찌 만주로 족하다고 하겠는가. 아아. 우리 한국을 주머니 속의 한 물건과 같이 간주하고 교환 등의 주장으로 서로 기롱하니)"라는 기자의 평론은 러일전쟁을 주장하는 일본 학자들의 식민주의 논리가 한국을 주머니 속의 물건처럼 간주하고 있음을 간파한 데서 비롯된 것이다. 이 시기 일본 제국주의는 조선에 대한 완전한 지배를 계획하고 있었다.

이 영토 외에 닿지 않던 옛날시대를 몽상하여 구구한 작은 세계에서 꿇어 앉고자 하는 것이요, 광의의 애국심은 세계의 대세와 인류의 현황을 깊이 관찰하고 몇 개의 작은 국가를 합쳐 한 개의 큰 국가를 이루고자 하는 것이니, 그 이해관계가 어떠한가 깊이 생각해야 할 것이다. 옛날에는 우리 조선 반도 내에도 몇 십 개의 국가가 각기 한 지방에 근거하여 서로 다투다가 인문의 진화를 따라 삼한이 정립하는 데 이르고 (…중략…) 그런즉 일한 병합은 인력의 소치가 아니요, 하늘의 뜻으로 이루어진 것으로 동아의 일대 제국을 건설한 것인데, 아 우리 동포 중에는 지난 일을 귀감하지 않고 장래를 생각하지 않아 일시의 비분과 한 조각 망상으로 해외에 표박하여 노부모의 의지하고 싶은 소망과 나약한 처자가 배고파 울부짖는 상황을 돌아보지 않는 자도 있으며

―『매일신보』, 1911.5.3~4

이 논설에서는 '애국심'을 축자적 의미로 해석하여 '나라를 사랑하는 마음'으로 사용하였다. 제국주의의 침탈을 받아 국가를 상실한 상태에서 형식적으로 피지배자들의 국가는 식민 지배국가이다. '애국'이 '국가를 사랑하는 것'이라는 축자적 의미로 쓰일 경우 국권 상실 상태의 애국은 병합한 국가를 사랑하는 일이 된다.

타자에 의한 불법 지배를 받는 피지배자들의 입장에서 타자를 사랑하는 것, 그 자체가 쉽게 용인되기는 어렵다. 그럼에도 식민 정책 차원에서 광의의 애국심을 조작한 배경에는 근대 계몽기부터 보편화된 문명·진보론이 깔려 있다. 곧 '일한병합'이 인력으로 이루어진 것이 아니라 '천의(天意)의 소사(所使)'라는 논리이다. 여기서 천의는 '세계 대세와 인류의 현황을 심찰'하여 작은 국가를 합쳐 '대국가'를 이룸을 의미한다. 물론 이 논리는 작은 두 개의 국가가 대등하게 합쳐 큰 국가를 이룬 것이 아니라, 타자에 해당하는 일본 제국주의가 한국을 병탄했다는 사실을 은폐한 논리이다. 그럼에도 자연스럽게 이런 논설이 주창된 데는

국권 침탈기부터 강화되어 온 문명 지배론과 동양주의가 전제되어 있다. 다음 논설도 이를 뒷받침한다.

【 民志宜一 】

嗚呼라. 現今 우리 朝鮮 民族된 者ㅣ 其 事勢가 如何하며 其處地가 如何ㅎ며 其 將來가 又 如何하뇨. 此는 우리 民族의 個個 感念이 有홀지라. 若 今日에 此 感念이 一致치 못ㅎ면 東洋大勢의 潛潛狂瀾은 已矣라. 勿論이오 爲先 우리 民族의 沈淪無救홀 줄은 龜著를 不待ㅎ고 可知ㅎ리로다.

然則 우리 民族의 事勢를 察 ㅎ고 우리 民族의 處地를 思 ㅎ고 우리 民族의 將來를 卜ㅎ야 此 感念을 一致ㅎ면 우리 民族이 只今의 困頓을 祛ㅎ고 永遠흔 幸福을 受ㅎ려니와 不然ㅎ야 或 悲歌 慷慨로 經營을 虛擲ㅎ며 或 狂憤悖擧로 身勢를 自誤ㅎ여 依然히 十年 二十年을 過ㅎ면 老者는 一事業이 無히 枯骨이 蕭條ㅎ고 少年은 一學科가 無히 霜髮이 飄零ㅎ리니 此를 當ㅎ야 此 感念도 發生치 못홀 뿐 아니라 雖或 此 感念이 略略히 存在홀지라도 可發홀 機가 永無ㅎ리니 思ㅎ고 更思홀지어라. 우리 民族이여.

嗚呼라. 우리 民族이 旣히 日本版籍에 入흔 以上에는 我의 貧을 目覺ㅎ야 人의 富홈을 是效ㅎ며 我의 愚를 自解ㅎ야 人의 智를 是學홀지니, 不可不 遠大흔 感念으로써 民志를 同一케 ㅎ야 我大皇帝陛下 盛德下에 立ㅎ야 將 存將無의 境에 在ㅎ거던 不可不 存을 求ㅎ고

번역 오호라. 현재 우리 조선의 민족된 자가 그 상황이 어떠하며 그 처지가 어떠하며 그 장래가 또 어떠한가. 이는 우리 민족 개개인의 느끼는 생각이 있을 것이다. 만약 금일에 이 느끼는 바가 일치하지 못하면 동양대세의 거센 물결은 걷잡을 수 없음이라. 물론이오 우선 우리 민족이 몰락하여 구원이 없을 줄은 분명하여 기다리지 않고도 알 수 있다.

그런즉 우리 민족의 상황을 살펴 우리 민족의 처지를 생각하고 우리 민족의 장래를 점쳐서 이 느끼는 생각을 일치하면 우리 민족이 지금의 혼돈을 내쫓고 영원한 행복을 받아들이겠다. 그렇지 않아 혹 슬프고 분개

스런 경영을 방치하며 혹 미친 듯이 어지럽게 들고 일어나는 신세를 스스로 그르쳐 유연히 십년 이십년 지나면 노인은 하나의 일과 업적도 없이 뼈만 남아 쓸쓸하고 소년은 하나의 배움 없이 흰 머리가 흩날릴 것이니 이는 마땅하고 느끼는 바도 발생치 못할 뿐 아니라 비록 느끼는 바가 매우 약소하게 존재할지라도 옳은 기틀이 영원히 없을 것이니 생각하고 또 생각해야 한다. 우리 민족이여.

—民志宜—, 『매일신보』, 1910.11.8

이 논설에 등장하는 논리는 국권 상실 직후 『매일신보』에서 빈번히 찾아볼 수 있는 논리이다. 동양 대세의 거센 물결 속에 한국 민족의 생존을 위해 병합을 수용하고 긍정해야 한다는 취지이다. 여기서 주목되는 것이 '국가'와 '민족'의 구별이다.

민족주의에 대한 서양인의 연구서는 대부분 식민 제국주의의 입장에서 이루어진 것이 많다. 『혁명의 시대』에서 에릭 홉스봄은 '청년 이탈리아 운동, 청년 스위스 운동, 청년 독일 운동, 청년 프랑스 운동'과 같은 민족주의 혁명 운동에 대해 분석한 바 있다. 이러한 운동은 대부분 정치적 차원에서 민족 단위의 분해 과정을 의미하며, 분해된 민족을 단위로 국가를 구성할 경우 자신들의 요구와 국가 구성원의 요구가 다르지 않음을 전제한다.[8]

그러나 일제 강점기 한국의 경우 타자로 구성된 국가의 지배 아래 민족이 놓여 있었다. 그렇기 때문에 식민 제국주의의 효율적인 통치를 위해서는 피지배 민족을 대하는 새로운 논리가 필요할 수밖에 없다. 그 가운데 하나가 동양주의, 대세주의라는 것이다. 이와 같은 지배 이데올로기는 민족 내부에도 전파된다. 그 가운데 하나가 '계급론'이다. 계급론은 근본적으로 사회주의 사상과 관련이 있다. 사회주의 사상은

---

8) 에릭 홉스봄, 정도영·차명수 역(2006), 『혁명의 시대』, 한길사, 269~270쪽.

1906년 전후 국내에 유입된 것으로 보이는데, 1906년 6월 15일자 『대한매일신보』 서적 발매 광고에도 사회학 관련 서적으로 "사회진화론(社會進化論), 인군진화론(人群進化論), 족제진화론(族制進化論), 사회주의(社會主義), 사회학(社會學), 정교진화론(政敎進化論), 군학예언(羣學隸言), 인종지(人種志), 근세사회주의(近世社會主義), 혼인진화론(婚姻進化論), 사회개량론(社會改良論), 인종개량론(人種改良論)" 등의 책명이 등장하기 때문이다. 이 가운데 '사회주의', '근세사회주의'는 사회주의 관련 서적으로 추론되며, 일본인의 저작물이었을 가능성이 높다.[9]

이처럼 1906년 전후 사회주의 사상이 유입되기 시작한 데는 일본 사회주의 운동의 영향이 있었을 것으로 추정된다. 마쓰오 다카요시(松尾尊兌)의 『다이쇼 데모크라시』(오석철 역, 2011, 소명출판)에서는 일본의 사회주의 운동이 다이쇼 민주주의가 본격화되기 이전인 청일전쟁 직후부터 시작되었다고 기술한 바 있다. 이는 요시노 사쿠조(吉野作造, 1928)의 「일본 사회주의 운동사」(『사회과학』, 1928.2)를 근거로 한 것인데[10] 기독교와 깊은 관련이 있는 아베 이소오, 기노시타 나오에, 이시카와 사부로 그룹 등이 이에 해당한다는 것이다. 특히 1901년 아베 이소오는 사회민주당 선언을 작성한 것으로 알려져 있는데, 이 선언에는 토지, 자본의 공유, 계급제도의 전폐와 같은 사회주의의 기초적 강령과 비례대표제 보통선거법 실시, 치안경찰법 폐지, 노동자의 단결권 보장, 신문조례 폐지, 귀족원 폐지, 군비 축소 등의 민주적 요구가 담겨 있다.

사회주의 사상의 유입은 국권 침탈기부터 '노동문제'나 '계급문제'가 대두되는 배경이 되었다. 특히 1907년 이후 『대한매일신보』나 『황성신문』에서 '노동사회', '노동계' 등의 용어가 빈번히 등장하는 것은, 계급

---

9) 이뿐만 아니라 『대한매일신보』 1907년 5월 4일 '일한서방' 책 광고에서도 樋口勘治郎 저, 『국가사회주의 신교육학(國家社會主義 新敎育學)』과 『국가사회주의 교육학본론(國家社會主義 敎育學本論)』이 판매되었음을 확인할 수 있다.
10) 마쓰오 다카요시, 오석철 옮김(2011), 『다이쇼 데모크라시』, 소명출판.

론에 바탕을 둔 사회주의 사조의 유입과 직간접적인 관련이 있을 것으로 추정된다. 이와 같은 상황에서 국권 상실 직후 『매일신보』에는 '계급'과 관련된 다수의 논설이 등장한다. 그런데 1910년대 계급론은 그 자체가 논리적 모순을 내포할 경우가 많다. 다음을 살펴보자.

【 계급론 관련 논설 】

ㄱ. 民族의 階級: 嗚呼ㅣ라. 本固一水로되 江海의 大와 溝渠(구거)의 小가 有ᄒ며 山固一山이로되 峰巒(봉만)의 高와 丘垤(구질)의 底가 有ᄒᄂ니 況 動物에 最靈ᄒ 人이 엇지 尊卑의 別이 無ᄒ리오. 然ᄒ즉 民族은 自是로 一 民族이로되 自然 階級이 降殺不同ᄒ야 一賢 一肖라도 必 賢者ᄂ 尊ᄒ고 不肖者ᄂ 卑ᄒ며 一智一愚라도 智者ᄂ 尊ᄒ고 愚者ᄂ 卑ᄒᄂ니라. (…中 略…) 嗚呼라. 現時의 常人된 者ᄂ 自思홀지어다. 諸君이 幾百年의 卑地에 處홈을 抑冤홀진되 諸君도 學問을 習修ᄒ며 行動을 端正케 ᄒ야 班族이 知ᄒᄂ 바를 知ᄒᄂ 바를 知ᄒ며 班族이 行ᄒᄂ 바를 行ᄒ면 諸君도 自然 相當ᄒ 待遇를 受홀지라.

번역 민족의 계급: 오호라. 본래 하나의 물이지만 강해의 큼과 도랑의 작음이 있고, 산은 본래 하나이로되 봉우리의 높음과 구릉의 낮음이 있으니, 하물며 동물의 최령한 사람이 어찌 존비의 구별이 없겠는가. 그런즉 민족은 본시 하나의 민족이로되, 자연 계급의 높고낮음이 같지 않아 한 사람의 현자와 불초한 사람이라도 반드시 현자는 존귀하고 불초자는 비천하며 하나의 지우(智愚)라도 지혜로운 자는 존귀하고 어리석은 자는 비천하다. (…중략…) 오호라. 현시 상민은 생각할지어다. 여러분이 몇 백 년 비천한 지경에 처한 것이 억울하다면 여러분도 학문을 익혀 닦으며, 행동을 단정하게 하여 양반 족속이 아는 바를 알고 양반 족속이 행하는 바를 행하면 여러분도 자연히 상당한 대우를 받을 것이다.

―『매일신보』, 1911.3.14

ㄴ. 人類와 階級: 法久弊生ㅎ야 兩班의 驕昂(교앙)이 日甚홈으로 常人의 生命을 殘害ㅎ며 常人의 財産을 侵漁ㅎㄴ 諸種 弊害가 往往ㅎ야 常人家에 一出ㅎ면 雖如 何흔 才智가 有훌지라도 卑賤의 役을 不免ㅎ고, (…中略…) 然흔즉 自己의 知識을 增長ㅎ면 自己의 性行을 端莊ㅎ야 兩班의 事業을 自己도 能作ㅎ며 兩班의 學問을 自己도 能知ㅎ면 兩班이 特別 異種이 有홈이 안이라. 自然 自己도 貴ㅎ며 自己도 尊ㅎ야 上流社會에 自立훌지어늘, 所謂 常人된 者ㄴ 自己의 知識 如何와 自己의 性行 如何ㄴ 不計ㅎ고 但히 班常의 階級이 稍弛홈만 喜悅ㅎ야 言必稱 兩班의 指導ㄴ 雖如何흔 美擧라도 不從ㅎ며 兩班의 言論은 雖如何흔 美談이라도 不信ㅎ고 甚흔 者ㄴ 詬辱毆打(후욕구타)를 無所不至ㅎ야 兩班은 亦是 時運으로 歸ㅎ고 噓唏(허희) 自歎훌 而已니, 民族의 規律이 是와 如히 紊亂ㅎ고 엇지 文化의 發展을 企圖ㅎ리오,

> **번역** 인류와 계급: 법이 오래고 폐단이 생겨 양반이 교만함이 더욱 심해져 상민의 생명을 잔해하며, 상민의 재산을 침탈하는 여러 가지 폐단이 종종 발생하여 상민 집안에 태어나면 비록 어떤 재주가 있을지라도 비천한 역할을 면하지 못하고 (…중략…) 그런즉 자기의 지식을 증장하면 자기의 성품과 행동을 단정히 하여 양반의 사업을 자기도 능히 행하며 양반의 학문을 자기도 능히 알면 양반이라는 특별한 종족이 있는 것이 아니라, 자연 자기도 귀하고 자기도 존중하여 상류사회에 자립할 것이거늘, 이른바 상민된 자는 자기의 지식 여하와 자기의 성행 여하는 돌아보지 않고, 단지 양반의 계급이 좀 더 해이함만 기뻐하여 언필칭 양반의 지도는 비록 어떤 좋은 일이라도 따르지 않고, 양반의 말은 어떤 좋은 말이라도 믿지 않고, 심한 것은 욕하고 구타하여 하지 못할 바가 없어 양반은 역시 시운의 탓으로 돌리고 허황됨을 자탄할 뿐이니, 민족의 규율이 이와 같이 문란하고야 어찌 발전을 기도하겠는가.

—『매일신보』, 1911.5.9

두 편의 논설에서는 민족 내의 계급 구별이 '지우(智愚)'의 차이에서

당연히 발생한 것이므로, 이를 수긍해야 한다는 논리가 깔려 있다. 문명·진보론의 차원에서 민족 우열론이 존재하듯, 민족 내부에서 계급 우열론이 존재하는 셈이다. 때로는 귀족과 양반을 질타하는 논설이 실리기도 하지만, 그 질타는 도덕을 행하지 않는다는 질타일 뿐, 근대 사회의 평등을 전제로 한 계몽이 아니다. 식민 통치 하에서의 계급 담론은 단지 상민 계급의 존재가, 귀족의 지식과 덕행을 익히고 실천하는 노력이 없는 데서 생겨난 것이므로 그것을 수용해야 한다는 논리일 뿐이다.

2.2. 동화 정책과 민족 담론

일본 식민 제국주의의 식민 정책이 동화주의에 근거한 종속적 지배를 목표로 하고 있었음은 차기벽 엮음(1985),[11] 박붕배(1987),[12] 신용하(2006)[13] 등의 선행 연구에서도 밝힌 바 있다. 동화주의는 1910년대 『매일신보』 논설의 주요 주제 가운데 하나였다. 다음을 살펴보자.

我國之於日本에 壤地가 偏近ᄒ고 冠盖가 相望ᄒ여 交隣의 修好ᄂ 盖自 王仁 博士가 文字를 日本에 傳教홈으로 始ᄒ얏도다. 其 洲也ㅣ 同ᄒ고 人種 也ㅣ 同ᄒ고 土地也ㅣ 同ᄒ고 殖産也ㅣ 同ᄒ며 一葦의 抗ᄒ을 地에 隔ᄒ여

---

11) 차기벽 엮음(1985), 『일제의 한국 식민 통치』, 정음사. 이 책에 수록된 차기벽 '일본 제국 주의 식민 정책의 형성 배경과 그 전개 과정'에서는 "병합 후의 대한 식민정책은 서구 제국주의의 식민정책과는 물론이요, 대만 등 기타 일본의 식민지와도 다른 특징을 지니게 되었다."라고 하면서, 통치 방식의 '준엄성'이 그에 해당하며, 이 준엄성은 '동화정책'으로 나타난다고 설명하였다. 또한 한배호의 '3.1운동 직후의 조선 식민지 정책'에서 사이토의 '문화정치'는 실질적으로 임명하는 자치제와 친일 세력을 위한 참정권을 근거로 문화, 교육, 사상면에서의 완전 동화를 목표로 한 정책이었음을 밝혔다.

12) 이 책에서는 일제의 교육 정책을 '노예화, 우민화, 동화'의 세 가지로 요약하였다.

13) 이 책은 일제 강점기에 대한 '식민지적 근대화론'을 비판하고자 하는 목적에서 집필된 책이다.

聲息이 相通ᄒ고 氣脈이 相連ᄒ여 脣齒의 勢를 作ᄒ엿스니 考諸歷史ᄒ여
도 斑斑히 可考ᄒ지로다. (…中略…) 我韓이 數年以來로 新風潮가 驅入ᄒ여
足跡이 相雜ᄒ고 智識을 相交ᄒ여 其長其短을 互相 勸起ᄒ니 人種의 權限
이 可히 相等타 謂ᄒ지로다. 我國이 東洋 第一 中心地에 處ᄒ여 和意를 不
酬ᄒ고 深契를 不許ᄒ면 東洋一局의 平和主意를 永遠히 維持키 難ᄒ지어
니 엇지 和衷으로 相告치 아니ᄒ며 (…中略…) 日本이 强ᄒ면 我國도 强ᄒ
고 日本이 弱ᄒ면 我國도 弱ᄒ 것은 一家內에 兄則飽ᄒ며 弟則飢ᄒ 理ᄂ
萬無타 ᄒ지니 可히 憂樂을 同ᄒ고 休戚을 共ᄒ여 東洋의 安寧秩序을 共享
ᄒ 것은 我 兩國間에 共同 企圖ᄒ 자라. 是以로 兩國 主權者가 互相 主唱ᄒ
여 合倂을 約成ᄒ엿스니 此ᄂ 日本이 維新ᄒ 後에 我國도 維新ᄒᄂ 日이라.
今我 同胞ᄂ 如何ᄒ 思想을 抱有ᄒ여야 可ᄒ가. 兩國 君主의 聖意를 體ᄒ여
敢히 違ᄒ 바이 無ᄒ고 日本文明 施政에 涵泳ᄒ고 同化ᄒᄂ 域에 共ᄒ여
極東의 平和主義를 永久 勿棄ᄒ지어다.

번역 우리나라는 일본과 영토가 가깝고 관리들의 우호적 외교는 왕인
박사가 문자를 일본에 전하고 가르침으로써 시작되었다. 그 섬이
인종이 같고 땅이 같고 농업 방식 같은데 하나의 조각배로 힘들게 가야
하는 땅으로 가로 막힌 바 소식이 서로 통하고 연락이 서로 닿아 밀접한
이해관계의 기세를 만들었으니 모든 역사를 고려해 봐도 뚜렷하게 생각
해 볼만하다.

아한이 수년 이래로 신풍조가 들어와 족적이 서로 섞이고 지식을 교환
하여 장단점을 서로 권하여 일으키니 인종의 권한이 가히 대등하다 일컬
을 것이다. 아국이 동양 제일의 중심지에 처하여 화목한 뜻을 주지 않고
깊은 약속을 허락하지 않으면 동양의 형세가 평화주의를 영원히 유지하
기 어렵다고 할 것이니, 어찌 화목과 충심으로 서로 깨우치지 않으며 (…
중략…) 일본이 강하면 우리나라도 강하고 일본이 약하면 우리나라도 약
할 것은 한 집안 내에 형이 배부르고 동생이 배고플 리는 없다고 할 것이
니, 가히 근심과 즐거움을 함께 하고, 휴척을 함께하여 동양의 안녕질서를

공동으로 누릴 것은 우리 양국이 함께 기도할 것이다. 지금 우리 동포는
어떤 사상을 가져야 할까? 양국 군주의 성의를 체험하여 감히 어길 바가
없고, 일본 문명한 시정에 깊이 빠져들어 동화하는 지경을 함께 하여 극
동의 평화주의를 영원히 버리지 않아야 한다.

—『매일신보』, 1910.8.30

동화의 기본 논리는 지리적 관계와 경제적 이익 추구, 문명·진보라
는 세계적 대세에 부응하기 위한 것, 동양 평화를 유지하기 위한 대일
본 제국 건설 등으로 구성된다. 이를 위해 사상을 개조하고, 언어를 통
일해야 한다고 주장한다. 다음을 살펴보자.

【 同化의 方法 】

同化의 趣旨는 旣히 論述흔 者이어니와 合倂의 效果를 完全케 ㅎ려면
彼我가 同化흔 然後에 其目的에 達홀 것이니 此는 官與民이 同力協心ㅎ는
딕 在ㅎ다 흠은 誰가 推知치 못홀 者리오마는 泛而言之ㅎ면 俱是同淵同族
으로 其文이 又同ㅎ니 同化ㅎ는 域에 進就ㅎ기가 容易타 홀지나 幾千年을
國與國間에 相守ㅎ든 規模가 逈殊ㅎ야 政治也ㅣ 異ㅎ고 法律也ㅣ 異ㅎ고
語音也ㅣ 異ㅎ고 衣制也ㅣ 異ㅎ고 飮啄也ㅣ 異ㅎ고 居處也ㅣ 異ㅎ니 性情
과 思想이 又是不同홀 것은 自然흔 勢라. 雖曰 彼我가 同文이라 ㅎ나 文義
의 差異와 措辭의 相殊는 各其 國文을 有ㅎ야 語訓이 相殊ㅎ고 句讀을 難解
ㅎ야 書自書人自人ㅎ는 歎이 有ㅎ니 全然 同文이라 稱키 難ㅎ리로다. (…中
略…) 今日을 當ㅎ야 一國 人民을 作成흔 以上에는 親密흔 關係가 日日層生
ㅎ야 疎코쟈 ㅎ야도 得치 못홀 것이오 遠코져 ㅎ야도 得치 못홀지니 兩地
人民이 言語롤 相通치 못ㅎ야 同化上에 不便흔 點이 必生ㅎ리로다. 其性이
合ㅎ고 其情이 同흔 後에야 一點 靈犀가 暗裏相照ㅎ야 膠漆의 誼가 生ㅎ고
斷金의 契를 成ㅎ면 彼我가 無分ㅎ야 同化를 期치 아니ㅎ여도 自然히 化ㅎ
리라 ㅎ노니 其 方法은 何에 在흔고. 心地를 相許ㅎ고 意思를 疏通케 ㅎ기는

語論酬酌의 在호즉 同化의 急務는 語學이라 謂홀지나 一朝一夕의 事가 아닌
즉 急遽히 圖謀호기는 得지 못홀 者이니 水와 如히 漸케 호야 今日에 解一
語호고 明日에 解一語호야 久久 成習호면 不期然而然홀 者로다. 露国之於
芬蘭과 獨国之於葡蘭에 言語를 急速히 變更코져 호야 强制力을 行호엿스
니 此等의 行政은 當局者의 高見으로는 斷然히 行치 아니홀 것은 預料홀
者이나 萬一 急速히 行케 호면 意外의 反抗이 易生호야 統治上에 妨害를
致홀가 爲慮호노니 本記者는 取치 아니호는 者이로다. 古今 形像컨딘 敎育
을 擴張호야 語學을 普及케 호고 磨以歲月호야 一般 人民으로 同化의 域에
齊進케 호는 것이 當局者의 第一 急務라 호노라.

번역 동화의 취지는 이미 논술한 것이고 합병의 효과를 완전케 하려면
우리 모두가 동화한 이후에 그 목적에 도달할 것이니 이에 관리와
백성 함께 동화에 협력해야 함을 누가 추론하여 알지 못할 것이 있겠는가
마는 범박하게 말하면 이는 같은 근원의 같은 종족으로 글이 또한 같으니,
동화하는 지경에 나아가기가 쉽다고 할 것이나, 몇 천년을 나라와 나라
사이에 서로 지켜오던 규모가 달라 정치가 다르고, 법률이 다르고, 어음이
다르고, 의복 제도가 다르고, 음식이 다르고, 거처가 다르니 심성과 사상
이 또한 같지 않음은 자연스러운 형세이다. 비록 피아가 같은 문장이라
하나 문의의 차이와 말 쓰임의 다름은 각기 국문이 있어 어훈이 서로 다
르고 읽기가 난해하여 글은 글대로 사람은 사람대로 하는 안타까움이 있
으니 완전히 동문(同文)이라 부르기 어렵다. (…중략…) 금일 일국 인민이
된 이상 친밀한 관계가 날로 더하여 소원하고자 하여도 그렇지 못할 것이
요, 멀리하고자 하여도 그렇게 되지 않으니 두 지역의 인민이 언어를 상
통하지 못해 동화상 불편한 점이 생겨날 것이다. 그 성정이 같은 후에
한 점 신령한 제물이 어둠을 서로 비추어 밀접한 우의가 생겨나고 단금의
우정이 이루어지면 피아를 구분하지 않고 동화를 기약하지 않아도 자연
히 동화될 것이니 그 방법은 어디에 있는가. 마음을 서로 하여 의사를
소통하게 하는 것은 말을 주고받는 데 있으니 동화의 급무는 언어를 배우

는 일이라고 할 것이나, 하루아침에 될 일은 아니니, 급히 도모하기는 어려우나 물과 같이 점진적으로 하여 금일 한 마디 말을 이해하고 내일 한 마디를 이해하여 오랫동안 익히면 기다리지 않아도 될 일이다. 폴란드에 대한 러시아와 프로렌스에 대해 독일이 언어를 급속히 바꾸고자 강제력을 동원했으니 이들의 행정은 당국자의 고견으로 단연코 행하지 않을 것은 예상한 일이나 만일 급속히 행하면 의외의 반항이 생겨나 통치상 방해될까 우려하니 본 기자는 취하지 않고자 한다. 고금을 생각하건대 교육을 확장하여 어학을 보급하게 하고 세월을 연마하여 일반 인민이 동화의 경지에 모두 나아가게 하는 것이 당국자의 가장 급한 일이라고 생각한다.

—『매일신보』, 1910.9.14

일제 강점기 언어 정책은 식민 정책의 기반을 이룬다. 이 점은 강점 직후 조선 교육의 기본 방침으로 천명되었는데,『매일신보』1910년 10월 13일자 기사에서는 동경 제국교육회(東京 帝國敎育會) 조선교육부(朝鮮敎育部) 주사위원회(主査委員會)에서 조사한 조선 교육 방침을 다음과 같이 보도하였다.

【 朝鮮 敎育 方針 】

第一. 敎育勅語의 趣旨를 普悉케 ᄒ고 日本과 朝鮮間에ᄂ 從來로 特別ᄒ 關係가 有ᄒ즉 兩國의 合倂은 當然ᄒ 運命됨을 了解케 ᄒ고 且 日本의 臣民되야 文明ᄒ 舞臺에 活躍케 홈에ᄂ 朝鮮人民의 發展上 莫大ᄒ 利益되ᄂ 希望을 與ᄒ 事

第二. 日本語의 普及으로써 急務를 作ᄒ야 此에 全力을 注ᄒ지니 此를 實行ᄒ 方法은 左와 如홈.

一. 初等敎育에ᄂ 諺文漢文을 全廢ᄒ고 日本語를 用ᄒ 事

二. 日本語 敎習學校에ᄂ 適當ᄒ 補助를 與ᄒ 事

三. 師範學校를 增設ᄒ야 日本語에 熟達ᄒ 敎員을 多數 養成ᄒ 事

四. 各種學校 專門學校에셔도 日本文 教科書를 用흠으로써 本則을
　　삼을 事

五. 日本語로써 實用語를 삼을 事

六. 日本文으로 作흔 家庭書類를 普及훌 事

第三. 教科書의 編纂은 特히 重大흔 者인즉 總督이 直轄훌 機關을 設ㅎ야
此에 從케 훌 事

번역 제일. 교육칙어의 취지를 다해 일본과 조선은 종래 특별한 관계가
있었으므로 양국의 합병이 당연한 운명임을 이해하게 하고, 또 일
본의 신민이 되어 문명한 무대에 활약하도록 하는 일이 조선 인민의 발전
에서 막대한 이익이 된다는 희망을 주는 일

　제이. 일본어 보급으로 급무를 삼아 이에 전력을 기울일 것이니 이를
　　　실행할 방법은 다음과 같음.

　일. 초등교육에는 언문 한문을 전폐하고 일본어를 사용할 것

　이. 일본어 교습 학교에는 적당한 보조를 제공할 일

　삼. 사범학교를 증설하여 일본어에 숙달한 교원을 다수 양성할 일

　사. 각종 학교, 전문학교에서도 일본문 교과서를 사용하는 것을 원칙
　　　으로 삼을 일

　오. 일본어로 실용어를 삼을 일

　육. 일본문으로 지은 가정 서류를 보급할 일

　제삼. 교과서 편찬은 특히 중대한 일이므로 총독의 직할 기관을 설치하
여 이에 종사하게 할 일

이 원칙은 1910년대부터 체계적이고 지속적으로 추진되어 왔다. 제
일조에서 천명한 '합병을 당연한 운명으로 수용하게 하는 일'이나 '신
민화', '문명한 무대에서 활약하기 위한 병합'이라는 논리를 조선인이
수용할 수 있도록 각종 강압적, 또는 회유적 방법을 동원했으며, 식민
지 조선에서의 교육을 모두 일본어로 실시하고, 무단 헌병경찰 통치,

언론 통제를 바탕으로 조선에서 고유한 민족 정서가 존재할 수 없도록 하였다.14)

이러한 상황에서 1910년대의 민족 담론은 진화론적 사고에 기반을 둔 자학적 민족의식으로 이어지거나 심지어는 인종론, 개조론으로 이어진다. 『학지광』, 『청춘』에 등장하는 다음 논설도 이를 반영한다.

【 자학적 민족의식, 개조론 】

ㄱ. 사상개혁론: 누구던지 朝鮮 民族史를 讀ㅎ다가 掩卷長歎홀 處는 思想界의 墮落이라 홀지니 試觀ㅎ라. 社會는 依賴의 風이 遍滿ㅎ며 民族은 自立의 道를 不求ㅎ야 士林은 孔敎를 依賴하며 靑年은 老年을 依賴ㅎ며 女子는 男丁을 依賴ㅎ며, 實業은 常識을 依賴ㅎ며 國內는 海外를 依賴ㅎ게 되니 元氣가 沮喪되고 神經이 虛弱ㅎ야 風聲鶴唳에 一嚬一笑ㅎ고 點雨片雲에 是望是翹ㅎ며 投機事業에 耳目을 傾盡ㅎ고 僥倖運輸에 心神을 馳驅ㅎ니 於是에 訛言이 百出ㅎ고 群妖가 橫行ㅎ는도다.

번역 누구든지 조선 민족사를 읽다가 책을 덮고 장탄할 것은 사상계의 타락이니 보라. 사회는 의뢰의 풍조가 편만하며 민족은 자립을 방법을 구하지 않아 사림은 공자교를 의뢰하고, 청년은 노년을 의뢰하며, 여자는 남자를 의뢰하고, 실업은 상식을 의뢰하며, 국내는 해외를 의뢰하게 되니 원기가 막히고 신경이 허약하여 바람소리 학의 울음에 찡그리고 미소지으며 한점 비와 조각에 구름에 그것을 바라보고 날개짓하며 투기 사업에 이목을 모두 기울이고 요행 운수에 심신을 몰아가 이에 와전된 말이 백출하고 온갖 요사가 횡행한다.

—송진우, '사상개혁론', 『학지광』 제5호, 1915.5

---

14) 일제 강점기 어문정책과 일본어 보급 정책에 대해서는 허재영(2009, 2010)을 참고할 수 있다.

ㄴ. 朝鮮人은 精神生活의 能力이 잇는가: 不可不 疑問이 생길 수밧게 업다. 四千年이니 五千年이니 하는 歷史가 잇다고 하면서 精神文明의 象徵되는 哲學, 宗敎, 藝術이 全無하다 하면 그러한 民族에게는 精神生活의 能力이 업다 함이 當然하다. 이에 나는 朝鮮人의 歷史를 尙考하엿다. 붓그러운 말이어니와 우리의 哲學이라 할 哲學과 우리의 宗敎라 할 宗敎와 우리의 文學이라 할 文學은 업섯다.

번역 조선인은 정신생활의 능력이 있는가: 불가불 의문이 생길 수밖에 없다. 사천년이니 오천년이니 하는 역사가 있다고 하면서, 정신문명의 상징이 되는 철학, 종교, 예술이 전무하다고 하면 그런 민족에게는 정신생활의 능력이 없다고 하는 것이 당연하다. 이에 나는 조선인의 역사를 상고하였다. 부끄러운 말이지만 우리의 철학이라고 할 철학과 우리의 종교라고 할 종교와 우리의 문학이라고 할 만한 문학은 없었다.

—이광수, '부활의 서광', 『청춘』 제12호

자학적 민족주의는 일제 강점의 원인과 식민 통치 하의 시대 현실은 열등한 민족성, 또는 역사 부재의 탓으로 돌리는 태도를 말한다. '사상 개혁'이나 '부활' 등의 논리는 대부분 자학적 민족성을 전제로 한 경우가 많다. 강제 병합을 수용한 지식인이나 신문화 운동을 주도해 왔다고 자임하는 일제 강점기 지식인들에게 퍼져 있는 비관적·자학적 민족의식은 일제의 식민 정책이 가져온 부산물이다. 이에 비해 종교를 중심으로 한 민족 운동가, 또는 근대 계몽기 애국계몽운동을 계승한 지식인, 일부 재일 유학생 등은 1910년대의 무단통치 하에서 '조선적인 것'을 주목하고자 하는 노력을 보이기도 하였다.

【 종교와 민족 담론 】

今日의 吾敎 敎軆는 宗敎의 宇宙 古今과 <u>東西 大陸에 劈頭初聞ᄒᆞᄂᆞᆫ 大活敎</u>니 各派 宗敎의 舊精神을 集大成ᄒᆞᆫ 新精神의 大習慣家로다. 大慈大悲의 誠心

은 萬天의 風雨ㅣ 從흐야 止息흐고 大敬大法의 信力은 萬地의 山河ㅣ 從흐야
平夷흐얏도다. 其 範圍는 難測흔 天地를 包容흐고 其光彩는 高明흔 日月로
爭光이라. 此範圍 中 普濟心은 頑蠢焉 舊染의 闇黑을 變흐야 智識焉 新鮮의
文明域에 入흐며 此光彩 中 無爭權은 兇强코 好勝흐는 頑冥을 驅흐야 和剛코
用義흐는 道德物을 作흐느니 其習慣也ㅣ 道德義뿐이오 其競爭也ㅣ 智仁勇
뿐이니 地地一天이오 人人一天이오 物物事事ㅣ 一天이로다. 然則 大倧敎的
新精神이 全般 吾族의게 關係가 能復如何오.

금일 우리 교의 교체는 종교의 우주 고금과 동서 대륙에 처음 드는 큰 살아 있는 종교이니 각파 종교의 옛날 정신을 모두 집대성한 신정신의 대 습관 종가이다. 대자대비의 성심은 만천의 풍우가 따라 평안하고, 대경대법의 신력은 모든 세상 산하가 따라 이적을 평정한다. 그 범위는 난측한 천지를 포용하고 그 광채는 고명한 일월로 빛을 다툰다. 이 범위에서 보제심은 완유하여 구태에 물든 암흑을 변하여 지식으로 신선한 문명의 지경에 들게 하며, 이 광채 중 권리를 다툼이 없는 것은 흉강하고 호승하는 완고한 어둠을 몰아내어 화목하고 강직하여 의로운 도덕물을 만드니 그 습관이 도덕의(道德義)뿐이요, 그 경쟁하는 것이 지인용(智仁勇)뿐이니 곳곳마다 한 하늘이요, 사람마다 한 하늘이요, 사물마다 한 하늘이다. 그러므로 대종교적 신정신이 우리들 모두에게 관계가 있음이 다시 어떠한 것인가.

—김화전, '대종교적 정신', 『천도교회월보』 제6호, 1914.10

『천도교회월보』에 실린 이 글은 대종교가 세계 모든 종교를 참작하여 대종교를 만든 것으로, 그 가운데 전통적인 '도덕의'와 '지인용'을 근거하여 신정신으로 우리 민족 모두에게 희망을 주는 종교라고 설명한다. 무단통치기 식민 통치를 저애(沮礙)하는 모든 종교를 억압하는 상황에서 민족 종교를 표방하며 출현한 대종교의 교리를, 해당 종교의 포교 차원에서 설명한 글이지만, 식민 통치기의 민족 담론이 종교적으

로 변용되는 모습을 보여주는 사례라고 할 수 있다. 한국 근대사에서 종교 세력은 특정 종교의 교리보다 사회·역사적 배경과 밀접한 관련을 맺는다. 강재언(1983)에서 동학 농민전쟁을 분석하면서, 이 전쟁이 종교 전쟁이 아니라 '종교의 외피'를 쓴 농민전쟁이었음을 강조하고 있듯이, 동학(후대의 천도교), 천주교, 기독교의 세력화는 종교 교리 자체에서 기인한 것이 아니라 사회·역사적 조건에서 이루어진 것임은 다수의 자료를 통해 쉽게 추론할 수 있다.[15] 천주교나 기독교뿐만 아니라 민족 고유성을 전제로 태동한 종교(천도교, 대종교), 기존의 불교 등도 국권 침탈이나 일제 강점이라는 시대 상황에서 민중의 삶과 직접적인 관련을 맺으면서 '조선인의 삶'에 관심을 보였고, 그 과정에서 종교 전파의 본래적 의도와 상관없이 '조선적인 것', 곧 '민족 문제'를 다루기도 하였다. 그렇기 때문에 식민 정부와 종교는 상당 기간 갈등 관계를 유지했던 것으로 보이는데, 『매일신보』에서 기독교인들을 경고하는 논설을 빈번히 게재하고, 불교도의 타락을 지속적으로 과장한 것도 이러한 배

---

15) 『황성신문』 1909년 1월 19일자 논설 「아한 기독교(我韓 基督教)의 장래(將來)」에서 "一邊으로 官吏의 貪虐과 外人의 壓制 等事가 一般 人民에 對하야 淵叢의 驅를 作하니 此는 該教의 信徒가 式日 增加하는 機會오(한편으로 관리의 탐학과 외인의 압제 등이 일반 인민에 대해 깊이 쫓기는 상태를 만들어 내지, 이는 이 종교의 신도가 날로 증가하는 기회며)"라고 한 것이나, 1910년 7월 17일자 논설 「권고 기독교 동포」에서 "東洋 半島에 基督教의 光明이 漸被하야 目下 長足 進步의 勢가 實로 大發展의 希望이 有한지라. 此에 對하야 我兄弟姊妹는 如何히 幸福을 膺受함이 有훈 것을 論하건딕, 西洋의 文化를 輸入함도 此를 藉함이 多하고 國民의 新思想을 開發함도 此를 藉함이 有하고 浮虛훈 獘風을 改良하며 缺裂훈 社會를 收拾하며 尤其教育에 關하야 信教同胞는 義務를 實行하는 故로 學校의 基礎가 鞏固하며 普通人民의 程度를 比較훌지라도 信教者와 不信教者의 優劣이 懸殊하니 此其 莫大훈 幸福이 되는 줄노 吾儕가 確認하고 祝賀하는 바이로다(동양 반도에 기독교의 광명이 점점 파급하여 이제 장족의 진보하는 형세가 실로 크게 발전하는 희망이 보인다. 이에 우리 형제자매는 어떤 행복을 누리는지 논하면, 서양의 문화를 수입하는 것도 이에 의지하는 것이 많고, 국민의 신사상을 개발하는 것도 이에 의지하는 바가 있고, 부허한 폐풍을 개량하며 분열된 사회를 수습하며 더욱이 교육에 관해 신도 동포가 맡은 일을 실행하는 까닭에 학교의 기초가 공고하며 보통 인민의 정도를 비교할지라도 신교자와 비신도의 우열이 큰 차이가 있으니, 이에 막대한 행복이 되는 줄로 우리가 확신하고 축하하는 바이다)"라고 하여 기독교 세력의 증대 요인을 사회·역사적 차원에서 해명하고자 한 것도 이를 증명한다.

경에서 이루어진 것이다.

【 『매일신보』 소재 종교 담론 】

ㄱ. 基督教 信者: 大抵 宗敎는 道德을 主唱홈으로 某宗敎를 勿論ᄒ고 卽 人
民 自由에 付ᄒ나 然ᄒ나 不可不 其時 政治에 違反이 無ᄒ기를 注意홀지어
늘 近來 朝鮮의 基督敎 信者는 帝國의 政體에 不合ᄒ난 者가 往往ᄒ도다.
宗敎의 眞理보다 政治 思想이 發達ᄒ야 危險思想을 抱ᄒ니 此가 엇지 耶蘇
의 本旨라 謂ᄒ리오. 大略을 擧ᄒ건대 安重根의 伊藤公을 暗殺홈과 李在明
의 李完用伯을 狙擊홈과 今回 寺內 總督을 暗殺코져 ᄒ야 陰謀ᄒ 者가 擧皆
基督敎 信者 中에서 出ᄒ지라.

번역 기독교 신자: 대저 종교는 도덕을 주창함으로 어느 종교를 물론하
고 곧 인민 자유에 부합하나 불가불 그 시대 정치에 위반이 없도
록 주의해야 하거늘, 근래 조선의 기독교 신자는 제국의 정체에 불합하는
자가 종종 있다. 종교의 진리보다 정치 사상이 발달하여 위험사상을 내포
하니 이것이 어찌 예수의 본지라고 일컫겠는가. 대략을 증거하면 안중근
이 이토 공을 암살한 것과 이재명이 이완용 백작을 저격한 것과 이번 데
라우치 총독을 암살하고자 음모한 자가 모두 기독교 신자 중에서 나왔다.
—『매일신보』, 1912.9.5

ㄴ. 警告 僧侶: 近日 僧侶는 尤히 道德이 何物인지 戒命이 何物인지 不知ᄒ
고 言必稱 自由 平等이라 ᄒ야 修束이 少無ᄒ고 或 甚ᄒ 者는 美衣美粧으로
花場酒樓에 出沒ᄒ야 各種 醜聞이 狼藉ᄒ니 然ᄒ즉 佛敎가 果然 有ᄒ다 謂
홀가, 無ᄒ다 謂홀가. 今日 盛世를 當ᄒ야 寺刹令 及 施行細則이 旣頒ᄒ얏
스니 諸君은 幾百年의 冤屈을 解脫ᄒ고 新雨露에 沐浴코져 홀진딕 一切 行
動을 國民의 資格을 自守ᄒ며

번역 경고 승려: 근일 승려는 더욱 도덕이 무엇인지, 계명이 무엇인지
알지 못하고 말만 하면 자유 평등이라고 하여 수양이 조금도 없고

혹 심하는 자는 좋은 옷과 단장으로 화류계에 출몰하여 각종 추문이 낭자하니 그러므로 불교과 과연 있다고 해야 할 것인가 없다고 해야 할 것인가. 금일 성세를 당하여 사찰령 및 시행세칙이 이미 반포되었으니, 제군은 몇 백년 원굴을 해탈하고 신우로에 목욕하고자 할진대 모든 행동에 국민 자격을 스스로 지키며

—『매일신보』, 1911.9.29

이 두 자료는 『매일신보』의 종교 담론이 어떤 성격을 띠고 있는지 극명하게 보여준다. 기독교의 정치사상을 위험사상으로 규정하고, 불교의 사찰령과 시행규칙 시행이 종교의 자유를 억압하고 식민 통치를 수용하도록 하는 데 있었음을 나타낸다. 더욱이 일제 강점 하에서 기독교계에서 안중근, 이재명과 같은 독립투사를 추앙하는 상황이나 불교계에서 자유 평등을 주장하는 일이 자주 있었음을 전제로 한 논설이라는 점에서, 일제의 종교 정책의 목표가 무엇이었는지를 잘 보여준다. 이처럼 일제 강점기 초기의 민족 담론은 국가와 민족의 이원 체제 아래, 식민 지배자들에 의해 조선 민족의 개념이 말살되기 시작했고, 조선인의 경우 민족 고유성을 발견할 기회를 상실한 채, 제한적인 상황에서 '조선적인 것' 또는 '조선을 위한 것'만을 언급하는 상황에 놓여 있었다.

3. 1920년대 사상의 조류

3.1. 조선 사상과 민족 개조론

문명·진보론의 출현과 근대 지식이 형성되는 과정에서 빈번히 제기되었던 '신구학'의 대립과 갈등은 한국 전통 사상의 기반을 이루었던 '유학'에 대한 비판적·비관적 견해를 낳는 결과를 가져왔다. 근대 계몽

기 대다수의 신문이나 잡지에서는 '유학자=완고배'라는 공격이 끊임없이 이어졌고, 계급론의 관점에서 조선을 망친 주된 세력이 '양반'을 비롯한 수구자들이었다는 논리가 이어졌다. 그럼에도 한편에서는 근대 한국 사회의 사회적·사상적 혼란의 주범이 신학문을 맹목적으로 추종하는 세력 때문이라는 비판도 끊임없이 제기되었다. 사실 이러한 대립과 갈등은 그 시대 학문 자체에서 비롯된 것이라기보다 논자들의 성향, 또는 이해관계를 반영한 것이 더 많았다.16)

전통적인 개념에서 '학문(學問)'은 '수기치인(修己治人)'을 의미하며, 이는 곧 '덕치교화(德治敎化)'의 기반을 이룬다. 달리 말해 '학(學)'은 곧 '덕(德)'이며, '덕'은 곧 '교(敎)'이다. 이때 '교'는 '교육(敎育)'을 의미하는 것으로 해석할 수도 있지만, 근본적으로는 '교화(敎化)'의 의미를 갖는다. 여기서 '교화'란 '왕도(王道)', '덕치(德治)'에 힘입어 가장 이상적인 인간이 되도록 하는 것을 의미한다. 이 점에서 '교화'의 '교'는 '종교(宗敎)'의 '교'와 동일한 가치를 지닌다.17) 그렇기 때문에 유학자들의 입장에서는 '서양 종교'가 '서학'으로 간주되며, '유교'(공자교)도 종교의 하나로 간주된다. 이러한 학문관과 종교관은 세계 인식과 지식에 대한 관점의 차이에서 비롯된 것이며, 실천 도덕과 이론적 지식 사이의 현실 적용 가능성의 차이만큼이나 대립과 갈등할 수 있는 여지가 충분하다. 홍석표(2005)에서 확인할 수 있듯이, 문화적 자긍심이 강한 중국 학자들의 입장에서 서양 학문(또는 서양 종교)도 중국에서 기원한 것이며, 그것

---

16) 근대 계몽기 신구 갈등 문제는 한국, 중국, 일본이 비슷한 양상을 보였던 것으로 볼 수 있다. 일본의 화혼양기(和魂洋器), 중국의 중체서용(中體西用), 한국의 동도서기(東道西器)의 근원은 '도(道)'로 대표되는 동양의 학문 전통과 기술(技術) 중심의 서구 학문의 갈등을 조화(調和)하기 위한 방책이었다. 특히 중국의 경우 1840년대 이후 '서학중원설(西學中源說)', '양무(洋務)', '통변(通變)', '변법자강', '구화주의' 등과 같이 끊임없는 갈등을 경험했는데, 이러한 논의는 근대 계몽기 한국 지식인 사회에도 직접적인 영향을 미쳤다. 20세기 중국의 학술·문화 변천 과정에 대해서는 홍석표(2005)의 『현대 중국, 단절과 연속』(선학사)을 참고할 수 있다.
17) 동양 학문이 갖는 특징에 대해서는 이성규(1994)를 참고할 수 있다.

이 서양에서 더 발달되어 중국으로 역수입되었다는 논리를 전개하기도 하고, 때로는 변법, 때로는 완전한 서구화가 주창되기도 한다.

근대 계몽기 이후 한국사회의의 신구 대립과 갈등도 이러한 맥락을 벗어나지 않는다. 신학(新學) 우선주의나 개신 유학(改新儒學)의 출현, 불교 개신론 등도 모두 근대 학문 형성 과정에서 나타난 자기 혁신 운동이었다. 그 과정에서 과거의 전통, 특히 성리학적 전통을 어떻게 해석할 것인가는 혁신론자마다 큰 차이를 보인다. 과거를 전면적으로 부정하는 견해가 존재하기도 하고, 과거를 비판적으로 개혁해야 한다는 논리가 주창되기도 한다. 그러나 어떤 견해이든 혁신론자에게 경직된 과거는 비판의 대상이었다.

그런데 일제 강점기 식민 지배 이데올로기에서는 전통적인 유학에 대한 이중적 견해가 출현한다. 이중성의 하나는 조선의 반문명화가 '성리학적 전통'에서 비롯되었다는 논리이며, 다른 하나는 한국의 쇠퇴가 '시학(詩學)'으로 대표되는 도학이 위축되었기 때문이라는 논리이다. 전자의 논리에 따르면 성리학은 극복해야 할 대상인데 비해 후자의 논리는 성리학적 전통을 되살려야 한다는 뜻이다. 다음을 살펴보자.

【 詩學의 衰退 】

大抵 詩는 天下의 至難흔 學이라. 數十年의 硏究로 數万編의 浩帙을 得홀지라도 或佳不佳흐야 泣鬼의 境에 達키 難흐니 詩를 엇지 容易히 說흐리오. 詩의 性質이 政治의 意味가 無흐니 政治界에 無關이오 法律의 意味가 無흐니 法律界에 無關이오 經濟의 意味가 無흐니 經濟界에 無關이라. 寒흐야도 可衣치 못흐며 飢흐야도 可食치 못흐니 誰가 此를 欲學흐리오. 然흔즉 詩는 無用의 學이라. 徒히 汗漫흔 山水風月 虫魚鳥獸에게 情을 寄흐야 或 憂愁 或 哀怨 或 喜悅 或 播楊흐야 千態万狀이 一毫의 實功이 無흐니 此는 人民이 不學홀 쑨 안이오 卽在 上者가 禁홀지라. 然흐나 自古 聖人이 必 詩로 尊尙흐야 享祀에 用흐며 禮賓에 用흐야 唯一無二의 學으로 獎勵흐니

其故는 何에 在ㅎ뇨. 嗚呼 l 라. 吾人이 衣食에만 營營ㅎ면 粗俗을 未免홀지며 又 政治가 如何히 隆ㅎ고 法律이 如何히 明ㅎ고 經濟가 如何히 足홀지라도 詩學이 無ㅎ면 文明의 形容을 得키 難홀지라. 是以로 孔子가 詩롤 編搜ㅎ야 七經의 一大部分을 作ㅎ얏고 後來 歷代에 詩學으로 取士흠이 多ㅎ얏스니 詩가 엇지 輕忽히 視홀 學이리오. 我 朝鮮도 古來로 詩學을 獎勵ㅎ야 瓊章瑤集이 朝野에 充溢ㅎ야 至今신지 其 遺墨을 見ㅎ면 其時의 文明 如何를 可히 推想홀지라. 挽近 文運이 不塞ㅎ야 凡 他學問이 掃地無考일신 尤히 詩學의 衰退가 甚흔지라. 年老者流도 韻響의 如何를 解得ㅎᄂ 者가 稀少ㅎ거던 況 靑年 未學이야 更히 可言홀빅 豈有ㅎ리오. 雖或 他科學은 畢業ㅎ야 能히 高等 資格으로 自處홀지라도 關關雎鳩가 何意思인지 馬上逢寒食이 何意味인지 不知ㅎ고 耳目에 恒常 見聞ㅎᄂ 花鳥의 如何를 形容치 못ㅎ니 엇지 粗俗의 野態를 能免홀가. 詩ᄂ 人의 性情을 模寫홀 뿐 안이라 交際上에 可缺치 못홀 材料이라. 故로 東西列國에 各히 其國의 詩가 固有ㅎ며 現今 內地人으로 言홀지라도 中等 以上은 必 詩學을 好尙ㅎ야 佳篇奇句가 月月 刊布ㅎ되 我 朝鮮은 廖廖無聞ㅎ니 朝鮮의 文明을 回復코져 홀진딕 詩學을 獎勵흠이 亦 一助의 路라 謂홀지라. 幸히 靑年界에 立ㅎ야 學問에 有志흔 者ᄂ 各種 新學을 從業홀지라도 暇隙을 利用ㅎ야 無用의 遊戱에 勿放ㅎ고 必 詩學에 留心ㅎ야 當世의 奎速을 挽回홀 뿐 안이라 諸君 自己도 粗俗흔 野態를 免홀지어다.

번역 대저 시는 천하의 지극히 어려운 학문이다. 수십 년 연구로 수만 편의 방대한 책을 얻을지라도 혹 아름답고 아름답지 않아 귀신을 울리는 지경에 도달하기 어려우니, 시를 어찌 용이하게 설명하겠는가. 시의 성질이 정치의 의미가 없으니, 정치계와 관련이 없고, 법률의 의미가 없으니, 법률계와 무관하며, 경제의 의미가 없으니 경제계와 무관하다. 추위도 옷을 입히지 못하며, 배고파도 먹게 할 수 없으니 누가 이를 배우겠는가. 그러므로 시는 무용의 학문이어서 헛되이 한만한 산수풍월 츙어 조수에 정을 의탁하여 혹 우수, 혹 애원, 혹 희열, 혹 파양하여 천태만상이 조금의 실효도 없으니, 이는 인민이 배우지 않아야 할 뿐만 아니라 윗사람이 금해야 할 것이다. 그러나 자고로 성인이 반드시 시를 숭상하여 제사에 사용하고, 손님을 맞이하는 데 사용하여 유일무이의 학문으로 장려했으니, 그 까닭은 무엇인가. 아. 우리들이 의식만 추구하면 조잡한 풍속을 면하기 어렵고, 또 정치가 얼마나 융성하고 법률이 얼마나 밝고 경제가 얼마나 풍족할지라도 시학이 없으면 문명의 형용을 얻기 어려울 것이다. 그러므로 공자가 시를 편수하여 칠경의 일대 부분을 만들었고, 후래 역대 시학으로 선비를 취하는 일이 많았으니, 시가 어찌 경솔히 홀대해야 할 학문이겠는가. 우리 조선도 고래로 시학을 장려하여 찬란한 글과 문집이 조야에 충만하여 지금까지 내려왔으니, 그 유묵을 보면 그 당시 문명이 어떠했는지 가히 추측할 수 있다. 최근 문운이 열리지 않아 무릇 다른 학문이 다 사라지고 고찰할 수 없는데 그 중 더욱 시학의 쇠퇴가 심하다. 연로자류도 운향(韻響)이 어떤 것인지 해득하는 자가 드문데 하물며 청년으로 배우지 않은 사람이야 더 말할 바가 있겠는가. 혹 다른 학문을 졸업하여 능히 고등 자격이 있다고 자처하더라도 '관관저구'가 무슨 뜻인지, 마상봉한식'이 어떤 의미인지 알지 못하고 이목에 항상 보는 화조가 어떠함을 형용하지 못하니 어찌 조잡한 풍속의 야만스러운 자태를 능히 면하겠는가. 시는 사람의 심정을 그려낼 뿐만 아니라 교제상에도 빠지지 못할 재료이다. 그러므로 동서 열국에 각각 그 나라의 시가 고유하되, 현재 일본인으로 말할지라도 중등 이상은 반드시 시학을 장려하는 일이 또한 일조하는 길이라고 말한다. 다행이 청년계에 학문에 뜻을 둔 자는 각종 신학을 공부할지라도 여가를 이용하여 무용의 유희에 빠지지 말고, 반드시 시학에 뜻을 두어 당세의 규속(奎速)을 만회하고 여러분 자기도 조잡한 습속의 야만스러운 상태를 면해야 한다.

—『매일신보』, 1911.8.11

이 논설에서 '시'는 '무용의 학문'으로 인식하는 경우가 많지만, 시를 알지 못하면 조속(粗俗)한 야만상태를 면할 수 없다고 강조한다. 인용문에 나타나듯이 여기서 말하는 '시'는 공맹(孔孟)과 같은 성인의 학문, '관관저구'와 같은 『시경』의 시를 의미한다. 야만을 벗기 위해 시를 공부해야 한다는 주장은 당연히 '문명론'에 기반을 둔 논리이다. 이는 과거를 부정하는 태도와 견주어 볼 때 상당히 이중적이다. 그렇다면 이 이중성은 어디에서 비롯된 것일까? 이는 '야만: 문명'의 대립, 곧 '조속: 도덕'의 대립을 통한 '도덕교육'을 강조하고자 한 의도에서 비롯된 것이다. 이 도덕은 '정치, 법률, 경제, 사회' 등의 제반 문제와 무관해야 한다. 다음을 살펴보자.

【 道德的 教育 】

大凡 子女를 教育흠이 道德을 培養흠이 急務가 될지라. 若 道德을 不務ㅎ고 徒히 科學으로 專力ㅎ면 雖至精進美에 至흘지라도 禽獸의 一個偏技에 不過ㅎ니 엇지 風化를 維持흠에 足ㅎ리오. 是以로 文明國의 教育은 道德을 專尙ㅎ야 科學에 不足흔 點이 有흘지라도 其品行이 端雅ㅎ며 德性이 穩健ㅎ면 社會의 敬愛흠을 受ㅎ고 科學에 該博ㅎ야 學士 博士의 識見이 有흘지라도 其 行爲가 浮雜ㅎ며 言辭가 狂悖ㅎ면 社會의 擯斥흠을 受ㅎ는도다. (…中略…) 或 良教師를 得ㅎ야 科學 外에도 道德의 眞理를 說明ㅎ야 父母게 孝ㅎ라 兄弟에게 友ㅎ라 ㅎ야 呴呴舌長ㅎ야 小兒의 胸中에 幾分의 新精神이 回흘지라도 歸家흔 後에는 其 父母가 不孝ㅎ야도 小兒가 能히 孝흘가 其 父母가 不友ㅎ야도 小兒가 能히 友흘가 此는 日曝十寒에 不及ㅎ니 生知의 性이 안이면 엇지 道成德立흘 일이 有ㅎ리오. 雖 몬테스규와 백륜지리가 教師가 되야 百千 書籍을 教授흘지라도 父母의 道德 培養이 無ㅎ면 科學이라 謂흘지언뎡 純實흔 學問이라 蝟키 難ㅎ도다. 故로 文明國人은 其子女를 教育흘 時에 衣食을 儉朴케 ㅎ야 曰 若爾가 美衣를 著ㅎ면 他兒가 汝衣를 見ㅎ고 必羞愧의 情을 生흘지오 이는 他人의 羞愧흠을 見ㅎ면 必驕傲의 情을 生흘지니 兩兒가 幷히 不吉ㅎ다 ㅎ니 此로 由ㅎ야 觀흘진듼 其 道德

性의 灌注홈이 何如ᄒ뇨. 嗚呼라 <u>凡子女의 父母된 者는 區區ᄒ 科學에만</u>
<u>止ᄒ지 勿고ᄒ 幸히 家政間에서 道德性을 先培ᄒ기로 念念不忘홀지어다.</u>

번역　무릇 자녀를 교육하는 데 도덕을 배양하는 것이 급한 일이다. 만
약 도덕에 힘쓰지 않고 헛되이 과학에만 전력하면 비록 정미(精
美)한 지경에 이를지라도 금수의 일개 가지에 불과할 것이니, 어찌 풍속
교화를 유지하는 데 충분하겠는가, 그러므로 문명국의 교육은 도덕을 오
로지 숭상하여 과학에 부족한 점이 있을지라도 그 품행이 단아하고 덕성
이 온건하면 사회의 경애를 받고, 과학에 해박하여 학사, 박사의 식견이
있을지라도 그 행위가 부박하여 잡되며 언사가 사납고 패악하면 사회의
배척을 받는다. (…중략…) 혹 좋은 교사를 얻어 과학 외에 도덕의 진리를
설명하여 부모에게 효도하라, 형제에게 우애하라 구구히 장황하게 말하
여 어린이의 마음속에 어느 정도 새로운 정신을 품게 하더라도, 귀가한
후 그 부모가 불효하면 어린이가 능히 효도를 할까, 그 부모가 우애하지
않아도 어린이가 능히 우애할까? 이는 햇볕이 열흘 추위에 미치지 못하는
것이니 태어난 성품이 아니면 어지 도가 성립하고 덕이 이루어지는 일이
있겠는가. 비록 몽테스키외와 블룬칠리가 교사가 되어 백천 권의 서적을
가르칠지라도 부모의 도덕 배양이 없으면 과학이라고 할지라도 순실한
학문이라고 말하기는 어렵다. 그러므로 문명국 사람들은 그 자녀를 교육
할 때, 의식을 검박하게 하여 말하기를 네가 좋은 옷을 입으면 다른 아이
가 너의 옷을 보고 부끄러운 마음이 생길 것이요, 이는 타인의 부끄러움
을 보면 반드시 교만 방자한 정이 생길지니 두 아이가 모두 불길하다고
하니, 이로 말마암아 본다면 그 도덕성을 주입하는 것이 어떻겠는가. 아
아. 무릇 자녀의 부모된자는 구구히 과학에만 그치지 말고, 가정에서 도덕
성을 먼저 배양하는 일을 주의하여 잊지 말아야 한다.

—『매일신보』, 1910.12.28

일제 강점기 '도덕교육론'은 근대 계몽기 '지식증장'을 위한 '문명론'

과는 그 성격이 전혀 다르다. 이 논리에서는 '문명'은 곧 '도덕'으로 해석되고, 도덕은 과학(지식)보다 가치 있는 것으로 규정된다. 당연히 이 때의 도덕은 '부잡(浮雜)하지 않은 것', '검박(儉朴)한 것'으로 앞의 '시학'에 등장하는 것과 같이 정치와 무관하고, 법률과 무관하며, 경제와 무관한 것이다. 달리 말해 이때의 도덕은 단지 식민 통치 현실을 수용하고, 식민 지배를 인내하며, 순응하는 태도를 의미할 뿐이다.

이러한 점에서 일제 강점기 일본인이 연구한 '조선 의식' 또는 '조선 사상'은 '시학' 또는 '도덕'을 주창하는 것과는 전혀 다른 방향을 갖는다. 일본인 학자들의 입장에서는 조선의 전통 학문을 긍정하고, 그것을 계승하는 문제는 전혀 관심 밖의 일이며, 오히려 조선인의 미개성, 정체성(停滯性), 타율성(他律性)을 강변하는 일에 몰두한다. 1920년대 일본인에 의한 조선 사상 연구도 이러한 경향 아래 이루어졌다. 예를 들어 다카하시 도루(高橋亨)의 '조선유학대관(朝鮮儒學大觀)'18)에서 "조선 유학은 정주 성리학만 존재했고, 그 내용은 주희의 설만 되풀이했다."는 주장이나, 조선사 편수회의 조직 등은 조선에 대한 전면적인 부정으로 이어진다. 다카하시 도루(1944), 『국체명감(國體明鑑)』은 그의 식민 조선사 연구의 목표가 조선 민족의 국군주의 일본에 완전동화하는 데 있었음을 보여주는 적절한 사례이다.19)

이와 같은 상황에서 1920년대 조선인 연구자들에 의한 국학 연구가 이루어졌다. 이 시기는 근대 계몽기 박은식·신채호 등에 의해 이루어졌던 국학 연구가 상당히 진척된 시기로 볼 수 있는데, 특히 '국어'와 '국사' 분야의 연구가 활발했다.20) 특히 조선 민족의 고유 사상에 대한

---

18) 다카하시 도루(1925), 「조선유학대관」, 『조선사강좌 특별강의』, 조선사학회.

19) 이 책은 조선유도회에서 간행했는데, '국사(國史)에 의빙(依憑)한 국체의 명징'이라는 표현에서 확인할 수 있듯이, 역사 연구가 군국주의 이데올로기를 뒷받침하는 데 있었음을 알 수 있다.

20) 윤사순·이광래(2001), 「4. 조선 사상의 원형 탐색」, 『우리사상 100년』, 현암사. 이 책에서는 1920년대 국어, 국사 연구가 상당한 체계를 갖추었으나, 일제 관학자들의 식민사관을

관심이 높아지면서, 최남선, 이능화 등의 조선 연구가 활발해졌다.

최남선의 조선 연구는 '단군론', '불함문화론'으로 요약될 수 있다. 단군론은 『동아일보』 1926년 3월부터 7월까지 연재된 논문으로, 일본인 오다(小田省吾)의 단군 부인론을 반박하기 위해 쓴 글이다. 사실 최남선이 단군에 관심을 갖기 시작한 것은 1918년 '계고차존(稽古箚存)'부터였지만, 그가 분개하여 단군론을 집필하게 된 이유는 실증사학이라는 명분 아래 단군을 부정하고자 한 일본인 학자들의 태도 때문이었다. 그러나 그는 1928년 조선사편수회 위원직을 수락하면서 자신이 견지했던 조선의 뿌리, 고유성 문제를 회피하는 태도를 보이기도 하였다. 1925년 전후 주창된 '불함문화론'도 '단군론'의 연장선에서 '신문화운동'의 하나로 제창되었다. '불함'은 '밝다', '밝은'의 고어에 해당하는 '불함(不咸)'을 민족 고유의 성질로 간주하고, 조선 문화의 우월성을 주장하고자 하는 이론이다. 그는 단군의 존재나 불함의 근원을 증명하기 위해 어원 연구와 민속 조사를 활용하는 방법을 택했다. 이와 같은 방법론적 변화는 식민 상황에서 이루어진 것이지만, 그 나름대로 학문적 진보를 이룬 것이라고 볼 수 있다. 그럼에도 최남선의 국학 연구는 시대와 타협하며 그 가치를 높이지 못한 면이 있다.

또 하나의 국학자로 이능화를 들 수 있다. 그는 『조선무속고』, 『조선여속고』, 『조선불교통사』, 『조선도교사』, 『조선해어화사』, 『조선기독교 급 외교사』, 『조선유교 급 유교사상사』, 『조선신화고』, 『조선신교원류고』, 『조선신사고』, 『조선십잡록』, 『조선잡고합편』 등 많은 저서를 남겼다. 이들 저작물 가운데 상당수는 민속학, 종교학, 사상사와 관련된 것인데, 이 시기 이전 이러한 분야의 연구가 존재하지 않았음을 고려할 때 주목할 만한 연구 성과에 해당한다. 특히 무속과 신화를 관련지어 신화를 허황된 이야기가 아니라 역사적 관점에서 접근해야 한다

극복하지 못한 한계가 있었다고 진술하였다.

는 견해를 취하고 있었다. 또한 미신으로 간주되던 무속에서도 민중의 심령에 안위를 주는 요인이 있음을 간취한 점이나 조선 불교의 역사를 정리한 점 등도 이 시기 국학 연구의 주요 업적이라고 볼 수 있다.

이와 함께 주시경의 전통을 이은 조선어학자들의 조선어 연구도 주목할 만하다. 활동 배경과 방향은 동일하지 않지만, 1914년 주시경 서거 이후 국내에 남아 있던 권덕규, 신명균 등이 조선어 연구와 조선어 보급에 전력을 다하기 시작했고, 주시경의 가르침을 받던 최현배는 일본 유학을 거쳐 1920년대부터 본격적인 조선어 연구에 착수하였다. 1921년 보성고등보통학교에서 '조선어연구회'를 재건하고, 1927년부터 동인지『한글』을 발행한 점, 1929년 이후 본격적으로 사전 편찬 작업을 착수하고 1933년 한글 맞춤법 통일안을 제정하는 등 일련의 조선어학자들의 조선 연구는 국가와 민족의 이원 구조 하에서 '민족'을 발견하고 유지하는 데 '언어'가 얼마나 중요한 역할을 할 수 있는지 충분히 보여 주었다.[21] 이러한 흐름은 1930년대 '조선학'의 출현으로 이어진다.

학술적인 차원 이외에 식민 지배 하에서 사회·문화운동, 계몽운동 차원에서 벌어진 '신문화운동'도 일제 강점기 민족의 발견이라는 관점에서 고찰해 볼 필요가 있다. 1920년대 조선총독부의 문화 정치 표방에 따라『동아일보』,『조선일보』등 언론이 창간될 수 있었다. 언론의 자유가 보장되지 않은 제한된 조건 아래의 언론 활동이었지만 제한된 조건에서 '신문화 운동'이 전개되었다.[22] 그 가운데 문화운동[23]을 주도한 언론은『동아일보』와『개벽』이었다.

『동아일보』는 창간부터 '민중, 민주, 문화주의'를 제창하였다. 1920년 4월 1일자 창간호를 살펴보자.

<hr>

21) 일제 강점기 조선어 연구에 대해서는 한글학회(1971)을 비롯하여 수많은 연구가 이루어졌다. 이 총서에서도 권7에서 이 문제를 자세히 다룰 예정이다.
22) 박찬승(2007: 103~105) 참고.
23) 로빈슨, 김민환 역(1990: 120)에서는 '문화적 민족주의 운동'으로 부를 것을 제안했다.

【 主旨를 宣明하노라 】

(一) 朝鮮 民衆의 表現 機關으로 自任하노라. 社會的 政治的 經濟的 少數 特權 階級의 機關이 아니라 單一的 全體로 본 二千萬 民衆의 機關으로 自任한즉 그의 意思와 理想과 企圖와 運動을 如實히 表現하며 報道하기를 期하노라.

(二) 民主主義를 支持하노라. 이는 國體니 政體의 形式的 標準이 아니라 곳 人類生活의 一大 原理오 精神이니 强力을 排斥하고 人格에 固有한 權利 義務를 主張함이라. 그 用이 國內 政治에 處하야는 自由主義요 國際政治에 處하야는 聯盟主義요 社會生活에 處하야는 平等主義요 經濟組織에 處하야는 勤勞 本位의 協調主義라. 特히 東亞에 在하야는 各 民族의 權利를 認定한 以上의 親睦團結을 意味하며 世界 全局에 在하야는 正義 人道를 承認한 以上의 平和 聯結을 意味함이라.

(三) 文化主義를 提唱하노라. 이는 個人이나 社會生活 內容을 充實히 하며 豊富히 함이니 곳 富의 增進과 政治의 完成과 道德의 純粹와 宗敎의 豊盛과 科學의 發達과 哲學 藝術의 深遠奧妙라. 換言하면 朝鮮 民衆으로 하야곰 世界 文明에 貢獻케 하며 朝鮮 江山으로 하야곰 文化의 樂園이 되게 함을 高唱하노니 이는 곳 朝鮮 民族의 使命이요 生存의 價値라 思惟한 緣故라.

번역 1. 조선 민중의 표현 기관으로 자임하노라.: 사회적 정치적 경제적 소수 특권 계급의 기관이 아니라 단일적 전체로 본 2천만 민중의 기관으로 자임한 즉 그의 의사와 기도와 운동을 여실히 표현하며 보도하기를 기하노라.

2. 민주주의를 지지하노라.: 이는 국체이니 정체의 형식적 표준이 아니라 곧 인류 생활의 일대 원리요, 정신이니 강력을 배척하고 인격에 고유한 권리 의무를 주장함이라. 그 용이 국내 정치에 처하여는 자유주의요, 국제 정치에 처하여는 연맹주의요, 사회생활에 처하여는 평등주의요, 경제생활에 처하여서는 노동 본위의 협조주의라. 특히 동아에 있어서는 각

민족의 권리를 인정한 이상의 친목 단결을 의미하며 세계 전국에는 정의 인도를 승인한 이상의 평화 연결을 의미함이라.

　3. 문화주의를 제창하노라.: 이는 개인이나 사회의 생활 내용을 충실히 하여 풍부히 함이니 곧 부의 증진과 정치의 완성과 도덕의 순수와 종교의 풍성과 과학의 발달과 철학 예술의 심원 오묘라. 환원하면 조선 민중으로 하여금 세계 문명에 공헌케 하며 조선 강산으로 하여금 문화의 낙원이 되게함을 고창하노니 이는 곧 조선 민족의 사명이요, 생존의 가치라 사유한 연고라.

—『동아일보』, 1920.4.1

『동아일보』 창간 취지문의 '민중주의', '민주주의', '문화주의'에는 '민족', '민중'이라는 용어가 두 번씩 등장한다. 이때 '민중'이 '조선 민중'으로 표현된 점을 고려한다면, 이 신문 발행 취지에 등장하는 민족은 네 번이나 되는 셈이다. 또한 '자유주의', '평등주의', '협조주의' 등의 슬로건은 프랑스 대혁명의 '자유'와 '평등'을 연상시킨다. 이러한 차원에서 이 신문은 민족주의를 견지한 신문으로 간주될 수 있다. 그러나 '동아'라는 제호나 '세계 문명에의 공헌' 등과 같은 표현은 일본 식민 제국주의의 지배하에 민족 정체성 확립 운동이 갖는 한계를 웅변한다. 이 점은 창간호부터 4월 7일까지 4회에 걸쳐 연재된 '세계 개조의 벽두를 당하야 조선의 민족운동을 논하노라'에서도 확인할 수 있다. 이 논설의 결론은 다음과 같다.

【 世界 改造의 劈頭를 當하야 朝鮮의 民族運動을 論하노라(四) 】

　天命이 維新하도다. 方今 天下萬民은 各復其性하며 各守其分하야 永遠 平和의 世界를 現出코자 改造에 孜孜 努力 中이니 우리 朝鮮 民衆의 맛당히 쌔일 바 엇지 아니리오. (…中略…) 그러나 道遠任重하니 弘毅치 아니치 못할지며 勘當치 아니치 못할지라. 그 方法이 오즉 二쑨이니 (一)은 政治的

方面이오 (二)는 社會的 方面이라. 余는 이제 政治的 方面에 對하야 論할 自由가 無하거니와 社會的 方面에 就하야 一言을 費할진대, (一) 우리 朝鮮 사람은 '한덩어리'가 되어야 할지니 實業이나 敎育이나 其他 社會的 萬般 經營에 個人 個人이 하지 말고 可能한 範圍 內에서 서로 協力하며 聯絡하여야 할지라. 우리 民族의 在來의 一大 弊端은 猜忌하며 作黨하며 紛爭하며 妥協지 못함에 在하다. 이에 對하야 크게 警戒할지며, (二) 널피 世界에 눈을 써서 文明을 輸入하며 頑冥을 擲棄하고 活動하며 事爲에 孜孜하라.

번역 천명이 새로워지고 있다. 방금 천하만민은 각각 그 성질을 회복하며 각각 자기 분수를 지켜 영원한 평화의 세계를 나타내고자, 개조에 힘껏 노력 중이니 우리 조선 민중이 마땅히 깨일 바가 어떻겠는가. (…중략…) 그러나 길은 멀고 책임은 중하니 굳세지 않으면 안 될 것이며, 감당하지 않을 수 없다. 그 방법이 오직 두 가지이니 하나는 정치적 방면이요, 둘은 사회적 방면이다. 내가 이제 정치적 방면에 대해 논할 자유가 없으니, 사회적 방면에 대해 한 마디 한다면 (1) 우리 조선 사람은 한덩어리가 되어야 할 것이니, 실업이나 교육, 기타 사회 만반 경영에 개인개인이 하지 말고 가능한 범위에서 서로 협력하고 타협해야 한다. 우리 민족의 전해 오는 일대 폐단은 시기하며, 작당하며, 분쟁하며, 타협하지 못하는 데 있다. 이에 대해 크게 경계할 것이며, (2) 널리 세계에 눈을 떠서 문명을 수입하며 완고를 던저 버리고 활동하며 일에 힘써야 한다.

—『동아일보』, 1920.4.7

'개조 운동'으로 대표되는 이 논설은 민족자결주의의 풍조와 일제의 이른바 문화정치 아래 '조선 민족의 사회적 개조'가 필요함을 주장한 글이다. 필자는 정치적 방면의 개조 방안을 논의할 자유가 없기 때문에 사회적 협력과 문명 수입을 대안으로 제시한다고 했는데, 그 과정에서 '조선 민족 재래의 일대 폐단'으로 '시기, 작당, 분쟁, 타협하지 못함'을 거론한 것에서도 이 시기 문화운동이 갖는 한계를 뚜렷이 알 수 있다.

1920년대 문화운동을 주창했던 또 하나의 기관이 개벽사이다. 『개벽』
은 창간부터 '개조'와 '혁신'을 슬로건으로 삼았다.

【 創刊辭 】

소리-있어 넓히는 世界에 傳하니, 온 世界 모든 人類-이에 應하야 부르
짓기를 始作하도다. (…中略…) 神은 無何有의 一物로붙어 進化를 始作하
엿도다. 無有를 肇判하고 太陽系를 組織하고 萬物을 내엇나니 이 곳 宇宙
의 開闢이며, 사람은 神의 進化란 者로 萬物을 代表하야 漁獵을 始하며 農
業을 營하며 商工業을 起하야 進化에 進化를 加하는 中, 오늘날 이 世界
改造라 하는 革新의 氣運을 맛보게 되엇나니 이 곳 開闢의 開闢이엇도다.

번역 소리 있어 넓히는 세계에 전하니, 온 세계 모든 인류, 이에 응하여
부르짖기를 시작한다. (…중략…) 신은 어찌하여 일물로부터 진화
를 시작하였다. 무유를 조판(肇判)하고 태양계를 조직하고, 만물을 내었으
니 이것이 곧 우주의 개벽이며, 사람은 신이 진화시킨 자로 만물을 대표
하여 어렵을 시작하며, 농업을 경영하며, 상공업을 일으켜 진화에 진화를
거듭하는 중, 오늘날 세계 개조라고 하는 혁신의 기운을 맛보게 되었으니,
이것이 곧 개벽의 개벽이었다

—『개벽』 제1호, 1926.6

창간사에 등장하듯, 개벽사상은 그 자체가 근대 계몽기 이후 보편화
된 진화론에 기반을 두고 있다. 이 점에서 개벽은 식민 제국주의의 문
명·진보론, 인종론을 수용한 사상이라고 볼 수 있다. 자학적 민족의식,
또는 부정적 민족의식에서 출발하여, 각성하고 준비해야 한다는 이론
이다. 특히 문화의 진보를 위해 조선 문화를 이해해야 하며, 그를 위해
조선 문화 조사를 해야 한다는 취지에서 '조선 문화 조사 사업'을 전개
했는데, 조사 답사기는 1923년 2월(통권 33호)부터 1925년 12월(통권 64
호)까지 연재되었다. 이른바 '각도(各道) 도호(道號)'를 표방하고 발행된

조사 보고서에는 13도의 경제, 사회단체, 교육, 유적 등과 같은 조선의 상황이 기록되었다.

이러한 조사 결과는 1920년대 '조선적인 것', 곧 민족의 발견이라는 차원에서 어느 정도 공헌한 면이 있다. 그러나 식민 정부의 토지, 역사, 고적에 대한 체계적인 조사 활동이나, 무라야마(村山智順)과 같은 일본 민속학자들의 지속적인 조사 활동24)과 견준다면 민족의 발견이라는 차원에서 이 시기 개벽사의 운동이 갖는 한계는 명백하다. 더욱이 '갱생', '민족 개조'의 신념을 갖고 있던 이 시대 계몽운동자들의 입장에서는 이광수와 같이, 조선 민족의 야만성, 조선 사회의 후진성을 지나치게 주목하여, 참된 '조선적인 것'을 발견하는 데는 근본적인 한계를 갖고 있었다. 이를 반영하듯 『개벽』 65호에 게재된 '13도 답사를 마치고서'에서는 다음과 같은 조사원의 인상기가 실려 있다.

【 十三道 踏査를 마치고서 】

나는 다시 생각나는대로 각 道에 대한 소감을 잠간 말하려 한다. 먼저 慶尙南北道로 말하면 인심 質朴한 것이 제일 좃코 한문학자, 白丁, 癩病者가 상당히 만흐며 宗家 富豪, 일본인의 세력이 큰 것도 놀날만하다. 古蹟만 키로는 慶州가 전국 중 第一이요, 기생 만키로는 昌原, 馬山, 晉州가 他道의

---

24) 무라야마 지준은 1919년 조선총독부의 촉탁으로 한국에 건너와 사회제도와 사상을 조사하는 업무를 맡았다. 성장 과정에서 묘광사 주직 무라야마 지젠의 영향을 받았듯이, 식민지 조선인의 풍습과 사상을 조사하는 데 많은 노력을 기울였다. 무라야마의 조사 활동은 1924년부터 본격화된 것으로 알려져 있는데 1941년 귀국할 때까지 17년간 지속적으로 이루어졌다. 이러한 조사 활동은 대부분 조선총독부의 보고서 형태로 출간되었는데, 『조선의 복장(朝鮮の服裝)』(1927, 朝鮮總督府), 『조선인의 사상과 성격(朝鮮人の思想と性格)』(1927, 朝鮮總督府), 『조선의 풍습(朝鮮の風習)』(1928, 朝鮮總督府), 『조선의 귀신(朝鮮の鬼神)』(1929, 朝鮮總督府), 『조선의 무격(朝鮮の巫 覡)』(1932, 朝鮮總督府), 『조선의 점복과 예언(朝鮮の占卜と預言)』(1933, 朝鮮總督府), 『조선의 유사종교(朝鮮の類似宗敎)』(1935, 朝鮮總督府), 『부락제部落祭』(1937, 朝鮮總督府), 『석존·기우·안택釋尊·祈雨·安宅』(1938, 朝鮮總督府), 『조선의 향토 오락(朝鮮の鄕土娛樂)』(1941, 朝鮮總督府) 등이 보고서 형태로 발행되었다.

다음 가라면 스러할 것이다. 그리고 近來에 사회운동(특히 南道)이 격렬이 니러나는 것도 주목處이다.

忠淸南北道는 아즉까지 양반세력이 多大하고 鷄龍山부근에 미신자 만흔 것은 참으로 놀날만하다. 엇잿던 忠淸南北道는 무엇이던지 荒廢凋殘한 감이 퍽 만타. 江原道는 교통 불편한 것이 제일 고통이오, 山水의 천연적 경치가 조키는 전국 뿐 안이라 세계 無比할 듯 하며 생활樂地로는 江陵이 어느 道에서든지 其類를 못 보왓나. 思想으로는 嶺東이 嶺西보다 진보된 듯 하다. 그리고 승려의 세력 만흔 것은 누구나 놀날 것이오 인심 淳厚는 전국 중 제일일 것이다. 全羅南北道로 말하면 兩道가 공통적으로 토지가 沃膏하고 物産이 풍부하고 빈부현격이 심하며 남자는 擧皆 예술적으로 생긴 美男子가 만흐나 여자는 그리 美人이 적고 또 여자교육이 낙오되엿다. 그리고 모루히네 注射者와 癩病者가 만흐며 사치를 尙하고 노래를 잘 한다. 또 일본인의 세력이 多한 중 특히 北道에 朝鮮人의 조티 전부가 일본인의 소유가 되고 水利組合 만흔데는 놀낫다. 그리고 扇子, 漆器, 竹工, 기타 手工物을 잘 하는 것은 만흔 歎賞을 하엿다. 또 토지로 말하면 南道는 島嶼가 전국 중 제일 만코 北道는 전국 중 沃野가 제일 만타.

燈下不明 이라고 京畿道는 京城, 仁川, 開城, 江華 몃 곳을 除하고는 물질로나 사상으로나 富力으로나 각道중 제일 낙오된 것 갓다. 그런데 京城의 천연경치 조흔 것은 보편적으로 말하면 전국 어느 都會보다 조흘 것 갓다. 그 다음에 黃海道는 小麥이 전국에 第一 만히 나고 온천 만키도 제일이오 교통 편리한 것도 매우 조흔 일이다. 또 근래에 소작운동이 西鮮에서는 제일 격렬한 것이 한 주목할 일이다. 平安道-. 南男北女라 하지만은 서북 중에도 여자의 物色 조키는 아마도 平安道를 제일指를 屈할 것이다. 그리고, 第一 불상한 것은 국경 동포가 독립군과 경찰대에 부댁겨서 생활안정을 못하고 驚弓之鳥 모양으로 漂泊생활을 하는 것이다. 또 일반의 생각은 너무 보수적이 되야 아즉까지 光武, 隆熙시대의 「嗚呼痛哉」를 부르면서 國粹主義를 만히 가진 것이 사상상으로 보와 낙오된 듯하다. 또 平北에

天道敎세력 만흔 것도 주목할 만하다. 咸鏡南北道는 전국 중 생활이 그 중 안전하고 여자노동이 全鮮 중 제일 잘한다 하겟고 또 교육보급도 아마 전국 중 제일일 것이다. 또 咸興에서부터 三水, 甲山, 豐山 등을 단일 때에 凡 1,800리餘를 도보하고 조선 有數의 高嶺인 靑山嶺, 雪梅嶺(凡 70리 無人 地境)을 넘던 것은 제일 壯快하고 또 큰 기억이다.

이외에 자세한 것은 본지 各道 道號記事와 작년 八道자랑을 할 때 다 말한 것이닛가 별로 附言치 안커니와 최후에 사상 방면으로 보면 전남은 소작운동이 제일 결렬하고 全北은 노동운동이 비교적 진전되는 모양이요 江原道는 嶺西는 보수적이 만코 嶺東은 진취적이 多하야 신사상운동도 상당한 活氣가 잇다. 其外 咸鏡, 平安은 사상운동이 비교적 미약한 중 특히 平安道人의 보수주의가 鞏固한 것은 우에 말함과 갓다. 또 黃海道는 東拓 의 세력 기타 日本人토지가 多한 까닭에 그 반동으로 근래 소작운동과 사상운동이 비교적 진전되엿다. 또 踏査하는 중에 제일 끔즉하게 생각한 것은 全羅, 慶南, 忠淸, 江原(특히 洪川) 諸道를 다닐 때에 甲午혁명란에 동학群 만히 죽은 이약이와 平安, 咸鏡에는 己未운동에 天道敎人이 만히 죽은 이약이다.

―『개벽』 제65호, 1925.12

답사 인상기에 등장하는 각 도의 모습에서 '조선 고유의 것', '민족적 인 것'은 찾아보기 어렵다. 간혹 '질박한 인심', '천연적 경치'에 대한 감탄이 나타나기는 하지만, 그것 자체가 조선적인 것이라고 주장하는 일은 궁박스럽다. 그뿐만 아니라 평안도에 대한 인상에서는 광무·융희 연간의 비분강개를 '국수주의'라고 단정하고, 사상적으로 낙오한 것이 라고 규정한다. 마약 중독자와 나환자가 많음을 미개의 탓으로 돌리고, 오직 일본인 토지 소유가 많은 데 따라 소작운동이 격렬해진 것만이 눈에 뜨일 뿐이다. 이러한 모습은 1920년대 민족 담론이 갖는 근본적인 한계에 해당된다.

3.2. 사회주의와 민족 담론

1920년대 신문과 잡지에서 가장 빈번히 등장한 주제 가운데 하나는
'노동문제'와 '계급론'이다. 다음 글은 이러한 시대 상황을 잘 드러낸다.

【 新術語에 對한 所感 】
　近日 우리 朝鮮에서 流行하는 新術語가 하도 만흔 故로 如干 聰明으로는
——히 記憶할 수 업스나 그 중 最大 努力을 가지고 잇는 몃 말을 記錄하건
대 同盟罷業이니 怠業이니 解放이니 改造이니 民本主義이니 過激思想이니
'싼디가리즘'이니 '아나키즘'이니 이러한 種類의 語이라. 이러한 말은 엇
더한 地方에서 엇더한 事實이 잇서서 엇더케 實行되고 엇더케 流行됨인가.
朝鮮에서 唱導함인가. 日本에서 發生함인가. 아니라. 우랄 山 西便에서 實
行되야 西伯利亞 大鐵道로 輸入되야 왓섯고 地中海 北便에서 實行되야 印
度洋 航路를 經由하야 運入하야 온 舶來品이로다. 此等 新語와 發生한 事實
로 말하면 生存을 競爭하고 勢力을 角逐코자 하야 幾百萬 生靈의 魂과 幾千
萬萬의 金力의 精을 火裏에 葬하고 水中에 投한 結果 恐怖心으로 不安을
懷하고 飢餓聲으로 不平을 感하는 人이 悲慘을 吟味하고 困苦에 感覺되여
貧民階級이 資本階級에 對한 壓迫을 打破하지 아니하면 아니되겟고 차-리
와 갓한 暴政家도 撲滅하여야 되겟고 싸이젤과 갓한 軍國主도 斷逐하여야
되겟다, 이러한 후에야 비로소 苦痛의 地獄을 脫하고 光明의 樂園에 가서
永遠한 幸福의 生活을 엇겟다 하는 覺悟로, 大決心으로 異口同聲의 共鳴이
되얏도다. 賃金問題로 生活 苦痛을 하는 者는 同盟罷業과 怠業主義에 應하
고, 束縛 問題로 自由를 呻吟하는 者는 改造主義로 解放主義로 從하며, 弊政
問題로 不平을 苦悶하는 者는 社會主義로 過激主義로 援을 하야 二十世紀
는 勞働神聖의 新紀元을 作코자 하며, 人道를 唱하고 正義를 呼하야 全世界
를 捲席할 氣로 新歷史를 作하야 前進하니 其 支配能力이 急潮流下의 勢보
다 愈强하고 炎熾上의 力보다 不下하야 支那도 日本도 我朝鮮까지도 이

現象의 色彩를 帶한 今日이라. 此 新生 新術語의 流行과 事實의 實行이 吾人 人類 將來에 對하야 엇지 尋常히 云하리오. 幸福의 生活과 不幸의 生活이 此等 新術語의 意義를 學得하고 其 學得한 바 原理를 事實에 依하야 努力함에 左右를 與하는 줄노 信하는 바이다.

번역 근일 우리 조선에서 유행하는 신술어가 하도 많아서 웬만한 총명으로는 일일이 기억할 수 없으나, 그 중 가장 힘든 몇 가지 말을 기록하면 '동맹파업'이니 '태업'이나 '해방'이니 '개조'니 '민본주의'니 '과격사상'이니 '산디칼리즘'이니 '아나키즘'이니 이러한 종류의 말들이다. 이러한 말은 어느 지방에서 어떤 사실로 어떻게 실행되고 어찌하여 유행한 것인가. 조선에서 부르짖은 것인가. 일본에서 발생한 것인가? 아니다. 우랄 산 서편에서 실행되어 시베리아 대철도로 수입되어 왔고, 지중해 북편에서 실행되어 인도양 항로를 경유하여 운입된 외래품이다. 이들 신어와 발생 사실을 말하면 생존을 경쟁하고 세력을 다투고자 하여 몇 백만 생령의 영혼과 몇 천만만의 자본을 불 속에 처넣고 수중에 던진 결과 공포심으로 불안을 품고 기아성으로 불평을 느끼는 사람이 바참함을 음미하고 곤고에 감각되어 빈민계급이 자본계급에 대한 압박을 타파하지 않으면 안 되겠고, 짜르(러시아 황제)와 같은 폭정가도 박멸해야 하겠고, 카이젤(독일 황제)과 같은 군국 군주도 몰아내야 하겠기에, 이러한 후 비로소 고통의 지옥을 벗어나고 광명의 낙원에 가서 영원한 행복의 생활을 얻을 수 있다는 각오로 큰 결심으로 이구동성 주장하게 되었다. 임금문제로 생활 고통을 받는 자는 동맹파업과 태업주의에 응하고, 속박 문제로 자유를 신음하는 자는 개조주의로 해방주의를 따르며, 폐정문제로 불평을 고민하는 자는 사회주의로 과격주의로 도움을 받아 20세기는 노동 신성의 신기원을 이루고자 하며, 인도(人道)를 주장하고 정의를 부르짖어 전세계를 말아갈 기세로 신역사를 창조하여 전진하니, 그 미칠 수 있는 힘이 급히 흐르는 조류의 세력보다 더욱 강하고, 불꽃의 세력보다 뒤지지 않아 중국도 일본도 우리 조선까지도 이 현상의 색채를 띤 것이 금일이다.

이 새로 나온 신술어의 유행과 사실의 실행이 우리 인류의 장래에 어찌 별것 아니라고 말할 수 있겠는가. 행복한 생활과 불행한 생활이 이들 신술어의 의의를 학득하고 그 배운 바 원리를 사실에 의해 힘쓰는 데 좌우될 것으로 믿는 바이다.

—『동아일보』, 1920.5.18

이 글에 나타나듯이 '동맹파업', '태업', '해방', '개조', '민본주의', '과격사상', '산디칼리즘', '아나키즘' 등은 이 시대 유행하는 말이었다. 필자는 이러한 용어가 서양에서 러시아나 중국, 일본을 거쳐 들어온 용어라고 하면서, 한국과 중국, 일본 모두 이러한 사상에 힘써야 신역사를 창조할 수 있고, 행복한 생활을 영위할 수 있을 것이라고 주장하였다.

이를 고려할 때 1920년대 민본주의, 사회 개조론, 사회주의 사상 등은 이 시기 조선 민족을 구원할 수 있는 희망으로 인식되었음을 알 수 있다. 특히 '동맹파업', '사회주의' 등은 일제 강점기 억압 상황에서 지식인이 의지할 수 있는, 또는 의지하고 싶었던 주된 이데올로기의 하나였다.25)

이처럼 사회주의가 만연될 수 있었던 데는 이 시기 일본 사회주의 운동에 뿌리를 둔 민본주의자들의 영향이 컸다. 마쓰오 다카요시가 분

---

25) 김준엽·김창순(1967), 『한국공산주의운동사』 1, 고려대학교 민족문화연구소. 제4장 '한인의 초기 공산주의 운동'에서는 제1차 세계대전 이후 러시아 한인의 볼셰비키화와 상해과 고려공산당을 중심으로 공산주의 운동이 전개된 과정을 서술한 바 있다. 그러나 사상사적인 면에서 사회주의는 정치적인 차원의 공산주의 운동과는 달리 일본의 사회주의 운동이 영향을 미친 사례가 많다. 『매일신보』에 등장하는 '계급론'이나 '과격사상' 가운데에도 사회주의 이데올로기를 지칭한 경우가 발견되고, 『학지광』 제13호(1917.7), 김양수의 '사회문제에 대한 관념'에서도 사회 문제에 대한 해결안으로 "(1) 개인의 자유를 주장하여 국가의 간섭을 배척하며 현대의 사회조직을 유지하려 함, (2) 개인의 사회적 평등권을 주장하며 현대 사회조직을 파괴하고, 신사회조직을 건설하여 함, (3) 현대의 사회조직의 단점을 교정하여 사회 개량을 시도하려는 온건적 국가 간섭주의" 세 가지가 있다고 하였다. 이때 사회조직 파괴와 관련된 이데올로기도 사회주의와 관련을 맺는 이데올로기이다.

석했듯이, 러일전쟁부터 1925년까지의 다이쇼 민주주의는 도시, 농촌, 사회의 차별받는 노동 대중의 자각 운동의 일종이었다.26) 이 점에서 민주주의라는 이름이 붙었지만, 메이지 시대의 자유민권운동, 사회주의 사상이 뒤엉킨 운동으로 3.1운동 직후 조선 민족에게 적지 않은 희망을 준 운동이었다. 특히 제1차 세계 대전 하에서 나카노 세이고(中野正剛)나 요시노 사쿠조(吉野作造) 등은 전쟁으로 인해 일본 내정도 돌보지 못하는 상황에서 식민지 경영에만 열중하는 일본 군국주의를 신랄하게 비판하기도 하였다. 이러한 비판이 비록 조선의 독립, 조선 민족의 자활을 목표로 한 것은 아니지만,27) 민족자결주의와 함께 조선 민족의 희망이자 대안처럼 여겨진 것은 자연스러운 현상이었을 것으로 보인다. 이러한 배경에서 1920년대 전반기에는 일본 경제학자, 사회주의자의 이론이 다수 번역 소개되었다.28)

그러나 『동아일보』를 통해 확인할 수 있는 사회주의에 대한 지식인들의 태도는 극히 이중적이다. 1920년 6월 22일부터 30일까지 4회에 걸쳐 연재한 '불국(佛國)에 재(在)한 사회주의(社會主義)의 삼대 조류(三代

---

26) 마쓰오 다카요시, 오석철 옮김(2011). 이 책에서는 다이쇼 데모크라시의 초기 단계인 '러일전쟁 강화 반대 운동', '군국주의 재정 반대 운동', '자유주의 사상', '요시노 사쿠조의 민본주의', '시민정사(市民政社)의 성장' 등을 살피고, 이 운동이 갖고 있는 문제점과 '사회주의 다이쇼 데모크라시 운동'을 논리적으로 규명하고자 하였다.

27) 마쓰오 다카요시, 오석철 옮김(2011), 제9장. 이 책에서는 제1차 세계대전 하의 나가노 세이코, 요시노 사쿠조 등의 조선 정책 비판론을 상세히 설명하고 있다. 이에 따르면 나가노의 비판은 '조선에 자위 능력이 없이 방치할 경우 타국 세력이 들어와 일본을 위협한다.'는 취지에서 이루어진 것이며, 이에 대한 대안으로 '국민적 동화정책'(적극적인 일본인 이주, 조선인 관리 임용 및 고용, 참정권 승인, 황족을 위무대장군으로 맞이하는 일 등)을 실시해야 한다고 주장한다. 요시노의 경우도 식민 정책을 전면으로 부정하지는 않지만, 선정만으로 독립 민족이 만족할 것이라는 믿음은 적절하지 않으므로 전면적인 동화정책이 필요하다는 주장을 펼쳤다. 이에 비해 나가노의 친구이자 『오사카 아사히 신문』 기자였던 오가타 다케토라(緒方竹虎)는 조선인 차별과 신국민주의 발흥에 대한 무력 압박이 부질없는 짓이라고 하면서 조선의 독립 문제를 거론하기도 하였다.

28) 대표적인 학자로 교토제국대학을 졸업한 이순탁(李順鐸)을 들 수 있는데, 「맑크스의 유물사관」(『동아일보』, 1922.4.18~5.18), 「막쓰 사상의 개요」(『동아일보』, 1922.5.11~6.23) 등을 번역 게재하였다.

潮流)', 같은해 8월 12일부터 16일까지 김우평이 기고한 '사회주의(社會
主義)의 의의(意義)' 등과 같이 지식 보급 차원에서 사회주의를 정리·소
개하는 글도 다수 존재하지만, 노동문제나 여성해방문제 등과 관련한
논설에서는 대부분 문명·진보론에 입각하여 조선인의 낙후성을 지적
하거나, 식민 정부가 허용하는 한에서 제한적인 운동을 전개할 것, 심
지어는 사회주의 운동의 과격성을 비판하는 것 등으로 귀결된다. 이
시기 노동운동에 대한 염상섭의 논문을 살펴보자.

【 勞動運動의 傾向 】

三. 勞動運動의 傾向: 以上은 本論에 들어가는 順序上 그 原因을 略述한
바어니와, 余가 이 論文에 執筆한 動機는 오즉 思想的 觀察로서 現下 勞動
運動의 傾向을 論하야 勞動의 根本意識에 及코자 하는 바외다. 함으로 讀者
諸君도 以上 論述 中 未及한 者는 諒解하시고 余의 이 論文을 草하는 余의
根本精神을 斟酌하야 주기 바라나이다. 大抵 勞働運動의 意義 如何오 하면,
勞働狀態의 改善이라는 一言에 긋칠 것이외다. 그러나 이러한 說明은 勿論
槪括的이요, 또 淺薄한 見解에 지나지 못합니다. 함으로 時間과 紙面의 餘
裕만 잇스면 如何한 手段으로 如何한 改善을 企圖하며 要求하는가를 詳論
코자 하나, 此는 後期에 約하고 다만 이에서는 決코 勞働運動의 全部도 아
니요, 根本意義도 아니라는 것을 附言하야 두는 바이외다.

> **번역** 노동운동의 경향: 이상은 본론에 들어가는 순서상 그 원인을 약술
> 한 것으로, 내가 이 논문을 집필한 동기는 오직 사상적 관찰로 현
> 재 노동운동의 경향을 논하여 노동의 근본의식을 다루고자 하는 것입니
> 다. 그러므로 독자 여러분도 이상 논술한 가운데 미치지 못한 것이 있다
> 면 양해해 주시고 내가, 이 논문을 쓰는 나의 근본 의도를 짐작해 주시기
> 바랍니다. 대저 노동운동의 의의가 무엇인가 하면 노동상태의 개선이라
> 는 한 마디 말에 그칠 것입니다. 그러나 이러한 설명은 물론 개괄적이요
> 도 천박한 견해에 지나지 못합니다. 그러므로 시간과 지면의 여유가 있으

면 어떤 수단으로 어떤 개선을 기도하며 요구하는지 상론하고 싶으나 이는 다음에 하기로 하고 다만 여기서는 결코 노동운동의 전부도 아니요, 근본 의의도 아니라는 것을 덧붙입니다.

　　—염상섭, '노동운동의 경향', 『동아일보』, 1920.4.20~6.27(7회 연재)

다분히 추상적인 '노동 상태의 개선'이 노동운동의 본질인 것처럼 간추려 놓은 염상섭의 논리를 따른다면, 이 시기 만연했던 '동맹파업', '태업', '사회주의' 등의 제반 사상이 그 자체로 큰 의미를 갖는 것이 아니다.

사회주의가 이론적으로 소개되고, 사회주의 운동에 대한 일제의 경계심이 강화되는 상황에서 1920년대 지식인을 계도했던 중심 사상은 '개조론'이었다. 앞서 살펴본 바와 같이 개조론은 개벽사의 신문화 운동의 중심을 이루기도 했지만, 『동아일보』에서도 빈번히 개조의 필요성을 역설하였다. 특히 이 시기 중국에 와 있던 러셀의 개조론이 큰 영향을 미치고 있었던 것으로 보인다.

【 生長의 原理 】

本 論文은 英國 思想界의 彗星 파트란드 럿셀이 1915年에 著述하야 其翌年 九月 頃에 發表한 『社會改造의 原理』의 一節을 譯出한 者인대 原著者 럿셀은 英國 名門의 出身이라. 其 父는 子爵이며 其祖는 二回이나 英國 宰相에 推擧되엿든 사람이라. (…中略…) 志士로 하야 또 說敎家로 하야 彼의 態度는 熱烈하며 膽大한 同時에 '밀'의 이른바 "늬가 眞理를 追求함으로써 神이 만일 나를 地獄에 墮할진대 나는 달고 질겁게 地獄에 墮하겟노라."고 함과 如한 學徒的 氣槪가 잇도다. 그런데 特別히 學究的으로, 高踏的으로, 冷徹하든 彼는 各方面에 亘하야 博大한 敎養과 實人生에 對한 切實한 理解를 有하고 兼하야 豊富한 藝術家的 組織과 天才的 想像力이 膽富한 點은 참으로 嘆稱할 價値가 有하도다. 彼는 人間生活의 基本 又는 動因을 衝動에서 發見하엿도다. 그런데 彼의 說에 從하면 衝動은 大體로 此를 所有衝動과

創造衝動의 二種으로 分할 수가 有하도다. 그런대 所有衝動은 獨占的이며 侵略的이며 破壞的이고 創造衝動은 貢獻的이며 公有的이며 建設的인대 前者는 死로 引導하는 衝動이며 後者는 生으로 引導하는 衝動이로다. 그런대 前者를 體現한 者는 國家, 財産, 軍隊, 戰爭 等이며, 後者는 藝術, 宗敎, 科學, 發明 等이로다. 今日의 政治와 軍事와 産業制度는 人類에 對하야 彼等 自身의 目的이 안일 目的을 課하며 彼等 自身의 意思가 안인 意思를 求하는도다. 故로 今日의 政治와 軍事, 産業制度 等은 人類의 衝動, 就中 創造的 衝動의 自然한 鼓動을 妨害하야 一面으로는 其를 漸次 破壞的으로 傾케 하며 他面으로는 人間生活을 漸次 無氣力케 하야 萎靡沈滯케 하는도다. 그러고 多少 才能이 有하며 活力이 有한 者는 徒然히 所有衝動에 誘驅되야 他를 掠奪코자 하며 蹂躪(유린)코저 하는도다. 故로 其 結果는 外部的으로는 爭鬪도 되며 征服으로 되고 反抗으로 되며 反逆으로 되고 內部的으로는 冷酷케 되며 憎惡도 되고 反感으로 되며 分裂로 되나니 次 世界大戰의 一因도 畢竟은 此에 在하도다.

번역   본 논문은 영국 사상계의 혜성 버트란트 러셀이 1915년 저술하여 그 다음해 9월 경 발표한 『사회개조의 원리』의 한 부분을 번역한 것인데, 원저자 러셀은 영국 명문 출신이다. 그의 아버지는 자작이며 그의 할아버지는 두 번씩이나 영국 수상이 되었던 사람이다. (…중략…)

지사로 하여금 또 설교가로 하여금 저의 태도는 열렬하며 담대한 동시에 밀의 이른바 "내가 진리를 추구하기 때문에 신이 만일 나를 지옥에 떨어뜨린다고 하더라도 나는 달고 즐겁게 지옥에 떨어지겠노라."라고 한 것과 같이 학도적 기개가 있다. 그런데 특히 학구적으로, 고답적으로, 냉철하던 그는 각 방면에 걸쳐 박학 다대한 교양과 실제 인생에 대한 절실한 이해가 있고 풍부한 예술가적 조직과 천재적 상상력이 풍부하므로 경탄 칭찬할 만하다. 그는 인간생활의 기본 또는 동기를 충동에서 찾았다. 그런데 그의 설에 따르면 충동은 대체로 소유 충동과 창조 충동으로 나눌 수 있다. 그런데 소유 충동은 독점적이며, 침략적이며, 파괴적이고, 창조 충동은 공헌적이며, 공유적이며, 건설적인데, 전자는 죽음으로 인도하는 충동이며 후자는 삶으로 인도하는 충동이다. 전자를 드러낸 것으로는 '국가, 재산, 군대, 전쟁' 등이며, 후자는 '예술, 종교, 과학, 발명' 등이다. 금일의 정치와 군사와 산업제도는 인류에게 저들 자신의 목적이 아닌 목적을 부과하며, 저들 자신의 의사가 아닌 의사를 요구한다. 그러므로 금일의 정치와 군사, 산업 제도 등은 인류의 충동, 그 가운데 창조적 충동의 자연스러운 고취를 방해하여 한편으로 그것을 점차 파괴적인 것으로 기울게 하며, 다른 한편으로 인간생활을 점차 무기력하게 하여 위미 침체하게 한다. 그리고 다소 재능이 있어 활력이 있는 자는 헛되이 소유 충동에 유혹되어 타자를 약탈하고자 하며 유린하고자 한다. 그러므로 그 결과는 외부적으로 투쟁이 되며 정복도 되고 반항이 되며 반역이 되고, 내부적으로는 냉혹하게 되며 증오도 되고 반감도 되며 분열이 되니, 세계대전의 한 요인도 필경 이에서 비롯되었다.

—『동아일보』, 1920.7.22

이 번역문은 1920년대 개조 담론의 철학적 기반을 암시해 준다. 러셀이 주장한 소유 충동과 창조 충동은 '정치, 군사, 산업'을 중시하는 삶의 태도와 창조적 가치를 중시하는 삶의 태도 두 가지의 대립을 전제하고, 후자의 삶을 중시하는 격언으로 이어진다. 정치를 멀리하고 교육을 통해 사회를 개조해야 한다는 러셀의 주장은 1920년 8월 4일부터 12일까지 8회에 걸쳐 번역 등재되었는데, 러셀의 교육론에서는 '역사, 종교, 기타 의론의 여지가 있는 교과'를 유해한 것으로 규정하고, 대신 개인의 차원에서 정신상의 훈련이 중요하다고 강조한다. 이에 따르면 개조론은 철저히 자기중심적이며, 이 자기중심적인 사상이 다양한 '수양론(修養論)'으로 이어진다. 그렇기 때문에 1920년대 사회주의와 대척된 사상으로 간주되었던 민족 담론이 결과적으로는 식민 지배 현실을 외면한 채, 개인적 수양주의로 전이되는 현상도 나타나는 셈이다.

4. 국학(國學)과 계몽운동

4.1. 일제하의 국학과 조선학

민족주의는 근본적으로 민족의 고유성이나 특수성을 전제로 하거나 목표로 삼는 흐름이므로 식민지에서 '국학' 논의는 민족 담론의 중요한 축이다. 국학은 두 가지 의미가 있다. 하나는 일반적 의미로 우리 고유한 것들에 대한 연구를 의미한다. 그 어떤 분야든 우리 고유의 것이라면 연구 대상이 된다. 또 하나는 '국어학, 국문학, 국사학' 등과 같은 학문 분야를 가리킨다.29) 이와 같은 민족 정체성의 문제는 애국계몽기 국권 침탈의 위기에서 '국수(國粹)'를 찾는 일로 표출된다. 특히 국수를 보존하는 도구로서 '국어'와 '역사'에 대한 관심이 높아지고, 이를 중심으로 한 교육운동이 전개되었다.

【 國漢文의 輕重 】

自國의 言語로 自國의 文字를 編成ᄒ고 自國의 문자로 自國의 歷史 地誌를 纂輯ᄒ야 全國人民이 捧讀傳誦ᄒ여야 其固有ᄒ 國粹을 保持ᄒ며 純美ᄒ 愛國心을 鼓블ᄒ올지어늘 今에 韓人을 觀하건듸 唐堯虞舜을 檀君扶婁보다 더 信仰ᄒ며 殷湯周武를 赫居世 東明王보다 더 謳歌ᄒ며 漢武帝 唐太宗은 天下 巨英雄으로 認ᄒ되 廣開土王 太宗文武王은 偏邦 細蟹傑로 視ᄒ며 宋太祖 明太祖ᄂ 萬古 聖天子로 尊ᄒ되 溫祚王 王建太祖ᄂ 一時 小兒輩로 笑하며 韓信 彭越은 樵歌巷謠에도 偏傳ᄒ되 梁万春 崔春命은 何國 男兒인지 茫不知ᄒ며 蕭何 曹參은 閭嗟童舌에도 乱誦ᄒ되 黃喜 許稠ᄂ 何代 人物인지 杳不聞ᄒ고 積城 一小峴은 叛將軍의 竹馬故蹟을 爭道ᄒ되(積城縣에 셜馬馳라 云ᄒᄂ 一小峴이 有ᄒᄃ 此ᄂ 高句麗를 背叛ᄒ고 唐朝에 入仕ᄒ던 셜仁

---

29) 박걸순(2009)에서는 이 분야의 국학운동을 집중 조명하였다.

貴의 兒時馳馬處라 云홈), 平壤 石多山(乙支文德의 産出地)은 古碑가 零落ᄒ
고 扶餘 白古江온 敵壯士의 釣龍佳話를 共傳ᄒ되(唐蘇定方이 百濟를 侵하
다가 風雨大作ᄒ야 渡江치 못홈으로 曰此는 江龍이 護國이라ᄒ야 壯士를
募ᄒ야 白馬餌로 龍을 釣ᄒ얏다 云홈) 高麗 九連城은(尹관이 女眞을 征服ᄒ
고 此城을 築홈) 宿草가 荒涼하야 自家先祖는 忘域에 頓置ᄒ고 他人보牒만
曾藏千卷홈이니 可恥可笑가 此에 孰甚이며 楚漢戰場이 公家에 何關이완딕
腦髓 未堅ᄒ 六七歲 小童子가 終日 滎陽 廣武 슈水 彭城 等에 齒酸ᄒ고 禹공
治水가 爾生에 何功이완딕 聰明已減ᄒ 七八旬 老經生이 幾年冀州 荊州 靑州
豫州 導山導水 等에 髮白ᄒ니 惜夫라.

번역 자국의 언어로 자국의 문자를 만들고, 자국의 문자로 자국의 역사
지지를 편집하여 전국 인민이 봉독 전송해야 그 고유한 국수(國
粹)를 보존 유지하며 순미한 애국심을 고취할 것이거늘, 금일 한국인을
관찰하면 당뇨우순을 단군 부루보다 더 믿으며 은탕 주무를 혁거세 동명
왕보다 더 찬양하고, 한문제 당태종은 천하의 큰 영웅으로 인식하되 광개
토왕 태종 문무왕은 편방의 작은 야만족 호걸로 간주하며, 송태조 명태조
는 만고의 성천자로 존경하되 온조왕 왕건 태조는 한때 소아의 무리로
비웃고, 한신과 팽월은 초동의 노래나 거리의 민요에도 전해오되 양만춘
최춘명은 어느 나라 남아인지 분망히 알지 못하고, 소하와 조참은 아녀자
의 입이나 아동의 혀에도 어지럽게 읊조리나 황회 허조는 어느 시대 인물
인지 묘연히 들어보지 못했고, 적성의 한 고개는 반적 장군의 죽마고적을
다투되(적성현에 설마치라고 일컫는 한 작은 고개가 있는데, 고구려를 배
반하고 당나라에 들어가 벼슬하던 설인귀의 어렸을 때 말을 타던 곳이라
고 함), 평양 석다산(을지문덕의 출생지)은 옛날 비석이 영락하고, 부여
백고강은 적장이 용을 낚았다는 이야기를 모두 전하되(당의 소정방이 백
제를 침략하다가 풍우대작하여 도강하지 못하니 말하기를 이는 강의 용
이 나라를 보호하는 것이라고 하여 장사를 모아 백마를 먹이로 하여 용을
낚았다고 함), 고려 구연성(윤관이 여진을 정복하고 이 성을 쌓음)은 숙초

가 황량하여 자기의 조상은 잊어버린 지역에 던져두고, 타인의 족보만 가슴 속에 천권을 담으니 가히 수치스럽고 비웃음이 이보다 더 심한 것이 없으며, 초한대전이 공가(公家)와 무슨 관련이 있기에 뇌수가 굳지 못한 6~7세 어린 아동이 종일 영양 광무 수수 팽성 등에 이를 물고, 우공치수 가 그들의 삶에 어떤 의미가 있기에 총명함이 사라진 7~80 노인이 몇 년이나 익주, 형주, 청주, 예주 도산도수 등에 머리가 희어지니 안타깝다.

—『대한매일신보』, 1908.3.19

이 논설은 근대 계몽기 국수 회복을 위한 국어, 국사, 국토 의식의 중요성을 강조한 논설로, 『대한매일신보』나 『황성신문』 등의 애국계몽 담론에서 흔히 볼 수 있는 내용을 담고 있다. 이 시기에는 국문의 통일 이 이루어지지 못한 상태에서 국문의 중요성이 강조되고, 자국의 국수 를 유지 보존해야 한다는 차원에서 역사와 지리 연구가 애국계몽가들 의 주된 관심사가 되었다. 이러한 운동은 국권 침탈기 '국학' 연구의 기원을 이룬다.

그러나 일제에 의해 국권이 상실된 1910년 이후에는 '한국', '조선'이 라는 국가 명칭이 사라지고, 이에 따라 근대 계몽기에 싹을 틔웠던 국학 연구가 제대로 이루어질 수 없었다. 신주백(2014)에서 논의한 바와 같이, 한국사 연구가 자리를 잡기도 전에 1909년의 조선고적조사사업이 추진 되었고, 1916년에는 조선반도사편찬사업이 기획·추진되기도 하였다. 무단통치의 위압 속에 다소의 자유도 허용되지 않는 상황에서 '조선어', '조선역사', '조선문학'을 연구하는 일은 거의 가능하지 않았다.

특히 1910년대 일본어 보급 정책이 전면적이고 강압적으로 실시되 는 상황에서 국학을 연구하는 일은 거의 가능하지 않았다. 학교의 교육 용어가 모두 일본어로 바뀌었고, '조선어급한문'을 제외한 모든 교과서 가 일본어로 편찬되었다.[30] 이러한 상황에서 조선어에 대한 관심은 일 부 유학생들의 논문[31]에만 등장하고, 국내에서 주시경의 후학으로 『조선말본』을 집필했던 김두봉도 상해로 망명하는 상황에 처한다.

1920년대 조선어연구회의 재건은 국어 분야에서 국학의 성립 가능성을 보여준다. 이와 관련하여 『동아일보』의 사설(1921.12.4)에서 연구회 조직을 '문화 운동'으로 규정하고, "정치가(政治家)나 군인(軍人)이 필요(必要)하지 아니한 것은 아니나 그러나 오인(吾人)은 금일(今日)에 재(在)하야 그 이상(以上)으로 학자(學者)와 농부(農夫)와 실업가(實業家)를 존경(尊敬)하여야 할 것이라."라고 주장하고, "조선(朝鮮)의 문화(文化)는 그 무엇으로써 기초(基礎)를 작(作)하며 그 무엇으로써 전제 요건(前提要件)을 성(成)하려는가. (…중략…) 사회(社會)가 상호(相互) 부조체(扶助體)이오 조직체(組織體)이며 차간(此間)의 의사소통(意思疏通)의 유일(唯一)한 기관(機關)이 언어(言語)라고 하면 차(此) 언어가 실(實)노 모든 문화운동(文化運動)의 근본 조건(根本條件)이 되는 것은 물론이라."라고 의미를 부여하였다. 이러한 흐름에서 조선어연구회에 참여했던 다수의 사람들은 민중 계몽을 통한 국어의 유지와 발전을 추구하였다. 그 가운데 주목할 만한 것으로 외솔의 '경도 유학생 하기 순회 강좌 원고'이다. 이 원고는 『동아일보』1922년 9월 29일부터 9월 23일까지 '우리말과 글에 對하야'라는 제목으로 연재되었다.[32] 이 원고에서 외솔은 '우리말과

---

30) 일제 강점기 교과서 정책과 교과서 편찬의 역사에 대해서는 허재영(2009)를 참고할 수 있다. 또한 장신(2007), 「조선총독부 학무국 편집과와 교과서 편찬」(한국학의 세계화사업단·연세대 국학연구소 편, 『일제 식민지 시기 새로 읽기』, 혜안)에 대해 자세한 분석을 시도한 바 있다.

31) 예를 들어 『학지광』 제4호(1915.2) 안확의 '조선어의 가치', 제6호(1915.7) 연구생의 '조선어학자의 오해' 등이 이에 해당한다.

32) 『동아일보』 1922년 8월 29일자에서 최현배는 "이 글은 금번(今番) 경도(京都) 유학생(留學生) 하기 순회강좌(夏期 巡廻講座)에서 내가 강의(講義)한 것을 그대로 정리(整理)한 것이외다. 나는 이째까지 스스로 지은 글을 남에게 보아 달라고 박아닌 일이 한 번도 업섯습니다. 그러나 이 글의 문제는 넘어도 우리 조선사람의 전체(全體)에 대(對)하야 긴절(緊切)하고 중대(重大)한 문제(問題)이라 한 사람이 홀로 이럿타 저럿타고만 하여서는 도저(到底)히 해결(解決)될 것이 아니요 쏘 여러분의 발표(發表)를 권(勸)하심도 잇기로 그 내용(內容)은 비록 완비(完備)치 못하나마 스스로 마지 못하는 책임(責任)의 감(感)과 의무(義務)의 심(心)으로서 감(敢)히 이를 신문지상(新聞紙上)에 발표(發表)하노니 우

글'에 대한 연구가 한 개인의 입장이 아니라 '민중의 장래'와 밀접한 관련을 맺고 있음을 강조하고, 발달된(피어난) 우리말이 되기 위해서 '낱말 수가 많을 것, 다른 나라의 말이 섞이지 않을 것, 규칙이 바르고 논리가 정밀할 것, 통일이 있을 것, 말하는 사람의 수가 많을 것, 문화나 정치상 진보한 말이 될 것' 등을 주장하였다. 그는 이를 실천하기 위해 '문자의 연구, 소리의 연구, 어법의 연구, 조선어 교육을 합리적으로 충분히 할 것, 고어의 연구, 표준어의 조사, 자전의 완성'을 과제로 제시하였다. 22회에 걸쳐 연재된 이 원고는 외솔의 원고로는 가장 먼저 이루어진 것으로 보이는데, 외솔의 삶은 이 원고에서 제시한 주제들을 해결해 가는 과정과 일치한다.[33] 그런데 이 논문이 주목되는 이유는 논문의 내용이 일제 강점기 규범 통일(한글마춤법통일안 등) 이후 활발히 전개된 '한글 운동'[34]의 논리적 기반을 제공하고 있다.

한글이라는 명칭과 국문 연구는 본질적으로 조선 연구의 핵심을 이룬다. 특히 1926년 경성제대 법문학부 창설 이후, 조선 연구가 식민 지배 체제하에서 제도화되었음을 고려할 때, '한글'에 민족 고유성과 정체성을 상징화하는 작업은, 일제 강점기 민족의식 재발견의 차원에서 큰 의미를 갖는 것으로 풀이할 수 있다. 이 점에서 정렬모(1927)은 '조선어 연구의 의의'를 다음과 같이 서술한다.

【 조선어연구의 정체는 무엇? 】
입때까지의 世人은 所謂 朝鮮語研究者의 正體를 모른 것이 事實이다. 그

리 민중(民族)의 장래(將來)를 위(爲)하야 그 행복(幸福)과 번영(繁榮)을 도(圖)코자 사려(思慮)와 노력(努力)을 앗기지 아니하시는 同志 여러분은 이를 읽어 보시고 고명(高明)한 비평(批評)과 협동(協同)의 노력(努力)을 하여 주시기를 간절히 바라나이다."라고 밝힌 바 있다.

33) 이에 대해서는 허재영(2011ㄴ)을 참고할 수 있음.
34) 예를 들어 김윤경(1932)의 「최근의 한글운동」(『동광』 40), 이극로(1936)의 「한글통일운동의 사회적 의의」(『조광』 2(11)), 이극로(1938)의 「한글운동과 조선어사전」(『조광』 4(1)) 등의 논리는 이 논문의 논리와 크게 다르지 않다.

네는 朝鮮語研究者를 指目하여 '새말을 지어내는 사람' 혹은 '없어진 말을 찾아 쓰는 사람' 혹은 '쉬운 말을 어렵게 쓰려는 사람'으로 알어온 것 같다. 그러나 이것은 마치 여러 盲人이 全象의 局部局部를 評함과 같아서 病身의 片見에 지나지 못한 즉 그 不當을 탓할 길도 없거니와 世人으로 그러한 妄斷에 빠지게 한 罪의 太牛은 所謂 朝鮮語研究者 自身이 引責하여야 할 것이다. (…中略…) 우리의 生命과 같이 貴重한 國語=[註] 言語學上으로 보아 어느 特殊한 體系를 갖훈 文法에 依하여 統一된 言語의 一團을 國語라 하나니 假令 英國과 米國과는 政治上 獨立한 兩個 國家이지마는 英語이라는 一個 國語를 使用하는 것이요 朝鮮語와 日本語는 그 文法上 體系가 다르므로 政治上 意味를 떠나서 兩個 國語가 되는 것이다=를 拒否 厭避하는 弊까지 생기게 하였다. (…中略…) 그러한 國語는 實로 먼 祖上에서 傳해준 國民 共有의 貴重한 遺産이니 이 遺産을 繼承하여 完全히 이것을 次代에 傳하여 주는 것은 우리의 責任이요 또 이것을 琢磨하여 더 좋게 만들어서 傳하는 것은 次代에 對한 責任일 것이다.

번역 이때까지 세상 사람들은 조선어 연구자의 정체를 모른 것이 사실이다. 그들은 조선어 연구자를 지목하여 새말을 만들어 내는 사람, 혹은 없어진 말을 찾아 쓰는 사람, 혹은 쉬운 말을 어렵게 쓰려는 사람으로 알아 왔던 것 같다. 그러나 이것은 마치 여러 맹인이 코끼리의 부분 부분을 평하는 것과 같아, 병신의 편견에 지나지 못한 것이니 그 부당함을 탓할 길도 없지만, 세상 사람이 그러한 망단에 빠지게 한 죄의 태반은 조선어 연구자 자신이 책임져야 할 것이다. (…중략…) 우리의 생명과 같이 귀중한 국어(언어학상으로 보아 어느 특수한 체계를 갖춘 문법에 의해 통일된 언어를 국어라고 하니, 가령 영국과 미국은 정치상 독립한 두 국가이지만 영어라는 일개 국어를 사용하는 것이요, 조선어와 일본어는 그 문법상 체계가 다르므로 정치상 의미를 떠나 두 개 국어가 되는 것이다)를 거부하고 회피하는 폐단까지 생기게 하였다, (…중략…) 그러한 국어는 실로 먼 조상이 전해준 국민 공유의 귀중한 유산이니 이 유산을 계승하여

완전히 다음 세대에 전해 주는 것은 우리의 책임이요, 또 이것을 갈고
다듬어 더 좋게 만들어 전하는 것은 다음 세대에 대한 책임일 것이다.
—정렬모(1927), '조선어 연구(朝鮮語研究)의 정체(正體)는 무엇?',
『한글』 1권 2호, 한글사

이 논설에서는 '조선어'를 '국어'로 규정하고, 일본어와 조선어는 별
개의 언어로 각자 국어가 되어야 한다고 주장한다. 이는 1910년대 동화
정책 이후 조선어가 민족 고유성을 상징하며, 국어가 우리의 생명과
같다고 규정한 점에서 민족 정체성의 상징물로 인식되었음을 의미한
다. 물론 이러한 논리는 근대 계몽기 주시경에서 비롯된 것이지만, 일
제 강점이라는 시대 상황에서 조선어 연구가 국학정신을 대표하는 분
야로 인식되었음을 나타낸다.

이와 같은 상황에서 1930년대에는 '조선학' 또는 '조선주의'라는 용
어가 출현한다. 조선학은 신주백(2014)에서 밝힌 바와 같이, 경성제국대
학 졸업자들이 중심이 되어 사용한 용어이다. 이 대학 철학과를 졸업한
신남철(申南澈)의 논문을 살펴보자.

【 最近 朝鮮研究의 業績과 再出發(2): 朝鮮學은 어떠케 樹立할 것인가 】

朝鮮學이라는 것은 決코 觀念的으로 朝鮮의 獨自性을 神秘化하는 國粹
主義 見解와는 아무 因緣도 가지지 않는 것이여야 한다는 것을 注意하지
않으면 아니될 것이다. 朝鮮學은 決코 朝鮮의 過去만을 硏究 對象으로 하
는 것도 아니고, 超越的 存在를 信仰 對象으로만 하는 宗敎도 아니다. 그러
타고 文學 乃至 朝鮮語學의 理論的 乃至 歷史的 把握을 目的으로 하는 것도
아니다. 史學的 硏究만도 아니오, 文學的 硏究만도 아니오, 民俗史的 硏究
만도 아니다. 그것은 이것들을 모두 包容한다. 그러타고 이것들을 한 개
補助科學으로 하야 成立되는 것도 아니다. 그것은 이것들의 專門的 科學的
硏究의 諸成果가 全體的 連關下에서 現代的 意識을 通하야 批判 構成될 때

비로소 나타나는 一個의 高次的 枕念이다. 그것은 반드시 基礎的 諸 硏究가 朝鮮의 諸 歷史的 形態를 專門的으로 究明한 成果를 土臺로 하야 잇는 것이 아니면 아니된다. 따라서 朝鮮學은 各部門的 硏究 없이는 不可能한 것이다. 朝鮮學은 朝鮮에 對한 無知한 歷史의 社會的 硏究를 기다려 비로소 成立하리라.

번역 조선학이라는 것은 결코 관념적으로 조선의 독자성을 신비화하는 국수주의적 견해와는 아무 인연도 가지지 않는 것이어야 한다는 것을 주의해야 한다. <u>조선학은 결코 조선의 과거만을 연구 대상으로 하는 것도 아니고, 초월적 존재를 신앙 대상으로만 하는 종교도 아니다.</u> 그렇다고 문학 내지 조선어학의 이론적 또는 역사적 파악을 목적으로 하는 것도 아니다. 사학적 연구만도 아니요, 문학적 연구만도 아니요, 민속사적 연구만도 아니다. 그것은 이것들을 모두 포용한다. 그렇다고 이것들을 하나의 보조과학으로 하여 성립되는 것도 아니다. 그것은 이것들의 전문적 과학적 연구의 모든 성과가 전체적 연관 하에서 현대적 의식을 통해 비판 구성될 때 비로소 나타나는 하나의 고차적 침념이다. 그것은 반드시 모든 기초적 연구가 <u>조선의 모든 역사적 형태를 전문적으로 구명한 성과를 토대로 한 것이어야 한다. 따라서 조선학은 각 부문적 연구 없이는 불가능한 것이다. 조선학은 조선에 대한 무지한 역사의 사회적 연구를 기다려 비로소 성립하리라.</u>

—『동아일보』, 1934.1.2

조선학은 사학, 국어학, 문학, 역사학을 아우르면서 중요한 것은 과학적 방법론에 의해 구축된 것이 조선학이라는 것이다. '과학적 방법론'으로 불리는 학문 연구 방법론은 근대 계몽기 이후 일제 강점기를 거치는 과정에서 국학 연구자들을 괴롭힌 문제 가운데 하나였다.

4.2. 과학적 방법론과 한계

근대 계몽기 국학 연구와는 달리 일제 강점기 조선 연구가 학문으로 인정받기 위해서는 과학적 연구 방법을 사용해야 한다는 논리는 1910년대 이후부터 본격적으로 제기되었다. 물론 과학적이라는 용어와 연구 방법의 문제가 이 시기 처음 제기된 것은 아니다. 1898년『친목회회보』제6호 원응상의 '개화의 삼원칙'을 비롯하여 문명론이나 법률학 분야에서 '과학적 연구'에 관한 논의가 제기된 바 있고, 근대 계몽기 발행된 다수의 교과서에서도 연구 방법론을 소개한 사례가 많다. 그런데 특정 학문 분야에서 '과학'과 '비과학'을 구분하여 과학적 연구 방법이 적용된 것만이 학문으로서 가치가 있다는 논리는 1910년대부터 본격적으로 제기된 셈이다.

【 朝鮮語의 價值 】

近來 周時經 氏가 出하야 此에 專力하고 又 學生으로 하야곰 言語 研究熱을 鼓吹한지라. 然이나 氏는 不幸히 早逝하얏스며 其他 學者는 或 語音을 聲理로 解치 안코 文字形을 依하야 解하며, 又 或者는 現代 數萬의 外來語를 一切 廢止하고 古代語를 使用하자는 曲論 不合理說을 唱함으로 尙今까지 眞正한 言語學者가 無하야 神聖한 朝鮮語로써 蠻語가 되게 하고 오히려 外國學者에게 其研究를 讓케 되얏스니 엇지 痛歎치 안으리오. 嗚呼 學者 諸君이여. 速速히 此에 熱心하야 聲音의 原理, 文法의 組織을 發見 公布하야 朝鮮語로써 世界 一等語를 作케 하라. 諸君, 諸君이 朝鮮語로써 羅甸語와 如히 神學上에만 用할 터인가. 쏘 諺文으로써 埃及文과 如히 古碑面에만 刻케 할 터인가? 엇지 勉勵치 안을가 보냐!

번역 근래 주시경 씨가 나타나 이에 전력하고 또 학생으로 하여금 언어 연구열을 고취하였다. 그러나 씨는 불행히 일찍 서거하였으며 기타 학자는 혹 어음을 성음 이치로 풀이하지 않고 문자형에 의해 해석하며 또 혹자는 현대 수만의 외래어를 모두 폐지하고 고대어를 사용하자는 왜곡된 이론 불합리한 설을 주창하여 지금까지 진정한 언어학자가 없어 신성한 조선어가 야만의 어가 되게 하고, 오히려 외국학자에게 그 연구를 양보하게 되었으니 어찌 통탄하지 않겠는가. 아아. 학자 제군이여. 급히 이에 힘을 기울여, 성음의 원리, 문법의 조직을 발견 공포하여 조선어가 세계 일등어가 되게 하라. 제군. 제군이 조선어로 라틴어와 같이 신학에서만 사용할 것인가. 또 언문이 이집트 문자와 같이 옛날 비석에만 새기게 할 것인가. 어찌 면려하지 않을 수 있겠는가.

　　　　　　　　　　—'조선어의 가치', 『학지광』 제4호, 1915.2

이 글에 나타난 '원리, 조직' 등은 학문적 차원에서 과학론을 의미한다. 이처럼 언어 연구의 과학성을 주장한 데는, 이 시기 과학 담론이 보편화되고 있었기 때문이다. 『학지광』에는 자연과학의 과학 담론, 상식과 과학의 문제, 일반 학문 분야의 과학적 연구 등과 관련된 다수의 논문이 게재되었는데, 이러한 경향도 이 시기 과학주의가 보편화되는 현상을 나타낸다.

과학주의는 일제 강점기 국학 연구자들이 대부분 고민했던 문제이다. 그러나 일제 강점기라는 시대 현실에서 과학적 연구 방법이 국학 연구 분야에 쉽게 정착될 수 있었던 것은 아니다. 특히 1910년대의 경우 조선어로 학문하는 일 자체가 불가능했기 때문에 연구 방법에서의 진보를 기대하는 일은 불가능하다. 이 점에서 1920년대 『동아일보』에 번역 소개된 사회과학 방법론이나 자연과학 방법론은 과학적 연구 담론을 활성화하는 데 기여한 것으로 보인다. 그 중 하나로 1920년 5월 19일부터 9월 1일까지 55회에 걸쳐 연재된 '우주(宇宙)'의 일부를 살펴보자. 이 논문은 미야게 세쓰레이(三宅雪嶺)35)의 『우주』를 번역한 것이다.

---

35) 미야게 세쓰레이(三宅雪嶺, 1860~1945). 일본의 저널리스트이자 평론가. 본명은 유지로

【 宇宙 】

ㄱ. 觀察과 推理의 離合: 回想컨대 驚駭는 發明의 母이라 함은 多少의 眞理를 包含하엿도다. 人은 何事에던지 驚駭하면 注意하야 此를 察하랴 하며 注意하야 此를 察하면 更進하야 此에 對한 思考를 行하게 되나니 此가 觀察과 推理의 生하는 所以라. 人智가 幼稚하얏슬 時에는 可驚할 價値가 無함에 大驚하기도 하며, 可驚할 事에는 反히 驚駭치 안키도 하얏슴으로 其觀察이 幼稚하고 其推理가 幼稚하야 智識으로는 混沌하고 未形成이라 云하야도 可하얏도다. 然이 年代의 推移함을 隨하야 經驗이 漸次 累積하는 中에는 <u>觀察과 推理가 幷進하야</u> 動輒 卽 分業에 馳하야 觀察을 爲主하야 實驗에 置重하는 人과 推理를 爲主하야 實驗을 笑하는 人의 區別을 生하기에 至하야 兩兩 相爭하는 間에 <u>百聞이 不如一見이라. 次次 實驗을 重視하게 됨이 勢力을 得하게 된 것</u>이라. 然而 雙方이 共히 正嚴만 할진대 觀察과 推理는 決코 矛盾된 것이 안인 故로 人智의 發達에 副하야 此 兩者는 相携詳輔하야 遂히 今日의 科學을 成하기에 至한 것이라.

번역 관찰과 추리의 이합: 회상하건대 경해(놀람)가 발명의 어머니라고 하는 것은 적지않은 진리를 포함한다. 사람은 어떤 일이든지 놀라면 주의하여 이를 관찰하려 하고, 관찰하면 다시 나아가 사고(思考)하게 되니, 이것이 관찰과 추리가 생겨나는 이유다. 인지가 유치할 때는 가경할 가치가 없는 것에 놀라기도 하고, 놀랄 만한 일에는 도리어 놀라지 않기도 하였으므로 관찰이 유치하고 추리가 유치하여 지식이 혼돈으

[雄二郎]. 1883년 도쿄대학[東京大學] 철학과를 졸업했다. 1888년 이노우에 엔료[井上円了], 스기우라 주고[杉浦重剛], 시가 시게타카[志賀重昻] 등의 지지를 얻어 세이교샤[正敎社]를 조직하고 잡지『니혼진(日本人)』을 발행, 도쿠토미 소호[德富蘇峰] 등의 '구화주의'에 반대해 '일본주의'를 제창했다. 1889년 구가 가쓰난[陸羯南]이 창간한 신문『니혼(日本)』에서도 주필로 참가해 국수주의적 입장에서 반정부적인 평론활동을 전개했다. 1906년『니혼』을 퇴사하고『니혼진』을『니혼 오요비 니혼진(日本及日本人)』으로 제호를 바꾸었다. 1923년 다른 편집자와 의견이 대립되자 이 잡지를 떠나 개인 잡지인『가칸(我觀)』을 창간했다. 1943년 문화훈장을 받았다. 8번이나 중의원에 당선된 유명한 나카노 세이고[中野正剛]는 그의 사위이다. 주요 저서로『진선미 일본인(眞善美日本人)』,『동시대사(同時代史)』,『우주(宇宙)』 등이 있다. (이상은 다음 백과에서 옮김.)

로 혼돈하여 형성되지 않았다고 해도 될 것이다. 그러나 시대가 달라짐에 따라 경험이 점차 축적되는 과정에서 관찰과 추리가 병진하여 동첩(童輒) 곧 분업하여 관찰을 중심으로 실험에 치중하는 사람과 추리를 중심으로 실험을 비웃는 자를 구별하기에 이르러 서로 다투는 사이에 백문이 불여일견이라, 차차 실험을 중시하는 것이 세력을 얻게 되었다. 그러나 쌍방이 모두 엄격하기만 하다면 관찰과 추리는 결코 모순된 것이 아니므로, 인지 발달에는 이 두 가지가 서로 손잡고 보완하여 드디어 금일의 과학을 이룬 것이다.

—『동아일보』, 1920.5.19

ㄴ. 科學-體系論: 今日의 所謂 <u>知識은 事實을 觀察 推理하야 得한 法則을 組織的으로 作成한 科學과 次次 科學되기에 至할 學問 卽 準科學을 依하야 知得할 範圍에 不過한 바 科學 及 准科學을 離하야 知識은 姑無하다 云할지로다.</u> 今日의 科學도 旣히 相當히 進步는 하얏스나 諸科學은 別別 個個히 進步한 것이오, 此에 依하야 宇宙가 果然 何如한 것인지를 知함은 頗히 困難한 事이라. 於是에 科學은 如何히 分類하고 如何한 順序로 排列하야 攻究하면 諸科學의 聯絡이 明瞭하고 從하야 宇宙의 實體를 知得하게 될가 하고 其 分類와 法式과 排列의 順序 卽 科學의 體系(系統的 組織)에 就하야 各種의 意見을 立한 學者가 出現하게 된 것이라.

번역 과학-체계론: 금일의 이른바 과학은 사실을 관찰·추리하여 얻은 법칙을 조직적으로 작성한 과학과 차차 과학이 될 만한 학문, 즉 준과학에 따라 깨우쳐 이해할 만한 범위에 지나지 않으니, 과학 및 준과학을 떠나서 지식은 진실로 없다고 할 것이다. 금일의 과학도 이미 상당히 진보하였으니 모든 과학은 별개로 진보한 것이요, 이에 의해 우주가 과연 어떤 것인지를 아는 것은 자못 곤란한 일이다. 이에 과학이 어떻게 분류되고 어떤 순서로 배열하여 연구하면 제반 과학의 관계가 명료하며, 따라서 우주의 실체를 알게 될 것인가를 논하여 그 분류와 법칙과 배열의 순서, 즉 과학의 체계(계통적 조직)에 관한 각종의 견해를 내세운 학자들이 출현하게 되었다.

—『동아일보』, 1920.5.21

ㄷ. 哲學: 哲學이란 임의 四五十年 前에 생긴 譯語이니 或者는 이것을 '理學'이라고도 譯하얏스나 다 갓치 '필로소피'란 意義에 共通될 짜름이로다. 然而 自前으로 支那哲學이니 印度哲學이니 하는 말이 잇슴을 보건대 數千年부터 東洋에 存在한 것에도 適用하야 그 名辭를 冠할 수 잇는데 그 所謂 哲學이란 中에는 順序가 整然한 長編의 議論도 잇스며 쏘는 短編의 論理도 잇서 其間에 多少 共通하는 엇던 點이 업는 것은 안이라, 그 畢竟에는 哲學의 定義와 밋 그 範圍가 殆히 漠漠하얏도다. (보완) 엇던 科學이던지 攻究하야 理解할 만한 데까지는 考究하려는 것인대 哲學이란 그 以上에도 오히려 諸般의 科學에 通하는 普遍의 理致를 發見하려 하얏스나 發見할 能力은 업슬 것이라. 故로 今日까지에도 諸般 科學의 原理의 原理를 攻究하는 學이라 稱하는 哲學도 其終也에는 一般의 科學에 貢獻함이 잇다 하나 업는 것과 無異하게 된 것이 當然하도다.

번역 철학은 이미 사오십년 전에 생긴 번역어이니 혹자는 이것을 '이학(理學)'이라고도 번역하였으니, 모두 '필로소피'라는 의미를 갖는다. 그러나 이전부터 중국철학이니 인도철학이니 하는 말이 있음을 본다면 수 천 년부터 동양에 존재한 것에도 적용하여 그 명사를 사용할 수 있는데 소위 철학 중 순서가 정연한 장편의 논의도 있으며 단편의 이론도 있어, 다소 공통점이 없는 것은 아니지만 마침내 철학의 정의와 범위가 모호해졌다. (…중략…) 어떤 과학이든지 공구하여 이해할 만한 데까지는 고찰 연구하려 하는데, 철학은 그 이상 오히려 제반 과학에 통하는 보편의 이치를 발견하려 하였으나, 발견할 능력은 없을 것이다. 그러므로 금일까지 제반 과학의 원리의 원리를 연구하는 학문이라고 칭하는 철학도 마침내 일반 과학에 공헌함이 있다고 하지만 없는 것과 다름없게 된 것이 당연하다.

—『동아일보』, 1920.5.23

근대 학문이 형성되면서 '과학'과 '철학'의 개념어가 도입되고[36], 이를 각 분야의 학문에 적용하면서 생긴 문제 가운데 하나는 '과학적 연구'에 대한 절대적 신뢰, 또는 비과학으로 불리는 사유체계에 대한 불신이다. 안확(2015)의 비판을 비롯하여 1920년대 국학 연구자들에게도 이러한 태도는 빈번히 나타난다. 그러나 국학 연구의 기반을 갖추지 못한 상태에서 과학적 연구에만 집착할 경우, 어느 정도 실질적인 연구가 가능할지에 대해서는 쉽게 답을 내릴 수 없다. 이 점은 권덕규(1922)에서도 지적된 바 있다.

【 朝鮮語 硏究의 必要 】

　흔히 語學을 硏究한다 하면 어느 나라의 말 그대로 옮기는 것으로써 語學 硏究의 目的으로 안다. 그러함으로 쌀하서 그 나라 말을 喋喋히 옮기는 것으로써 第一 長技로 알기도 한다. 그러하나 이것으로서 語學하는 이 곳 語學者라 하지는 못할지니 만일 이것으로써 語學硏究者라 하면 저 商店 가튼 대에서 物件의 이름이나 옮기고 갑시나 무르는 것으로 語學硏究者라 하리라. 그러하야 이로써 語學硏究者라 하지 아니하는 것은 그들이 아무 方面에서 所用이 업슴일세니라. 爲先 語學은 무슨 必要로 硏究하는가. 이에 對하야는 一般의 語學을 硏究하는 者가 <u>大槪 세 가지 目的으로써 그 硏究의 態度를 삼나니 言語를 硏究하는 目的은 思想을 換하는 實用的 方面으로도 잇고 言語를 硏究 對象으로 하는 科學的 方面도 잇스며 쏘한 이로써 古代 人文의 發達을 說明하는 應用的 方面 곳 文獻學的 硏究도 잇나니라.</u>

　그 <u>實用的 方面</u>이라 함은 우리가 가장 自由롭게 가장 正確하게 말을 하

고 적는 것으로써 目的하는 것이니 그럼으로써 이 方面에서는 言語의 內容, 實質 構造 等에 조금도 關係하지 안음으로 科學的 가치는 업는 것이며, 그 科學的 方面이라 함은 言語 이것을 硏究의 對象으로 하야 科學的으로 硏究하는 것이며, 그 應用的 方面이라 함은 古代의 言語, 文字 쏘는 文學을 硏究의 對象으로 하야 古代 國民의 智識이 어는 程度까지 發達하얏나 쏘는 그 智識的 産物에는 엇더한 것이 잇는가의 곳 古代의 人文 發達의 程度를 說明하는 것이라. 語學硏究의 目的은 普通으로 이만콤 하야 두고 다시 우리 朝鮮에는 語學을 硏究하는 사람이 며치나 되며 쌀하 硏究하는 方面은 무엇으로인가 뭇고 십허 하노라. 門戶를 開放한지 이미 몃 十年에 內外國 語學을 硏究하는 사람도 얼마되지 아니하려니와 硏究한다 하드라도 科學的 硏究 및 文獻學的 硏究는 姑舍하고 實用的 方面 곳 말하고 적고 하는 대에도 가장 自由롭고 가장 正確하게 하는 이가 며치 되지 아니한다 하더라. 그러하매 勿論 語學을 科學으로 硏究하는 이도 缺如한 中 더욱 朝鮮語 곳 自家語는 硏究도 무엇도 업시 自然의 音 그대로 發하면 그만이요 硏究 等事는 夢想도 밧기더라. (…中略…) 다시 말할 것 업시 朝鮮語는 우리와 가장 密接한 關係가 잇난지라 돌이어 그 重大함을 모르도다. 外國人의 語學 硏究하는 態度를 볼진대 硏究의 세 方面을 발바 自國語와 同系語와의 關係, 쏘는 自國語가 世界에 對한 地位, 쏘는 各時代 言語의 歷史的 變遷 等의 모든 問題를 比較 硏究하야 말하자면 科學的 硏究 곳 言語學的 硏究를 하거늘 우리는 아주 쉬운 말한마듸 글씨 한 字 쓰는 實用的 方面에도 가지 못하얏나니 참으로 남이 부끄러운 일이로다.

번역 흔히 어학을 연구한다고 하면 어느 나라의 말을 그대로 옮기는 것을 어학 연구의 목적으로 안다. 따라서 그 나라 말을 재잘재잘 옮기는 것을 제일 장기로 알기도 한다. 그러나 이것이 '어학'하는, 곧 어학자라고 하지는 못하겠지만 만일 이것을 어학 연구자라 하면, 상점 같은 데서 물건의 이름이나 옮기고 값을 묻는 것을 어학 연구자라 할 것이다. 그래서 이런 것을 어학 연구자라 하지 않는 않는 것은 그것이 어느 방면에서 소용이 없기 때문일 것이다. 우선 어학은 무슨 필요에서 연구하는가. 일반적으로 어학을 연구하는 것은 대개 세 가지 목적으로 연구의 태도를 삼으니, 언어를 연구하는 목적은 생각을 주고받는 '실용적 방면'이 있고, 언어를 연구 대상으로 하는 '과학적 방면'도 있으며, 또 이를 고대 인문 발달을 설명하는 '응용적 방면', 곧 '문헌학적 연구'도 있다.

실용적 방면이라고 하는 것은 우리가 가장 자유롭게, 가장 정확하게 말을 하고 적는 것을 목적으로 하는 것이니, 이 방면에서는 언어의 내용, 실질, 구조 등에 조금도 관계하지 않기 때문에 과학적 가치는 없다. 과학적 방면은 언어, 그 자체를 연구 대상으로 하여 과학적으로 연구하는 것이며, 응용적 방면은 고대의 언어, 문자 도는 문학을 연구의 대상으로 하여, 고대 국민의 지식이 어느 정도까지 발달하였나 또는 그 지식의 산출물에는 어떤 것이 있는가, 곧 고대의 인문 발달의 정도를 설명하는 것이다. 어학 연구의 목적은 이 정도로 그치고, 다시 우리 조선에 어학을 연구하는 사람이 몇이나 되며 연구하는 방면은 무엇인가 묻고 싶다. 문호를 개방한 지 이미 몇 십 년, 내외국 어학을 연구하는 사람도 얼마되지 않지만, 연구한다 하더라도 과학적 연구 및 문헌학적 연구는 고사하고, 실용적 방면 곧 말하고 적고 하는 데에도 자유롭고 정확하게 하는 사람이 몇이 되지 않는다고 한다. 그런데 과학을 연구하는 사람도 부족한 가운데, 더욱 조선어 곧 자가어(自家語) 연구는 무엇도 없이 자연의 소리 그대로 발하면 그만이요, 연구는 몽상 밖이다. (…중략…) 다시 말할 것 없이 조선어는 우리와 가장 밀접한 관계가 있으므로, 도리어 그 중요함을 모른다. 외국인의 어학 연구 태도를 보면 연구의 세 방면을 밟아 자국어와 동계어와의 관계, 또는 자국어가 세계에 갖고 있는 지위, 또는 각 시대 언어의 역사적 변천 등 모든 문제를 비교 연구하여 말하자면 과학적 연구, 곧 언어학적 연구를 하는데, 우리는 아주 쉬운 말 한마디 글씨 한 자 쓰는 실용적 방면도 밟지 못했으니 참으로 부끄러운 일이다.

—'조선어 연구의 필요', 『동아일보』, 1922.4.1

이 논문에서는 어학 연구를 실용적, 과학적, 응용적(문헌적) 차원에 세 가지로 나누고, 과학적 연구가 필요함을 역설하고 있다. 그런데 당시 조선의 어학 연구는 의사소통을 원활하게 하는 실용적 연구조차 힘든 상황이라는 것이다. 엄밀히 말하면 근대 이후 '문전(文典)' 연구에도 과학적 방법이 전혀 고려되지 않은 것은 아니다. 그럼에도 어문 통일이 이루어지지 않은 상황에서 표기 규범 제정이나 문법 정리가 시급한 상황에서 역사·비교 연구, 분석적 연구가 쉽지 않았음은 틀림없다. 안확(2015), 김두봉(1917, 1922) 등에 반영된 비교 방법이 존재하기는 하지만, 시라토리 구라키지(白鳥庫吉), 가나자와 쇼자부로(金澤庄三朗), 다카하시 도루(高橋亨)와 같은 일제 관학자들이 조선어의 어원을 근거로 한일어의 알타어설을 제기하거나 한일어 동계설, 심지어 일선동조론(日鮮同祖論)을 제기하더라도, 그에 대한 비판적 견해를 제시할 수 있는 과학적 연구가 뒷받침될 수 있는 상황은 아니었다.

이러한 상황에서 1926년 이후 경성제대를 중심으로 한 '조선학'이 등장하였으며, 그 과정에서 과학주의가 다시 한 번 위력을 발휘하게 된 셈이다. 이준식(2014)에서 밝힌 바와 같이 동경 제국대학 우에다 가즈토시(上田萬年)[37]와 가나자와의 영향을 받은 오쿠라 신페이(小倉進平), 고노 로쿠로(河野六朗)는 조선어의 역사, 발음(음운), 방언 연구에서 철저한 실증주의를 적용하고자 하였으며,[38] 이마니시 류(今西龍), 오다 쇼고(小田省吾), 스에마쓰 야스카즈(末松保和) 등의 역사학도 과학주의로 명명된 실증사학에 기반을 두었다.[39]

경성제대는 본질적으로 재조선 일본인 학생들을 위해 설립한 대학이

---

37) 우에다는 동경 제국대학 언어학과 교수로 국어연구실을 창시했으며, 문부성 전문학무국장, 신궁황학관장을 역임하였다. 일본의 표준어 설정, 언문일치, 표음문자 채용, 가나 개정, 방언 박멸 등 일본어의 표준화에 중요한 역할을 담당했다.
38) 이준식(2014), 「경성제국대학 조선어문학과의 언어학」, 『한국 근현대 인문학의 제도화』, 소명출판.
39) 장신(2014), 「경성제국대학 사학과의 자장」, 『한국 근현대 인문학의 제도화』, 소명출판.

었다.[40] 그러나 조선인 학생을 중심으로 다수의 회지가 발행되었는데, 『청량(淸凉)』(경성제국대학 학우회 문예부), 『회보(會報)』(경성제국대학 국어국문학회), 『경성제대 사학회보(京城帝大史學會報)』(경성제대 사학회), 『성대문학(城大文學)』(성대문학 동인), 『성대문화(城大文化)』(성대문화 동인), 『학총(學叢)』(경성제대 문학부)[41] 등의 일본어 잡지와 『문우(文友)』(경성제국대학 예과 문우회), 『조선어문학회보(朝鮮語文學會報)』(경성제대 법문학부) 두 종의 국문 잡지가 대표적이다. 이 가운데 『문우』는 '조선 문예의 연구와 장려'(회칙)를 표방한 문예지여서 학리적 연구와 관련된 글은 많지 않았던 것으로 보이나[42] 1931년 법문학부 재학생들을 중심으로 조직된 '조선어문학회'의 동인지 『조선어문학회보』는 제1호(1931.7)부터 제7호(1933.7)까지 조선어, 문학, 예술(민요, 연극) 분야의 조선 연구에 적지 않은 영향을 끼쳤던 것으로 보인다.[43] 이 학회의 연구 풍토에서도 문헌 실증을 토대로 한 과학적 연구를 중시했음은 제1호 '민요 연구의 참고서', 제2호 의당(毅堂) '조선어문연구서가'(제3호, 제5호까지는 의당, 제6호, 제7호는 여민이라는 필명으로 발표) 등의 자료 정리 사례를 통해서도 확인할 수 있다.

경성제대를 중심으로 한 실증주의 조선학은, 1930년대 국학 연구자들에게도 적지 않은 영향을 주었다. 신주백(2014)의 「조선학 학술장의

---

40) 허재영(1994), 「경성 제대 예과 창설의 역사적 성격」, 『국어교육과 말글운동』, 서광학술자료사. 이 책에 따르면 1924년 6월 12일 예과 합격생 170명 가운데 조선인은 46명이었으며, 이들도 경찰에서 철저한 사상조사를 하였다고 한다.

41) 『청량』, 『회보(會報)』, 『경성제대 사학회보(京城帝大史學會報)』, 『성대문학(城大文學)』, 『성대문화(城大文化)』, 『학총(學叢)』은 2012년 소명출판에서 '아단문고 미공개 자료 총서'로 영인되었다.

42) 2012년 소명출판 '아단문고 미공개 자료 총서'에 제4호와 제5호가 영인되었는데, 이 가운데 학술 담론으로 볼 수 있는 것은 제5호 노병운(盧炳雲)의 '생존경쟁과 과학' 등 극히 일부의 논문이 발견된다.

43) 허재영(2004), 「조선어문학회보」, 『조선어문학회보』, 역락출판사. 이 학회는 조선어학 및 문학의 과학적 연구를 취지로 결성된 단체로 김재철, 이희승, 조윤제, 방종현, 이숭녕, 서두수, 김태준이 참여하였다.

재구성」에서 정리한 바와 같이,44) 경성제대 졸업자를 중심으로 『신흥』
이 창간되었고(1932년), 법문학부 내에도 조선어문학회가 창립되어 『조
선어문학회보』가 발행되었다(1931년). 경성제대 졸업자들의 조선학 연
구는 『신흥』을 중심으로 한 마르크스주의 연구자들(신남철, 유진오, 김태
준 등)과 조선 고유의 어문학에 관심을 기울인 사람들(조윤제, 이희승,
김재철, 방종현, 김형규 등)의 두 경향이 있다. 정도의 차이는 있지만 이들
은 '과학적 방법'을 내세우면서 전래의 조선 연구 방법을 신랄하게 비
판하였는데, 그 근거는 조선의 고유성 연구가 비과학적이어서 신비화,
국수주의화하고 있다는 것이었다.

【 最近 朝鮮研究의 業績과 그 再出發(1) 】

極히 最近에 와서 朝鮮學이란 文句를 듣게 되엇다. 一部 '國學者'들 사이
에서는 이 말이 流行된 지 벌서 오랫겟지만 그것이 公然히 人口에 膾炙되
게 된 것은 極히 最近의 일에 屬한다. 그러면 朝鮮學이란 것은 어떠한 意味
內容을 가진 것이며 또 當然히 가져야 할 것인가. 吾人의 問題는 그 點을
解剖하고 扶出하야 그 科學的 構造를 整齊하는 데에 잇슬 것이다. 새로운
世代의 朝鮮에 對한 科學的 知識을 獲得하려는 努力은 當然히 從來 固陋하
고 觀念的인 方法에 依하야 研究되어 오는 朝鮮의 歷史的 文化에 對한 再吟
味를 要求하야 마지 안는다. (…中略…) 그러나 近年에 이르러 氣銳한 젊은
學徒들의 刻苦한 研究下에 차차로 專門的 研究가 차근차근 積蓄되어 가는
것을 볼 때 기뻐하는 反面에 從來의 學者들의 散漫하고 反科學的인 物語然
한 研究든지 또는 考證 爲主의 論斷이든지 모다 現實生活에 神話化시킨
非科學的 態度로 一貫한 것이 아니엿는가. 그러나 이것은 社會 全體의 現代
的 觀心에 寄與하는 바 적엇기 때문에 새로운 科學의 方法 下에 朝鮮을
再認識하려는 傾向이 濃厚하게 釀成되어 잇는 것을 볼 때 참으로 欽幸한

---

44) 신주백(2014), 「조선학 학술장의 재구성」, 『한국 근현대 인문학의 제도화』, 소명출판.

생각을 禁할 수가 없는 바이다. 이에 비로소 朝鮮學의 樹立—歷史科學的 方法에 依한—이 바야흐로 부르짖어지게 된 것은 現世의 必然한 바라고 하겠다.

번역 극히 최근에 와서 조선학이라는 문구를 듣게 되었다. 일부 국학자들 사이에서 이 말이 유행된 지 벌써 오래겠지만 그것이 인구에 회자되게 된 것은 극히 최근의 일에 속한다. 그러면 조선학이란 어떤 의미와 내용을 가진 것이며, 또 당연히 가져야 할 것인가. 우리의 문제는 그 점을 해부하고 도와 과학적 구조를 정제하는 데 있을 것이다. 새로운 세대의 조선에 대한 과학적 지식을 획득하려는 노력은 당연히 종래 고루하고 관념적 방법에 의해 연구되어 온 조선의 역사적 문화에 대한 재음미를 요구한다. (…중략…) 그러나 근년에 기예한 젊은 학도들이 각고의 연구 하에 차차 전문적 연구가 점차 축적되어 가는 것을 볼 때, 기뻐하는 반면 종래 학자들의 산만하고 비과학적 태도로 일관한 것이 아니었는지. 그러나 이것은 사회 전체의 현대적 관심에 기여하는 바가 적었기 때문에 새로운 과학적 방법 아래 조선을 재인식하려는 경향이 농후해지는 것을 볼 때 참으로 다행한 생각을 금할 수 없다. 이에 비로소 조선학의 수립 -역사적 방법에 의한-이 바야흐로 주창되게 된 것은 현재 세대의 필연한 것이라고 하겠다.

—신남철, '최근 조선연구의 업적과 그 재출발(1)', 『동아일보』, 1934.1.1

조선학 연구에서 표방한 과학주의는 실증주의와 밀접한 관련을 맺는다. 신남철의 글에도 나타나듯이 실증주의는 관념에 대립된 고증적인 태도를 의미하는데, 이는 1934년 진단학회의 창립 배경이 되기도 하였다. 『진단학보』 제1호(1934.11)에서는 이 학회의 창립 의의를 다음과 같이 설명하고 있다.

【 震檀學會 創立 】

근래(近來) 조선 문화(朝鮮文化)를 연구(研究)하는 경향(傾向)과 열성(熱誠)이 날로 높아가는 상태(狀態)에 있는 것은 참으로 경하(慶賀)에 견디지 못하는 바이나, 그런 경향(傾向)과 열성(熱誠)이 <u>조선인(朝鮮人) 자체(自體)에서보다 조선인(朝鮮人) 이외(以外)의 인사 간(人士間)에 더 많고, 큼을 발견(發見)하게 된다.</u> 그 까닭은 우리 스스로 냉정(冷靜)히 캐어볼 필요(必要)가 있지만, 어떻든 우리는 그런 연구(研究)까지 남에게 밀어 맡기어, 오직 그들의 노력(努力)과 성과(成果)만을 기다리고 힘입기를 바라는 者이 아니다. 비록 우리의 힘이 빈약(貧弱)하고 연구(研究)가 졸렬(拙劣)할지라도 자분자진(自奮自進)하야 또 서로 협력(協力)하야 조선문화(朝鮮文化)를 개척(開拓) 발전(發展) 향상(向上)시키지 않으면 안 될 의무(義務)와 사명(使命)을 가진 것이다. 어느 사회(社會)의 문화(文化)든지 그것을 <u>진실(眞實) 차(且) 정확(正確)히 검토(檢討)·인식(認識)하고 또 이를 향상·발전(向上發展)</u>함에는 그 사회(社會)에 생(生)을 수(受)하고 그 풍속(風俗) 습관(習慣) 중(中)에서 자라나고 그 언어(言語)를 말하는 사회(社會)의 사람의 노력(努力)과 열성(熱誠)에 기대(期待)함이 더 큰 까닭이다.

—『진단학보』, 1934.11(국한문체의 원문을 한자 병용으로 입력함)

이 논설과 같이 진단학회의 조선학 연구는 '조선 문화의 향상 발전'을 목표로 '진실, 정확'을 추구하는 데 있었다. 학회 창립 후『동아일보』, 『조선일보』,『조선중앙일보』 등에서도 학회 창립과 관련한 축하 논설을 게재하고 있는데, 그 가운데『조선일보』(1934.5.10)의 '조선 문화의 과학적 연구'를 살펴보자.

【 朝鮮 文化의 科學的 研究 】

<u>과학(科學)의 보급(普及)</u>을 위(爲)하야 과학(科學)데이 실행위원회(實行委員會)가 성립(成立)하게 된 오늘날에 또 조선(朝鮮)과 및 인근 문화(隣近

文化)를 연구(硏究)하려는 기관(機關)으로 진단학회(震檀學會)의 창립(創立)을 보게 되었다. 과학(科學)의 보급(普及)과 아울러 조선문화(朝鮮文化)의 연구(硏究)가 현하(現下) 오인(吾人)의 대급무(大急務)임은 설명(說明)을 기다릴 바 아니다. 이것이 다만 새것을 학득(學得)하는 동시(同時)에 옛것을 보존(保存)하자는 의미(意味)에서 하는 말이 아니라, 진실로 과학적(科學的)의 조선 연구(朝鮮硏究)는 자아(自我) 그것을 정해(正解)함에 있어서 불가결(不可缺)의 요건(要件)이 됨으로써이다.

—『조선일보』, 1934.5.10

이 논설에서는 '과학'이라는 용어가 상투어처럼 쓰이고 있다. 당시 과학이 의미하는 바가 무엇인지 정확히 드러내지는 않고 있으나, 연구 방법의 하나로 지칭된 과학은 '자아 정해'의 기본 요건이라는 것이다. 진단학회의 과학적 연구 방법이 실증주의와 밀접한 관련을 맺고 있음은 학보에 수록된 논문이나 자료를 통해서 쉽게 짐작할 수 있다. 당시 신조선사의 『여유당전서』 간행을 비롯하여, 학보 권2에 수록한 조선어학 도서 전람회 등과 같이 문헌 고증의 연구 방법을 중시한 것이 이를 증명한다.

이와 같이 1930년대 중반기 이후의 '조선학' 담론에서 제기된 과학주의는 '실증주의', '세계적 보편성'의 논리 아래, 식민지 조선의 현실을 떠나 '순수 학구'의 차원에서 조선을 연구해야 한다는 논리를 산출하였다. 그런데 이 시기 조선학 연구가 모두 같은 성향을 띠는 것은 아니다. 이 점에서 신주백(2014)에서는 1930년대 초·중반 조선학의 지형을 다섯 부류로 구분한 바 있다. 이를 간략히 정리하면 다음과 같다.

【 1930년대 초·중반 조선학의 지형 】[45]

ㄱ. 마르크스주의 학문과 거리를 두는 한편, 식민지 조선의 현실에 대해 비판적인 생각을 품은 가운데 적극적이든 소극적이든 현실 문제에 개입하는 실천 지향적 태도를 보인 사람들. '운동으로서의 조선학'. 경성제대 출신은 이희승, 방종현이 해당됨.

ㄴ. 현실의 실천적 운동과 명확히 거리를 두거나 현실에 관심은 있지만 조선이 직면한 현실과도 무관하게 고증학적으로 조선 연구를 진행하면서 조선의 과거에 대해 연구한 사람들. 역사학자 황의돈이 대표적이며, 경성제대 출신자로 이 부류에 속한 사람은 없음.

ㄷ. 식민지 조선의 현실을 마르크스주의에 입각하여 비판하면서 과학적인 조선 연구를 내세운 흐름. 사회경제사가 백남운이 대표적이며, 경성제대 출신자로 김태준, 신남철 등이 이에 해당됨.

ㄹ. 식민지 조선의 현실에 대한 진단을 배제함으로써 개입할 여지를 원천적으로 차단하거나 식민지라는 현실을 수긍하면서 순수한 학문의 대상으로만 조선을 연구한 흐름. 제도로서의 조선학을 추구한 사람들. 이병도가 대표적이며, 경성제대 출신자로는 조윤제, 이숭녕 등이 이에 해당됨.

ㅁ. 조선을 일본에 종속된 공간으로 간주하며 그것을 정당화하는 발언과 연구를 진행한 사람들. 경성제대 법문학회(1928~1934), 경성제대문학회(1934~), 청구학회(1930~), 재조 일본인.

이 분류는 이 시기 조선학 연구의 경향을 가장 정확하게 요약한 것으로 볼 수 있는데, 이들은 때로 서로를 인신공격에 가까울 정도로 공격하기도 하고, 때로는 갈등적 협력 관계를 유지하기도 한다. 흥미로운 것은 경성제대 출신자 가운데 이희승, 방종현, 김태준은 실증사학의 원

---

45) 신주백(2014: 128~129) 요약.

천이라고 불리는 진단학회에 참여했으면서도 『진단학보』에 논문을 게재한 적이 없다. 특히 이희승은 당시 조선어학회의 한글 맞춤법 통일과 보급 과정에 절대적인 영향력을 행사하면서 『한글』에 다수의 논문을 게재하였음에도, 『진단학보』에 논문을 게재하지 않았음은 그의 학문관이 실천성을 띠고 있었음을 의미한다. 이러한 이희승도 조선어 연구에서 과학주의가 필요함을 주장한다.

앞서 살펴본 바와 같이 1930년대 조선학 연구에서 빈번히 제기된 과학주의는 '논리성, 체계성'을 중시하는 개념뿐만 아니라 '실증성', '순수 학구성'을 지향하는 연구 태도를 의미한다. 그렇기 때문에 현실에 대한 무비판적, 때로는 현실 수용과 타협적인 태도를 정당화하는 논리에서 '과학주의'가 주창된 면도 없지 않다.

제5장 식민 시대 민족의 재발견

김경남

1. '자기'와 계몽주의

1.1. '자기(自己)'에 대한 각성

일제 강점 직후인 1910년대 한국 사회에서의 지식 담론은 애국 계몽기의 신문, 잡지보다 더 제한적인 조건을 갖는다. 『매일신보』를 비롯한 친일 신문, 종교 단체의 회보 등을 제외하고 조선인에 의해 조선인의 관점에서 식민 현실을 바라보고, 시대와 사회를 논하는 마당이 되었던 매체는 재일 유학생들의 『학지광』이나 신문관에서 발행했던 『청춘』과 같은 잡지에 국한되었다. 비록 일부 경제 단체의 기관지가 있었고, 일부 유학자들의 저술이 눈에 뜨이기는 하지만, 1910년대 한국 사회의 현실을 진단하고, 조선의 미래를 논하는 시대 담론이 형성되기에는 일제 강점이라는 식민 현실이 너무나도 가혹한 조건이었다.

이러한 상황에서 『학지광』, 『청춘』, 『천도교회월보』 등의 매체에 나타나는 두드러진 특징이 있다. 그 중 하나가 '자기'에 관한 논의이다. 엄밀히 말하면 '자아(自我)', '자기(自己)'와 관련된 담론은 1900년대 이후 지속적인 계몽 담론의 하나였다. 그러나 이른바 애국계몽 시대의 '자아'는 '사회, 민족, 국가'의 구성원으로서 '자아'였으며, 이기적 소아(小我) 대신 단체적·민족적·국가적 '대아(大我)'를 각성해야 한다는 논리가 주를 이루었다. 이에 비해 1910년대 등장하는 각종 '자기' 논리는 '반성적 자기', '자기에 대한 각성'을 주제로 한다. 다음을 살펴보자.

【 人보다 己를 知흠이 必要흠 】

　　人類가 卽 人類 以外에 動物보다 其靈性이 速히 發揮되고 其智性이 速히 發展되여 進化力이 速흠은 生世 以後로붓터 自然흔 中에서 何物이든지 間斷이 無히 <u>研究 自覺</u>ᄒ며 一步一步를 進ᄒ면셔 知코자 ᄒᄂ 데 在ᄒ다 흘지니, 卽 家政에 在ᄒ야ᄂ 父兄의 敎導로써 萬般 事物의 初階段을 解得ᄒ고 學校에 往ᄒ야ᄂ 敎師의 敎導로써 諸物의 原質 及 本性을 學得ᄒᄂ 同時에 過去 時代의 偉人 英傑과 君子 賢人의 事蹟을 聞知ᄒ며 社會에 出ᄒ야ᄂ 友人의 交道를 學ᄒ며 <u>平生의 知己를 訪求ᄒ야</u> 忠告 善導의 任을 相托ᄒᄂ 지라. 如此 經歷으로써 <u>個性을 修養ᄒᄂ 中에</u> 於焉中 <u>自我의 何人됨을 깁히 研究</u>ᄒᄂ 暇隙이 無흘 ᄲᆫ 不是라. 또흔 何人을 勿論ᄒ고 此境에 深入ᄒᄂ 者 極少ᄒ다 謂치 아니치 못흘지라. 此言이 極히 凡然에 屬흔 듯ᄒ나 何人이든지 如此 弊端에 陷入ᄒ기 易ᄒ다 斷言흠도 不可타 思치 못흘지라. <u>自己가 自己를 確知치 못ᄒᄂ 者의 言行을 觀흘진뒤</u> 其所行이 虛僞가 多ᄒ며 其所言이 矛盾이 多ᄒ야 其人의 人格 如何ᄂ 姑捨ᄒ고 其感化力이 他人에게 及흘 時에 깁흔 印象을 得키 難ᄒ야 一時 仰望ᄒ든 者로 ᄒ야금 他日 大失望ᄒᄂ 地境에 陷入케 ᄒ기 易흔지라. (…中略…) 吾人의 缺點 短處를 知코자 勉力치 아니흘 ᄲᆫ만 不是라. 親友의 忠告 善導의 任務로써 指導가 有흘지라도 反히 不平을 懷키 易흔 性質이 有ᄒ며 甚흔 者ᄂ 自己의 何如흔 人物됨을 不拘ᄒ고 他人의게 榮養을 受키만 要求ᄒ야 <u>虛僞의 行動</u>이 多ᄒ

느니 如此흔 人의 前途는 失敗가 必然흔지라. 吾人은 靜則靜ᄒ며 動則動ᄒᄂᆫ 潛勢로 沈默을 守ᄒ야 穴蛇無尺의 勢力을 貯蓄흔 後 出脚地를 不誤케 흠이 第一 必要흔 줄노 自認ᄒ노라.

번역 인류가 인류 이외의 동물보다 그 영성이 빨리 발휘되고, 그 지성이 빨리 발전되어 진화력이 빠름은 이 세상에 태어난 뒤부터 자연스러운 가운데 어떤 사물이든지 끊임없이 연구 자각하며 한 걸음 한 걸음 나가면서 알고자 하는 데 있다고 할 수 있으니, 곧 가정에서는 부형의 가르침으로 모든 사물의 기본 단계를 해득하고, 학교에서는 교사의 교도로 제반 사물의 원질과 본성을 배워 깨우치는 동시, 과거의 위인 영걸과 군자 현인의 사적을 들어 알며, 사회에서는 우인(友人)의 교우하는 도를 배우고, 평생 자신을 알고자 탐구하여 충고 선도(善導)의 책임을 서로 맡긴다. 이런 경로로 개성을 수양하는 가운데 '자기'가 어떤 사람인지 깊게 연구하는 겨를이 없는 것뿐 다름이 아니다. 이 말이 극히 평범한 듯하나 자기가 자기를 확실히 알지 못하는 자의 언행을 관찰하면, 그 행동하는 바가 거짓된 것이 많고, 그의 말이 모순이 많아서 그 사람의 인격 여하는 그만두고 감화력이 타인에게 미칠 때 깊은 인상을 얻기 어려워 한때 앙망하던 자로 하여금 타일 큰 실망에 빠지도록 하기 쉽다. (…중략…) 우리의 결점과 단점을 알고자 힘쓰지 않을 수 없을 뿐이다. 친우의 충고와 좋은 인도가 있더라도 도리어 불평을 품기 쉬운 성질이 있으며, 심한 자는 자기가 어떤 인물이 되었는지 구애받지 않고 다른 사람에게 좋은 대우 받기만을 요구하여 거짓된 행동이 많으니, 이러한 사람의 앞날은 반드시 실패할 것이다. 우리는 정과 동의 형세로 침묵을 지켜 동굴 속의 다리 없는 뱀이 힘을 저축한 뒤 나올 곳을 잘못 알지 않도록 하는 것이 제일 필요한 일이라고 생각한다.

—이주연(李周淵, 1914), '인(人)보다 기(己)를 지(知)함이 필요함',
『학지광』 제3호, 1914.12

이 글에 등장하는 '자기', '자아', '개성' 등은 다른 사람과 대립하여 자신의 처지를 의미하는 말들이다. 비록 이때 쓰인 '자기'가 '교도(敎導)', '선도(善導)'와 이어져 '허위(虛僞)'와 '실패(失敗)'라는 도덕적 관념과 이어져 있으나,1) '자아'와 '개성'을 인식했다는 점에서는 의미 있는 일로 보인다.

'자기'와 '자아'는 집단 속의 구성원으로서의 자신에 관한 문제보다 개성의 존중이나 자존심(自尊心)의 문제를 자각하게 한다. 이 점은 『청춘』의 '아관(我觀)'을 통해서도 확인된다. 이 논설은 『청춘』 제4호부터 제15호까지 편집 주간(主幹)이 쓴 자기 성찰론이다. 각 호에 수록된 '아관'의 주요 내용은 다음과 같다.

【 『청춘』의 '아관' 】

호수	내용
제4호	저(自己), 우리들은 선배(先輩)란 것이 업슴, 스스로 재결(裁決)하라
제5호	결호(缺號)
제6호	각(各) 길로 한 신지(信地)에, 우리에 도전(挑戰)에 응(應)하라
제7호	인생(人生)은 사실(事實)이라, 스스로 삷히라, 봄
제8호	수양(修養)의 삼계단(三階段): 사람, 사람됨, 사람 노릇
제9호	수양(修養)과 여행(旅行)
제10호	산(山)에 가거라, 녀름, 여자계(女子界)
제11호	'아관' 대신 '가을', '용기론'을 수록함, 최두선의 '철학이란 하(何)오'
제12호	'반성', '파접(破접)', '가두인(街頭人)'
제13호	'쏘 한 봄', '걱정', '병우(病友) 생각'
제14호	'배금사상(拜金思想)', '도덕적 경장(道德的更張)', '녹음(綠陰)', '사해(四海)의 벗'
제15호	'쑴', '구름'

『청춘』 제4호(1915.1)부터 제15호(1918.9)까지 세 돌을 지나면서 '아

---

1) 『학지광』의 '자기 담론'은 도덕적 담론과 밀접한 관련을 맺고 있다. 이 잡지의 창간호는 아직까지 발견되지 않았으나, 제2호(1914.4) 추성인(秋城人)의 '도덕론(道德論)', 늘샘의 '불멸론(不滅論)', 제3호(1914.12) 김영섭(金永燮)의 '이상적 인물의 실력과 수양(修養)' 등은 이 시기 '수양론', '도덕론'이 자기 반성을 통한 도덕 또는 이상(理想) 함양을 강조하는 내용으로 이루어져 있음을 보여준다.

관'은 이 잡지의 편집자의 사상을 대변하고 있다. 제7호의 '봄', 제10호의 '여름', 제11호의 '가을', 제13호의 '또 한 봄', 제14호의 '녹음' 등과 같이 계절 순환을 전제로 한 구성을 한 것도 흥미로운 점이다. 그렇다면 편집자가 생각하는 '아관', 곧 '자기에 대한 관념'은 어떤 특징을 지니고 있었는가. 먼저 제4호에 수록된 '아관'의 해석을 살펴보자.

【 아관(我觀)[2] 】

내 눈은 남보담 작으니 닐은바 실눈이란 것이오, 혹 코길이 눈이라 함은 내 몸집의 큰 것까지 아올너 평(評)하는 것이라. 이 눈으로써 보매 큰 눈 가진이보담 보는 것이 범위(範圍)는 넓지 못하고 싸로혀 분량(分量)도 남보담 늘 썰어질 것이 무론(毋論)이지마는 먼 것을 보려하면 일부러 홀죽하고 긴 통을 쓰기도 하고, 그림 가튼 것을 정(精)하게 보려 하면 쏘한 일부러 손으로라도 테를 만들어대고 시계(視界)를 국한(局限)하는 일이 잇나니 이런 쪽으로는 내 눈이 천연적(天然的) 맞춤이 되다 십히 아얏는지라. 단처(短處)가 장처(長處) 아님을 엇지 알니오. 이 눈으로 글을 닑고 이 눈으로 일을 보고 이 눈으로 세상과 사람을 삷힐 째에 아주 난란(爛爛)하지는 못하나 쏘한 미명(微明)이 잇스며 왼통 요요(了了)하지는 못하야도 쏘한 소규(小窺, 작은 구멍)가 업지 아니한지라. 나는 이것을 보앗노라, 나는 이러케 짐작하얏노라 하는 내 수평선(水平線) 이상(以上)에 나타나는 것을 째째 적고저 하는 것이 이 '아관(我觀)'이란 것이니, 구테 남의 동감(同感)을 구(求)하자는 것도 아니오, 내 소견(所見)이 올타 하자는 것도 아니라. 다만 이 큰 세상이 실눈에는 엇더케 비쳐더라 하는 것을 적을 싸름이니 이것의 천박(淺薄)과 평범(平凡)을 우스심은 진실로 맛당하지마는 책망하신다 하야도 이미 주제에 넘은 것으로 아노라.

—아관, 『청춘』 제4호, 1915.1

2) '아관(我觀)'은 본래 국한문이었으나, 가독성을 위해 한자를 괄호 안에 처리하였음.

'아관'은 '나에 대한 관점'을 뜻하는 말이다. 이 풀이에서 필자는, 나를 바라보기 위해 '실눈'이나 '홀쭉한 통', '손으로 만든 테두리'와 같이 시계를 제한하여 대상을 바라보는 노력이 필요함을 비유한다. 곧 자신을 바르게 이해하기 위해서는 자신을 바라보려는 국한된 노력이 필요하며, 그것은 타인의 시선을 의식할 필요가 없는 행위이자, 보편적이고 본질적인 행위이다. 이 논설의 본문은 '저(自己)', '우리들은 선배(先輩)란 것이 없음', '스스로 재결(裁決)하라'의 세 부분으로 구성되었다. 각 부분의 핵심적인 내용을 정리해 보자.

【 아관(我觀)의 본문 】

ㄱ. 자기(自己): 저는 저니라. 저밧게 저가 업스며 저 아닌 저가 업슬 것이 맛당히 그럴 것 아니냐. 제가 서지 아니한 것은 생각하지 아니하고 남이 넘어써린 줄로 알며, 제가 살지 못한 것은 깨닷지 못하고 남이 죽인 줄로 알아 저의 일을 생각할 째에 저를 쌔는 것이 우리들이니 천하(天下)에 이에서 어리석은 것이 쏘 어대 잇스리오. (…중략…) 먼저 저를 알지니라. 저란 것 잇는 줄을. 다음 저를 볼지니라. 그 저가 엇더한 것을─얼마─엇더─엇지. 다음 저를 붓들지니라. 아모대 아모 째 아모래도 노호랴 하야도 모노토록. 그리하고서 저를 세울지니라. 저를 늘일지니라. 저를 펼지니라. (…중략…)

ㄴ. 우리들은 선배(先輩)란 것이 업슴: 우리의 처다볼 목표(目標)가 될 만한 이가 잇는가. 우리의 나아갈 길을 튼 이가 잇는가. 우리의 길잡이 되는 이가 잇는가. 자기(自己)의 애쓰다가 못한 것을 우리에게 물녀주고 우리가 뒤바칠만큼 자기(自己)의 씨쳐 놋는 것 잇는 이가 잇는가. (…중략…) 우리는 지나간 선배(先輩) 업슴을 설어하기는 새로이 우리 스스로 선배(先輩)됨을 깃버하노라. 선배(先輩) 업슴으로 감손(減損)이 잇기는 새로이 더한층 우리의 성(誠)을 표현(表現)하고 력(力)을 발휘(發揮)할 수 잇슴을 큰 소득(所得)으로 아노라.

ㄷ. 스스로 재결(裁決)하라: 이제 가장 큰 뜻이 잇고 가장 큰 기대(期待)를 밧는 이는 교육사회(敎育社會)오, 교육가(敎育家)니 잠잠으로부터 소리나고 침침으로부터 빗날 것이 오즉 이것이리라 하야 이 판과 이 사람들을 더욱 존경(尊敬)함이라. 사계(斯界)의 종사자(從事者)들이 이를 상도(想到)하면 개연(慨然)히 자분(自奮)도 하려니와 늠연(凜然)히 자구(自懼)하지 아니치 못할 것이로다. 그러나 이를 생각하는 이가 얼마나 되는가. 생각하야 자신임신천(身任身踐)하는 이가 얼마나 잇는가. 우리가 지적(指摘)하기를 기다리지 말고 스스로 당신(當身)내들의 심사(心思)와 행위(行爲)를 성찰(省察)하며 점검(點檢)할지어다.

—'아관', 『청춘』 제4호, 1915.1

제4호의 '아관'에서 제시한 '자기', '선배란 것이 없음', '스스로 재결하라'는 자기반성과 교육 계몽 담론을 주제로 삼았다. 여기서 '자기'란 자기 인식과 자기 존중감을 의미한다. 다만 이러한 자기 인식이 선각자와 단절되어 있고, 교육적 수양[3]으로만 이어지는 것은 식민 시대의 현실을 고려할 때, 소극적 자아이자 순응적 태도로 이어질 가능성이 높다. 비록 '교육'의 중요성을 강조하고 있다고 할지라도, 자아와 시대 현실에 대한 냉철한 인식이 부족할 때에는 그 자아가 추상적이고 모호할 수밖에 없다. 이 점은 제6호의 '아관'에도 나타난다.

【 각(各) 길로 한 신지(信地)에 】

이제 우리들이 다 가치 고생하는 바는 길이 업슴으로 말미암음이 아니라 실상 길이 넘어 만흠으로 말미암음이로다. 그럼으로 우리의 두통(頭痛)은 업는 길을 뚤는 일이 아니라 만흔 길을 고름이로다. 볼지어다. 여러 사람들이 입으로는 길이 업서 업서 하면서도 발은 거러가는 대가 다 잇지

---

3) '수양론'은 1910년대부터 등장하여 1920년대 중요한 계몽 담론을 이룬다.

아니한가. 마음에는 업는 듯한지 모르지마는 일에는 각기(各其) 길 잇슴이 들어나지 아니하는가. (…중략…) 써나는 곳은 각기(各其) 사정(事情)과 기호(嗜好)대로 얼마든지 다를지어나 만(萬) 사람이어든 만(萬) 길이라도 취(取)할지어다. 압헤 참 질서(秩序)와 큰 질서(秩序)가 스스로 오나니 부질서(不秩序)한 듯한 그 비롯을 보고 놀나지 말지어다. 얼는 보면 산만(散漫)하고 난잡(亂雜)한 듯하지마는 그 그런 듯한 산만(散漫)과 난잡(亂雜)이 실상은 <u>자의식(自意識) 타의식(他意識)으로</u> 연방 참 통일(統一)과 큰 통일(統一)로 모여드러감을 간취(看取)할지어다.

—'아관', 『청춘』 제6호, 1915.3

이 논설에서는 '아관'에서 제시된 '길'이 어떤 길인지, 각자가 나가야 할 방향이 어떤 것인지 추상적으로 진술하고 있다. '자아'가 '자의식'과 '타의식'을 전제로 한 의식임을 분명히 하고 있으면서도, 어떤 것이 자의식인지, 그와 대립되는 타의식이 무엇인지를 서술하는 데는 분명 주저하고 있는 것이다. 그 대신 '교육(敎育)'이라는 계몽사조가 그 자리를 대신하고 있다. 제6호의 '아관', '우리의 도전(挑戰)에 응(應)하라'에서 "우리가 모든 것을 다 모르는 체 하겟노라. 그러나 교육(敎育)의 일은 모르는 체 못하겟노라. 모든 사람을 다 용서(容恕)하겟노라. 그러나 교육자(敎育者)의 일은 용서(容恕)하지 못하겟노라."라고 한 것도 마찬가지이다. 무엇이 용서의 대상이며, 무엇을 구해야 하는지는 알 수 없으나, 자아 인식을 논하는 자리에서 '교육'의 가치를 되풀이하여 강조하고 있다.

자기에 대한 관념과 교육의 상관성은 자연스럽게 '수양론(修養論)'으로 이어진다. 이는 제8호부터 반복적으로 나타난다.

【 수양(修養)의 삼계단(三階段) 】
제일(第一) 사람: 우리는 맨 먼저 제가 사람인 줄을 참으로 쌔다를지니라. 사람이란 것은 처음부터 이제의 우리와 가치 뭇 생물(生物) 가운데 영귀(靈貴)한 것이 아니라 처음에는 다른 것이나 마찬가지로 것모양 속마음이 다 아주 가량업는 하등(下等)의 것이러니, 무한(無限)한 수련(修練)을 싸코 공정(功程)을 지낸 뒤에 아름다운 덕성(德性)과 가멸한 재지(才智)를 어더 비로소 이러틋 놉흔 자리에 오르게 긘 것이니, 이만큼 진화(進化)된 것이 달리 업는 까닭이라. (…중략…) 참으로 사람이란 이러한 것이오, 제가 그러한 사람인 줄을 알고야 엇지 스스로 버리랴. 엇지 스스로 썰치지 아니하랴. 엇지 힘쓰고 힘써 완전(完全)한 자격(資格)을 이루고야 말지 아니하랴. 제가 사람인 줄을 쌔다르라 함은 이를 쌔다르라 함이오, 참으로 쌔다르라 함은 그런 줄 안 바를 곳 그러케 행(行)하여야 한다 함이니 모름직이 맨 먼저 사람인 줄을 참으로 쌔다를지어다. 그리하야 사람노릇을 참으로 할지어다.

제이(第二) 사람됨: (…중략…) 사람이 된다 함은 무엇인가. 얼는 말하면 사람노릇할 수가 잇시 된다 함이니라. 엇지하면 그리되는가. 먼저 자기독립(自己獨立)을 하여야 하니라. (…중략…) 세상(世上)에 서서 만히 함이 잇고저 하고 크게 이룸이 잇고저 하면 그만큼 독립(獨立)한 저가 잇서야 하며 확립(確立)한 저가 잇서야 하는 것이라. 고래(古來) 위인(偉人)은 다 이러한 사람이라. 독립(獨立)이란 무엇이뇨. 남에게 의뢰(依賴)치 아니한다 함이니 제게 당(當)한 일을 다 제가 쑤려갈 만한 능력(能力)을 가진 뒤에사 비로소 능(能)할 바ㅣ라. 그럼으로 독립(獨立)은 큰 노력(努力)을 요(要)하는 것이오, 노력(努力)이 크기 쌔문에 쾌락(快樂)이 쏘한 큰 것이니라. 자기독립(自己獨立)의 제일보(第一步)는 사상독립(思想獨立)이니 이 모든 독립(獨立)의 근본(根本)이오 쏘 원동(原動)이며 이를 능(能)히 독립(獨立)한다 하면 다른 독립(獨立)은 스사로 짜르는 것이니라. (…중략…) 자립(自立)한 자(者)는 인(人)을 립(立)할 수가 잇슬 것이오, 자조(自助)하는 자(者)는 인(人)을 조(助)할 수 잇슬 것이오, 자리(自利)한 자(者)는 인(人)을 리(利)할 수 잇나니 각개(各個)의 독립(獨立)이 완전(完全)한 뒤에 비로소 완전(完全)한 사회적 실력(社會的實力)이 잇슬 것이라. (…중략…)

제삼(第三) 사람노릇: 사람이 사람다운 밋천을 어더 사람 노릇을 하여
야 비로소 사람이니라. (…중략…) 첫재 쓸 대 잇는 사람이 되어야 하나니
(…중략…) 다음 함이 잇는 사람이 되어야 하나니 (…중략…) 또 표적 잇는
사람이 되어야 하나니 (…중략…) 쓸 대 잇시 됨은 사람노릇의 비롯이오,
함이 잇슴은 사람노릇하는 일이오, 표적 잇시 함은 사람 노릇의 마촘이라.
—'수양의 삼 단계', 『청춘』 제8호, 1917.6

제8호의 수양론은 진화론적 관점에서 '덕성'과 '재지'를 가진 존재가
사람이며, '자기 독립'의 사상(생각)을 갖는 것이 사람다운 것으로, '쓸
모 있는 사람', '실천하는 사람', '목표를 갖고 있는 사람'이 되어야 사람
의 노릇을 할 수 있다는 논리이다. 이러한 덕성론은 시대와 사회를 초
월하여 어긋남이 없는 논리로 볼 수 있다. 그러나 일제 강점기 시대
현실에서 구체적인 '수양'의 방법과 목적지가 어디인가는 심각한 반성
이 필요하다. 이에 대해 『청춘』 제8호의 '아관'에서는 '수양(修養)과 여
향(旅行)' 논리를 펼친다. 여기서 여행(旅行)이 함의하는 바는 다의적이
다.[4] 그런데 이 시기 여행관은 지식 증장(智識增長)을 위한 '환유여력(環
游旅歷)' 또는 '출양견문(出洋見聞)'의 계몽 담론에서 이른바 '유람(遊覽)'
과 '관광(觀光)' 담론이 널리 퍼진 시대이다.[5] 이러한 시대적 배경을 고
려한다면 '자기', '자아', '여행'으로 이어지는 수양론이 식민 시대의 근
본적 자아 인식으로 이어진 것이라고 규정하기는 어려운 점이 있다.
이러한 차원에서 진화론적 사고방식을 토대로 한 '민족 개조론'이 출현

---

4) 『청춘』 제9호(1917.6), '아관: 수양과 여행'. 이 글에서는 '단련(鍛鍊)의 방법=수양의 도
(道)'를 제시하면서 "웨 사람은 사괴는고. 이렁저렁 경력(經歷)을 하자는 것이지, 이는
여행(旅行)에서 넉넉이 어들 바로다. 웨 책은 보나뇨, 이것저것 견문(見聞)을 넓히자는
것이지. 이는 여행(旅行) 본래(本來)의 목적(目的)이로다. 웨 운동(運動)을 하나뇨. 이리저
리 인내력(忍耐力)과 순응성(順應性)을 기르자는 것이지. 이것은 참 여행(旅行)에서 잘
성취(成就)할 것이로다."라고 여행의 가치를 강조하였다.
5) 근대 계몽기로부터 일제 강점기까지의 관광 담론에 대해서는 조성운(2011)의 『시선의
탄생: 식민지 조선의 근대 관광』(선인)을 참고할 수 있다.

한 것도 자연스러운 현상으로 볼 수 있다.

1.2. 진화론적 사고에서의 '문명'과 '민족' 담론

자아 관념과 집단으로서의 민족 관념이 본질적으로 각성(覺醒)을 전제로 한 개념임을 고려할 때, 일제 강점기의 민족 관념이 갖는 또 하나의 특징이 있다. 그것은 제국주의론자들이 주조해 놓은 '인종론' 또는 '민족 우열론', 또는 민족이나 국내 내부에 존재하는 '계급 우열론'이다. 다음을 살펴보자.

【 부활(復活)의 서광(曙光) 】

一. 정신생활(精神生活)의 정지(停止)

조선인(朝鮮人)의 사상해(思想海)는 오래 잔잔하엿섯다. 삼국시절(三國時節)에 한토(漢土)의 문명풍(文明風)이 불어와서 일파(一波)가 움즈기고 다음에 고려말년(高麗末年)에 유교풍(儒敎風)이 불어와서 일파(一波)가 움지기고 이조(李朝)에 입(入)하여서는 이퇴계(李退溪)를 중심(中心)으로 하는 주자학파(朱子學派)의 완성(完成)에 다시 일파(一派)가 움지기고는 이래(以來) 삼백여년간(三百餘年間) 인(因)해 잔잔하야 일파부동(一波不動)하게 되엇다. (…중략…) 상술(上述)한 바를 보건댄 시마무라(島村抱月)[6]씨(氏)의 평언(評言)은 진적(眞的)하다 할 수밧게 업다. 즉 조선인(朝鮮人)에게는 시(詩)도 업고, 소설(小說)도 업고 극(劇)도 업고 즉 문예(文藝)가 업고, 즉 조선인(朝鮮人)에게는 정신적 생활(精神的 生活)이 업섯다. (…중략…)

二. 조선인(朝鮮人)은 정신생활(精神生活)의 능력(能力)이 잇는가.

---

6) 시마무라 호게쓰(島村抱月, 1871~1918): 일본의 근대 문학자. 평론가. 신극 지도자. 『근대문예의 연구』(1909) 등의 저서를 남겼음.

(…중략…) 일민족(一民族)의 정신생활(精神生活)이 직접(直接)으로 표현(表現)되는 방법(方法)은 철학(哲學), 종교(宗敎), 문학(文學), 예술(藝術)일 것은 말할 것도 업거니와 신라(新羅)의 미술(美術)을 산(産)할 만한 정신력(精神力)은 문학(文學)을 통(通)하야 발현(發現)되면 그만한 문학(文學), 철학(哲學)이나 종교(宗敎)를 통(通)하야 발현(發現)되면 그만한 철학(哲學), 종교(宗敎)가 생길 것이다. 무론(毋論) 민족(民族)을 짜라서 혹(或)은 철학(哲學), 혹은 문학(文學), 혹은 예술(藝術)에 각각(各各) 특장(特長)이 잇다 하더라도, 이 네 가지 중에 하나라도 잇스면 그것은 그 민족(民族)에게 정신문명(精神文明)을 가질 능력(能力)이 잇슴을 표(表)하는 것이닛가. 이러한 이유(理由)로 나는 조선민족(朝鮮民族)은 정신문명(精神文明)을 산출(産出)할 천자(天資)가 잇는 줄로 확신(確信)한다. (…중략…)

三. 각성(覺醒)의 제일파(第一波)

(…중략…) 그 다음 계속(繼續)하야 왕래(往來)한 일본 유학생(日本留學生)이야말로 조선(朝鮮)의 사상계(思想界)의 선구자(先驅者)라 할 것이다. 그네가 비록 이러타 할 만한 사업(事業)은 일워 노흔 것이 업다 하더라도, 그래도 불충분(不充分)하게나마 신문명(新文明)의 사상(思想)을 저작(咀嚼)하야 조선 사상(朝鮮思想)에 수입(輸入)하엿다.

—이광수, '부활의 서광', 『청춘』 제12호, 1918.3

이 논설에서 이광수는 시마무라의 조선 사상 부재론을 비판하며, 재래 300년 조선 사상이 침체되어 있었지만, 재일 유학생을 중심으로 한 부활의 서광이 비치기 시작했다고 주장한다. 피상적으로 볼 때, 이광수의 논조는 각성을 전제로 한 자기 비판론으로 보인다. 그럼에도 이러한 희망론에 내재하는 수양론(修養論)은 암울한 조선 현실을 비판하고, 식민 제국 일본을 흠모하는 자학적 반성론으로 귀결될 수밖에 없다. 이 점은 이광수가 남긴 다수의 기행문에 잘 나타나는데, 『청춘』 제9호에 발표된 '동경에서 경성까지'는 이를 요약적으로 보여준다. 이 기행문은 동생에게 보내는 편지 형식의 글로, 국부진(國府津)의 터널을 통과하며 견문한 후지방적회사(富士紡績會社)의 모습에 감탄하고(제3신), 후지산 (富士山)에 매료되면서(제4신) 귀국한 조선의 현실(제11신)은 부끄럽고 참담하기 그지없다.

이와 같은 비관적 자아 인식의 근저에는 근대 계몽기부터 만연된 진화론적 사유방식이 존재했다. 앞에서 살펴본 바와 같이 사회진화론은 제국주의 식민 지배 이데올로기로 변화하면서, 다양한 차별주의를 생성한다. 『청춘』에서도 '진화론적 사고'는 다른 매체와 큰 차이가 없다. 이 잡지에 수록된 문명 진화론 관련 논문으로는 다음과 같은 것들이 있다.

【 『청춘』에 수록된 문명 진화론 관련 논문 】

호수	필자	제목	내용
제1호		인종(人種)	인종의 개념과 유형
제2호		진화론(進化論)	진화론의 개념과 생물 변천, 진화의 관계
제2호		세계(世界) 일등(一等)의 야만인(野蠻人)	열등 인종(劣等人種)의 상모(狀貌), 넷 이상(以上)의 수(數)는 모르나니라, 백인으로 환생(幻生)한다. 직힘 신령회(神靈會), 무서운 잡식인종(雜食人種) 등
제4호		유전(遺傳)은 부(父)에게서만 오는가, 모(母)에게선가	유전 형질이 남성과 여성 모두에게 비롯됨을 설명한 글. 유전의 특질
제4호		인종(人種)과 문명(文明)	백우황열론(白優黃劣論), 동서 문명에 각각 장단이 잇음, 서로 융화하여 완벽이 될지어다.
제10호		문명(文明)의 발달(發達)은 우연(偶然)이 아님	금일 문명의 특징과 서양, 일본 문명 예찬, 문명 발전을 위한 태도
제11호	소성 (小星)	동서문명(東西文明)의 차이 (差異) 급(及) 기장래(其將來)	1. 동서문명의 특색, 2. 동서문명의 차이와 사상의 관계, 3. 동서문명의 차이와 환경상의 관계, 4.동서문명의 장래와 서화운동(西化運動)의 대세
제12호		귀천론(貴賤論)	귀천의 본질, 숙명적 계급과 문화 발전을 통한 존귀 논리 제기
제12호	서춘 (徐椿)	근래(近來)의 생물학(生物學)	19세기 이후의 생물학 각 분과 설명, 진화에 관(關)하여

호수	필자	제목	내용
제14호		풍기혁신론(風氣革新論)	반풍(班風)을 거(去)하라, 반가(班枷)를 탈(脫)하라.

『청춘』에 수록된 진화론 논문은 크게 두 가지로 정리할 수 있다. 하나는 생물학적 차원에서 진화론을 소개한 논문으로, 제2호의 '진화론', 제4호의 '유전은 부에게서만 오는 것인가, 모에서인가', 제12호 서춘의 '근래의 생물학'이 이에 해당한다.

【 진화론 관련 논문 】

ㄱ. 進化論이라 하는 理論은 今日 地球上에 生活하는 <u>動植物이 最初부터 今日의 狀態로 잇는 것이 안이오, 漸次로 되어 온 것이라 云하는 것이니,</u> 卽 無數한 動植物에 各各 先祖가 잇서 그 先祖로부터 次第로 發生하여 온 것이라 함이니라. 이 先祖의 처음은 簡單한 形質을 具有하엿든 것인대 이것이 漸漸 變化하야 逐次로 複雜하게 된 것이니 맛치 우리 人의 發生하는 처음은 單한 細胞로서 이것이 分割增殖하야 多數한 細胞가 되고 다시 規則 잇는 變化의 順序를 經하야 드듸여 人體를 成함과 同一하니라. 그런 故로 <u>進化論은 今日 此 地球上에 生活하는 生物을 그대로 記載하는 것이 안이오, 그 發生을 硏究하며 그 如何한 順序를 經하야 發生하야 온 것과 또 그 發生 變化의 原因을 攻究하는 것</u>이니라.

번역 진화론이라고 하는 이론은 오늘날 지구상에 생활하는 동식물이 처음부터 지금 상태가 아니며 점차 진화해 온 것이라고 말하는 이론이니, 곧 무수한 동식물에 각각 조상이 있어 그 조상으로부터 차례로 발생해 온 것이라고 하는 이론이다. 이 조상은 처음은 간단한 형질을 갖추고 있었는데, 점점 변화하여 차례로 복잡하게 된 것이니 마치 우리 사람이 발생하는 처음에는 단순한 세포로 이것이 분할 증식하여 많은 세포가 되고 다시 규칙 있는 변화의 순서를 따라 드디어 인체를 형성함과 같다. 그런 까닭에 진화론은 지금 이 지구상에 생활하는 생물을 있는 그대로 기재하는 것이 아니며, 그 발생을 연구하고 어떤 순서를 따라 발생해 온 것인지 또 그 발생 변화의 원인을 탐구하는 학문이다.

—'진화론', 『청춘』 제2호, 1914.4

ㄴ. 進化에 關ᄒ야: 凡吾人은 進化論이라 하면 다-원 Darwin을 聯想하고 다-원이라 하면 進化論을 聯想하리만치 進化論은 다-원의 初唱이오 兼하야 다-원 以外에 更히 進化論者가 업는 줄로 思하나 其實은 不然하야 法國의 데카르트(Descartes) 及 라말크(Lamarck) 氏 等이 다-원보다 몬저 進化論을 唱道하니라. 然而 玆에는 諸氏의 進化論을 ——히 記載할 餘裕가 업슴으로 一體 省略하고 다-원 氏의 進化의 意見을 槪述하고 兼하야 現代 諸學者의 進化에 關한 意見을 略述하리라.

번역 진화에 관하여: 무릇 우리들이 진화론이라고 하면 다윈을 연상하고, 다윈이라고 하면 진화론을 연상할 만큼, 진화론은 다윈이 처음 주장한 것이요, 또 다윈 이외에 다시 진화론자가 없는 줄로 생각하나 사실 프랑스의 데카르트와 라마르크 등이 다윈보다 먼저 진화론을 주장하였다. 그러나 여기서는 여러 사람의 진화론을 하나하나 기재할 여유가 없기 때문에 모두 생략하고 다윈의 진화 의견을 개략하고 아울러 현대 여러 학자의 진화에 관한 의견을 간략히 서술한다.

—서춘, '근래의 생물학', 『청춘』 제12호, 1918.3

『청춘』에 서술된 진화론은 근대 계몽기의 진화론에 비해 생물학적 차원에서 객관적이고 구체적이다. 특히 이 시기 교과서에서 진화론이나 유전학과 관련된 구체적인 서술이 부족한 점을 고려한다면,[7] 진화

---

7) 일제 강점기 국문으로 된 동식물학, 생물학 교과서는 대부분 1910년 이전 발행된 교과서의 재판(再版)이거나 복각본이다. 그렇기 때문에 진화론에 대한 구체적인 내용이 포함되지 않았을 수도 있다.

론의 개념이나 내용에 대한 정보는 잡지의 정보가 전부였다고 해도 지나친 말은 아니다. 특히 서춘(1918)에서는 다윈의 '자연도태설'을 비롯하여 '무기체 진화론'까지 진화론과 관련된 다수의 견해를 객관적으로 설명하고자 하였다.

'도태설'은 '사회진화론'과 밀접한 관련을 맺는다. 이 점은『학지광』제18호(1920.1)에 수록된 김준연(金俊淵)의 논문에서 비교적 상세히 설명되었다. 이 논문은 다음과 같이 시작한다.

【 따-윈의 淘汰論과 社會的 進化 】

本篇은 폰에두아-드 다비드 氏의 作인대 法學士 舞出長五郎[8] 氏의 譯文을 重譯한 것이라. 譯者는 兩氏의게 敬意를 表하며 或 誤譯되야 原著者 及 舞出 氏의 本意를 害함이 업기를 바래노라.

一. 人類를 全 有機生活體의 關係 中에 排置한 것이 따-윈 一派 學說의 眞髓이다. 大抵 同學說은 宗敎的 詩人 或 哲學者의 空想에 反對하야 우리 人類도 亦是 他種族과 가치 全動物界의 一支族인대 簡易 同形한 生活體되는 共通한 根幹으로부터 發生된 것으로 解釋한다. 그리고 人類로 하여곰 달은 生物과 區別이 나게 하는 것은 우리 所謂 理解, 判斷 及 推理作用을 마튼 神經中樞가 越等하게 發達함에 잇나니라. 그러함으로 人類는 或은 具와 器械를 만들며 或은 불을 使用하며 或은 安全한 居處를 建造하며 或은 家畜을 飼養하며 有用 植物 等을 栽培하게 된다. 그러하나 우리는 이와 가튼 悟性 外에 또 高尙한 社會的 情操로써 人類의게 特有한 發達의 條件으로 하지 안이치 못할지니라. 생각하건대 社會的 情操는 그 根柢가 임의 動物 階級의 集團生活에서 習得되고 다시 智的 能力과 互相 作用하야 集合的으로 有하는 生存競爭 場裡의 有力한 武器가 되고, 淘汰 價値가 되나니라.

---

8) 마이테조고로(舞出長五郎): 일제 강점기 일본의 경제학자.『경제학사개요』(岩波書店, 1933),
『경제학원론』(啓明社, 1941) 등의 저서가 있음.

宗教團體 內에 在한 互相 扶助하는 精神은 腕力, 機智 及 辛辣 等에 基因한 能力과 함께 自然的 及 性的 淘汰方法에 依하야 더욱 發達한 서로 矛盾되는 人類 性質의 全體니라.

이와 가치 人類가 動物로부터 發하야 장차 文化의 域에 入하려 하는 데 일으는 進化問題는 生存競爭上에 나터나는 適者生存이란 法則에 依하야 比較的 容易하게 그 本質을 解得하겟지만은 一步 나아가서 文明期에 在한 我種族 發展을 觀察할 時는 여긔 또 다시 새 困難에 逢着함을 免치 못할지니라.

번역 본 편은 폰 에두아드 다비드의 저술로 (일본) 법학사 마이테조코로의 번역문을 중역한 것이다. 역자는 두 사람에게 경의를 표하며, 혹 오역되어 원저자 및 마이테의 본뜻을 해치지 않기를 바란다.

일. 인류를 전체 유기생활체의 관계로 파악한 것이 다윈 학파 학설의 진수이다. 대저 이 학설은 종교적 시인, 혹 철학자의 공상에 반대하여 우리 인류도 역시 다른 종과 같이 전체 동물계의 한 종족인데 간단한 같은 형체의 생활체되는 공통 뿌리에서 발생된 것으로 해석한다. 그리고 인류가 다른 생물과 구별되는 것은 소위 이해, 판단 및 추리 작용을 맡은 신경 중추가 월등하게 발달한 데 있다. 그러므로 인류는 혹 도구와 기계를 만들고, 혹 불을 사용하며, 혹 안전한 거처를 만들며, 혹 가축을 사육하며, 유용한 식물을 재배하게 된다. 그러나 이와 같은 깨달음 이외에 고상한 사회적 정조로 그 근저가 이미 동물 계급의 집단생활에서 습득되고 다시 지적 능력과 상호 작용하여 집합적으로 생존경쟁의 장내에서 유력한 무기가 되고 도태 가치가 된다. 종교 단체 내에 존재하는 상호 부조 정신은 완력, 기지 및 신랄함에 기인한 능력과 자연 및 성적 도태 방법에 의해 더욱 발달하니 서로 모순되는 인류 성질의 전모이다.

이와 같이 인류가 동물로부터 발생하여 장차 문화의 영역에 들어가는 데 나타나는 진화 문제는 생존경쟁에 나타나는 적자생존의 법칙에 의해 비교적 용이하게 그 본질을 이해할 수 있지만, 한걸음 나아가 문명 시기의 우리 종족 발전을 관찰할 때에는 또 다시 새로운 곤란한 문제에 봉착한다.
—김준연(1920), '다윈의 도태론과 사회적 진화',
『학지광』 제19호, 1920.1

이 논문은 번역자의 해설에 나타나듯이 폰 에드와드 다비드의 논문을 일본인 법학자 마이테조고로가 번역하고, 이를 다시 중역(重譯)한 논문이다. 이 시기 일본인 번역을 중역한 사례는 매우 많은데, 이 번역문도 그러한 유형의 하나이다. 여기서 주목할 것은 일제 강점기 사회진화론에 대한 관점이다. 이 역문에 나타나듯이 진화론의 핵심은 '생존경쟁'과 '자연도태'에 있다. 이를 바탕으로 한 사회진화론은 생존경쟁과 적자생존의 법칙이 사회적, 민족적, 또는 문명적 차원에서 어떻게 해석되어야 할 것인가를 중시한다. 이에 대해 이 역문(譯文)에서는 민족의 진화는 개인과 흡사하여 진화의 흥망성쇠가 존재한다고 주장한다.[9] 이러한 주장은 진화론을 문명론에 대입한 토인비의 역사관과 유사하다.

이와 같이 '진화=문명 발달'의 등식 하에 논리화한 것이 사회진화론적 문명관이다. 이러한 문명관은 제국주의 식민 지배 이데올로기가 성립하면서 본격적으로 등장한 것으로, 한국 근대 계몽기의 주된 담론을 이루었는데, 일제 강점기에는 그 정도가 더욱 심해졌다. 『청춘』 소재의 문명관은 이를 뒷받침한다.

---

9) 이에 대해 이 역문(譯文)에서는 "前述함과 가치 現代社會狀態를 觀察하는 者가 우리 文化國民의 將來에 關하야 悲觀的 意見을 가지기 쉽게 되는 것은 異常하게 넉일 것이 업다. 或云 人類의 歷史上 各民族은 各個人과 恰似하야 그 進化가 盛衰興亡이 잇다. 文化가 燦爛하면 발서 沒落의 萌芽를 胚胎하야 發達할 精神的 物質的 價値는 漸次 喪失되고 終末 老文化圈은 少未開國의게 滅亡되야 獨立 文化圈의 일홈은 世界 歷史上에서 抹消되나니라(전술한 것과 같이 현대 사회상태를 관찰하는 자가 우리 문화 국민의 장래에 관해 비관적 의견을 가지기 쉬운 것은 이상한 일이 아니다. 혹 말하기를 인류 역사상 각 민족은 각 개인과 흡사하여 그 진화의 성쇠와 흥망이 있다. 문화가 찬란하면 벌써 몰락의 맹아를 배태하여 발달할 정신적 물질적 가치는 점차 상실되고 마침내 노쇠한 문화권은 젊은 미개국에게 멸망되어 독립 문화권의 이름은 세계 역사상에서 말소된다)"라고 하였다.

【 『청춘』에 등장하는 문명관 】

今來의 文明은 <u>工藝의 文明이오, 物質의 文明이오, 廣言하면 科學의 文明</u>이라. <u>透徹한 經驗과 精淬(정돌)한 研究의 結集한 것이 今日의 科學이오,</u> <u>그 效果의 體現과 威力의 發揮가 今日의 文明이니 一科學의 形成도 오히려</u> <u>無數한 實際家의 審究와 許多한 天才人의 心血을 要한 것을 思하면 千科學</u> <u>萬科學으로 組織한 今日 文明의 吸取한 犧牲이 如何히 巨大함을 知할 것이</u> 오, 今日 文明의 內容은 風泡가 아니오 幻影이 아니라, 充足圓滿한 大實體 임을 思하면 그 基盤이 如何히 確固함과 그 材料가 如何히 堅實함을 知할 지라. (…中略…) <u>西國 今日의 文明과 西人 今日의 幸福은 實로 個人이며</u> <u>社會가 枕火籍水, 出生沒死, 歷盡危, 喫盡苦하면서 種藝하고 灌培하고 護養</u> <u>하야 結就한 花果오, 苦로 種하야 甘으로 收한 穀粒</u>이니

> **번역** 금래 문명은 공예 문명이요, 물질문명이요, 넓게 말하면 과학 문명이다. 투철한 경험과 정밀한 연구가 결집한 것이 금일의 과학이요, 그 효과가 드러나고 위력이 발휘된 것이 금일의 문명이니 한 과학의 형성도 오히려 무수한 실제가의 깊은 연구와 수많은 천재인의 심혈의 요구하는 것을 생각하면 천만 과학으로 조직된 금일 문명이 흡취한 희생이 얼마나 큰지 가히 알 것이다. 금일 문명의 내용은 바람이나 거품이 아니며 환영이 아니라 모든 것에 가득찬 거대한 실체임을 생각한다면 그 기반이 얼마나 확고하고 그 재료가 얼마나 견실한지 알 것이다. (…중략…) 서양국의 금일 문명과 서양인의 행복은 실로 개인과 사회가 나무에 불붙고 물이 붓듯 출생몰사, 위험을 다 거치고 고생을 다 맛보면서 예술의 씨를 뿌리고 관개 배양하고 보호하여 성취한 열매요, 고통을 뿌려 단 열매를 거둔 곡식이다.

—'문명의 발달은 우연이 아님', 『청춘』 제10호

이 논문에서는 진화론적 사유방식에서 비롯된 문명관이 과학주의에 기반한 서구 우월주의를 지향하고 있음을 명백히 한다. 이 시기 '공예

문명, 물질문명, 과학문명'은 본문에 언급되었듯이 '서국 문명'이자 '서인 문명'으로 지칭되었다. 이와 같은 편향주의는 진화론적 사유방식에서 배태된 인종론(人種論)의 결과이자, 문명 우열에 따른 '인종 차별주의'로 귀결된다. 『청춘』에 나타나는 인종론 논설을 살펴보자.

【『청춘』의 인종론 】

ㄱ. 人種別이란 것이 이러틋 여러 가지가 잇스니 어느 人民을 가지고 무슨 人種에 부치는 것을 判斷코저 하면 먼저 뉘 人種別을 짤은다든지 엇더한 主義의 分類를 쓴다든지, 새로 엇더한 分類法을 마련한다든지를 明示하여야 하며, 더욱 한 人民 허고 한 人民 허고의 人種의 異同을 말하는 대는 반드시 人種이란 觀念 허고 分類의 意見 허고를 確定하여야 할지니라. 同一한 人民의 分類의 如何를 짤아서 여러 가지 다른 名稱의 區分 中에 너허지고 同一한 名稱도 分類者의 생각을 짤아 여러 가지 다른 團體에 쓰나니, 이런 等節에 關한 注意가 周密치 못하면 참 茫然히 정신 차리지 못홀지니라. 世界의 人類 가운데 두 分別이 잇단 사람도 잇고, 세 分別이 잇단 사람도 잇고, 넷이란 사람, 다섯이란 사람, 여섯닐곱여덟이란 사람, 열한하 열다섯 열여섯 스물여섯 여순이란 사람도 잇고, 또 여순셋 分別이 잇단 사람도 잇나니라. 그런즉 한 人種이란 것이 範圍는 分別하는 대로, 넓어도 지고 좁아도 지니 썩 嚴密하게 말하면 다만 어느 人民 허고 어느 人民 허고 한 人種이라든지 짠 人種이라든지 하는 것을 意趣업는 일이라 할 만하도다. 그러나 항용에는 人種이란 名稱은 體質, 言語, 風俗, 習慣 等 여러 가지로 一致하고야 彼此 同類로 볼 만한 人種의 무리에 주는 것이니라. 近來 人種이란 문자들을 넘어 헙히 쓰고 또 人種이란 대 對하야 論說이 생겨가겟기로 이 글을 짓노라.

번역 인종의 구별이 이처럼 여러 가지가 있으니 어느 인민을 무슨 인종에 두어야 할지 판단하고자 하면 먼저 누구의 인종 구별 (방법)을 따른다거나 어떤 주의의 분류를 쓰든, 또는 어떤 분류법을 적용하는지를 명시해야 하며, 더욱 한 인민과 다른 인민의 인종이 같고 다름을 말할 때는 반드시 인종이란 관념과 분류에 대한 견해를 확정해야 한다. 동일한 인민의 분류 여하를 따라 여러 가지 다른 명칭으로 분류되고 같은 명칭도 분류하는 사람의 생각에 다라 여러 가지 다른 단체로 분류되니 이런 것에 관한 주의가 주밀하지 못하면 혼란스러워 정신을 차리지 못하게 된다. 세계의 인류가운데 두 가지 구별이 있다고 하는 사람도 있고, 세 분별이 있다고 하는 사람도 있고, 넷, 다섯, 여섯, 일곱, 여덟이란 사람도 있으며, 열하나, 열둘, 열다섯, 열여섯, 스물여섯, 예순이라고 하는 사람도 있고, 또 예순셋의 분별이 있다고 하는 사람도 있다. 그러므로 한 인종의 범위는 분별하는 대로 넓어지기도 하고 좁아지기도 하니, 엄밀히 말하면 어느 인민과 어느 인민이 한 인종이라든지, 다른 인종이라고 하는 것은 의도와 취지가 정확하지 않은 것이라고 할 만하다. 그러나 결국 인종은 체질, 언어, 풍속, 습관 등 여러 가지로 일치해야 피차 같은 종류의 인종이라고 할 수 있다. 근래 인종이란 문자를 너무 빈번히 쓰며 또 인종에 대해 논의와 견해가 생겨날 듯하여 이 글을 짓는다.

—'인종', 『청춘』 제1호, 1914.3

ㄴ. 獨逸은 黃禍說[10]의 本宗이라. 그러나 그 獨逸이 가튼 黃族의 一派로 보든 土耳其를 援引하야 한 편을 삼으니 이로 因하야 所說의 根據가 半이나 破壞되얏고 그와 가치 英, 佛, 露 諸國에도 一時는 獨帝의 장단을 맞추어 전출물에 웃줄거린즌 이가 잇섯스나 지금에는 그 말을 집어치우고 上下가 모도 日本의 歐洲出兵을 希求하야 마지 안이하니, 人情의 變함이 참 飜雲覆雨 쏜 안인 感想이 잇도다. 엇잿든 歐洲 白人國은 이로 因하야 自今 以後로는 영 黃禍說 唱道할 權利를 喪失하얏다 할지니 우리는 이에 對하야 多少의

---

10) 황화설을 제창한 독일 황제 빌헬름 2세에 대해서는 『청춘』 제7호, '독일 황제 빌헬름 2세'에서 상세히 소개한 바 있다. 이 전기문에는 빌헬름 2세가 '만호적 성격'을 갖고 있고, 스파르타 풍도로 교육을 받았으며, 다재다능한 사람이었다고 서술하면서, 황화설의 본질이 청일전쟁 후 일본의 세력을 경계하기 위한 것이었음을 밝혔다.

感慨가 업지 못하노라. (…中略…) 文明이란 畢竟 사람이 外界와 交渉하야 收得한 結果의 積累에 不外하며 이 外界와의 交渉은 進取的 積極的도 잇고 退嬰的 消極的도 잇스니 前者는 西洋人 一般의 傾向이오, 後者는 東洋人 普遍의 現象이라. 前者는 自我로써 한갓 外界를 壓倒하고자 하며, 後者는 自我를 抑制하야 아모쪼록 外界의 逼迫을 堪耐하고자 하니, 卽前者는 自我를 安措하야 外界로 하야금 自然에 適合케 하고자 하며, 後者는 外界에 손을 다이지 안이하고 自我로 하야금 外界에 適合케 하고자 하니, 비유하건 댄 兩者이 다 强雨의 不便을 感覺함은 一般이나 前者의 생각하는 바는 道路의 改良이오, 後者의 期하는 바는 屐履에 在함과 가트며

번역 독일은 황화설의 뿌리이다. 그러나 그 독일이 같은 황인종 일파로 보던 터키를 도와 한 편을 삼으니, 이로 인해 이 설(황화설)의 근거가 반이나 파괴되었고, 그와 같이 영국, 프랑스, 러시아 여러 나라도 한 때 독일 황제의 장단에 맞추어 우쭐거리는 이가 있었으나 지금은 그 말을 집어치우고 상하 모두 일본의 구주 출병을 바라고 있으니 인정이 변함이 참 비구름을 뒤집는 것과 같은 느낌이 있다. 어떻든 구주 백인들의 나라는 이로 인해 지금부터 다시 황화설을 주장할 권리를 잃었다고 할 것이니, 우리는 이에 대해 다소 감격한 느낌이 없지 않다. (…중략…) 문명은 필경 사람이 외부와 교섭하여 얻은 결과를 쌓아놓은 것에 지나지 않으며 이 외계와의 교섭은 진취적, 적극적인 것도 있고 퇴영적, 소극적인 것도 있으니 전자는 서양인 일반의 경향이요, 후자는 동양인 보편의 현상이다. 전자는 자아로 외계를 압도하고자 하며, 후자는 자아를 억제하여 외계의 핍박을 감내하고자 하니, 곧 전자는 자아를 안전하게 조치하여 외계로 하여금 자아에 적합하게 하고자 하며, 후자는 외계에 손을 대지 않고 자아가 외계에 적합하게 하고자 하니, 비유하면 양자가 다 비가 오는 것의 불편함을 감각하는 것은 같으나 전자가 생각하는 바는 도로 개량이요, 후자가 기대하는 것은 나막신에 있는 것과 같다.

—'인종과 문명', 『청춘』 제4호

위의 논설에서는 일제 강점기 '인종'이란 용어가 빈번하면서도 혼란스럽게 사용되는 양상을 보여준다. 제1호 '인종'에서는 '인종'이란 용어가 사용자에 따라 개념이 달라지며, 분류법이 달라진다고 주장한다. 이처럼 개념상의 혼란이 발생하는 것은 일반적인 개념어 산출 과정에서 흔히 볼 수 있는 현상이다. 그럼에도 이 논설에서는 인종의 개념을 '체질, 언어, 풍속, 습관' 등의 동질성에서 찾고자 하였다. 이와 같은 인종 구분은 결과적으로 진화의 결과로 해석되는, 인종 차별적 견해로 이어진다. 제4호의 '인종과 문명'은 그것을 극명하게 보여준다.

이러한 차원에서 생성된 인종과 문명관은 '동서양 문명'에 대한 극단적인 편견을 만들어 내고, 그것은 한국 사회의 뿌리 깊은 고정관념으로 작용하게 된다. 특히 '인종과 문명'에서 서술한 '동서양 문명관'은 『청춘』 제11호 소성(小星)의 논문에서 극단적으로 표출된다.

【 東西文明의 差異와 及其將來 】

東西文明의 特色은 何에 在한가. 此는 問題가 넘우 크고 辭意가 넘우 廣漠하야 갑쟉이 捕捉키 어려운 말이나 그러나 衆說이 대개 <u>東洋文明은 靜的이오, 保守的이며, 消極的이오, 精神的이며, 西洋文明은 이 反對로 動的, 進取的, 積極的, 物質的이라 하나니 그 區分의 精否는 仔細히 알 수 업스나 그 差異의 大槪는 大綱 들엇다</u> 할 수 잇도다. 일즉이 아메리카의 워드 氏가 그 著, 『Pure Sociology』에 東西 人類의 Achiuement(文化 或 成就)를 論하야 가로되, "西洋 사람은 꾸준히 求하고 꾸준히 차잣거늘 東洋 사람은 꾸준히 斷念하고 꾸준히 참앗도다. 그럼으로 西洋文明은 움직엿거늘 東洋文明은 고요하얏고 西洋文明은 안으로도 엇는 同時에 밧그로도 어덧거늘 東洋文明은 안으로는 어든 듯하나 밧그러는 조곰도 엇지 못하얏다." 하얏나니, 이는 實로 東西文明의 差異에 對한 適評이오 明斷이라 할 수 잇도다.

번역 동서문명의 특색은 어디에 있는가. 이는 문제가 너무 크고 뜻하는 바가 너무 넓고 모호하여 갑자기 포착하기 어려운 말이나, 여러 사람의 설은 대개 동양 문명은 정적이요, 보수적이며, 소극적이요, 정신적이며, 서양 문명은 이와 반대로 동적, 진취적, 적극적, 물질적이라고 하니, 그 구분의 정밀함과 그렇지 않음을 자세히 알 수는 없으나 그 차이의 대략적인 것은 대강 들었다고 할 수 있다. 일찍이 미국인 워드 씨가 그의 저서 『순수 사회학』11)에서 동서 인류의 문화를 논하여 말하기를, "서양 사람은 꾸준히 구하고 꾸준히 찾는데, 동양 사람은 꾸준히 단념하고 꾸준히 참았다. 그러므로 서양 문명은 진보했으나 동양 문명은 정적이고, 서양 문명은 안으로 얻는 동시에 밖으로도 얻었으나, 동양 문명은 안으로 얻는 듯하나 밖으로는 조금도 얻지 못했다." 하였으니, 이는 실로 동서 문명의 차이에 대한 적절한 평가이요, 명확한 단정이라고 할 수 있다.

—소성(小星), '동서문명(東西文明)의 차이와 급 기 장래(及其將來)',

『청춘』 제11호, 1917.11

이 논문의 목적은 문명을 동서 두 부류로 나누고, 두 문명이 갖고 있는 특징을 비교한 뒤, 두 문명의 융화를 촉구하는 데 있었다. 그러나 이 논문의 기본 바탕은 인종론에 근거한 동서양 문명론이다. 흥미로운 것은 이 논문에 등장하는 동서 문명에 대한 규정인데, 논문 전반에 걸쳐 언급된 두 문명의 차이점은 다음과 같다.

【 소성(小星) 논문의 동서 문명관 】

동양문명	서양문명
정적(靜的), 보수적(保守的), 소극적(消極的), 정신적(精神的) 문명	동적(動的), 진취적(進取的), 적극적(積極的), 물질적(物質的) 문명
산간적(山間的), 은자적(隱者的) 문명	평원적(平原的), 농민적(農民的) 문명
노년(老年)의 문명, 침유(沈幽)의 문명, 누워 있는 문명, 찡그린 문명, 고린내 나는 문명	소년(少年)의 문명, 희락(喜樂)의 문명, 벌떡 일어선 문명, 하하 웃는 문명, 향내 나는 문명

---

11) 워드의 『순수사회학』의 서지는 확인되지 않는다.

이와 같은 동서 문명의 차이가 발생한 원인에 대해 소성(小星)은 '사상적 원인'과 '환경 요인' 두 가지를 제시하였다. 이를 표로 제시하면 다음과 같다.

【 동서 문명의 차이가 발생한 이유 】

	동양문명	서양문명
사상 (思想)	정적(靜的), 적멸적(寂滅的) 사상, 의적(意的), 금욕적(禁慾的) 사상, 전제적(專制的), 구속적(拘束的) 사상, 가족적(家族的), 부락적(部落的) 사상, 극기복례 몰아망아(克己復禮 沒我忘我),	동적(動的), 진취적(進取的) 사상, 지적(知的), 정적(情的), 종욕적(縱慾的) 사상, 입헌적(立憲的), 방임적(放任的) 사상, 개인적(個人的), 국가적(國家的) 사상, 자아확충(自我擴充), 자아실현(自我實現)
환경 (環境)	땅이 넓고 사람이 적음, 무경쟁(無 競爭), 순경(順境), 나약·나태, 부드러움	땅이 좁고 사람이 많음, 물산이 부족하고 천혜 자원이 적음, 경쟁적(競爭的), 역경(逆境), 인위적, 진취적

이처럼 일제 강점기 초기 만연했던 인종론과 동서 문명론은 서양 제국주의에 대립한 동양인의 대처 방식을 의미한다는 점에서 근대 계몽기 일제에 의해 만들어진 '동양론' 또는 '동양 평화론'과 맥이 닿아 있다. 그런데 한걸음 더 나아가면, 이러한 인종적 사유방식은 문명화된 일본을 찬양하고, 식민 통치를 받는 조선인을 비하하는 견해로 확장된다. 이른바 식민사관으로 불리는 일본 관학자들의 역사 인식이 이를 뒷받침하며,[12] 이광수와 같이 조선 문학 부재론 등으로 나타난다. 그뿐만 아니라 인종론과 문명 진보론은 민족 우열론뿐만 아니라 인류 종족 내의 계급론, 또는 민족 내부의 계급론[13]을 만들어 내기도 한다. 『청춘』의

---

12) 이에 대해서는 이만열(1976)의 「일제 관학자들의 식민사관」(『독서신문』 1976.7), 이우성·강만길 편(1976)의 『한국의 역사인식』((하)(창작과비평사)에 재수록됨), 홍이섭(1969)의 「식민지 사관의 극복」(『아세아』, 1969년 3월호), 김용섭(1966)의 「일제 관학자들의 한국사관」(『역사학보』 31) 등의 논문을 참고할 수 있다.

13) 계급론은 1910년대 『매일신보』 논설에서도 빈번히 등장한다. 이 신문의 1911년 5월 9일자 논설 '인류와 계급', 1911년 8월 30일자 논설 '계급론' 등은 이를 증명한다. 그뿐만 아니라 러시아 사회주의가 유입되면서 형성된 계급 대립 문제도 계급론의 본질을 복잡하게 만드는 요인이 된다. 이를 고려하면 일제 강점기 '계급론'의 본질에 대해서는 좀

'귀천론'은 이를 대변한다.

【 계급론 】

人에 貴賤이 有함이 天이뇨. 天이 엇지 人의 上에 別人을 造하리오. 人의
貴賤을 別함이 理ㅣ뇨. 平等한 天則이 엇지 層級을 評하리오. 然이나 人間
에 貴賤이 有함은 事實이로다. 嗚呼라. 貴賤의 別이 何由로 生하뇨. 正當한
理由와 切實한 必要가 果有하뇨. 果無하뇨. (…中略…) 人生으로써 視하면
凡物을 有用 無用 二類에 分함을 得하리니 前者는 親切할새 貴타 하고 後者
는 疎遠할새 賤타 하며 同是 有用한 物이라도 至要한 者도 有하고 差減하
는 者도 有하니 前者는 緊重할새 貴타 하고 後者는 尋常할새 賤타 하는
것인즉 夫 所謂 貴란 것은 別件 物이 아니라 功用有益의 大한 者오 賤은
그 反對임을 知할지니라. (…中略…) 同一한 人으로 或 時代 創造의 偉業을
成호대 或 一家의 舊도 守치 못하고, 或 世道 恢弘의 大任을 負호대 或 一己
의 私도 辦치 못하나니 天의 生한 바론 貴賤이 固無하려니와 人의 取한 것에
야 엇지 貴賤이 無하다 하랴. 公益을 增大한 者에게 所酬가 無치 못할지니
貴가 生할 所以오, 世運에 無補한 者에게 所懲이 無치 못하리니 賤이 生한
所以ㅣ라. 貴賤의 制가 立한 지 久하매 後弊하야 진실로 滋大하얏지마는
그 始原을 溯究하면 當然 底의 理勢임이 明하니 社會 約束的 賞罰로 貴賤의
別을 是認함이 쏘한 臆說이 아닐지로다.

번역 사람에게 귀천이 존재하는 것은 자연스러운 것인가. 하늘이 어찌
사람의 위에 별종의 사람을 만들겠는가. 사람의 귀천을 구별하는
것이 합리적인가. 평등한 하늘이 어찌 층급을 평하겠는가. 그러나 인간의
귀천이 존재하는 것은 사실이다. 아아. 귀천의 구별이 어디에서 비롯되는

더 다차원적인 규명이 필요하다. 그러나 일제 식민 지배 이데올로기로 산출된 계급론은
'진화론 → 사회진화론 → 문명·진보론 → 인종론 → 민족 우열론 → 계급 우열론' 등의 연
속적 관점에서 생성된 이데올로기가 틀림없다. 『매일신보』에 빈번히 등장하는 계급론과
『청춘』 제12호의 '귀천론'이 이를 증명한다.

것인가. 정당한 이유와 절실한 필요가 과연 있는가. 과연 없는가. (…중략…) 사람으로 보면 무릇 사물을 유용, 무용의 두 종류로 구별할 수 있으니, 전자는 친절하게 보면 귀하다 하고 후자는 멀리하여 천하다 하며, 동시에 유용한 물건이라도 지극히 필요한 것도 있고 다소 덜한 것도 있으니 전자는 긴요하고 중하므로 귀하다 하고 후자는 일상적이어서 천하다 하니, 대저 귀한 것은 다른 것이 아니라 효용이 높아 유익함이 큰 것이며, 천한 것은 그 반대임을 알 수 있다. (…중략…) 동일한 사람으로 혹 시대 창조의 위업을 이루고 혹 일가의 구습도 지키지 못하며, 혹 세도가 넓어 대임을 맡되 혹 한 개인의 사적인 것도 담당하지 못하니, 하늘이 만든 귀천은 없을지나 사람이 취한 것에 어찌 귀천이 없다고 하겠는가. 공익(公益)을 증대한 것에 보수가 없지 않으니, 귀한 것이 생겨난 까닭이요, 세상 운수에 보탬이 없는 것에 징계가 없을 수 없으니 천한 것이 생겨난 까닭이다. 귀천의 제도가 확립된 지 오래되어 폐단이 점차 커졌지만, 그 근원을 탐구하면 당연히 기본적인 이치임이 명확하니, 사회 약속의 상벌로 귀천의 차별을 인정하는 것이 또한 억지스러운 견해는 아닐 것이다.

—'귀천론', 『청춘』 제12호, 1918.1

이 논설의 근본 사상은 '귀천'이 하늘이 만든 원리는 아니라고 하더라도, 사람이 만들어낸 제도이자 당연한 이치라는 것이다. 이 귀천론을 사회 내부에 대입(代入)하면 계급 긍정론으로 나타나며, 민족 문제에 대입하면 '민족 우열론'으로 나타난다. 『청춘』 제12호의 '귀천론'은 전자에 가깝다.

【 貴賤論 -六 】

我ㅣ 向日 所謂 班貴이든 者에게 告하노니 諸君이 진실로 虛名을 保有함이 愚임에 念到하고 實力으로써 活動함의 快한 줄을 認得하며 祖先의 骸骨로써 貴함이 無意味하고 自己의 手腕으로 以하야서 비로소 合理的임을 省

覺하면 今日의 新境遇는 實로 諸君의 眞榮實貴를 快取確收할 好機會라 할 것이오, 만일 資格과 力量이 能히 此境遇에 處할 수 업슬진대 向來 貴榮의 竊居冒受임이 明하니, 차라리 羞辱을 感할지언정 感히 怨尤가 有치 못할 것이라 하노라. 我 ㅣ 自來로 貴치 못하든 者에게 告하노니 希榮圖貴는 人間의 通情이오 또한 熱然한 向上心의 必然한 表現이라. 今에 宿命的 階級이 諸君을 枷囚하야 天分과 良能도 所用이 固無하든 氷天雪地는 이미 平等的 玆日에 融和되고 萬姓一體 裸身赤手로 成敗를 爭하고 雌雄을 決하니 取榮取辱이 都是 自己오 爲貴爲賤이 都是 實力이라. 今日의 敗는 實力의 劣敗ㅣ니 그 賤이 眞辱이오, 今日의 勝은 實力의 優勝이니 그 貴가 眞榮임을 思하야 맛당히 體를 練하고 智를 磨하고 志操를 訓練하고 手腕을 養成하야 有爲功으로써 時代의 勝者가 되고 新意의 貴族이 되고 그리함으로써 許久한 抑鬱을 暢敍하고 人生의 本望을 充足하기에 全力을 集注하야써 新機會의 寵兒가 될 것이라 하노라.

번역 내가 지난날 이른바 귀족 반열에 든 자에게 알리고자 하니, 제군이 진실로 허명을 가진 어리석음을 뒤집어, 실력으로 활동하는 것이 즐거운 것임을 깨우쳐 알고, 조상의 형체로 얻은 귀함은 무의미하며 자기가 직접 얻은 것이 합리적임을 성찰·자각하면 지금 새로운 상황은 진실로 여러분의 참된 영화와 존귀함을 즐겁게 성취할 수 있는 좋은 기회라고 할 것이다. 만약 자격과 역량이 이 상황에 도달할 수 없다면 앞으로 존귀 영화가 억지로 얻은 것임이 명확하니 차라리 욕됨을 당할지언정 감히 원망하지 못할 일이다. 내가 자래로 귀하지 못하던 자에게 알리고자 하니 영화를 바라고 귀하고자 하는 것은 인간의 상정이요, 또한 상승하고자 하는 마음이 표현되는 것이다. 지금 숙명적 계급이 제군을 사로잡아 하늘의 직분과 양지(良知)도 소용이 없고 천지가 얼어붙어 이미 평등한 날에 융화되고 모든 백성이 하나로 벌거벗고 빈손으로 성패를 다투고 자웅을 결정하고자 하니, 영욕을 취하는 것은 모두 자기요, 귀하고 천하게 되는 것은 모두 실력에서 비롯된 것이다. 금일의 실패는 실력이 열등하여

패한 것이니 천함이 진정 욕된 것이며, 금일의 승리는 실력이 우승한 것이니 그 귀함이 진실로 영화로움을 생각하여 마땅히 체력을 연마하고, 지혜를 닦고 지조를 훈련하고 수완을 양성하여 성공하여 시대의 승자가 되고 새로운 의미의 귀족이 되어, 허다한 억울함을 펼쳐 내고 인생의 본래 희망을 충족하는 데 전력을 다해 신기회의 총아가 되기를 바란다.

—'귀천론', 『청춘』 제12호

이 논설의 귀천 문제는 한국 사회에 존재하는 '반상 문제'와 연계된다. 이러한 반상 계급 문제 또한 『매일신보』의 계급 담론과 동일한 논조를 갖고 있는데, 근본적으로 귀족(양반)이 귀족이 된 데는 그만한 이유가 있었다는 전제 아래, 현재의 '반귀(班貴)'한 사람들도 문명(文明)하지 못하면 존귀한 가치를 상실하게 될 것이라는 주장이다. 달리 말해 문명하면 반귀한 사람이 아닐지라도 존귀하게 될 수 있다는 논리이므로, 이는 전형적인 일제 강점기 지식인들의 계몽 담론의 일부에 해당된다고 볼 수 있다.

이러한 존귀 대립의 의식이 민족이나 인종 문제로 확장될 경우 '인종 개량', '민족 개조' 등으로 변질될 수 있다. 『학지광』 제15호(1918.3)에 등장하는 '민종 개선학(民種改善學)'도 이런 유의 주장을 학문적으로 뒷받침하는 논리이다. '민종 개선학'은 흔히 '우생학(優生學)'이라 불리는 진화론의 극단적 형태이다.

【 民種 改善學에 就하야 】

가장 健康한 身體에 가장 明晰한 頭腦를 가지고져 함은 누구나의 所謂일지오, 쏘 될 수 잇는 대로 病者 弱者 不具者의 數를 少하야 國民의 幸福을 增進하며 될 수 잇는 대로 健康한 身體에 天才를 兼한 國民을 産出하야 國家 將來의 維持 繁榮을 圖코져 함은 어느 나라의 所願이리라. 이는 極히 明白한 事實이오, 机上 空論이 아님으로 누구나 一日에 瞭然한 일이지마는

玆에 그 理論 及 事實을 좀 더 밝키기 爲하야 數言을 費코져 하노라.

我 人類 社會는 極히 複雜한 것이라. 一見에 極히 簡單한 事實이라도 其 原因을 遡求코져 하면 決코 한가지만이 아니라 原因에 原因이 잇고 그 原 因에 또 原因이 잇슴으로 吾人은 무슨 事實이나 此를 說明코져 할 時에 決코 一言으로 斷할 수 업는 것이라. 그러나 事實의 種類에 依하야는 歷史 의 所證과 眼前의 現象을 보아 容易히 그 原因 結果를 알 수 잇는 者도 不少하나니, 只今 내가 말하고저 하는 바도 또한 그런 種類의 事實의 하나 이라.

人生에 病身보다 完全한 사람이 幸福되고, 羸약弱한 사람보다 強壯한 사람이 幸福됨은 누구나 다 아는 바어니와 此 兩者의 關係는 이보다 甚함 이 잇스니 <u>近來의 學說에 依한즉 모든 犯罪者, 乞人, 惡德者가 다 精神上으로 나 身體上으로나 缺陷이 잇는 者라 함</u>이라. (…中略…) 然而 此 事實은 國家 의 大損害를 加하나니 米國 統計表가 近三百萬人이오 其內 五十萬人은 病 院에 收容한다 하고, 其 費用이 每年 若 十億弗(二十億圓)인데 此 費用은 國民의 直接 負擔이 될 것이오, 其外의 不具者에 對하야도 多數한 負擔이 잇슬 것을 生覺하면 이로 因하야 受하는 國家의 損害는 實로 如干이 아니 라 할지로다. (…中略…) <u>如斯히 精神 身體의 不健全은 此를 一個人으로 보 면 不幸의 極이오 一家一國으로 보면 衰退의 徵이니 사람된 者ㅣ 누구나 이러한 不幸의 原因을 芟除하고 更히 積極的으로 幸福을 增進하는 方法을 研究하여야 할 것이라. 民種改善學(Eugenics)은 實로 吾人의 此 理想을 達 코저 하야 出生한 學問</u>이다.

번역 가장 건강한 신체에 가장 명석한 두뇌를 갖고자 하는 것은 누구나 말하는 바이며, 또 될 수 있는 대로 병자, 약자, 불구자의 수를 줄 여 국민의 행복을 증진하며, 될 수 있는 대로 건강한 신체에 천부적 재주 를 겸한 국민을 산출하여 국가 장래를 유지하고 번영하고자 꾀하는 것은 어느 나라이든지 원하는 바다. 이는 극히 명백한 사실이며 탁상공론이 아니므로 누구나 알 수 있는 일이지만, 이에 그 이론과 사실을 좀 더 밝히기 위해 몇 가지 말을 하고자 한다.

우리 인류 사회는 극히 복잡하다. 얼핏 보면 극히 간단한 사실도 그 원인을 탐구하면 결코 하나가 아니라 원인에 원인이 있고, 또 그 원인에 원인이 있어 우리들이 무슨 사실이나 이를 설명하고자 할 때, 결코 한마디로 단정할 수 없다. 그러나 사실의 종류에 따라 역사적 증명과 눈앞의 현상을 보아 쉽게 그 인과를 알 수 있는 것도 적지 않으니, 지금 내가 말하고자 하는 것도 또한 그런 종류의 사실이다.

인생에서 병신보다 완전한 사람이 행복 되고, 영약한 사람보다 강장한 사람이 행복된 것은 누구나 아는 바이지만, 이 두 가지의 관계는 이보다 심한 것이 있으니 근대 학설에 따르면 모든 범죄자, 걸인, 악덕자가 다 정신상 신체상 결함이 있는 자라고 한다. (…중략…) 그러므로 이 사실은 국가의 큰 손해를 입히니 미국 통계표가 근 300만 명이요, 그 가운데 50만 명은 병원에 수용한다고 하는데, 그 비용이 매년 십억불(20억 원)으로, 이 비용은 국민의 직접 부담이 되며, 그밖에 불구자에 대해 수많은 부담이 있을 것을 생각하면 이로 인해 받는 국가의 손해를 실로 적지 않다 할 것이다. (…중략…) 이와 같이 정신 신체의 불건전은 이를 한 개인으로 보면 불행이 극한 것이요, 한 집안 국가로 보면 쇠퇴의 징조이니 사람된 자는 누구나 이런 불행의 원인을 제거하고 다시 적극적으로 행복을 증진하는 방법을 연구해야 할 것이다. 민종개선학은 실로 우리가 이 이상을 달성하고자 나타난 학문이다.

—'민종개선학에 취(就)하여', 『학지광』 제15호, 1918.3

이 글에 따르면 '민종개선학'으로 불리는 우생학은 '행복 증진', '국가 번영'을 위해 '병자, 약자, 불구자'를 만들지 않는 학문으로 규정된다. 이 논리에 따르면 이른바 사회적 약자로 불리는 병자, 약자, 불구자가 범죄자, 걸인, 악덕자와 동일시된다. 이 논설에서는 민종개선학의 출현 배경과 함께 그 내용을 상술하고 있는데, 이에 따르면 이 학설은 다윈의 '인위도태설(人爲淘汰說)'의 산물이다. 곧 인위도태에 적용되는 '유전(遺傳)', '변화(變化)', '선택(選擇)'의 조건을 동식물 개량에 적용하듯, 인류에게 적용하는 것이 우생학의 본질이다. 이 논설의 필자가 비록 '청년 남녀의 결혼 문제'를 비롯하여 건강 문제로 결론을 짓고 있으나, 진화론적 사유방식에서 비롯된 우생학은 계급적 차별, 민족 차별을 당연시하는 논리의 하나로 간주될 수 있다.

2. 전통과 민족 문화

2.1. 민족성과 개조론의 실상

일제 강점기의 자아 인식과 진화론적 문명론, 인종론과 차별적 민족 담론 등은 민족 개조론이라는 또 다른 궤변으로 이어질 수 있다. 민족 개조론은 1922년 이광수가 『개벽』 5월호에 발표한 논문을 일컫는 말로 널리 알려져 있다. 현재 국내 학계에서 민족 개조론과 관련된 연구는 다수의 석사학위논문과 10편의 학술지에 발표된 논문이 있다.[14] 이들 연구를 종합하면, 이광수의 논문이 쓰인 시점인 1921년과 발표된 시점인 1922년 사이에 혼란이 있기는 하지만, 전반적으로 민족 개조론이 인종 불평등을 옹호한 이론이었다는 것에는 이견이 없다. 더욱이 김항(2013)에서 분석한 것과 같이, 이광수의 민족 개조론이 비단 이 논문에만 등장하는 것이 아니라 그의 유학생활이나 1910년대 문필 활동에 지속적으로 나타난다는 점이다.[15] 그러한 예의 하나로 『학지광』 제14호

---

14) 학술지에 발표된 논문으로는 최주한(2011), 김항(2013), 김형국(2001), 김택호(2003), 최주환(2013), 김현주(2005), 김용달(1997), 박성진(1997), 김미영(2015), 정용석(2004) 등이 있다.

15) 이는 이광수의 삶과 문학을 실증적으로 고찰한 김윤식(1988), 『이광수와 그의 시대』 1~2 (한길사)를 통해서도 확인할 수 있다.

에 발표한 '우리의 이상'을 살펴볼 수 있다.

【 우리의 理想 】

一. 世界文化史上의 朝鮮族의 位置: 나는 政治史上의 朝鮮族의 位置를 말하려 아니하오. 엇던 民族의 歷史上의 位置를 말할 째에는 政治史的과 文化史的의 二種이 잇겟지오. (…中略…) 最近에 니르러서 <u>日本은 泰西의 文化를 輸入하기에 成功하야 亞細亞 全體의 文化의 道師의 地位를</u> 멈엇고 將次는 東西文化를 融合하야 獨特한 新文化를 造成하여서 今後의 希臘이 된다고 自任도 하고 努力도 합니다. (…中略…) 이러한 意味로 보아서 <u>우리 朝鮮족은 世界 文化史上에 거의 아모 地位도 업다고 하야 可합니다. 그러케 尨大(방대)한 世界史上에 一頁도 차지하지 못한 내 身世를 생각만 하여도 눈물지는</u> 일이 아니오닛가.

二. 朝鮮民族 生存의 位置: (…中略…) 어듸로 보든지 우리는 過去에는 世界文化에 아모 것도 貢獻한 것이 업고, <u>現在 毋論 過去만도 못하다고 보는 것이 가장 正當하고</u> 그러고 만일 朝鮮 民族이 存在의 價値를 엇을 餘望이 잇다 하면 그것은 自今으로 世界 文化史上에 榮光스러운 地位를 獲得함인가 합니다. (…中略…)

四. 結論: 내가 이 글을 들이는 것은 現今 <u>朝鮮의 知識 階級의 여러분과 特別히 學問이나 教育에 쯧을 두는 여러분</u>쎄외다. 理想의 씨는 決코 밧헤 쑤리는 五穀씨 모양으로 말로 되고 섬으로 되는 것이 아니라, 一 粒 이나 二粒이 먼져 떨어져서 마치 셩냥개비에 불이 大森林을 태워 바리는 모양으로 漸次 普及되는 것이외다. 우리는 決코 우리의 理想을 理解하여 주는 이가 적은 것을 恨歎할 것이 아니외다. 우리 青年된 者는 沙漠에다 大花園을 建設하량으로 一粒의 花草 씨를 쑤러노코 그것이 結實되어 十粒 二十粒이 되도폭 참고 잇슬 勇氣와 忍耐가 잇서야 할 것이외다.

—이광수, '우리의 이상', 『학지광』 제14호, 1917.11

이 논설에서 이광수의 계몽주의는 철저히 자기 부정과 비판에서 비롯되었음이 확연하다. 세계 문화사상 조선족은 아무 지위도 없고, 공헌도 하지 못했다는 논리에서 과거보다 못한 현재가 비관적임을 드러낸다. 이에 비해 이광수가 바라보는 일본은 가장 이상적인 민족, 가장 발전적인 국가였다. 이를 등치하면 이광수의 이상, 곧 지식 보급 운동은 '일본화'와 동의어가 되는 셈이다.

비록 문학 또는 문화사를 전제한 것이지만 우생학적 관점의 민족 개조는 이광수에 국한된 것이 아니다. 이는 '우리의 이상'을 감상한 현상윤(玄相允)[16]의 비평을 통해서도 확인할 수 있다. '이광수 군의 「우리의 이상」을 독(讀)함'이란 감상문에서 그는 이광수의 논문을 마치 피히테의 '독일 국민에게 고함'과 같은 글이라고 평하였다. 비록 일부 논조에서는 이광수의 논문을 비판하고 있지만 전반적으로 그가 보인 태도는 이광수의 논조를 벗어나지 않는다.

【 李光洙 君의 '우리의 理想'을 讀함 】

實相 말이지 우리의게는 아모 理想이 업섯다. 적어도 高麗 以降으로는 우리의게 아모 理想이 업섯다. 왜 그러냐 하면 爲先 麗朝 以來로는 우리들의게 '우리'란 것이 업섯다. 元나라이나 明나라이나 淸나라이라는 것은 이섯스나 '朝鮮民族'이라 하는 '우리'는 업섯던 것이다. (…中略…) 나는 君을 잘 안다. 아울너 君이 平素에 가지고 잇는 바, 말하는 바, 主張하는 바를 잘 안다. 決斷코 君의 바램이 어느 것에나 偏하고 기우러진 不完全한 것이 업는 圓滿無缺한 그것인 줄을 確實히 밋는다. 그러기에 나는 이우에 더 君의 論文에 對하야 質疑를 벼물고 詰問을 開하기를 죠와 아니한다. 그리고 다만 마조막에 니르러 한마듸 記陳할 것은 君의 그 論文에 對한 態度에

---

16) 현상윤(1893~?)은 독립운동가이자 교육자로 3.1운동 이후 체포되어 2년간 옥고를 치르기도 하였다.

對하야서다. 다른 사람은 엇더케 보앗는지 모르나, 나는 그 論文에 對한 君의 態度를 一千八百八年 저 有名한 예히테가 '獨逸國民에게 告하노라' 한 講演에 對한 態度에 比할 수 잇다고 보앗다. 다시 말하거니와 그 論旨의 備與不備는 別問題로 하고라도 그 態度- 卽 誠意는 우리가 嘆服치 안을 수 업는가 한다. 나는 이만치 君의 論文을 닑어서 感하엿다. (一九一七.一二.二九日)

—현상윤, '이광수 군의 「우리의 이상」을 독함',
『학지광』제15호, 1917.12

현상윤의 논평에는 이광수의 논의가 정치적인 면을 제외한 문화에만 국한되어 정치·경제 문제를 다루지 않은 점, 민족적 이상을 배우고자 할 때 아테네만을 대상으로 하고 스파르타와 페니키아의 사상[17]은 논의하지 않은 점 등을 비판하고 있으나, 본질적으로 우리 민족의 역사와 현실에 대한 비관적 태도만큼을 다르지 않았던 것으로 볼 수 있다.

이광수에게서 이러한 비관적 민족의식이 인종학, 우생학과 결합하여 '민족개조론'으로 비화되었음은 널리 알려진 사실이다. '변언(弁言)'과 '상중하' 세 부분으로 구성된 격렬한 논설은 그 자체로서 '개조'라는 미명하에 자민족을 비하하는 비관적 선각자의 모습을 뚜렷이 드러낸다. '변언'은 이 논설을 쓴 의도를 나타낸 부분으로, 앞의 '우리의 이상'과 그 논조가 조금도 다르지 않다.

---

17) 이에 대해 현상윤은 "그러기에 나는 지금 君에게 向하야 君이 만일 우리의 民族的 理想을 말할진대 엇지하야 아덴쓰(아테네)만을 배우자 하고, 스팔타(스파르타)는 말하지 아니하얏스며, 예니키아(페니키아)는 말치 아니하얏는가를 뭇고 십고, 또한 一步를 讓하야 文化만을 理想으로 한다 할지라도 엇지하야 君은 政治·經濟 그 남아지 모든 것을 背景으로 한 現代的 獨逸의 文化를 取치 아니하고, 이와 反對로 政治로나 經濟로나 그 남아지 모든 것으로 比較의 아모 背景도."라고 말한다. 여기서 현상윤이 지적한 아덴스(아테네)는 문화를 상징하고, 스파르타와 페니키아는 상무주의를 지칭한 것으로 해석할 수 있다.

【 民族 改造論-弁言 】

나는 만흔 희망과 끌는 정성으로, 이 글을 朝鮮民族의 장래가 어떠할가,
어찌하면 이 民族을 현재의 쇠퇴에서 건져 행복과 繁榮의 장래에 인도할
가, 하는 것을 생각하는 형제와 자매에게 들입니다. 이 글의 내용인 民族
改造의 思想과 計劃은 在外同胞 중에서 發生한 것으로서 내 것과 일치하야
마츰내 내 일생의 目的을 이루게 된 것이외다. 나는 朝鮮 내에서 이 思想을
처음 전하게 된 것을 無上한 榮光으로 알며, 이 귀한 思想을 先覺한 위대한
頭腦와 共鳴한 여러 先輩 同志에게 이 기회에 또 한번 尊敬과 感謝를 들입
니다. 원컨대 이 思想이 사랑하는 靑年 兄弟姉妹의 純潔한 가슴 속에 깁히
뿌리를 박아 꼿이 피고 열매가 매쳐지이다. 辛酉 十一月 十一日 太平洋會
議가 열리는 날에 春園識

　　　　　　　　—이광수(1922), '민족 개조론', 『개벽』 제23호, 1922.5

'조선 민족의 장래', '현재의 쇠퇴'를 건져낼 '민족 개조 사상과 계획',
그것을 주장할 수 있는 자신의 '영광'스러운 의식 등이 변언의 핵심어
라고 할 수 있는데, 이러한 의식 자체가 이미 일제 강점기 일반 민중과
는 다른 계몽자의 선각 의식이다.[18] 이러한 의식의 뿌리 또한 '변화(變
化)'와 '문명(文明)'을 중심축으로 하는 인종학적 진화론을 바탕으로 한
다.[19] 이는 '개조의 의미'에서 뚜렷이 나타난다.

---

18) '민족 개조론'이 수록된 『개벽』 제23호(1922.5)의 권두언은 '民衆이여 自重하라'로 시작된
　　다. 이 논설에서는 "民衆이란 그 元體가 聰明치 못하며 또 우리의 民衆에 잇서 別로 甚함
　　과 갓거늘 우리네의 압헤 노힌 問題는 누구의 聰明으로도 문득 解釋하기 어려운 複雜하고
　　重大한 것이엇다."라고 하면서 당시 '국수주의, 사회주의, 융화주의, 연방주의' 등의 이데
　　올로기와 '위정자, 선교사, 신문잡지업자, 매명매업자', '가지사(假志士, 거짓 지사)·가주
　　의(假主義)'의 횡론(橫論)이 민중을 현혹하고 있으므로 자중하라는 논지를 펼친다. 이러
　　한 의식과 이광수의 민족 개조론은 본질적으로 큰 차이가 없다.
19) 김윤식(1988), 김항(2013) 등에서는 이광수의 민족의식이 개인이 국민이 되는 과정에서
　　겪는 근원적 폭력으로 인해 정치적 의식이 말소된 분절적 의식이라고 규정하고, 이러한
　　의식이 형성되는 배경을 상세히 고찰했다. 이처럼 이광수가 시대 현실을 비관하며 정치
　　적, 역사적 단절 의식을 갖고 있었음은 부정할 수 없다. 이러한 단절 의식이 극단적으로

【 民族改造의 意義 】

改造라는 말이 만히 流行되는 것은 改造라는 觀念이 多數 世界人의 思想을 支配하게 된 標입니다. 진실로 오늘날 신간 書籍이나 新聞雜誌나 演說이나, 甚至에 商品의 廣告에까지, 또 일상의 會話에까지 改造란 말이 만히 씨운 것은 아마도 空前한 現象일 것이외다. 무릇 어떤 觀念이 支配하던 시대가 지나가고 새로운 어떤 다른 觀念이 支配하랴는 시대가 올 때에는 반듯이 인심에 更新이라든지, 改革이라든지, 變遷이라든지, 革命이라든지 하는 觀念이 드는 것이지마는 更新, 改革, 革命 가튼 觀念만으로 만족치 못하고 더욱 根本的이오 더욱 組織的이오 더욱 全般的, 滲透的인 改造라는 觀念으로야 비롯오 인심이 滿足하게 된 것은 실로 이 시대의 特徵이라 하겟습니다. (…中略…) 대체 民族改造란 무엇인가. 一民族은 다른 自然現象과 가티 時時刻刻으로 어떤 방향을 取하야 變遷하는 것이니 한 民族의 歷史는 그 民族의 變遷의 記錄이라 할 수 잇습니다. 檀君時代의 朝鮮民族, 三國시대의 朝鮮민족, 高麗나 朝鮮시대의 朝鮮민족, 또는 가튼 李朝時代로 보아도 壬亂以前과 以後, 甲午以前과 以後, 이 모양으로 朝鮮민족은 끈힘업시 변화하여 나려 왔습니다. (…中略…) 이것은 自然의 변화외다. 또는 偶然의 변화외다. 마치 자연계에서 끈힘업시 행하는 물리학적 변화나 화학적 변화와 가티 자연히, 우리 눈으로 보기에는 우연히 행하는 변화외다. 또는 무지몽매한 野蠻人種이 自覺 업시 推移하여 가는 변화와 가튼 변화외다. 文明人의 최대한 특징은 자기가 자기의 목적을 정하고 그 목적을 達하기 위하야 계획된 進路를 밟아 노력하면서 시각마다 자기의 속도를 測量하는 데 잇습니다. 그는 본능이나 衝動을 딸하 행하지 아니하고 생활의 목적을 確立합니다. 그리하고 그의 一擧手 一投足의 모든 행동은 오즉 이 목적을 향하야 統一되는 것이오, 그럼으로 그의 特色은 計劃과 努力에

표출된 것이 '민족 개조론'인데, 엄밀히 말하면 이 개조론은 '진화론'에서 출발한 '민종개선학(우생학)'이 전제되어 있는 셈이다.

잇습니다. 그와 가티 <u>文明한 民族의 特徵도 자기의 목적을 意識的으로 確立하고 그 목적을 達하기 위하야 일정한 組織的이오 統一的인 計劃을 세우고 그 計劃을 實現하기 위하야 組織的이오 統一的인 努力을 함에 잇습니다.</u> 그럼으로 原始時代의 民族, 또는 아즉 분명한 自覺을 가지지 못한 民族의 歷史는 自然現象의 變遷의 記錄과 가튼 記錄이로되 이미 高度의 文明을 가진 民族의 歷史는 그의 목적의 變遷의 記錄이오, 그 목적들을 위한 計劃과 努力의 記錄일 것이외다. <u>딸하서 原始民族, 未開民族의 목적의 變遷은 오즉 自然한 變遷, 우연한 變遷이로되 고도의 文明을 가진 民族의 목적의 變遷은 意識的 改造의 過程이외다.</u>

—이광수, '민족 개조론', 『개벽』 제23호, 1922.5

'민족 개조'를 구성하는 핵심어는 '변화'와 '문명'이다. 이 두 개념은 근대 계몽기 이후 가장 빈번히 사용된 용어들인데, 이광수의 논설에서는 이들 용어와 관련된 다양한 유의어가 총망라된다. '경신, 개혁, 변천, 혁명, 추이, 변화' 등의 제반 용어는 물질적 또는 정신적 진화의 차원에서 변화를 내포하는 주요 어휘들이다. 이러한 어휘는 모두 '문명'으로 귀결되며, 그 전제는 문명하지 못한 조선민족이 존재하는 셈이다. 이러한 이광수의 민족 개조론은 진화론적 사유방식에서 비롯된 식민 지배 이데올로기와 일치하는 것임은 『매일신보』의 조선 민족 담론과 비교할 경우 더욱 명백해진다. 다음은 『매일신보』 1914년 11월 21일부터 11월 29일까지 7회에 걸쳐 연재된 '조선민족관(朝鮮民族觀)'이라는 논설의 일부이다. 이 논설은 "필자가 병합 이후 일년을 지나면서 총독 정치에 대해 오해하는 자들을 깨우치고자 쓴 글"이라는 설명이 붙어 있다. 그 가운데 '조선 민족성'과 관련된 부분을 살펴보자.

【 朝鮮民族觀(3): 朝鮮民族의 性質 】
更進하야 朝鮮民族의 性質을 論하건대 南北과 東西의 風俗과 習慣이 不

同흠을 從하야 其性質이 各異한 點이 多ᄒ니 (…中略…) 然而나 朝鮮 民族은 不完全한 國體와 政令下에서 養成된 故로 家族的 觀念이 多ᄒ고 公共的 思想이 薄ᄒ며 怠惰 依賴로 習을 成ᄒ고 因循苟且로 性을 成ᄒ야 遠大ᄒ 思想과 勇邁ᄒ 氣力이 乏ᄒ고 貧富弱達을 天數에 付ᄒ고 自助的 心志를 定치 못ᄒ고 團體的 行動을 取치 못흠은 全道를 通ᄒ야 異흠이 無ᄒ니, 卽 此가 朝鮮 民族의 萎靡흠의 原因이라. 若 朝鮮民族으로 ᄒ야곰 此等 性質과 習慣을 除祛치 못ᄒ면 優勝劣敗ᄒ는 二十世紀에 在ᄒ야 비록 善政과 良法이 保護를 不怠흔다 홀지라도 向上 進步ᄒ야 福利의 增進을 到底히 望키 難ᄒ리로다.

번역 다시 나아가 조선 민족의 성질을 논하면, 남북과 동서의 풍속과 습관이 같지 않음을 따라 그 성질이 다른 점이 많으니 (…중략…) 그러나 조선 민족은 불완전한 국체와 정령 아래에서 양성되었기 때문에 가족적 관념이 많고, 공공적 사상이 박하며, 태타, 의뢰로 습관을 삼고, 순환 구차한 성격을 이루어 원대한 사상과 용기 매진하는 기력이 결핍하고, 빈부의 미약을 하늘의 운수에 붙이고, 자조적인 뜻을 정하지 못하고, 단체적 행동을 하지 못하는 것은 모든 지역을 통해 다름이 없으니, 곧 이것이 조선 민족의 위미한 원인이다. 만약 조선 민족으로 하여금 이러한 성질과 습관을 제거하지 못하면 우승열패하는 20세기에 아무리 선정과 양법으로 보호를 게을리 하지 않더라도 향상 진보하여 복리를 증진하는 것은 도저히 바랄 수 없다.

—『매일신보』, 1914.11.25

이광수의 논조와 『매일신보』의 논조는 '개조론'을 제창하는 입장은 다르다고 할지 몰라도, 그 근본적 논리와 내용은 동일하다. 이를 고려한다면 '민족 개조론'은 이 시대 이광수의 논리라기보다 일제 식민 통치자들이 만들어낸 제국주의 식민 지배이데올로기의 하나였다고 판단하는 것이 적당해 보인다.

이 민족 개조론은 사회적으로 큰 파장을 일으켰다. 그렇기 때문에 각종 매체에서 민족 개조론을 비판하는 논의가 활발하게 일어났다. 『동아일보』 1922년 6월 3일~4일에 수록된 최원순(崔元淳)의 논문도 이를 반영한다.

【 李春園에게 問하노라: 民族改造論(開闢 五月號 所載)을 읽고, 在東京 崔元淳 】

이 글은 東京 留學生 崔元淳 氏의 寄稿인데 元來 朝鮮 民族을 如何히 하여야 그 生活의 充實과 그 文化의 向上을 期할가 하는 것은 單히 一二 個人의 問題가 아니며 所謂 知識階級 또는 有志者의 問題가 아니라 적어도 眞實노 朝鮮 사람의 前途를 생각하고 그 생활 개선에 對하야 그 前途 開拓에 對하야 利害의 關係가 切實한 者는 누구든지 모다 반다시 解決해야 할 問題이며 覺悟해야 할 것이라. 이럼으로 우리는 春園의 民族 改造論을 매우 興味 잇게 읽는 同時에 그 論旨와 提唱하는 改造方法에 對하야는 各方面으로 批判이 잇고 討論이 잇기를 바라노라. 이와 갓흔 見地에서 우리는 이제 이 글을 紹介하는 同時에 어데까지든지 그 論文 自體에 對한 卽, 春園의 理論과 提唱한 手段 方法에 對한 批判만 紹介하고 그 他에 조금이라도 人身 攻擊의 嫌이 잇는 것은 紹介하기를 躊躇하얏스니 元來 討論과 批判은 그 性質上 批判의 對象이 되는 그 自體에 對하야 行할 것이오, 決코 裡面 或은 背景의 人格에 對하야 行할 것이 아닌 짜닭이라.

나는 이 重大한 問題에 對하야 李春園의 가라침을 밧을 것은 勿論이어니와 넓히 밧고자 함으로 敢히 新聞紙를 通하야 뭇고자 한다. 그쑨 아니라 '쯸는 精誠으로' '엇지하면 이 民族을 現在의 衰退에서 건저 幸福과 繁榮의 將來에 引導할가' 하는 '先覺者'의 글을 읽고 疑心이 나는 點을 그대로 바리는 것은 '生命'을 이 高貴한 事業의 基礎에 바치시는 '先覺者'에게 對하야 '衰退衰退' 하고 '劣等' '懶惰' 者가 되어서 失敬이 될가 하야 나는 적어도 重大한 態度로 이 問을 發한다. (一) 所謂 '劣等'하다는 '朝鮮 民族性'은 엇더한 것을 意味하는가? 民族 改造主義者 李春園에 依하면 "朝鮮 民族 衰退의 根本 原因은 惰落된 民族性에 잇다 할 것이외다." 하고 다시 말하기를, "虛位, 非社會的 利己心, 懶惰, 無信, 怯懦, 社會性의 缺乏- 이것이 朝鮮 民族으로 하여금 今日 衰退에 싸지게 한 原因이 아닙닛가." 하야, 虛位, 非社會的 利己心, 懶惰, 無信, 怯懦, 社會性의 缺乏이 衰退한 朝鮮 民族性인 것을 暗示하면서 '衰退하는 백성이 그냥 興旺하는 백성이 되지 못하리니' 그 썩어진 性格을 그냥두면 아모러한 努力을 하더라도 다 虛事가 되고 말 것이니 民族的 性格의 改造! 이것이 우리가 살아날 唯一한 길이라고 하야 더욱이 "朝鮮 民族性의 劣等함"을 痛論하얏다. 果然 우리가 살아나는 唯一한 길을 가리치는 先覺者 李春園의 民族性에 對한 見解는 正當한가? (…中略…) (二) 民族性 改造의 倫理的 根據가 무엇인가? 한 民族性이라고 하는 것은 民族의 個性이다. 그럼으로 民族性의 改造는 그 個性의 改造라고 볼 수밧게 업다. '道德'을 高唱하는 先覺者 李春園이여! 個性은 尊重하자는 現代 世界的 思潮를 無視하고 '道德的일 것'이라고 하면서 個性 改造를 '쓸는 精誠'으로 主張하는 理論的 根據와 倫理的 價値가 어대 잇는가. (三) 한 民族性이 優善하다 劣惡하다 判斷하는 標準이 어대 잇는가?

　—최원순, '이춘원에게 문(問)하노라: 민족개조론(개벽 5월호 소재)을
　　　　　　　　　　읽고', 『동아일보』, 1922.6.3~4

　최원순의 비판 근거는 '허위, 비사회적 이기심, 나타, 무신, 겁나, 사회성 결핍' 등으로 규정한 이광수의 조선 민족성 규정이 정당하지 않다는 점, 민족성 개조는 민족 개성 개조에 해당하므로 논리적 근거와 윤리적 가치가 없다는 점, 민족성의 우열을 판단할 수 없다는 점 등 세 가지이다. 이 점은 민족 담론과 시대사조를 비판적으로 읽어낼 수 있는 유학생으로서 당연히 가졌을 만한 비판 논리이다.

2.2. 자각적 민족성 담론

진화론적 사유방식에서 출발한 민족성 담론에 대한 대응 방식은 크게 세 가지 형태를 띤 것으로 볼 수 있다. 첫째는 이광수류의 식민 통치 이데올로기를 수용하는 방식, 둘째는 최원순의 논설과 같이 '민족성 개념'의 추상성을 지적하며 이를 부정하는 방식, 셋째는 이광수식의 수용과는 반대로 '조선 민족의 우월성'이나 '가치'를 찾고자 하는 방식 등이 그것이다. 이러한 대응 방식은 어느 것이 먼저 출현했다고 규정하기 어렵다.

'민족 개조론'이 발표되기 전 이돈화(李敦化)는 『개벽』제5호(1920.11)에서 '조선 민족의 민족성은 어떠한가'를 주제로 민족성론에 뛰어들었다. 그 가운데 일부를 살펴보자.

【 朝鮮民族의 民族性은 何이냐 】

如斯히 세계 각 민족은 각각 그 민족적 정신에 특수한 발휘가 잇다하면 이제 그를 민족 심리학상으로 관찰하야 뜸 조선 민족에게는 무엇이 가장 써 조선민족을 총대표할 만한 민족성이 될가. 更言하면 조선 민족에게도 민족적으로 다수한 美點과 惡點이 교착하야 잇슬지라도 그 중에 가장 여하한 특성이 조선 민족의 정신화를 대표할 만한 특성이 될가. 이를 일언하야 써 사회 비판을 구함도 또한 閑人의 閑事가 아닐 것이며 그리하야 그를 전체 민족의 활동상에 도약케 하야 민족적 권선징악의 미덕을 발휘케 함도 필요하니 그러한 후에야 가히 써 민족의 眞意義가 나타날 것이오. 또한 써 장래문화의 진가치가 표현하리로다. (…中略…) 뜸人은 일즉 모 외국 잡지에서 동양인의 심리를 평한 중, - "支那人은 直心, 일본인은 충심, 조선인은 善心이라." 書한 구절을 瞥見한 일이 잇섯나니 뜸人은 그로써 능히 동양 삼민족의 심리를 대표한 관찰이라 추천하는 동시에 더욱이 조선인의 민족성을 적당히 고찰하엿다 자인하노라.

과연-조선인의 민족성은 善이니라. 善 一字로 능히 조선인의 미덕을 발휘할 만하니라. 조선인은 선으로 능히 동방군자의 國이 되엇던 것이오. 半島禮儀의 邦이 되엇던 것이오. 의관문물의 燦然한 도덕적 민족이 되엇더니라. 고로 조선인을 논하면 반듯이 선을 연상치 아니치 못할 것이오 선을 논하면 또한 반듯이 조선인을 연상치 아니치 못할지니 조선인의 미덕은 거의 此 善 一字로써 능히 그 정신화 방불하엿다 할 것이다. 抑조선인의 민족성인 此 善心은 실로 역사적 심원한 근거로부터 울어나온 것이니 아니 유사이전에서 조선인은 此 「선」의 이상을 동경하엿던 민족이라 할지나 그는 檀君神歌 중에 「善」의 이상을 찬미한 점으로 보아도 능히 此를 증명할 수 잇나니.

—이돈화, '조선인의 민족성을 논하노라', 『개벽』 제5호, 1920.11

이돈화의 민족성 담론은 '선심(善心)', '도덕적 민족' 등을 내용으로 한다. 그가 도덕성 자질을 민족성의 핵심으로 제시한 근거를 명확하게 찾을 수는 없으나, '예의국', '군자국'과 같은 용어는 식민 통치기 지배자들이 전파했던 순응 이데올로기의 하나였다. 다만 이돈화는 그의 종교적 신념과 더불어 '도덕'이라는 용어 대신 '선'을 강조했던 것으로 보인다. 그렇기 때문에 그는 '선'의 참된 의미를 다음과 같이 강조했다.

【 善의 眞意義를 誤解치 말지어다 】
一. 선은 생활상 모든 방편을 선으로 할용케 함을 이름이라 함.
二. 선은 退屈이 아니오=활동이라 함.
三. 善은 弱이 아니오 自强이라 함.

—이돈화, '조선인의 민족성을 논하노라', 『개벽』 제5호, 1920.11

종교적 관점이든, 아니면 역사적 관점이든 민족성과 관련된 논의는 민족 정체성을 확립하려는 시도와 밀접한 관련을 맺는다. 19세기 중반 프랑스의 격변기를 경험했던 에르네스트 르낭은 1882년 소르본 대학에서 이루어진 강연 '민족주의란 무엇인가'에서 민족이란 개념은 발견되는 것이라고 규정한 바 있다.[20] 그는 많은 사람들이 '민족과 종족을 혼동하며', '종족의 표지로 부여되는 언어만으로는 민족을 구별할 수 없고', '종교', '이익공동체', '지리적 요인' 등도 그 자체가 민족이 될 수 없다고 주장하면서, "하나의 민족은 하나의 영혼이며 정신적인 원리입니다. 둘이면서도 사실 하나인 것이 바로 이 영혼, 즉 정신적인 원리를 구성하고 있습니다. 한쪽은 과거에 있는 것이며, 다른 한쪽은 현재에 있는 것입니다. 한쪽은 풍요로운 추억을 가진 유산을 공동으로 소유하는 것이며, 다른 한쪽은 현재의 묵시적인 동의, 함께 살려는 욕구, 각자가 받은 유산을 계속해서 발전시키고자 하는 의지입니다. (…중략…) 그러므로 민족은 이미 치러진 희생과 여전히 치를 준비가 되어 있는 희생의 욕구에 의해 구성된 거대한 결속입니다. 그것은 하나의 과거를 가정하는 것입니다. 그렇지만 현재에는 확실한 사실로 요약되기도 합니다. 동의, 함께 공동의 삶을 계속하기를 명백하게 표명하는 욕구로 요약될 수 있는 것입니다."라고 주장하였다. 이 논의를 요약하면 간단하다. 달리 말해 민족 개념은 '정신적 원리'이며, '공동체적 삶을 희망'하는 '과거와 현재의 의식'이라는 뜻이다. 민족의 발견이란 이러한 요소를 발견하는 것이며, 그것은 다분히 정치적, 사회적 또는 문화적으로 만들어지는 것이다.

민족 정체성을 표상하는 민족 전통이 만들어지는 것이라는 주장은 최근의 민족주의에 관한 연구에서도 빈번히 발견된다. 그 중 하나로 에릭 홉스봄과 테렌스 랑거(1983)를 들 수 있다. 두 사람이 공저한 책의 제목이 『전통의 발명(The Invention of Tradition)』이듯이, 전통은 만들어지는 것이란 뜻이다.[21] 이들에 따르면 만들어진 전통은 "명시적이든 암

20) 에르네스트 르낭, 신행선 옮김(2002), 『민족이란 무엇인가』, 책세상.

묵적이든 통상 공인된 규칙에 의해 지배될 뿐만 아니라 특정한 의례나 상징적 성격을 갖는 일련의 관행들"로 정의되며, 법관들의 머리 장식, 법복, 기타 공식적인 장식과 의례화된 관행들이 대표적이다. 이러한 전통은 다분히 이데올로기적이다.

일제 강점기 식민 통치에 맞서 전통 만들기를 시도했던 사람들, 곧 민족을 재발견하고자 했던 사람들이 주목했던 이데올로기의 하나는 '조선적인 것을 찾는 일'이었다. 여기서 '조선적인 것'은 곧 우리 스스로 '조선인임을 자각하는 것'을 의미한다. '선심'을 강조했던 이돈화는 다음과 같이 주장한다.

【 朝鮮人의 자랑거리 】

조선인은 과거 세계 현상으로 보아 확실히 劣敗者의 一이엇다. 특히 물질문명의 패자엇다. 물질로써 빈혈자이엇다. 고로 조선인이 금후행로는 먼저 물질 문명에 착수치 아니함이 불가하니라. 물질을 연구하고 발달하야 人과 共히 향상하며 人과 共히 발전치 아니함이 불가 하니라. 과학에 전념하며 人工에 전문하며 기계를 造하며 공예를 연구치 아니함이 불가 하니라. 그러한 후에야 조선인의 조선인된 생존권을 어드리라. 그러나 조선인이 금후로부터 아모리 물질문명에 전념한다 할지라도 그로써 세계의 열강에 웅비하야 물질문명의 조선이라 하는 휘호로 세계의 覇名을 엇기는 불능하리라. 단 물질문명은 직접생활의 方針을 향상키 위하야 人과 共히 肩進倂行 하기는 可타 하려니와 그로써 인의 선각자가 되며 선진자가 되기는 어느덧 시세의 許치 못하는 바니 즉 조선인이 今으로부터 驚天泣鬼의 才로 물질문명이 세계를 능멸한다 할지라도 그로써 세계인의 자랑거리가 되지 못할지라. 何故오 今後의 세계는 물질문명의 세계가 아닐것

---

21) Hobsbawm, E. and Ranger, T.(1983), *The Invention of Tradition*, Oxford: Blackwell. 이 책은 박지향·장문석 옮김(2004), 『만들어진 전통』(휴머니스트)으로 번역되었다.

임으로써라. 그러타하야 余는 결코 물질문명을 배척하는 자는 아니니 세계인이 皆 물질 문명을 배척할지라도 오즉 조선인 하나는 물질문명을 熱拜치 아니하면 불가하리라. 그는 조선인이 조선인의 생활을 人과 共히 향상키 위함이며 人과 共히 병행키 위함에 불과한 자요 특히 조선인으로써 장래 세계에 문화적 芳名을 후세에 遺할 대원인은 조선인의 민족적 특성되는 「선심」을 善히 해석하고 善히 활용하야 善心主義로써 세계의 비인도 부정의를 정복함만 不如하나니 고로 장래 조선의 자랑거리도 「선심」이며 장래 조선문화의 雄飛 세계의 大原因도 또한 「선심」이니 조선인이어 고유한 선심의 미덕을 발휘하야 오로지 自彊不息하라. 조선인이어 신의 영광이 선심의 上에 항상 照臨 하엿슴을 忘치 勿할지어다.

　　　―이돈화, '조선인의 민족성을 논하노라', 『개벽』 제5호, 1920.11

　이 논설에서 이돈화는 조선이 '물질문명'의 열패자이며, 물질문명의 발달에 착수하지 않으면 안 된다고 주장한다. 그런데 그가 발견하고자 한 조선은 물질문명이 아니다. 앞서 살펴본 바와 같이 그는 조선인 고유의 '선심'이 있다고 주장하는 것이다. 그러나 그가 주장하는 고유한 선심이 무엇인지 그것은 구체적으로 증명되지 않는다. 단지 천도교인으로서 종교 논리에 기반을 둔 심리상의 태도일 뿐이다.

　이 점에서 1920년대 중반 이후 본격적으로 논의된 '조선주의'를 주목할 필요가 있다. 신주백(2014)에서 논의된 것처럼, 학문적 차원에서 '조선학(朝鮮學)'이라는 개념이 등장한 것은 경성제국대학 설립 이후인 1920년대 후반이다.[22] 경성제대에 '조선사, 조선문학, 동양철학' 등의 강좌가 설립되고, 일본인 학자들에 의해 강의와 연구가 이루어진 시기 학문적 차원의 조선학이라는 개념이 제도화되기 시작했음은 틀림없다. 그러나 '조선적인 것'을 찾고자 하는 노력은 신주백(2014)에서도 거론했

---

22) 신주백(2014), 『한국 근현대 인문학의 제도화: 1910~1959』, 소명출판.

듯이, 근대 계몽기 애국계몽가들로 거슬러 올라간다. 단재 신채호(1908)의 『독사신론(讀史新論)』이나 안확(1915)의 「조선의 문학」(『학지광』 6, 1915.7), 안확(1915)의 「조선의 미술」(『학지광』 5, 1915.5) 등은 정도의 차이는 있을지라도 조선적인 것을 찾고자 하는 시도에 해당한다. 신주백(2014)에서는 철학 분야에서 강매(1914)의 「동양철학과 퇴계선생」(『신문계(新文界)』 2(1), 1914.1), 안확(1922)의 「조선철학사상개론」(『신천지』 11, 1922.11) 등도 초기 조선학의 범주에 해당하는 것으로 풀이하였다.[23]

이처럼 1900년대부터 1920년대 후반까지 조선적인 것, 또는 조선학은 애국계몽가, 이른바 민중 계몽가, 일본인 학자 등 이 시기 지식인들 대부분의 관심사였다. 특히 1920년대 이른바 문화정치기에 이르러 '역사, 언어(조선어), 민속' 분야에서 '조선적인 것'에 대한 관심이 고조되고 있음을 확인할 수 있는데, 그러한 예로 개벽사(1922)의 「조선 문화 조사」, 최남선(1922)의 「조선역사통속강화」(『동명』 6, 1922.10.8), 동아일보사가 1925년 9월 창립한 「조선 사정 조사연구회」(1925.11.30) 등이 있다. 이 가운데 개벽사의 조선 문화 조사는 '개조'와 '혁신', '신문화' 등을 실현하기 위한 기초 자료를 얻고자 하는 동기에서 이루어졌다. 지역별 답사기의 성격을 띤 조사 보고서는 통권 제33호(1923.2)부터 통권 제64호(1925.12)까지 연재되었는데, '자기 생활 이해'를 목표로 천명하면서 '자력갱생을 통한 범인간적 민족운동'을 슬로건으로 내세웠다. 「조선역사통속강화」도 우리 스스로 조선 연구를 해야 한다는 취지 아래 주창된 자각 운동의 하나였는데, 최남선은 역사 연구의 의미를 다음과 같이 진술하였다.

---

23) 이러한 차원에서 『황성신문』에 빈번히 언급된 '다산, 성호, 연암'에 관한 논의도 조선학의 범주에 해당한다고 보아야 할 것이다. 또한 『조양보』에 연재된 '아한교육사'를 비롯한 몇 종의 한국 교육사 관련 논문도 근대 계몽기의 조선학과 깊은 관련이 있다.

【 조선 역사 통속 강화 】

자기를 알면 일체 지식의 근본이다. 자기의 과거를 알고 현재를 알고, 그리하여 당래(當來)하는 운명을 똑바로 알려 함은 자기의 존엄과 및 그 행활의 가치를 생각하는 이에게 아무 것보담 앞서는 긴절(緊切)한 지식이다. (…중략…) 민족적 발전을 유발하고 진(進)하여 자각의 내용을 충실하게 하여 진실한 자조심(自助心)을 조장하고 확실한 자주력(自主力)을 수립케 하기기는 아무러한 시편(詩篇)보다도 철학설(哲學說)보다도 가장 유력한 것이 역사이다.

　　　　　　　—최남선, '조선 역사 통속 강화(1)', 『동명』 3, 1922.9.17

'통속(通俗)'이라는 제목이 암시하듯, 최남선의 역사는 자신에 대한 이해, 곧 자각과 자조, 자주의 차원에서 대중을 계몽하는 수단이었다.[24] 비록 그의 역사 연구나 불함문화론이 관념성을 내포하고 있을지라도, 그의 연구가 조선적인 것을 찾고자 하는 시도였으며, 이러한 시도는 1920년대 전반기 지식인들이 상당 부분 공유하고 있었다는 점에서 전통 만들기로 해석될 수 있다.

동아일보사의 '조선 사정 조사 연구회'도 개벽사의 조선 문화 조사와 비슷한 맥락에서 만들어진 단체이다. 이 단체는 조선 이해를 위해 교육, 재정·금융, 상공·농업 등의 산업 분야에 대한 조사를 목표로 했는데, 백남훈, 안재홍, 이순탁, 최두선, 김준연 등의 다양한 사상 스펙트럼을 갖고 있던 조선 학자들이 참여했다.

이러한 배경에서 1920년대 후반기는 역사, 사회·경제 분야뿐만 아니라 언어, 문학, 철학, 교육 등의 제반 분야에서 '조선주의' 논쟁이 일어난다. 1927년 조선어연구회에서 동인지 『한글』을 발행하고, 문학 분야

---

24) 이 점에서 최남선이 남긴 『백두산 근참기』와 같은 국토 기행문도 그에게는 우리 역사를 찾는 일의 하나로 간주되었음을 확인할 수 있다.

에서 『조선지광』을 중심으로 '조선주의 논쟁'이 일어났다. 그 중 하나
인 '조선주의 논쟁'의 성격을 살펴보자.

【 朝鮮主義에 對하여: 金基鎭 氏의 時評을 읽고 】

金基鎭 氏는 朝鮮之光 二月號에 文藝時評을 쓰시고 첫머리에 朝鮮主義를
들어서 高見卓說을 吐하엿다. 民族主義의 文壇 浸潤을 걱뎡하시는 氏는 廉
想涉, 金億 諸氏의 "朝鮮으로 돌아오라"는 主張을 천부당만부당하게 여기
는 모양이다. "朝鮮으로 돌아오자!", "眞正한 國民文學을 建設하자."는 것
을 氏는 朝鮮主義라고 일음짓고 一九二七年 劈頭에 朝鮮 文壇에서 처음 낫
타난 現狀의 하나라고 하섯다. 朝鮮 사람이 朝鮮 民族의 가질 文學을 힘쓰
자는 意識이 今年부터 새로 생긴 것은 아니지만 設使 우리가 이재까지
外國文學을 模倣하기에만 熱中하다가 今年부터 國民文學의 必要를 自覺하
얏다면 우리 文壇을 爲하야 더욱 깁버할 일이다. 一定한 國語에 依한 一民
族의 傳統文學이 自國文學을 建設期에 잇서서 神聖한 感激을 喚起한다는
것은 氏도 是認하는 바이다. 그러나 氏는 朝鮮主義를 푸로레타리아 文學에
對한 反動이라고 斷案을 날리우고 民族的 傳統이니 古典의 復活이니 民族
性, 鄕土性 云云하는 것은 모다 社會主義 思想에 對抗하자는 武器라고 注釋
까지 하야 노앗다. 國民文學이 무엇 재문에 푸로 文學의 反動이 된다는
仔細한 說明은 업고 다만 鄕土性 云云하는 말은 文學上 個性이란 말과 同類
라고 하야 새삼스럽게 問題삼을 必要가 업다고 하얏스니, 個性이란 말이
鄕土性이란 말과 갓거나 말거나 그 재문에 鄕土性이란 말을 否認한단 말
인지, 都大體 갈피를 잡을 수가 업단 말이다. (…中略…) 우리의 民族性을
써난 以上에야 世界的 名作이 乃至 億千萬卷이 생기기로 무슨 所用이 잇냔
말이다. 氏의 世界文學 高潮는 決코 나와갓튼 狹義엣 解釋이 아니겟지만
國語가 虐待밧고 民族精神이 破産 當한 이재에 朝鮮 안에 안저서 이러한
말슴을 하신 것은 대단한 妄發일까 한다.

김기진 씨는 『조선지광』 2월호 문예시평을 쓰시면서 첫머리에 조선주의(朝鮮主義)를 들어 고견탁설(高見卓說)을 토로하였다. 민족주의가 문단에 스며드는 것을 걱정하시던 씨는 염상섭, 김억 등 여러 사람의 "조선으로 돌아오라"라는 주장을 천부당만부당하게 여기는 모양이다. "조선으로 돌아오자", "진정한 국민문학을 건설하자"는 것을 씨는 조선주의라고 이름짓고, 1927년 벽두에 조선 문단에서 처음 나타난 현상의 하나라고 하였다. 조선 사람이 조선 민족이 가질 문학을 힘쓰자는 의식이 금년부터 생긴 것은 아니지만, 비록 우리가 이때까지 외국문학을 모방하는 데만 열중하다가 금년부터 국민문학의 필요를 자각하였다면, 우리 문단을 위해 더욱 기뻐해야 할 일이다. 일정한 국어를 가진 한 민족의 전통문학이 자국문학을 건설할 시기에 신성한 감격을 환기한다는 것은 씨도 시인하는 바다. 그러나 씨는 조선주의를 프롤레타리아 문학에 대한 반동이라고 당정하고 민족적 전통이니 고전의 부활이니, 민족성, 향토성 운운하는 것은 모두 사회주의 사상에 대항하자는 무기라고 주석까지 해 놓았다. 국민문학이 무엇 때문에 프로 문학의 반동이 된다는 자세한 설명은 없고, 다만 향토성 운운하는 말은 문학상 개성이란 말과 같은 것이라고 하여 새삼스럽게 문제삼을 필요가 없다고 했으니, 개성이란 말이 향토성이란 말과 같거나 아니거나 그 때문에 향토성이란 말을 부인한다는 말인지, 도재체 갈피를 잡을 수가 없다. (…중략…) 우리의 민족성을 떠난 이상 세계적 명작이 억천만 권 생기기로 무슨 소용이 있느냐 말이다. 씨의 세계문학 고조는 결코 나와 같은 협의의 해석이 아니겠지만, 국어가 학대받고 민족정신이 파괴 당한 이때에 조선 안에 앉아서 이러한 말씀을 하신 것은 대단한 망발일 것이다.

　　—정병순(鄭昞淳), '조선주의(朝鮮主義)에 대(對)하여: 김기진(金基鎭)
　　　　　　　　씨의 시평(時評)을 읽고', 『동아일보』, 1927.2.17

　정병순의 평론은 이 시기 문단에서 일어났던 '조선주의' 논쟁이 어떤 것이었는지 명료하게 설명해 준다. 문학에서 '조선적인 것'을 찾아야 한다는 주장은 1910년대 이광수에게도 나타난다.[25] 1927년 문단의 조선주의 논쟁은 이른바 '조선적인 것'을 찾아야 한다는 민족주의계와 사회주의 사상을 존중하는 프로문학의 대립으로 표출된 논쟁으로 표면상 민족문학과 세계문학의 대립처럼 보인다. 그러나 이 시기 '조선 문학 건설론'이 논자에 따라 다소의 차이가 있을지라도 이광수처럼 자학적 민족 현실을 개조하자는 논리를 기반으로 한 경우가 많았다는 점에서 진정한 전통 만들기에 공헌했는지는 연구자의 차원에서 좀 더 고민해 보아야 할 문제이며, '조선주의'에 대한 김기진의 비판이 문학사적 관점에서 자유로운 사상 발전을 전제한 것인지, 아니면 유행사조처럼 번져간 사회주의 사상의 결과인지에 대한 논의도 반성적으로 고찰해야 할 문제이다.

이처럼 1927년 이후의 조선주의 논쟁은 '민족의 재발견'이라는 차원에서, 비록 식민 통치 하 사상의 제약이라는 조건이 부가될 수밖에 없지만, 눈여겨 볼 진전이 있었음은 틀림없다. 특히 동인지 『한글』 창간

---

25) 이광수가 이보경(李寶鏡)이라는 이름으로 발표한 「문학(文學)의 가치(價値)」(『대한흥학회보』 제11호, 1910.3.20)에서 "一國의 興亡盛衰와 富強貧弱은 全히 其國民의 理想과 思想 如何에 在ᄒᆞᄂᆞ니 其思想과 思想을 支配ᄒᆞᄂᆞᆫ 者ㅣ 學校敎育에 有ᄒᆞ다 ᄒᆞ나 學校에서ᄂᆞᆫ 다못 智나 學ᄒᆞᆯ디요 其外ᄂᆞᆫ 不得ᄒᆞ리라 ᄒᆞ노라. 然則何오. 曰文學이니라(일국의 흥망성쇠와 부강빈약은 모두 그 국민의 이상과 사상 여하에 있으니, 그 사상과 사상을 지배하는 것이 학교교육에 있다고 할지나 학교에서는 다만 지식이나 배울 뿐이요, 그 외는 얻지 못한다 할 것이다. 그러면 무엇인가. 문학이라고 할 것이다)"라고 한 것이나, 「금일 아한 용문(今日我韓用文)에 대(對)ᄒᆞ야」(『황성신문』, 1910.7.24~27)에서, "(순국문을 쓰고 싶으나 과도기적으로 국한문을 사용하는 것) 이러케ᄒᆞ면, 著者, 讀者 兩便으로 利益이 잇스니, 넓히 닑히움과, 理解키 쉬운 것과, 國文에 鍊熟ᄒᆞ야 國文을 愛尊ᄒᆞ게 되는 것이 讀者便의 利益이오, 著作ᄒᆞ기 容易홈과, 思想의 發表의 自由로움과, 複雜ᄒᆞᆫ 思想을 仔細히 發表ᄒᆞᆯ 슈 잇슴이 著者便의 利益이며, 짜로혀 國文의 勢力이 오를지니 國家의 大幸일지라(이렇게 하면 저자, 독자, 모두 이익이 있으니, 널리 읽히고 이해하기 쉽고, 국문에 연숙하여 국문을 사랑하고 존중하게 되는 것이 독자의 이익이요, 저작하기 쉽고 사상 발표의 자유로움과 복잡한 생각을 자세히 발표할 수 있음은 저자의 이익이며, 따로 국문의 세력이 오를지니, 국가의 큰 행복일 것이다)"라고 한 데서 국어와 국문, 우리 문학(조선문학)을 건설해야 한다는 의식을 찾을 수 있다.

이후 1929년부터 본격적인 조선어 사전 편찬 운동이 일어났고, 이를 바탕으로 1933년 조선어학회의 '한글 맞춤법 통일안'이 제정된 점은, 1930년대 후반기 본격화된 '조선어 말살 정책'[26] 하에서 조선적인 것의 보존, 곧 민족 정체성 유지에 결정적인 역할을 한 것으로 볼 수 있다.

3. 민족 문화의 귀착점으로서의 '고전 부흥'

3.1. 식민 상황과 전통 만들기

민족 정체성에 관한 다양한 논의에서 공통된 것은 '정체성'의 문제가 '의식'의 문제이며, 민족의식을 확립하는 데에 문화적 요소가 가장 큰 역할을 한다는 것이다. 민족주의와 민족 정체성에 대한 저명한 이론가인 어니스트 겔너(Ernest Gellner), 에릭 홉스붐(Eric Hobsbawm), 베네딕트 엔더슨(Benedict Anderson), 안소니 스미스(Anthony Smith), 존 허친슨(John Huchinson)의 이론을 종합적으로 평론하고자 한 팀 에덴서(Tim Edensor, 2002)에서는 선행 연구자들이 "대중적이고 일상적인 문화적 표상은 배제한 채 고급문화, 공식문화, 전통문화에 관해 심각하게 왜곡된 설명을 하고 있으며, 문화를 움직임이 없는 것으로 개념화하고 있는 듯하다"라고 비평하면서 그의 논의를 시작하고 있다.[27] 그의 말대로 겔너는 '민

---

26) 일제의 식민지 언어 정책은 일본어 보급과 조선어 말살로 요약할 수 있다. 허재영(2009, 2010)에 따르면 일본어 보급 정책은 일본이 메이지 유신에 성공하고 조선에 영향력을 행사하면서부터 시작된 것으로, 통감시대 학정 잠식을 통해 그 모습을 드러냈으며, 일제 강점기 동화주의를 표방하면서 본격적으로 시행되었다. 일제의 조선어 정책은 일본어 보급 정책과 긴밀한 관계를 맺는데, 식민지 조선에서 일본어 사용자가 증가할수록 조선어 억제 정책이 성공을 거두게 된다. 이런 배경에서 1938년 제7차 조선 교육령 이후 학교 교육에서 조선어 교과를 수의과로 설정하고, 1937년 중일전쟁 이후 점차 조선어 말살 정책을 취하게 되었다.

27) 팀 에덴서(2002)는 박성일 옮김(2008), 『대중문화와 일상, 그리고 민족 정체성』(이후)으

족주의는 근대성의 기능이며 근대화의 과정'이라고 규정했지만, 다수의 하층 민중이 향유한 문화를 미개하고 열등한 것으로 보는 관점은 바뀌지 않았으며, 홉스봄이 주장한 전통 만들기도 의례적인 면에 치중된 느낌을 지울 수 없다. 앤더슨이 민족 정체성을 '상상의 공동체', 곧 의식의 문제로 규정한 것은 앞선 논의보다 진전된 면이 있으나 상상의 대상이나 범위가 어디까지인지는 모호하며, 스미스가 주장한 '민족적 영속성'도 문화가 뒤섞인 상황에서 그 효력을 발휘하기 힘든 면이 있다. 허친슨이 영속의 관점에서 역사를 중시한 것은 큰 의미를 가질 수 있으나, 이 또한 에덴서의 입장에서는 문화 영역을 축소한 것이라는 비판을 멈출 수 없다. 팀 에덴서의 관점에서 민족 정체성은 일상생활에 존재하는 삶의 양식, 곧 문화 영역의 산물이어야 한다. 그렇기 때문에 그는 빌리히(Billig, A., 1995)의 『평범한 민족주의(Banal Nationalism)』를 신봉한다.[28]

　다수의 논자가 말한 것처럼, 민족 정체성은 그 자체로 존재하는 것이 아니라 발견되는 것, 만들어지는 것임에 틀림없다. 그러나 1920년대 이후 조선에서의 '조선적인 것', '조선학'과 민족 정체성의 상관성을 논의할 때, 앞의 여러 학자가 논의한 논리를 그대로 수용하기는 어렵다. 비록 팀 에덴서가 빌리히의 '평범한 민족주의'를 신봉할지라도, 이 또한 식민 통치 하에서 만들어진 '조선학'을 '민족 정체성'의 차원으로 해석하기에는 논리적 모순이 따른다. 왜냐하면 만들어진 전통을 논의하는 사람들은, 전통 만들기를 이끌어간 주체가 전통을 신봉하는 사람들(곧 민족주의자)임을 전제하기 때문이다. 이에 비해 일제 강점기 전통 만들기를 시도한(적어도 관련이 있는) 사람들을 민족주의자의 관점으로 해석한다면 그것은 시대현실을 왜곡하는 일이 된다. 신주백(2014)에서 '조선

　로 번역되었다.

28) Billig, A.(1995), *Banal Nationalism*, London: Stage.

학'을 논의하면서도 '경성제대'를 중심으로 한 '제도화'의 차원으로 연구를 제한한 것도 이러한 상황을 전제했기 때문일 것이다. 일제 하 관학자들의 식민사관이나 그 영향 아래 조선을 연구했던 다수의 실증사학자들, 또는 식민 정부(조선총독부)와 때로는 협력하고 때로는 갈등해야 하는 상황에서 조선적인 것을 찾아야 했던 일제하의 계몽가들이 찾고자 했던 '조선적인 것'은 국가와 민족이 별개로 존재했던 시대 상황을 고려할 때, 민족 구성원 모두가 공유할 수 있는 의식적 차원의 '정체성'이 되기에는 근본적인 한계가 있다.

식민 통치하 합법적인 차원에서 논의할 수 있는 '조선적인 것'의 범위는 지극히 제한적일 수밖에 없다. 정도의 차이는 있을지라도 식민 통치기 상당수의 지식인들이 주장했던 조선적인 것은 식민 정부의 허용 범위를 벗어나지 못했으며, 이광수와 같이 자학적인 면을 내포하는 경우도 있다. 극단적인 사례에 해당할 수 있겠지만, 이광수는 동시대의 지식인들을 다음과 같이 매도하기도 했다.

【 大邱에셔 】

一. 名譽心의 不滿足이니 그네는 대개 倂合 前에 敎育을 바닷고 倂合 前에 임의 靑年이 되엇던 者들이라, 小生도 記憶ᄒ거니와 當時는 朝鮮에셔 적이 覺醒된 社會에는 政治熱이 沸騰ᄒ얏섯고 ᄯᅩ 그 中心은 靑年이 잇섯는지라 ᄯᅡ라셔 所謂 英雄이 勃發ᄒ야 擧皆 治國平天下의 大功을 夢想ᄒ얏느니 前途에는 大臣이 잇고 國會議員이 잇고 大經世家가 잇셔 모다 英雄이오 모다 豪傑이라. 그러ᄒ더니 一朝 倂合이 成ᄒ며 그네의 素志를 펴랴던 舞臺가 업셔지고 文明 程度 놉흔 內地人의 손에 全般 社會의 主權이 들어가니 敢히 萬般 事爲에 步武를 가치 ᄒᆯ 슈 업시 된지라. 그 社會의 中流 以上 人物을 多數로 吸收ᄒᆯ 官界도 다시 希望이 업고 整備ᄒᆫ 官公立 學校가 簇生ᄒ며 그네의 活動ᄒᆯ 만한 私立學校가 根盤을 일허바리고 實業界에 니르러는 無限ᄒᆫ 曠野가 잇건마는 그네에게는 아직 實業 意義와 價値를 理解ᄒᆯ 頭腦도 업섯거니와 設或 理解혼다 홀지라도 이룰 經營홀 만한 智識과 能力이 업섯 느니 이럼으로 그네는 于今 六七年來룰 아모 홀 일도 업시 鬱鬱호게 지닉 이는 것이라. 이는 前에는 社會에서 그네의 存在룰 認定호야 相當혼 尊敬 과 稱讚도 주더니 이제는 임의 過去혼 人物 落伍혼 人物이 되어 어느 누가 自己의 存在도 認定치 아니호는지라. 野心잇는 世上에서 忘却되느니 보다 더혼 苦痛이 업느니 그네는 正히 六七年間의 苦痛을 격근 者들이라. 그네 가 만일 聲明호엿던들 飜然히 뜻을 돌이켜 新社會에셔 活動홀 만한 實力을 길러 今日은 眞實로 社會의 中樞가 될 만혼 資格과 能力을 엇엇스런만은 그네의 無謀혼 血氣와 智識의 暗昧홈이 이룰 싄닷지 못호게 호야 맛춤닉 今日 의 悲劇을 釀成홈인가 호나이다. 이러혼 狀態에 잇는 者가 그네쑨이면 卽 倂合 前에 敎育을 밧고 倂合 前에 靑年이 되고 智識의 暗昧혼 者를 例호면 米洲 露領 等地와 南北 滿洲 等地로 漂流호는 一部 靑年 가튼 者들 쑨이면 그 數도 얼마 안이 될 쑨더러 十年 二十年을 지닉여 代가 밧고임을 싸라 絶滅홀 슈도 잇스런마는 今日 高等程度學校의 出身者의 幾部分도 正히 如 斯혼 危險 狀態에 잇지 아니혼가. 져 內地 留學生의 多數가 當局의 注意 人 物이 되고 其他 朝鮮 各地에 當局의 危險視之호는 高等 遊民이 散在홈은 正 히 이 쌔문인가 호노이다.

번역 일. 명예심의 불만족이니 그들은 대개 병합 전 교육을 받았고, 병 합 전 이미 청년이 되었던 자들입니다. 소생도 기억하거니와 당시 는 조선에서 다소 각성된 사회에는 정치열이 비등했고 또 그 중심에는 청년이 있었습니다. 따라서 소위 영웅이 발발하여 대부분 치국평천하의 큰 공을 꿈꾸었는데, 앞길에 대신이 있고 국회의원이 있고 큰 경세가가 있어 모두 영웅이요, 모두 호걸입니다. 그러더니 하루아침에 병합이 이루 어져 그들이 뜻을 펼치고자 하던 무대가 없어지고 문명 정도가 높은 내지 인(일본인)의 손에 모든 사회의 주권이 넘어가니 감히 모든 일에 보무를 함께 할 수 없게 되었습니다. 그 사회의 중류 이상의 인물을 다수로 흡수 할 관계도, 다시 희망이 없고, 정비한 관공립 학교가 생겨나나 그들이 활동할 만한 사립학교가 기반을 잃고, 실업계에도 무한한 광야가 있지만 그들에게는 아직 실업의 의지와 가치를 이해할 두뇌도 없거니와 설혹 이해한다 할지라도 이를 경영할 만한 지식과 능력이 없었으니, 이러므로 그들은 지금까지 6~7년 동안 아무 할 일 없이 울적하게 지냈던 것입니다. 이는 전에는 사회에서 그들의 존재를 인정하여 상당한 존경과 칭찬을 받더니 이제 이미 지나간 인물, 낙오된 인물이 되어 어느 누가 자기의 존재를 인정하지 않으니, 야심 있는 세상에서 잊혀지게 되니 이보다 더한 고통이 없습니다. 그들은 바로 6~7년간의 고통을 겪은 사람들입니다. 그들이 만일 성명하였다면 번연히 뜻을 돌이켜 신사회에서 활동할 만한 실력을 길러 금일은 진실로 사회의 중추가 될 만한 자격과 능력을 얻었겠지만, 그들의 무모한 혈기와 지식의 암매함이 이를 깨닫지 못하게 하여 마침내 금일의 비극을 양성한 것으로 봅니다. 이러한 상태에 있는 자들이 그들뿐이면, 곧 병합 전 교육을 받고 병합 전 청년이 되고 지식이 암매한 자들을 예로 들면 미주, 노령 등지와 남북 만주 등지로 표류하는 일부 청년 같은 자들뿐이면, 그 수도 얼마 안 되고, 10년 20년이 지나 세대가 바뀜에 따라 모두 사라질 수도 있겠지만, 금일 고등 정도 학교의 출신자의 상당 부분이 바로 이러한 위험 상태에 있지 않습니까. 저 일본 유학생의 다수가 당국의 주의 인물이 되고, 기타 조선 각지에 당국이 위험시하는 고등 유민이 산재하는 것은 바로 이 때문인가 합니다.

—이광수, '대구에서', 『매일신보』, 1916.9.22~23

이 기행문은 1916년 대구에서 일어난 대구 친목회 사건을 취재하는 과정에서 쓴 글이다. 이 글에서 이광수는 친목회 사건을 일으킨 사람들을 사회의 낙오자로 규정하고, 이러한 사람들이 나타나게 된 요인으로 '병합 이전의 정치 교육'을 꼽고 있다. 달리 말해 국권 상실기 애국계몽 운동이 사회의 낙오자를 만들었다는 주장인 셈이다. 문명 정도가 낮고 사회의 중추적 인물이 될 수 있다는 희망이 없기 때문에 저항자가 되었다는 주장이다. 이를 고려한다면 이광수가 주장했던 '국문의식', '조선문학 건설의 필요성' 등이 누구를 위한 국문이며 누구를 대상으로 한 조선문학인지 논리적 정합성을 찾기 어렵다.

비록 이광수와 같이 극단적인 경우는 아닐지라도 식민 통치 하에서 이루어진 다수의 계몽운동이나 사회운동도 한계를 갖기는 마찬가지이다. 일제 강점기 역사학자이자 독립운동가, 언론인으로 활동했던 장도빈(張道斌)의 회고담에서도 이 시기 '민족 정체성'을 찾는 일이 얼마나 어려운 일인가를 목격하게 된다.

【 나의 經驗에 빛외어 】

一. 내가 二十歲 時代의 한 일. 나는 二十歲 時代에 매우 單純한 靑年이었다. 그보다 數年前에 鄕里에서 乙巳年 五條約된 報道를 쓴 新聞紙를 보고 눈물을 흘린 나로서 自來 家庭의 漢學 공부를 停止하고 新學問을 探究하기 비롯하여 京城에 游學하였었다. 二十歲 時代는 무론 내가 官立師範學校를 卒業한 後 二年으로 一邊 法律을 硏究하고 一邊 朝鮮 歷史를 硏究하던 中이었다. 마침 當時에 有名한 梁起鐸, 朴殷植, 安昌浩, 李甲 諸氏를 알게 되었다. 그리하여 大韓每日申報 記者가 되었다. 그 時代의 나는 넘우 單純하여 當時 韓帝國의 末期를 當하여 感覺한 一切 觀念은 오직 <u>朝鮮의 救濟를 爲하여 一身을 犧牲</u>한다는 생각이었다. 그럼으로 <u>當時의 나는 아주 朝鮮民族的 精神으로 權化한 一靑年이었다. 다른 일은 도모지 알려고도 아니하고 또 알지도 못하였다.</u> 그러고 아주 깨끗한 聖人이 되고저 하였다. 모든 物慾을 내어버리고 심지어 家庭과 生活을 저버리었다. (…中略…)

二. 그 結果는 健康衰弱, 一家 分散. 그럭저럭 五個年間을 지난 結果 나는 身體가 非常히 衰弱하였다. 그때 <u>나는 海外 見學을 目的하고 西比利亞에 往하였던 中이다. 當時 美洲에 在留하던 安昌浩 氏의 幹旋으로 나는 新韓民報 主筆이라는 名義 下에 美國을 向할 準備가 整頓되었다.</u> 그러나 마침내 病勢 沈重하여 死境에 瀕하였음으로 目的을 未遂하고 朝鮮에 歸하여 療病

에 全力하였다. 以後 約 五個年間은 全部 健康 回復에 盡力하여 健康은 거의 回復되었다. 그러는 동안 家庭은 貧寒하여 家族은 나를 매우 怨恨한다. 그런 中에 家庭은 나의 堅强한 뜻을 돌릴 수 없음을 알았다. 이에 家族은 不平이 極한 結果 고만 一家 分散의 悲慘을 現하였다. 마침 己未 運動 以後에 나는 京城에서 民族的 文化 運動에 着手하였다. 그러나 나는 一向 犧牲主義로 모든 일을 當하여 아무 내게 關係 많은 事業이라도 나는 決心하고 그 事業의 存在를 爲하여 내가 犧牲하였다. 그 結果는 마침내 나의 生活 基礎까지 專혀 破滅되고 말았다. 當時에 나는 再次 家庭을 構成하였던 中이다. 그러나 生活의 困難으로 家族은 나의 心性과 虛事에 不平을 抱하여 나는 再次 一家 分散의 悲境을 當하였다. 當時에는 朝鮮人의 發達을 爲하여 出版·教育·言論의 三機를 必要하다 認하여 圖書會社·協成學校·朝鮮之光社 創立하였다. 그러나 나는 마침내 右 三個 機關을 다 干涉하지 않기로 決心하였다. 그는 나의 犧牲主義로 出生한 動作이었다. 그때 나로 因하여 犧牲한 同志가 많지마는 그 中에 나는 許憲 氏를 잊지 아니한다. 當時 許憲 氏는 우리 唯一의 知己之友로 내가 하는 모든 일에 盡力 犧牲한 이다. 나는 以上 身體 健康의 損傷과 自立 基礎의 未成으로 公私間 多大한 損害를 當한 줄로 覺悟하였다. 내가 三十六歲 初 곳 三年 前붙어는 모든 社會的 奉仕를 休止하고 鄕里에 歸하여 農業生活의 資料를 準備함이 全혀 그 때문이다.

二. 二十歲 靑年이 될 수 있다면 (…中略…) 今日 靑年들. 나는 今日 靑年을 매우 걱정한다. 靑年男女들의 所爲를 보면 男子 靑年은 흔히 女子를 抱擁하고 新生活의 재미를 보려는 이들이요, 女子 靑年은 흔히 貴族的 生活로 奢侈 安樂을 取할 뿐이다. 아아 朝鮮 靑年이여, 지금 生活 趨勢를 보라. 林野·漁業·土地·礦山·商業·工業 等이 다 어떻게 된 줄을 모르는가. 또 지금 水利組合 等 問題로 朝鮮人의 生活은 큰 憂慮 危殆에 더욱 向하지 아니하는가. 이때 朝鮮 靑年은 質素·勇敢·勤勉 等 中興 靑年의 元氣를 가지어야 할 줄 모르는가.

번역 내가 20세 때 한 일. 나는 20세 때 매우 단순한 청년이었다. 그보다 수년 전 고향에서 을사년 5조약이 체결된 신문 보도를 보고 눈물을 흘린 나는 그동안 해 왔던 한학 공부를 그만두고 신학문을 탐구하기 위해 경성에 유학하였다. 20세 때는 물론 내가 관립사범학교를 졸업한 후 2년, 한편으로 법률을 연구하고 한편으로 조선 역사를 연구하던 중이었다. 마침 당시 유명한 양기탁, 박은식, 안창호, 이갑 씨를 알게 되었다. 그래서 대한매일신보 기자가 되었다. 그 시대 나는 너무 단순해서 당시 대한제국의 말기를 당해 각오한 일체 관념은 오직 조선의 구제를 위하여 일신을 희생한다는 생각이었다. 그러므로 당시의 나는 아주 조선 민족적 정신으로 권화한 한 청년이었다. 다른 일은 도무지 알려고도 안 하고, 또 알지도 못했다. 그리고 아주 깨끗한 성인이 되고자 하였다. 모든 물욕을 내버리고 심지어 가정과 생활을 져버렸다. (…중략…)

이. 그 결과는 건강쇠약, 일가 분산. 그럭저럭 5년간을 보낸 결과 나는 신체가 매우 쇠약해졌다. 그때 나는 해외 유학을 목적으로 시베리아에 갔다. 당시 미주에 체류하던 안창호 씨의 주선으로 나는 신한민보의 주필이라는 이름 아래 미국을 향할 준비를 착착 하였다. 그러나 마침내 병세가 더 중하여 죽을 지경에 이르렀기 때문에 목적을 이루지 못하고 조선으로 돌아와 병을 치료하는 데 전력하였다. 이후 약 5년간은 전부 건강 회복에 진력하여 건강의 거의 회복되었다. 그러는 동안 가정은 빈한하여 가족은 나를 매우 원망한다. 그런 중 가정은 나의 견고하고 강한 뜻을 돌릴 수 없음을 알았다. 이에 가족은 불평이 심해져 그만 가족끼리 흩어지는 비참한 현실이 되었다. 마침 기미 운동 이후 나는 경성에서 민족적 문화 운동에 착수하였다. 그러나 나는 모두 희생주의로 모든 일을 희생주의로 감당하고, 어떤 사업이든 그 사업을 위해 희생하였다. 그 결과 마침내 나의 생활 기반까지 모두 파멸되고 말았다. 당시 나는 다시 가정을 꾸렸던 중이었다. 그러나 생활의 곤란으로 가족은 나의 심성과 헛된 일에 불평을 품어 다시 일가 분산의 비극을 당했다. 당시는 조선의 발달을 위해 출판,

교육, 언론 세 가지가 필요하다고 인식하여 도서회사, 협성학교, 조선지광사를 창립하였다. 그러나 나는 마침내 이 세 개 기관에 다 간섭하지 않기로 결심했다. 그것은 내가 희생주의로 만든 결과물이었다. 그때 나로 인해 희생한 동지가 많지만 그 중 나는 허헌 씨를 잊지 않는다. 당시 허헌 씨는 나를 알아주는 유일한 벗으로 내가 하는 모든 일에 온 힘을 다해 희생한 사람이다. 나는 이상과 같이 건강 손상과 자립 기반이 성숙하지 못한 탓으로 공사간 많은 손해를 입은 것을 깨달았다. 내가 36세 곧 3년 전부터 모든 사회적 봉사를 그만두고 고향에 돌아가 농업 생활을 위한 준비를 하는 이유가 모두 그것 때문이다.

삼. 20세 청년이 될 수 있다면 (…중략…) 금일 청년들. 나는 금일 청년을 매우 걱정한다. 청년 남녀들의 행위를 보면 남자 청년은 흔히 여자를 포옹하고 신생활의 재미를 보려는 이들이요, 여자 청년은 흔히 귀족적 생활로 사치 안락을 취할 뿐이다. 아아 조선 청년이여. 지금 생활 추세를 보라. 임야·농업·토지·광산·상업·공업 등 다 어떻게 되었는지 모르는가. 또 지금 수리조합 등 문제로 조선인의 생활은 큰 우려 위태에 빠지지 않는가. 이때 조선 청년은 질소·용감·근면 등 중흥 청년의 원기를 가져야 할 줄 모르는가.

　　—'나의 경험(經驗)에 빛외어'(특집: 만일 내가 다시 二十살의 청년이
　　　　　　　될 수 있다 하면),『동광』제1권 제8호, 1926.12

이 글은 애국계몽가이자 독립운동가였던 장도빈이 1926년 '만약 내가 20세로 되돌아간다면'이라는 가정 아래 자신의 삶을 회고하고, 청년들을 계몽하고자 쓴 글이다. 글에 나타난 것처럼 장도빈은 애국계몽기『대한매일신보』의 기자,『신한민보』주필을 지냈고, 도서회사, 협성학교, 조선지광사를 창립하였다. 이 과정에서 그가 보인 것은 오직 민족주의, 희생주의였다. 그러나 그 대가는 파산이었으며, 그가 찾고자 하는 '전통', '민족'이 당시 시대 현실에서 빛을 발할 수 없었다. 강한 민족

의식의 소유자이면서도 현실과 타협하지 않을 수 없었던 시대 상황에서 만들어진 전통은 그 자체로서 타협적인 성격을 띠지 않을 수 없었을 것이다. 1930년대 고전 부흥론이 과거의 전통을 찾는 일에 국한될 뿐, 현재와 미래를 지향한 것으로 보기 어려운 것도 이러한 배경 때문이다.

3.2. 고전 부흥론의 실제와 한계

고전이란 시간과 공간을 초월하여 그 가치를 인정받는 작품을 말한다. 일제 강점기인 1930년대 중반에는 이른바 '조선문화운동'(또는 조선학), '전통 계승'의 차원에서 '고전 연구'의 붐이 일었다. 다음을 살펴보자.

【 1935년 이후의 고전 부흥론 】

ㄱ. 일찍이 있었던 것을 잊을 수 없는 能力을 가진 人間이 萬一에 歷史的 感覺이 없이 過去에 무엇이 있었던가를 모르고 오늘을 살 뿐 아니라 來日을 맞이하려 한다면 이보다 더 非生産的인 生活은 없을 것이다. 왜 우리는 白髮의 知慧에 傾聽함이 없이 原始的 愚擧를 스스로 反復하여야 되느냐? 오늘이 가질 수 있는 賢明에서 生活하기 始作하려는 것에 實로 古典 探究의 意義는 누워있는 것이다.

> **번역** 일찍이 있었던 것을 잊을 수 없는 능력을 가진 인간이 만일 역사적 감각 없이 과거에 무엇이 있었던가를 모르고 오늘을 살 뿐 아니라, 내일을 맞이하려 한다면 이보다 더 비생산적 생활은 없을 것이다. 왜 우리는 백발의 지혜를 경청함 없이 원시적 어리석은 일들을 스스로 반복해야 되는가? 오늘이 가질 수 있는 현명에서 생활하기 시작하려는 것에 실로 고전 탐구의 의의가 있는 것이다.

—김진섭(1935), '고전 탐구의 의의', 『조선일보』, 1935.1

(『교양의 문학』, 진문사, 1955 재수록)

ㄴ. 古典이 因襲的 傳統이나 骨董品과 달라 높은 評價를 받는 所以는 언제나 그 生生한 根源性에 있다. 潑剌한 生의 根底에서 용솟음치는 迫力이 그 自身 永遠히 새롭기 때문이다. 本然的인 人間性이 새로운 '티푸스'에 있어서 健實한 發露를 보이기 때문이다. 形式的 繫縛을 벗어나 創造와 새로운 建設을 爲하여 씩씩하게 싸운 그들의 '오리지날'한 意氣가 現代人의 心情에 共鳴되는 바 있기 때문이다.

번역 고전이 인습적 전통이나 골동품과는 달라 높은 평가를 받는 이유는 언제나 그 생생한 근원성에 있다. 발랄한 생의 근저에서 용솟음치는 박력이 그 대신 영원히 새롭기 때문이다. 본연적인 인간성이 새로운 '티푸스'에서 건실한 발로를 보이기 때문이다. 형식적 속박을 벗어나 창조와 새로운 건설을 위해 씩씩하게 싸운 그들의 '오리지널'한 의기가 현대인의 심정에 공감되는 바가 있기 때문이다.

—박종홍(1938), '고전부흥의 의의', 『조선일보』, 1938.6
(『지성의 방향』, 백영사, 1956 재수록)

ㄷ. 學問이나 敎養이나가 다함께 그 根柢가 무엇이냐 하면 知識인 때문에 한동안 우리는 學者니 敎養人이니 하는 것을 이렇게까지 刻索하게 區別할 必要도 없이 그저 一般的으로 知識階級=인텔리겐챠=이라고 불러왔든 것이다. (…中略…) 그러면 知性이란 다같이 敎養이나 學問 以前의 것이면서 오늘날의 知性論은 學問論으로 發展하지 않고 어째서 敎養論으로만 發展해야 한다고 하느냐 하는 것이 내한테 돌아올 質問이라는 것을 짐작할 수가 있다. 그러므로 나는 미리 學問과 敎養을 區別할 때 學問은 客觀的 體系와 普遍的 妥當性이 있어야 하는데 敎養은 이러한 客觀的 體系나 普遍的 妥當性보담 主觀的으로 趣味나 嗜好에 洗練된 것이라고 하였는데 (…中略…) 우리가 이야기하려는 敎養이 딜렛탄틔슴의 陷穽 앞에서 제 自身을 救하는 길은 무엇일까? 이것은 두말할 것도 없이 敎養에게 一定한 據點을 주지 않아서는 안 될 것이다. 다시 말하면 우리의 趣味와 嗜好가 아무리

千갈래 萬갈래길로 다라 나드래도 그것이 항상 一定한 據點우에서 放射되고 回旋하지 아니하면 안 된다는 것이다. 가령 우리가 古典的 敎養을 가진다고 하드래도 그것이 現代的 據點우에 서지 아니한 古典的 敎養일때는 單純히 한개의 完固主義에 빠지고 마는것이지 진실로 우리가 이야기하고자하는 敎養은 아닌 것이다.

번역 학문이나 교양이나 모두 그 근저가 무엇인가 하면 지식이기 때문에 한동안 우리는 학자니, 교양인이니 하는 것을 이렇게까지 각색하게 구별할 필요도 없이 그저 일반적으로 지식계급-인텔리겐치아-라고 불러왔던 것이다. (…중략…) 그러면 지성이란 다같이 교양이나 학문 이전의 것이면서 오늘날의 지성론이 학문론으로 발전하지 않고 어째서 교양론으로 발전해야 한다고 하느냐 하는 것이 내게 돌아올 질문이라는 것을 짐작할 수 있다. 그러므로 나는 미리 학문과 교양을 구별할 때, 학문은 객관적 체계와 보편적 타당성이 있어야 하는데, 교양은 이러한 객관적 체계나 보편적 타당성보다 주관적 취미나 기호에 세련된 것이라고 하였는데 (…중략…) 우리가 이야기하려는 교양이 딜레탄티즘의 함정 앞에서 제 자신을 구하는 길은 무엇일까? 이것은 두말 할 것도 없이 교양에 일정한 근거를 주지 않으면 안 될 것이다. 다시 말해 우리의 취미와 기호가 아무리 천 갈래 만 갈래 길로 달아나더라도 그것이 항상 일정한 거점 위에서 방사되고 회선되지 않으면 안 된다는 것이다. 가령 우리가 고전적 교양을 가진다고 하더라도 그것이 현대적 거점 위에 서지 않은 고전적 교양일 때에는 단순히 한 개의 완고주의에 빠지고 마는 것이지 진실로 우리가 이야기하고자 하는 교양은 아닌 것이다.

—이원조(1939), '敎養論', 『문장』 제1권 제1호

이 세 편의 글은 1935년 이후 쓰인 '교양'과 '고전' 관련 논문이다. 세 편의 논문에서 공통으로 지적하고자 한 것은 '고전'이 '지혜'와 '지식'의 원천이라는 점, '고전'이 가치를 지니기 위해서는 '재해석되어야

한다는 점' 등이다. 이밖에도 고전의 가치, 고전 연구의 필요성 등을 강조한 논설은 자주 발견된다.[29] 다음의 논지를 더 살펴보자.

【 古典을 研究하라 】

우리의 學術 文藝界를 通하야 近者에 와서 一部의 力量이 퍽도 높아가고 잇슴을 볼 때 一種의 기쁨을 느끼지 않을 수가 없다. 그러나 一般의 水準은 아직도 低劣의 部位에 處하야 잇음이 不誣의 事實이니 적이 걱정되지 안는 배 아니다. 그러나 그 一般的 水準이라는 것이 저 혼자서 向上되는 것이 아니고, 社會的 諸思想이 發展과 그 軌를 가치하는 것이니만치 우리는 이 水準의 低劣을 歎息하기 前에 먼저 우리의 生活環境의 慘酷을 미워하게 된다. 우리의 앞에 주어져 잇는 痛切한 歷史的 實現이 骨骸에 맺히도록 滲透해 온다. 그러한 속에서 學藝의 研究와 創作을 자기의 本務로 생각하고 잇는 朝鮮의 知識者에게는 口舌에 絶하는 險難이 가로막고 잇음을 目睹한다. 우리는 우리의 志向에 反하야 無能과 沈黙이 强制되어 잇다. 이러한 때를 當하여는 學術과 文藝界에 이 魅魍魎(매망량)이 跋扈하는 法이다. 우리는 그 例를 過去에서 만히 보아왓고, 또 지금 바로 그것들을 보고 잇다. 그러나 그것들은 東天 旭日과 같이 霧消하리니 그 아니꼬운 꼴들은 當分 춤추는 대로 내버려두자. 이것은 우리의 참기 어려운 苦痛이다. 그러나 우리는 讒敗殆死에서 九死一生을 얻을 悲壯한 覺悟下에 古典의 研究에 精進할 것을 提言한다. 우리는 東西古今을 勿論하고 不朽의 古典을 만히 가지고 잇다. 그것들을 現代라는 歷史的 時代로 하여금 解釋하게 하라. 그러자면 우리는 이를 악물고 工夫하지 안흐면 안이된다. 萬花燎爛한 古典의 花園에서 現代를 爲한 꽃가지를 方法的으로 折取하지 안흐면 아니될 것이다. 그것이야말로 後日의 活動에 對한 無上의 武器인 것이다. 헛되이 이집저집 기웃거

---

29) 1930년대 후반기의 전통론과 조선문화운동론에 대해서는 차원현(2004), 조규태(2008), 김경남(2012) 등을 참고할 수 있다.

리는 동안에 해를 보내지 말지어다. 汝의 志向에 適合한 테마를 定하여 가지고 파 들어가라. 그리하여 自己의 專門을 만들어 社會의 進展에 共動하지 안흐면 안 될 것이다. 그 覺悟는 悲壯하다. 그러나 悲壯하니만치 冷鐵과 같이 鞏固하리라. 受難의 時代에 處하야 古典의 硏究를 提唱하는 것은 分明한 敗北라고 꾸짖을 이가 잇슬는지 모른다. 그러나 學問的 實力에 依하야만 實踐은 理論的으로 强化되리니 그때에 비로소 現代의 知識者의 歷史的 使命이 遂行될 수 잇슬 것이다. (오메가)

번역 우리 학술 문예계를 통해, 근자에 와 일부 역량이 많이 높아지고 있음을 볼 때, 기쁨을 느끼지 않을 수 없다. 그러나 일반적인 수준은 아직도 저열한 상황에 있음은 속일 수 없는 사실이니, 적잖이 걱정되지 않는 바 아니다. 그러나 그 일반적 수준이라는 것이 저 혼자 향상되는 것이 아니고, 사회적 모든 사상의 발전과 궤를 같이하는 것이니, 우리는 이 수준이 저열함을 탄식하기 전에 먼저 우리의 생활환경의 참혹함을 미워하게 된다. 우리 앞에 주어져 있는 통절한 역사적 현실이 뼈에 맺히도록 스며들어 온다. 그런 속에서 학예의 연구와 창작을 자기의 본무로 생각하고 있는 조선의 지식인들에게는 입으로 다할 수 없는 험난이 가로막고 있음을 목도한다. 우리는 우리가 지향하는 것과 달리 무능과 침묵이 강제되어 있다. 이러한 때를 당해 학술과 문예계에 이 도깨비가 발호하는 법이다. 우리는 그 예를 과거에서 많이 보아왔고, 또 지금 바로 그것을 보고 있다. 그러나 그것은 동천욱일과 같이 구름처럼 사라질 것이니, 그 아니꼬운 꼴들은 당분간 춤추는 대로 내버려 두자. 이것은 우리가 참기 어려운 고통이다. 그러나 우리는 패배하여 죽음에 이르는 상황에서 구사일생을 얻을 비장한 각오 아래 고전의 연구에 정진할 것을 제언한다. 우리는 동서고금을 물론하고 불후의 고전을 많이 갖고 있다. 그것들을 현대라는 역사적 시대에서 해석하게 하라. 그러자면 우리는 이를 악물고 공부하지 않으면 안 된다. 만화찬란한 고전의 화원에서 현대를 위한 꽃가지를 방법적으로 절취하지 않으면 안 될 것이다. 그것이야말로 후일 활동에 대한 더없는 무기인 것이다. 헛되이 이집 저집 기웃거리는 동안 해를 보내지 말라. 너의 뜻하는 바에 적합한 테마를 정하고 파 들어가라. 그리하여 자기의 전문을 만들어 사회의 진전에 함께 나아가지 않으면 안 될 것이다. 그 각오는 비장하다. 그러나 비장한 만큼 냉철과 같이 견고할 것이다. 수난의 시대에 처하여 고전 연구를 제창하는 것은 분명 패배라고 꾸짖을 사람이 있을지 모른다. 그러나 학문적 실력에 의해야만 실천은 이론적으로 강화될 것이니, 그때 비로소 현대의 지식인의 역사적 사명이 수행될 수 있을 것이다.

—'고전(古典)을 연구(研究)하라', 『동아일보』, 1935.7.3

이 논설에서는 고전 연구가 '후일을 위한 무기'가 된다는 차원에서 현대의 지식인들이 해야 할 책무라고 규정한다. 그런데 필자가 인식하는 현실은 '저열한 문화', '기패태사(譏敗殆死, 패배하여 죽기 직전의 상황)', '수난의 시대'이다. 이런 상황에서 지식인이 고전을 연구하는 것은 '패배'라고 질책할 수 있을지 모른다는 필자의 생각도 나타나지만, 이 글에서 말한 '현대적 해석', '방법적 절취'가 시대 상황을 고려할 때 어느 정도 적합성을 띨 수 있을지 단정하기 어렵다. 이 점에서 『동아일보』의 같은 칼럼에 실린 '고전 전승의 방법'을 살펴볼 필요가 있다.

【 古典 傳承의 方法 】
茶山 逝去 百年祭를 機會하야 이 땅에는 古典的(古代的이 아니다) 朝鮮의 面貌를 알어보랴고 하는 機運이 釀成되어 잇음을 본다. 그러나 이 釀成되어 잇는 氣運에 對한 現段階的 乃至 歷史科學的 批評은 아직 아무 곳에서도 發見할 수가 업다. 本紙가 '茶山特輯'을 낸 것도 挽近 活潑해 가는 古典的 朝鮮의 硏究에 對한 한 개의 紹介 及 이 紹介를 通하야 朝鮮의 歷史的 一斷面에 對한 理解를 가지게 함이엇다. 그것은 茶山하면 茶山을 그 歷史的 性格과 그 位置를 嚴密하게 批評하고 規定하랴고 함이 아니엇다. 그것

은 한 개의 歷史的 觀心의 喚起와 同時에 한 개의 '問題'의 提出이엇든 것이
엇다.

그러면 그 問題라는 것은 무엇이냐. 그것은 一言以蔽之하면 古典傳承의
方法은 如何하여야 하느냐 하는 無言의 提示이다. 聰明한 讀者는 그것으로
看取하엿스리라. 그와 같이 우리의 意圖는 決코 單純한 것이 아니엇다. 우
리는 如斯한 큰 問題를 茶山이라고 하는 歷史的 人物을 通하야 그를 契機
로 提出한 것이엇다. 그러면 이 提出된 問題는 (一) 누가 (二) 어떠케 解決
하는 것이냐. '古典的 朝鮮의 研究에 잇서서의 諸問題'(아포리아로서의)는
全部 이 點에 歸屬된다. 今後 朝鮮의 歷史的 時代를 研究하고 그 研究함에
依하야 (三) 무엇을 現代에 이바지하고자 할진대 本紙가 茶山 百年祭를 契
機로 하야 提出한 問題를 中心으로 하야 釀成되고 잇는 現在의, 古典에 對
한 觀心에 細心의 注意를 拂하지 안흐면 아니될 것이다.

(…中略…) 朝鮮의 古典 及 史料를 發顯 涉獵하는 所謂 史料 史學은 現在
의 우리에게 퍽 必要하다. 그것은 누가 하든지 조타. 그러나 이 史料 史學
에 依하야 어떠케 古典을 傳承하겟느냐 하는 問題는 누구나 할 수 잇는
것이 아니다. 그것은 傳統主義, 復古主義, 宣揚主義 等의 一聯의 歷史性을
無視하는 政策的 方法에 依한 것이 아니라 嚴正한 歷史科學的 方法에 依한
것이라야 한다. 이것만이 吾人이 朝鮮의 歷史的 過去를 研究하고 解釋하는
데 依據할 唯一의 方法인 것이다. 이 方法에 依한 그 '누구'만이 第一 잘
朝鮮의 過去 及 그 過去의 遺物을 解釋할 수가 잇는 것이다. 그러면 그 '누
구'는 어떠한 程度로 歷史的 過去를 第一 잘 解釋하는 것이냐 하는 것이
問題다. 그것이 卽 上記한 第三의 側面으로서의 '무엇'의 문제에 聯關하야
오는 것이다. 우리들 젊은 世代의 學徒는 文獻學, 年代學, 考證學 等에 精進
하는 것, 그것만을 一義的으로 歷史 研究의 目標로 삼지 안는다. 그보다도
더 朝鮮의 歷史的 諸時代 及 그 時代의 遺物 或은 作品이 如何히 該當 時代
의 性格을 가지고 잇스며 또 世界文明, 世界歷史, 文學 等과 聯關하고 잇느
냐를 알고자 하며 그것을 알 者에 依하야 將來에의 展望 及 그 實踐의 具體

的 計劃을 案出하라고 하는 者이다. 이 點에서 우리는 우리의 古典 傳承의 方法의 具體的 方策을 發見하는 것이다.

번역 다산 서거 백년제를 맞아 이 땅에는 고전적(고대적이 아니다) 조선의 면모를 알고자 하는 기운이 양성되어 있음을 본다. 그러나 이 양성된 기운에 대한 현단계적 내지 역사과학적 비평은 아직 아무 곳에서도 발견할 수가 없다. 본지가 '다산특집'을 낸 것도 최근 활발해 가는 고전적 조선 연구에 대한 한 개의 소개 및 이 소개를 통하여 조선의 역사적 일단면에 대한 이해를 갖게 하고자 함이었다. 그것은 다산 하면, 다산을 그 역사적 성격과 위치를 엄밀하게 비평하고 규정하려고 하는 것이 아니었다. 그것은 한 개 역사적 관심의 환기와 동시에 한 개의 문제를 제기하고자 한 것이었다. 그러면 그 문제는 무엇인가? 그것은 한마디로 고전 전승의 방법은 어떠해야 하는가 하는 무언의 제기이다. 총명한 독자는 그것을 간취하였으리라. 그와 같이 우리의 의도는 결코 단순한 것이 아니었다. 우리는 이러한 큰 문제를 다산이라는 역사적 인물을 통해, 그 계기를 제기한 것이다. 그러면 이 제기된 문제는 (1) 누가, (2) 어떻게 해결해야 하는가? 고전적 조선의 연구에서 여러 문제(아포리아로서)는 전부 이 문제에 귀결된다. 지금 이후 조선의 역사적 시대를 연구하고 그 연구에 따라 (3) 무엇을 현대에 이바지하고자 한다면 본지가 다산 백년제를 계기로 제기한 문제를 중심으로 하여, 양성되고 있는 현재의 고전에 대한 관심에 세심한 주의를 기울이지 않으면 안 될 것이다. (…중략…) 조선의 고전 및 사료를 발현 섭렵하는 소위 사료 사학(史料史學)은 현재 우리에게 매우 필요하다. 그것은 누가 하든지 좋다. 그러나 이 사료 사학에 의해 어떻게 고전을 전승하는가 하는 문제는 누구나 할 수 있는 것이 아니다. 그것은 전통주의, 복고주의, 선양주의 등 일련의 역사성을 무시하는 정책적 방법에 의한 것이 아니라, 엄정한 역사과학적 방법에 의한 것이라야 한다. 이것만이 우리들이 조선의 역사적 과거를 연구하고 해석하는 데 의거할 유일의 방법인 것이다. 이 방법에 의한 그 '누구'만이 제일 잘 조선의 과거 및 그 과거의 유물을 '해석'할 수 있는 것이다. 그러면 그 '누구'는 어느 정도로 역사적 과거를 제일 잘 해석하는 것이냐 하는 것이 문제다. 그것이 위에 서술한 제3 측면의 '무엇'의 문제와 관련된다. 우리들 젊은 세대 학도는 문헌학, 연대학, 고증학 등에 정진하는 것, 그것만을 하나로 역사 연구의 목표로 삼지 않는다. 그보다 더 조선의 역사적 여러 시대 및 그 시대의 유물 혹은 작품이 어떻게 해당 시대의 성격을 갖고 있으며 또 세계 문명, 세계 역사, 문학 등과 연관되어 있느냐를 알고자 하며, 그것을 아는 자들에 의해 장래의 전망 및 그 실천의 구체적 계획을 안출하고자 하는 자들이다. 이 점에서 우리는 우리의 고전 전승 방법의 구체적 방책을 발견해야 하는 것이다.

—'고전 전승(古典 傳承)의 방법(方法)', 『동아일보』, 1935.7.26~27

'다산 백년제'를 기념하여 제기된 '고전 전승 문제'는 '무엇이 고전인가', '고전을 어떻게 전승해야 하는가', '누가 하는가' 등의 현실적인 문제를 다루었다. 이 글에서는 고전 전승이 '전통주의, 복고주의, 선양주의'를 벗어나 엄격한 역사과학적 방법으로 이루어져야 한다고 주장한다. 이 방법론은 고전을 유물이 아니라 '해당 시대의 성격'을 이해하고, 이를 바탕으로 '세계 문명, 세계 역사, 문학'적 의미와 가치를 이해하는 데 기여할 수 있게 한다는 것이다.

이러한 논지를 따른다면 이 시기 고전 부흥론은 분명 전통 만들기, 더 나아가서는 문화운동으로서의 민족 재발견 운동으로 해석할 수 있다. 그럼에도 이 시대의 고전 부흥론은 근본적인 한계를 갖는다. 그러한 한계 가운데 대표적인 것은 연구 대상이 되는 고전이 무엇인가와 역사과학적 방법이 구체적으로 무엇을 의미하는가에 있다.

연구 대상 고전과 관련하여 주목할 만한 사실은 『동아일보』 1931년 1월 5일부터 5월 11일 사이에 연재된 '조선 고전 해제'이다. 이 연재물은 우리나라 고문헌과 문학 작품을 소개하는 데 목적이 있었는데, '방편자(方便子) 유희(柳僖)의 『언문지(諺文志)』'(1931.1.5, 이윤재), '불가구곡(佛歌九曲)'(1931.1.12, 이은상)을 제외하면 모두 정인보가 글을 썼다. 이때 소개된 문헌은 이면백의 『감서』(1931.1.19), 정동유의 '주영편'(1931.1.26), 이의봉의 『고금석림』(1931.2.2), 유희의 '문통'(1931.2.23), 정제두의 『하곡전서』(1931.3.2), 고산자의 '대동여지도'(1931.3.6), 홍대용의 『담헌서』(1931.3.23), 이중환의 『택리지』(1931.4.6), 신경준의 '훈민정음운해'(1931.4.13) 등 총 19종이다. 제시한 자료명에서 짐작할 수 있듯이, 어떤 문헌은 훈민정음 관련 전문서이며, 어떤 문헌은 개인의 문집이다. 학문적 차원에서 역사, 국어, 지리 연구에 큰 도움을 줄 수 있는 문헌임에는 틀림없지만, 이 문헌들에서 '조선적인 것', '조선의 전통'을 찾아 당대의 현실을 인식하게 하고 그 가치를 공유하게 하는 데 어느 정도 적절한 것인지를 단정하는 일은 매우 곤란스럽다.

이 점에서 이 시기 고전 부흥론에서 빈번히 제기한 문제가 '과학주의'이다. 앞의 논설에서 '역사과학적 방법'이라는 용어가 이에 해당한다. 엄밀히 말하면 과학주의는 학문 연구상의 태도를 의미한다. 허재영(2015)에서는 한국 근대 학문론에서 과학주의가 도입된 시기를 1896년 『대조선독립협회회보』와 『대조선재일유학생친목회』부터로 규정한 바 있다.30) 과학주의가 분명 학문 발달에 큰 기여를 하는 것은 사실이다. 그러나 1935년 전후 고전 연구에서 말하는 과학주의가 무엇을 의미하는지, 그 가치가 무엇인지는 뚜렷하지 않다. 그 대신 상당수의 연구자들은 '전승되어 오는 문헌', '주해 작업' 등이 고전 연구의 주요 분야로 인식한다.31) 고전과 관련된 논의에서 빠질 수 없는 '문헌 선정 작업'은 이 시기 역사과학의 방법에 포함되지 않았고, 현대적 해석도 민족 정체성을 확립해 가는 데는 한계가 있었다. 이에 대해 천태산인 김태준은

---

30) 이에 대해서는 이 총서 권1을 참고할 수 있다.
31) 『문장』에 연재한 이병기의 고전 주해 작업도 이러한 성격을 띤 것으로 해석된다.

다음과 같이 서술한다.

【 古典涉獵隨感(3) 民族性에 關한 이야기 】

苦笑에 値할 것은 宗敎復興의 叫喊(규함)의 影響이엇슬까. 漢方醫까지 陰陽五行說을 다시 내세우기 시작한 것이다. 郭末若 氏의 八卦 周易에 關한 硏究와 胡秋原 氏 等의 陰陽五行說 成立에 關한 硏究 等이 벌서 中國의 漢醫 哲學을 顚倒시키고 잇지만 대관절 趙憲泳 氏류의 젊은 學徒가 科學의 世界 에서 五行 陰陽의 神秘的 世界로 뛰어들엇다는 것은 確實히 一個의 好話題 이다. 漢醫의 治療法과 用藥 自體를 無視하는 것이 아니라 그 哲學의 根本 되는 陰陽五行說을 그 根柢로부터 誅去하려는 者이다. 陰陽五行은 中國 原 始信仰의 神秘化로서 벌서 그 成立의 起原을 忘却한 春秋戰國 때에는 훌륭 하게 宗敎化되어 特히 漢代에 이르러는 醫學뿐 아니라 卜筮 種樹之書는 말할 것도 없고 詩書 百家에까지 이로써 解釋하려고 하엿든 것이다.

이는 完全히 花郞의 歷史를 神秘化하거나 檀君의 歷史를 高揚하려는 것 과 다름이 없다. 그러나 學問의 對象을 神祕化시킨다는 것은 政治家나 宗敎 家들의 職能이요 眞正한 學徒로서 할 일은 아니다. 民族性에 關한 問題도 '民 族'의 成立과 崩壞에 關한 考察이 없이 輕率하게 論議하기 어려운 問題임에 不拘하고 從來에 함부로 건드리는 이가 만헛다. 우선 官邊 諸公들의 史觀은 (그들은 眞實한 學究도 없엇지만) 例컨대 自由硏究社 洪吉童傳 譯 卷首에 辯文을 쓴 細井肇 氏의 口調라든가 村井某(?)의 『朝鮮人의 生活과 文化』라 는 冊이라든가 小田 氏의 史書라든가 (이런 冊은 하도 만허 煩擧치 안는 다.) 어떤 史上의 一個 事實을 分離시켜 가지고 대번에 朝鮮 사람의 普遍的 事實로 掩蔽하려 한다. 現在 朝鮮人의 一部 習俗도 全허 조선인 몇 萬年부 터 傳承하는 先天性이라고 唾棄하려 한다. 그들의 論理는 너무도 飛躍이 크다. 그들의 말대로 하면 조선인은 黨爭을 是事하는 先天的 傳統이 잇는 것 같이 看做한다. (…中略…) 이를 그대로 引用하야 "朝鮮 民族性의 改造" 를 쓰는 것이 얼마나 危險한 것인가를 알아야 한다. 民族이 先天性이 이러하니, 우리는 習性을 改造하자는 것이니, 그가 愛國心의 發露로서 된 純量한 動機에서 出發하엿다 할지라도 自己를 잘못 아는 點에서 모든 行爲의 誤謬를 犯케 하나니 이는 宗敎家들이 悲慘을 宿世의 運命에 돌리는 것과 同軌의 罪惡이라는 것을 알아야 한다.

번역 고소(苦笑)할 것은 종교 부흥의 절규에 따른 영향 때문이었을까? 한의방까지 음양오행설을 다시 내세우기 시작한 것이다. 곽말약 씨(중국 근대 사상가)의 팔괘 주역에 관한 연구와 호추원 씨 등 음양오행설 성립에 관한 연구 등이 벌써 중국 한의 철학을 전도시키고 있지만 대관절 조헌영 씨와 같은 젊은 학도가 과학의 세계에서 오행 음양의 신비적 세계로 뛰어들었다는 것은 확실히 하나의 흥미로운 이야깃거리이다. 한의의 치료법과 약용 자체를 무시하는 것이 아니라 그 철학의 근본되는 음양오행설을 그 근저로부터 주살하여 제거하려는 것이다. 음양오행은 중국 원시신앙의 신비화로 벌써 그 성립 기원을 망각한 춘추전국 때에는 훌륭하게 종교화되어 특히 한나라 때에는 의학뿐만 아니라 복서의 여러 종 서적은 말할 것도 없고, 시서 백가에 이르기까지 그것으로 해석하고자 하였다. 이는 완전히 화랑의 역사를 신비화하거나 단군의 역사를 고양하려는 것과 다름없다. 그러나 학문의 대상을 신비화하는 것은 정치가나 종교가들의 직능이요, 진정한 학도가 할 일은 아니다. 민족성에 관한 문제도 '민족'의 성립과 붕괴에 관한 고찰이 없이, 경솔하게 논의하기 어려운 문제임에도 불구하고 종래 함부로 건드리는 이가 많았다. 우선 관변 학자들의 사관(그들은 진실한 학자도 없었지만)은, 얘ᅦ를 들어 자유연구사의 홍길동전 역 권 머리에 변문을 쓴 호소이(細井肇)의 어투나 무라이 모(村井某)의 『조선인의 생활과 문화』라는 책이나 오다(小田) 씨의 역사서(이런 책은 하도 많아서 번거롭게 제시하지 않는다.) 등은 어떤 역사상의 하나의 사실을 분리시켜 바로 조선 사람의 보편적 사실로 엄폐하려 한다. 현재 조선인의 일부 습속도 모두 조선인 몇 만 년부터 전승하는 선천성이라고 침 뱉는다. 그들의 논리는 너무도 비약이 크다. 그들의 말대로 하면 조선인은 당쟁을 일삼는 선천적 전통이 있는 것 같이 간주된다. (…중략…) 이를 그대로 인용하여 "조선 민족성의 개조"를 하자는 것이니 그가 애국심의 발로에서 이루어진 순량한 동기에서 출발했다고 할지라도, 자기를 잘못 아는 점에서 모든 행위의 오류를 범하게 하니, 이는 종교가들이 비참함을 세상의 운명에 돌리는 것과 같은 궤도의 죄악이라는 것을 알아야 한다.

—천태산인 김태준, 고전섭렵수감(3), '민족성에 관한 이야기',
『동아일보』, 1935.2.13

간략한 비평 형식으로 쓴 이 글에서 김태준은 전승되는 문헌이 생각보다 많다는 점, 백남운과 같은 경제사가의 공헌 등을 평가하면서도, 이 시기 고전 연구와 민족성 담론이 정체성 확립과는 무관하게 이루어지는 현상을 비판하고 있다.[32] 김태준의 관점에서 중국인 학자들이 한방에서 음양오행설을 부활시킨 것이나, 화랑에 대한 신비화, 일본인 관변학자들이 당쟁을 민족성의 표지로 삼는 것 등을 비판한다. 이러한 비판은 제국주의에 저항하고자 하는 중국인들의 대응방식이라거나 일제 관변학자들의 식민사관을 전제할 경우 모두 타당한 비판이다. 그럼에도 비판이 비판으로 끝나고 그것을 극복할 수 있는 대안을 마련하지 못한다면 그 또한 이 시기 고전 연구가 갖는 근본적인 한계가 된다. 고전 문헌 선정이나 주해 작업 자체가 무의미한 작업이 아님은 분명하나, 이를 토대로 한 다양한 비판과 대안이 모색될 수 없었던 시대적 한계를 내포하고 있는 셈이다.

---

[32] 고전섭렵수감은 1935년 2월 9일부터 17일까지 7회에 걸쳐 연재되었으며, 제4회와 제5회의 '고전 문학 연구'에서는 문학에 해당하지 않는 것을 고전 문학 강의에 활용하는 현상, 정음파와 한글파의 대립 등을 소재로 삼고 있다. 또한 제6회와 제7회에서는 '양산가'와 '식암집' 등의 문헌과 대구 지역의 장서가를 소개하였다.

4. 일제 강점기 민족 재발견의 의미

국어 교육사를 연구한 사람이라면 광복 이후 조선어학회에서 처음 발행한 『초등국어교본』과 『중등국어교본』이 있음을 안다. 허재영(2009)에 따르면 이 두 종의 교과서는 1933년 발행된 조선총독부의 『보통학교 조선어독본』과 『중등교과 조선어급한문독본』을 답습한 것이라고 한다. 주목할 점은 조선총독부에서 1929년 조선교육령을 개정하면서 '실업교육'과 '조선 실정에 맞는 교과서 개발'을 역설했다는 점이다. 1933년 발행된 조선어과 교과서는 '좀 더 조선적인 것'을 표방하면서 편찬했다. 이는 신주백(2014)에서 밝힌 바와 같이, 일제 강점기 '조선학'이 경성제국대학이라는 제도권 학문 연구와 밀접한 관련을 맺고 있는 것과 같은 맥락으로 볼 수 있다. 비록 '조선적인 것', '조선학'을 강조하고 있을지라도, 실제 연구 의도나 연구 상황은 자주 독립국가에서 의도하는 민족 정체성 확립과는 거리가 있음을 의미한다.

이와 같은 맥락에서 미군정기 교육의 근간을 이루었던 '교수요목'과 일제 강점기의 상관성도 흥미롭다. 1947년 제정된 '중학교 교수요목' 국어과의 영역은 '말하기, 읽기, 쓰기, 문법, 국문학사'로 구성되었다. "국어를 잘 알고 잘 쓰게 하며, 우리의 문화를 이어 확충 창조ᄒ게 하고, 겸하여 지덕(智德)을 열어 건전한 국민정신을 기르기로 요지를 삼음"이라는 교수 요지를 뒷받침하기 위해 설정된 교육 내용에서 '문화 확충'이나 '국민정신'을 기르기 위해 선정된 영역이 '국문학사'인 것이다. 이에 따라 교수요목기부터 제2차 교육과정까지는 '고전'이라는 교과가 존재했는데, 이 또한 일제 강점기 고전 부흥운동의 결과로 해석된다.

근대 역사의 산물로 간주되는 민족주의는 분명 국가와 밀접한 관련을 맺는다. 일제 강점기 국권 상실 상황에서 국가 공동체가 아닌 민족 공동체 의식을 형성하고 전통을 만들어 가는 데는 여러 가지 제한이 따를 수밖에 없다. 그것은 우리나라뿐만 아니라 식민 제국주의의 지배를 받던 대다수의 민족이 공통으로 경험할 수밖에 없는 운명이었다. 그럼에도 계몽운동사의 차원에서 일제 강점기 이루어진 '자아 관념', '역사적 자아 찾기', '민족성 담론', '고전 부흥론' 등으로 이어지는 일련의 의식 개혁 운동은 그 나름대로 충분한 가치를 갖는다.

그럼에도 조선어학회의 교본(敎本)이 일제 강점기의 독본(讀本)을 답습한 데 불과한 것이라는 점, '국민정신 함양'을 위한 교육 내용이 '고전'(실제로는 고전문학)으로 한정된 점 등은 일제 강점기 부자유한 상황에서 이루어진 민족 만들기가 어떤 성격을 띠고 있으며, 그 영향은 무엇인가를 압축적으로 보여준다. 결론적으로 국권 상실 상황의 민족 개념 재발견은 국가 부재 상황의 역사적 자각 운동에서 시작되었지만, 일반 대중에게 민족 특유의 소속감, 공동체 의식을 갖게 하는 데에는 근본적인 한계가 있었다고 볼 수 있다.

참고문헌

강동국(2005), 「근대 한국의 국민·인종·민족 개념」, 『동양정치사상사』 5, 한국동양정치사상사학회, 5~35쪽.

강만길 외(1996), 『한국의 '근대'와 '근대성' 비판』, 역사비평사.

강용훈(2011), 「근대 문예비평의 형성 과정 연구」, 고려대학교 박사논문.

강헌국(2010), 「기억의 연금술: 이광수 문학의 자전적 성격 연구」, 『한국학연구』 33, 고려대학교 한국학연구소, 209~233쪽.

건국대학교 아시아디아스포라 연구소(2012), 『문학·민족·국가, '재일' 문학과 제국 사이』, 지금 여기.

고영근(2004), 「유길준의 국문관과 사회사상」, 『어문연구』 121, 한국어문교육연구회, 405~426쪽.

고현철(2002), 「탈식민주의와 문화적 민족주의 문학의 상관성 연구: 1920년대 민요시·시론을 중심으로」, 『비교한국학』 10, 국제비교한국학회, 65~86쪽.

구인모(2004), 「국토순례와 민족의 자기구성: 근대 국토기행문의 문학사적 의의」, 『한국문학연구』 27, 동국대학교 한국문학연구소, 128~152쪽.

권보드래(2008), 「1910년대의 새로운 주체와 문화」, 『민족문학사연구』 36, 민족문학사학회, 147~169쪽.

권상우(2011), 「일제강점기 '민족성과 유학(儒學)의 관계성' 담론을 통한 '한국적 유학(儒學)'(얼유학(儒學)) 시론(試論)」, 『퇴계학과 유교문화』

48, 경북대학교 퇴계학연구소, 277~314쪽.

권용선(2004), 「1910년대 '근대적 글쓰기'의 형성과정 연구: 연설·번역·편지를 중심으로」, 인하대학교 박사논문.

김경남(2009), 「1930년대 안서 김억의 '작문론'에 나타난 작문관」, 『어문론총』 50, 한국문학언어학회, 163~187쪽.

김경남(2012), 「고전 관련 독서에 대한 연구 경향과 고전 교육 연구가 나아갈 길」, 『한국민족문화』 44, 부산대학교 민족문화연구소, 31~59쪽.

김경미(2008), 「1940년대 어문정책하 이광수의 이중어 글쓰기 연구」, 『한민족어문학』 53, 한민족어문학회, 41~74쪽.

김경미(2011), 「식민지 후반기 이광수 문학의 사소설적 경향과 의미」, 『현대문학이론연구』 47, 현대문학이론학회, 59~87쪽.

김경미(2011), 「해방기 이광수 문학의 자전적 글쓰기의 전략과 의미: [돌베개]와 [나의 고백]을 중심으로」, 『한민족어문학』 59, 한민족어문학회, 713~742쪽.

김광석(2007), 「한국 민족과 민족주의의 성격에 관한 연구」, 서강대학교 석사논문.

김광중(1980), 「開化期 愛國啓蒙運動의 考察」, 건국대학교 석사논문.

김기주(1993), 『한말 재일 한국유학생의 민족운동』, 느티나무.

김도형(2007), 「가토 히로유키 시화진화론의 수용과 번역양상에 관한 일고찰: 『인권신설』과 『강자의 권리경쟁론』을 중심으로」, 『대동문화연구』 57, 성균관대 대동문화연구소, 171~201쪽.

김도훈(2007), 「이광수 소설에 투영된 근대적 주체의 염원과 식민지 근대성에 관한 연구」, 『사회연구』 14, 한국사회조사연구소, 99~123쪽.

김동택(2002), 「근대 국민과 국가개념의 수용에 관한 연구」(기획: 중세적 인식론의 전환과 새로운 담론의 모색), 『대동문화연구』 41, 성균관대학교 대동문화연구원, 357~388쪽.

김동택(2003), 「『국민수지』를 통해 본 근대 '국민'」(기획: 한말 일제하 나주

지역의 사회변동), 『大東文化硏究』 44, 성균관대학교 대동문화연구원, 243~267쪽.

김명옥(1982), 「韓末 太極學會에 關한 一考察」, 이화여자대학교 석사논문.

김문종(2007), 「일제하 사회주의 잡지의 발행과 지국운영에 관한 연구」, 『한국언론정보학보』 통권 40호(2007년 겨울), 한국언론정보학회, 7~44쪽.

김미영(2015), 「이광수의 『금강산유기』와 「민족개조론」의 관련성」, 『한국문화』 70, 서울대학교 규장각 한국학연구원, 195~223쪽.

김민수(1993), 「언어와 민족의 문제」, 『국어를 위한 언어학(김동언편)』, 태학사.

김민환(2005), 「일제하 좌파 잡지의 사회주의 논설 내용 분석」, 『한국언론학보』 49(1), 한국언론학회, 276~299쪽.

김상원(2003), 「胡適의 '近代' 受用과 '社會進化論'」, 『중국문학연구』 26, 한국중문학회, 155~176쪽.

김성한(2001), 「도덕의 기원에 대한 진화론적 설명과 다원주의 윤리설」, 고려대학교 박사논문.

김소영(2010), 「대한제국기 '국민' 형성론과 통합론 연구」, 고려대학교 박사논문.

김영찬(2006), 「식민지 근대의 내면과 표상: 이광수의 『무정』을 중심으로」, 『상허학보』 16, 상허학회, 11~40쪽.

김옥균 외 지음, 이민수·윤한남·이원섭 역(1990), 『한국의 근대사상』, 삼성출판사.

김용구(2008), 「만국공법」, 한림대학교.

김용달(1997), 「春園의 '민족개조론'의 비판적 고찰」, 『도산사상연구』 4, 도산사상연구회, 290~310쪽.

김운태(1985), 「일본의 대한식민지배의 기조로서의 동화정책 이데올로기」, 『행정논총』 23(1), 서울대학교 한국행정연구소, 192~202쪽.

김월회(2002), 「세계관이 된 진화론: 진화론의 중국적 變容 考」, 『동아문화』 40, 서울대학교 동아문화연구소, 131~162쪽.

김윤식(1999), 『이광수와 그의 시대』 1~2, 솔출판사.

김인회(1995), 「근·현대의 한국 교육사상과 민족주의」, 『인문과학연구』 1, 동덕여자대학교 인문과학연구소, 75~124쪽.

김정의(1999), 『한국문명사』, 혜안.

김정의(2000), 「문명, 진보론의 생성과 전개」, 『문명인지』 1(2), 한국문명학회, 5~26쪽.

김제란(2010), 「한·중·일 근대불교의 사회진화론에 대한 대응양식 비교: 동아시아 불교의 사회진화론 수용과 비판의 두 흐름」, 『시대와 철학』 21(2), 한국철학사상연구회, 117~166쪽.

김종호(1984), 「서북학회월보에 나타난 애국계몽사상」, 경북대학교 석사논문.

김준형(1991), 「한국 근대사와 제국주의」, 장상환 외, 『제국주의와 한국사회』, 한울아카데미.

김창수(1987), 『한국 근대의 민족의식 연구』, 동화출판공사.

김창순 외(1981), 『일제하 식민지시대의 민족운동』, 풀빛.

김택호(2003), 「개화기의 국가주의와 1920년대 민족개조론의 관계 연구」, 『한국문예비평연구』 13, 한국현대문예비평학회, 269~287쪽.

김항(2013), 「센티멘탈 이데올로기: '이광수'라는 과제: 개인, 국민, 난민 사이의 '민족': 이광수 「민족개조론」 다시 읽기」, 『민족문화연구』 58, 고려대 민족문화연구원, 139~167쪽.

김현숙(2005), 「한말 '민족'의 탄생과 민족주의 담론의 창출」, 『동양정치사상사』 5, 한국동양정치사상사학회, 117~140쪽.

김현주(2005), 「논쟁의 정치와 '민족개조론'의 글쓰기」, 『역사와 현실』 57, 한국역사연구회, 111~140쪽.

김현주(2005), 『이광수와 문화의 기획』, 태학사.

김형국(2001), 「1920년대 초 民族改造論 검토」, 『한국 근현대사연구』 19, 한국근현대사학회, 187~206쪽.

김혜승(1997), 『한국 민족주의: 발생양식과 전개과정』, 비봉출판사.

김홍일(1987), 『한국 근대 민족주의 운동 연구』, 금문당.

김효순(2013), 「1920년대 식민지조선의 어문정책과 조선문예물 번역 연구: 조선 및 만주의 조선 문예물을 중심으로」, 『일본학보』 96, 한국 일본학회, 87~103쪽.

김효전 역(2003), 『국가학: 만세보 소재』, 관악사.

김효전 외(2001), 「한국법학논문총서」, 高陽: 일신.

김효전(1996), 「서양헌법이론의 수용」, 철학과현실사.

김효전(2000), 『근대 한국의 국가사상』, 철학과현실사.

김효전(2009), 『헌법』, 소화.

나병철(1999), 「식민지 시대 문학의 민족인식과 탈식민주의: 염상섭의 민족인식과 타자성의 경험」(특집: 한국문학과 민족주의), 『현대문학의 연구』 13, 한국문학연구학회, 95~142쪽.

나카바야시 히로카즈(2015), 「조선총독부의 교육정책과 동화주의의 변천」, 연세대학교 박사논문.

남기홍(2005), 「이광수의 자성적 고백소설 연구」, 『한국학연구』 14, 인하대학교 한국학연구소, 213~230쪽.

노상래(2009), 「이광수의 자서전적 글쓰기에 대한 일고찰」, 『동아인문학』 15, 동아인문학회.

레닌, 남상일 역(1988), 『제국주의론』, 백산서당.

로빈슨, 김민환 역(1990), 『일제하 문화적 민족주의』, 나남출판.

맥도프, 김기정 역(1982), 『제국주의의 시대』, 풀빛.

문성환(2008), 「최남선의 글쓰기와 근대 기획 연구」, 인천대학교 박사논문.

문혜윤(2008), 「수필 장르의 명칭과 형식의 수립 과정」, 『민족문화연구』 48, 고려대학교 민족문화연구소, 127~151쪽.

민경우(2007), 『민족주의 그리고 우리들의 대한민국: 서구이론을 넘어 우리역사에 근거한 민족이야기』, 시대의 창.

박걸순(2009), 『국학운동』, 독립기념관 한국독립운동사연구소.

박광현(2000), 「언어적 민족주의 형성에 관한 재고: '국문'와 '조선어'의 사이」, 『한국문학연구』 23, 동국대학교 한국문학연구소, 247~262쪽.

박노자(2007), 『일제 식민지 시기 새로 읽기』, 혜안.

박명규(2009), 「국민·인민·시민」, 小花.

박붕배(2002), 「대한제국 말기의 국어 교육과 일제시대의 조선어 교육」, 『교육한글』 15, 한글학회, 7~38쪽.

박상섭(2004), 「역사, 사상, 이론과 동아시아: 주권과 국제관계」(기획논문: 근대 주권 개념의 발전과정), 『세계정치』 1, 서울대학교 국제문제연구소, 95~123쪽.

박상섭(2008), 「국가·주권」, 소화.

박성진(1997), 「1920년대 전반기 사회진화론의 변형과 민족개조론」, 『한국민족운동사연구』 17, 한국민족운동사학회, 5~64쪽.

박성진(1999), 「한말-일제하 사회진화론 연구」, 한국정신문화연구원 박사논문.

박정심(2001), 「白巖 朴殷植의 哲學思想에 관한 硏究: 社會進化論의 受容과 陽明學的 對應을 中心으로」, 성균관대학교 박사논문.

박정심(2007), 「한국 근대지식인의 '근대성' 인식 1: 문병,인종,민족담론을 중심으로」, 『동양철학연구』 52, 동양철학연구회, 111~139쪽.

박정우(2001), 「일제하 언어민족주의: 식민지 시기 문맹퇴치/한글보급운동을 중심으로」, 서울대학교 석사논문.

박정희(2012), 「자연주의 도덕 실재론 옹호: 진화론과 플라너겐의 심리 실재론을 토대로」, 성균관대학교 박사논문.

박종린(2011), 「1920년대 사회주의사상의 수용과 사회과학연구사」, 『역사문제연구』 26, 역사문제연구소, 209~233쪽.

박지향(2005), 「게일연맹과 언어 민족주의」, 『서양사론』 84, 한국서양사학회, 109~141쪽.

박진수(2006), 「한자 문화와 근대 동아시아의 언어: 언어 민족주의를 넘어서」, 『아시아문화연구』 11, 경원대학교 아시아문화연구소, 31~46쪽.

박찬승(2007), 『민족주의의 시대: 일제하의 한국 민족주의』, 경인문화사.

박찬승(2010), 「민족·민족주의」, 소화.

박태순(1984), 「제3세계와 문화식민주의」, 『『오늘의 책』 가을호』, 한길사.

백동현(2004), 「大韓帝國期 民族認識과 國家構想」, 고려대학교 박사논문.

백동현(2010), 『大韓帝國期 民族談論과 國家構想』, 고려대학교 민족문화연구원.

복도훈(2006), 「미와 정치: 낭만적 자아에서 숙명적 자아로의 유랑기: 이광수의 금강산유기(金剛山遊記)를 중심으로」, 『한국어문학연구』 46, 한국어문학연구학회, 33~59쪽.

서울시립대학교 인문과학연구소(2003), 『한국 근현대문학 담론에 나타난 민족 개념의 변모양상 및 국가주의』, 서울시립대학교.

서울시립대학교 인문과학연구소(2005), 『한국 근대문학과 민족-국가담론』, 소명출판.

徐殷永(2011), 「근대 계몽기 '국민'담론과 외교론의 전개」, 『동북아 문화연구』 28, 동북아시아문화학회, 189~207쪽.

서정훈(1994), 『서양의 지적 운동』, 지식산업사.

성균관대학교 동아시아 유교문화권, 교육 연구단(2005), 『동아시아 민족주의의 장벽을 넘어서』, 성균관대학교 출판부.

성주현(2013), 『식민지시기 종교와 민족운동』, 선인.

소택유 외 지음, 교육출판기획실 역(1990), 『민족문제와 교육』, 푸른나무.

손칠호(1982), 「兪吉濬의 愛國啓蒙思想 硏究」, 연세대학교 석사논문.

송규진 외(2005), 『동아시아 근대 '네이션'개념의 수용과 변용』, 고구려연구재단.

송기중(1993), 『세계의 언어정책』, 태학사.

송찬섭(2016), 「일제강점기 최익한(崔益翰, 1897~)의 사회주의 사상의 수
용과 활동」, 『역사학연구』 61, 호남사학회, 153~190쪽.

신복용(1993), 「통일시대의 한국 민족주의」, 『통일문제연구』 5(1), 평화문
제연구소, 42~58쪽.

신연재(1991), 「동아시아 3국의 社會進化論 受容에 관한 硏究: 加藤弘之·梁
啓超·申采浩의 사상을 중심으로」, 서울대학교 박사논문.

신용하(2006), 『일제 식민지 정책과 식민지 근대화론 비판』, 문학과지성사.

신주백(2014), 『한국 근현대 인문학의 제도화: 1910~1959』, 소명출판.

신희강(1983), 「일제하의 문화적 식민주의」, 성균대학교 석사논문.

심상훈(2012), 「일제강점기 문경지역의 민족운동과 성격」, 『동아인문학』
23, 동아인문학회, 123~154쪽.

심상훈(2014), 「일제강점기 유학적 지식인의 사회주의 수용과 민족운동」,
『동아인문학』 29, 동아인문학회, 263~288쪽.

안소니·브루어, 염홍철 역(1984), 『제국주의와 신제국주의』, 사계절.

안유림(2013), 「일제하 기독교 통제법령과 조선기독교」, 이화여자대학교
박사논문.

알·필롬베, 박태순 역(1984), 『아프리카에서의 유럽어의 장래: 오늘의 책』
(겨울호), 한길사.

앤더슨, 윤형숙 역(1991), 『민족주의의 기원과 전파』, 나남출판.

梁啓超(1907), 『飮氷室文集』 上·下, 上海: 廣智書局.

양일모(2007), 「동아시아의 사회진화론 재고: 중국과 한국의 '진화' 개념의
형성: 동아시아의 사회진화론 재고」, 『한국학연구』 17, 인하대 한국
학연구소, 89~119쪽.

양종근(2011), 「식민지와 민족의식: 포스트식민주의시대의 민족 담론의
가능성」, 『현대사상』 9, 대구대학교 현대사상연구소, 205~220쪽.

양희철(1984), 「1920년대 민족주의 시론의 형성에 대한 언어문학적 연구」,

『동아연구』 4, 서강대학교 동아연구소, 125~152쪽.

어네스트 겔너, 최한우 역(2009), 『민족과 민족주의』, 한반도국제대학원대학교.

에릭 홉스봄 외, 박지향·장문석 역(2004), 『만들어진 전통』, 휴머니스트.

역사학회(1987), 『한국 근대 민족주의 운동사』, 일조각.

염인호(1990), 「일제하 제주지방의 사회주의운동의 방향전환과 「제주 야체이카」 사건」, 『한국사연구』 70, 한국사연구회, 89~130쪽.

오삼교(1985), 『현실인식의 논리』, 사계절.

오윤호(2015), 「근대 과학 지식의 재현과 진화론적 상상력: 이광수의 『무정』을 중심으로」, 『한민족문화연구』 52, 한민족문화학회, 277~308쪽.

우남숙(1993), 「자강, 독립, 사상 연구」, 이화여자대학교 박사논문.

우남숙(2000), 「한국 근대 국가론의 이론적 원형에 관한 연구」, 『한국정치외교사논총』 22, 한국정치외교사학회, 113~145쪽.

우남숙(2011), 「사회진화론의 동아시아 수용에 관한 연구: 역사적 경로와 이론적 원형을 중심으로」, 『동양정치사상사』 10(2), 한국동양사상정치사상사학회, 117~141쪽.

우남숙(2012), 「미국 사회진화론과 한국 근대: 윤치호의 영향을 중심으로」, 『동양정치사상사』 11(1), 한국동양정치사상사학회, 149~178쪽.

우남숙(2012), 「허버트 스펜서와 옌푸(嚴復)」, 『한국정치학회보』 46(5), 한국정치학회, 25~49쪽.

월간중앙(1992), 『세계민족사전』, 중앙일보사.

유길준(1895), 『서유견문』, 동경: 교순사.

유길준전서편찬위원회(1971), 『유길준전서 Ⅳ: 정치·경제편』, 일조각.

유동준(1987), 『유길준전』, 일조각.

유봉희(2013), 「사회진화론과 신소설: 이해조와 이인직을 중심으로」, 인하대학교 박사논문.

유봉희(2014), 「동아시아 사회진화론의 수용과 그 계보: 신소설 작가들의 사회진화론 인식론에 대한 序說」, 『한국학연구』 32, 인하대학교 한국학연구소, 177~207쪽.

윤영실(2009), 「최남선의 근대적 글쓰기와 민족담론 연구」, 서울대학교 박사논문.

윤해동·이소마에 준이치(2013), 『종교와 식민지 근대: 한국 종교의 내면화, 정치화는 어떻게 진행 되었는가』, 책과함께.

이경돈(2005), 「1920년대 초 민족의식의 전환과 미디어의 역할: 『개벽』과 『동명』을 중심으로」, 『사림』 23, 수선사학회, 27~59쪽.

이광린(1979), 『한국의 개화사상연구』, 일조각.

이광린(1986), 『한국 개화사의 제문제』, 일조각.

이광린·신용하(1984), 『사료로 본 한국문화사: 근대편』, 일지사.

이민홍(2002), 『언어민족주의와 언어사대주의의 갈등』, 성균관대학교 출판부.

이병혁 편저(1986), 『언어사회학 서설』, 까치.

이선이 외(2011), 『근대 한국인의 탄생』, 소명출판.

이선이(2008), 「일제강점기 한국과 일본의 조선민족성 담론 비교」, 『비교한국학』 16, 국제비교한국학회, 445~469쪽.

이선이·이준태(2010), 「근대 초 조선민족성 담론의 형성 배경과 논의 방식」, 『비교한국학』 18, 국제비교한국학회, 265~294쪽.

이성규(1992), 「동양의 학문 체계와 이념」, 소광희 외, 『현대의 학문체계』, 민음사.

이성규(1993), 「目的論과 다윈의 進化論」, 성균관대학교 박사논문.

이성연(1988), 「열강의 식민지 언어정책에 관한 연구」, 전남대학교 박사논문.

이승원 외(2003), 『국민국가의 정치적 상상력』, 소명출판.

이영호(1989), 「한국 근대 민족문제의 성격」, 『역사와 현실』 1, 한국역사연구회, 15~32쪽.

이을호(1988), 『계몽주의 시대의 서양 철학』, 중원문화.

이주노(2003), 「노신과 근대사상: 진화론의 수용과 극복을 중심으로」, 『중어중문학』 32, 한국중어중문학회, 273~290쪽.

이한태(2013), 「헌법상 '민족' 개념에 대한 소고」, 『인문사회과학연구』 14(2), 부경대학교 인문사회과학연구소, 415~443쪽.

이해주·조준현(2000), 『근대 사회경제사상사의 이해』, 신지서원.

이현종(1979), 『근대 민족의식의 맥락』, 아세아문화사.

이혜경(2002), 『천하관과 근대화론: 양계초를 중심으로』, 문학과지성사.

이혜령(2004), 「한글운동과 근대 미디어」, 『대동문화연구』 47, 성균관대학교 동아시아학술원 대동문화연구원, 249~290쪽.

이혜진(2006), 「근대계몽기 '민족'의 탄생과 '국민'의 거처: 『大韓每日申報』 논설을 중심으로」, 『인문연구』 50, 영남대학교 인문과학연구소, 51~79쪽.

이화여자대학교 한국문화연구원(2005), 『근대계몽기 지식개념의 수용과 그 변용』, 소명출판.

이화여자대학교 한국문화연구원(2006), 『근대계몽기 지식의 발견과 사유 지평의 확대』, 소명출판.

이화여자대학교 한국문화연구원(2007), 『근대계몽기 지식의 굴절과 현실적 심화』, 소명출판.

이화여자대학교 한국문화연구원 해제(2011), 『근대수신교과서』 1, 소명출판.

임경석·차혜영 외(2007), 『『개벽』에 비친 식민지 조선의 얼굴』, 모시는사람들.

임지현(1994), 「민족주의」, 『서양의 지적 운동』, 지식산업사.

임지현(1999), 『민족주의는 반역이다: 신화와 허무의 민족주의 담론을 넘어서』, 조합공동체소나무.

임형택 외(2009), 「전통담론 구성의 역사」, 부여군: 한국전통문화학교 전통문화연구소.

임희완(2002), 『서양사의 이해』, 박영사.

장공자(2011), 「제1장 단재 신채호의 국가사상에 관한 연구」, 『민족사상』 5, 한국민족사상학회.

장상환 외(1991), 『제국주의와 한국사회』, 한울아카데미.

전복희(1993), 「사회진화론의 19세기말부터 20세기초까지 한국에서의 기능」, 『한국정치학회보』 27(1), 한국정치학회, 405~425쪽.

전상숙(1997), 「식민지시대 사회주의자들의 전향」, 『한국정치학회보』 31(4), 한국정치학회, 69~87쪽.

전상숙(2015), 「한국 초기 근대적 민족주의 형성과정에 대한 역사적 고찰: 대자연 민족의식의 각성과 한말 정치치제 개혁논의를 중심으로」, 『사회 이론』 48, 한국사회이론학회, 65~102쪽.

정선태(2006), 「근대계몽기 민족, 국민 서사의 정치적 시학: 『대한매일신보』 논설을 중심으로」(특집: 근대 계몽기의 국민국가 담론), 『人文研究』 50, 영남대학교 인문과학연구소, 65~102쪽.

정선태(2009), 「근대계몽기 '국민' 담론과 '문명국가'의 상상: 『태극학보』를 중심으로」, 『語文學論叢』 28, 국민대학교 어문학연구소, 63~78쪽.

정수일(2009), 『문명담론과 문명교류』, 파주: 살림출판사.

정여울(2003), 「근대계몽기 민족담론의 경계와 그 균열」, 『한국근대문학연구』 4, 한국근대문학회, 9~46쪽.

정용석(2004), 「춘원의 '민족개조론'을 다시 생각하며: 학교교육이 대한민국을 망친다」, 『한국논단』 181, 한국논단, 50~57쪽.

정혜정(2011), 「개화기 계몽교과서에 나타난 근대국가수립론: 『국민수지(國民須知)』를 중심으로」, 『한국교육사학』 33, 한국교육사학회, 125~150쪽.

조경란(1995), 「進化論의 中國的 受容과 歷史認識의 轉換: 嚴復·梁啓超·章炳麟·魯迅을 中心으로」, 성균관대학교 박사논문.

조계원(2015), 「근대 전환기의 맥락에서 본 정치적 충성」, 고려대학교 박사논문.

조규태(1995), 「민족과 언어에 대한 두 편의 논설문 비판(1)」, 『배달말교육』 11, 배달말교육학회, 7~35쪽.

조규태(2008), 「1930년대 한글신문의 조선문화운동론」, 『한국민족운동사연구』 61, 한국민족운동사학회, 215~256쪽.

조맹기(1995), 「일제시대 하의 사회주의 형성과정과 언론의 기능(1920~1945)」, 『정신문화연구』 18(4), 한국학중앙연구원, 167~194쪽.

조성환(2010), 「진화론과 근대 중국의 민족주의: 양계초와 장병린의 민족사상을 중심으로」, 『정치사상연구』 16(1), 한국정치사상학회, 194~216쪽.

진덕규(2004), 「근대 전환기(1894~1910) 인쇄매체를 통해 본 근대 지식과 개념의 형성 및 변모 양상에 관한 연구 보고서」, 이화여자대학교 한국문화연구원.

차기벽(1981), 『한국 민족주의의 이념과 실태』, 까치글방.

차기벽(1984), 『민족주의』, 종로서적.

차기벽(1985), 『일제의 한국 식민통치』, 정음사

차배근(2000), 『개화기 일본유학생들의 언론출판활동연구(1)』, 서울대학교 출판부.

차원현(2004), 「1930년대 중·후반기 전통론에 나타난 민족 이념에 관한 연구」, 『민족문학사연구』 24, 민족문학사연구소, 95~125쪽.

채수도(2008), 「초기 동아동문회(東亞同文會)의 정치적 성격과 정책노선에 관한 연구」, 『대구사학』 91, 대구사학회, 139~176쪽.

천자현·고희탁(2011), 「근대 한국의 사회진화론 도입·변용에 보이는 정치적 인식구조: 국가적 독립과 문명개화의 사이에서」, 『대한정치학회보』 18(3), 대한정치학회, 27~48쪽.

최규진 외(2015), 『제국의 권력과 식민의 지식』, 선인.

최규진(2008), 「1930년대 초 조선 사회주의자들의 '볼셰비키당' 건설론」,

『마르크스주의 연구 마르크스주의 연구』 9, 경상대학교 사회과학연구원, 224~251쪽.

최기영(2003), 『식민지 시기 민족지성과 문화운동』, 한울아카데미.

최선웅(2015), 「일제시기 사회주의 진영의 동학농민전쟁 인식」, 『역사문제연구』 33, 역사문제연구소, 137~174쪽.

최영(1997), 『근대 한국의 지식인과 그 사상』, 문학과지성사.

최옥경(1993), 「일제의 대한(對韓) 식민지 언어정책의 배경 언어관 고찰」, 전남대학교 석사논문.

최유찬 외(2006), 『한국어문과 일본』, 보고사.

최주한(2011), 「민족개조론과 相愛의 윤리학」, 『서강인문논총』 30, 서강대학교 인문과학연구소, 295~335쪽.

최주환(2013), 「이광수의 민족개조론 재고」, 『인문논총』 70, 서울대학교 인문과학연구원, 257~295쪽.

최현배(1930/1971 복각본), 『조선민족 갱생의 도』, 정음사.

최혜경(2004), 「1910년 전후 일제의 종교정책과 종교계의 민족운동」, 『동학연구집』 17, 한국동학학회, 157~192쪽.

최혜주(2012), 「일본 동방협회의 조선사정 조사활동과 조선인식」, 『한국독립운동사연구』 43, 독립기념관 한국독립운동사연구소, 281~330쪽.

팀 에덴서, 박성일 옮김(2008), 『대중문화와 일상, 그리고 민족 정체성』, 이후.

페릭스 그린, 송우영 역(1983), 『제국주의와 혁명』, 백산서당.

프랭크 E. 매뉴얼, 차하순 역(1976), 『계몽사상시대사』, 탐구당.

한국민족운동사학회(2002), 『일제강점기의 민족운동과 종교』, 국학자료원.

한국사상연구회(1973), 『한국사상총서』 Ⅲ, 경인문화사.

한국사상연구회(1975), 『한국사상총서』 Ⅷ, 태광문화사.

한국서양사학회(1999), 『서양에서의 민족과 민족주의』, 까치.

한국철학회(2003), 『탈민족주의 시대의 민족담론』, 한국철학회.

한스 콘, 진덕규 역(1974), 『민족주의시대』, 박영사.

한형구(2005), 「한국 근대 문학과 '민족'(民族)이라는 상상 공동체」, 『한국 근대문학연구』 6, 한국근대문학회, 202~236쪽.

허수(2008), 「1920년대 『개벽』의 정치사상: '범인간적 민족주의'를 중심으로」, 『정신문화연구』 112, 한국학중앙연구원, 305~331쪽.

허재영(1994), 『국어교육과 말글운동』, 서광학술자료사.

Anderson, B.(1983), *Imagined Communities*, London: Verso.

Anthony D. Smith 외, 임지현 역(1986), 『민족문제와 마르크스주의자들』, 한겨레.

Benedict Anderson(1983), *Imagined Communities: Reflection on the Origin and Spread of Nationalism*, London: Verso; 앤더슨, 윤형숙 역(1991), 『민족주의의 기원과 전파』, 나남출판.

Billig, A.(1995), *Banal Nationalism*. London: Stage.

Carnoy, M.(1977), *Education As Cultural Imperialism*, Longman pub.; 마틴 카노이, 김쾌상 역(1980), 『교육과 문화적 식민주의』, 한길사.

Chris Harman(1992), "The Return to the National Question", *International Socialism*, 가을호; 알렉스 캘리니코스 외, 배일룡 옮김(1994), 『현대자본주의와 민족문제』, 갈무리.

Ernest Gellner(1983), *Nations and Nationalism*, Oxford, Blackwell.

Hobsbawm, E. and Ranger, T.(1983), *The Invention of Tradition*, Oxford: Blackwell.

Hutchinson, J.(1994), *Modern Nationalism*, London: HarperCollins.

Smith, A.(1991), *National Identity*, London: Penguin.

加田哲二(1940), 『植民政策』, 日本: タイアモト社(大阪).